Erinnerung – Niederschrift – Nutzung

Abhandlungen
der Akademie der Wissenschaften
zu Göttingen

Neue Folge, Band 11

Studien zu Papstgeschichte und Papsturkunden

De Gruyter

Erinnerung – Niederschrift – Nutzung

Das Papsttum und die Schriftlichkeit im mittelalterlichen Westeuropa

Herausgegeben von
Klaus Herbers und Ingo Fleisch

De Gruyter

ISBN 978-3-11-025370-2
e-ISBN 978-3-11-025371-9
ISSN 0930-4304

Library of Congress Cataloging-in-Publication Data:

Erinnerung, Niederschrift, Nutzung : das Papsttum und die Schriftlichkeit im mittelalterlichen Westeuropa / Herausgegeben von Klaus Herbers und Ingo Fleisch.
p. cm. -- (Abhandlungen der Akademie der Wissenschaften zu Göttingen ; n.F., Bd. 11) (Studien zu Papstgeschichte und Papsturkunden)
Conference held in Göttingen, February 16-17, 2007 (according to geschichte. uni-erlangen.de homepage, Feb. 11, 2010)
ISBN 978-3-11-025370-2
1. Law, Medieval--Congresses. 2. Legal documents--Europe--History--To 1500--Congresses. 3. Law--Spain--History--To 1500--Congresses. 4. Canon law--Influence--Congresses. I. Herbers, Klaus. II. Fleisch, Ingo.
KJ135 2007a
340.5'5--dc22
2011005288

Bibliografische Information der Deutschen Nationalbibliothek
Die Deutsche Nationalbibliothek verzeichnet diese Publikation in der Deutschen Nationalbibliografie; detaillierte bibliografische Daten sind im Internet über http://dnb.d-nb.de abrufbar.

Druck: Hubert & Co. GmbH & Co. KG, Göttingen
∞ Gedruckt auf säurefreiem Papier

Printed in Germany

www.degruyter.com

Inhalt

Vorwort

Als Paul Fridolin Kehr 1896 mit Hilfe der Göttinger Gelehrten Gesellschaft das Göttinger Papsturkundenwerk ins Leben rief, dachte er sicher nicht daran, dass mehr als hundert Jahre für dieses Projekt nötig sein würden. Die Verlängerungen sind aber nicht nur mangelndem Arbeitswillen geschuldet, sondern die Schwerpunkte des von Anfang an europäisch ausgerichteten Unternehmens wechselten, nach Italia und Germania Pontificia geraten inzwischen andere Regionen in den Vordergrund. Zudem erfolgten auch weitere Kampagnen der Sichtung und Verarbeitung des Materials immer wieder in Schüben, wie leicht auch am Publikationsrhythmus der Werke aufgezeigt werden könnte.[1]

Der vorliegende Band dokumentiert eine hoffentlich nun länger anhaltende Initiative für die Hispania bzw. Iberia Pontificia. Das Buch umfasst die für den Druck überarbeiten Beiträge der vom 16. bis 17. Februar 2007 in den Räumen der Akademie der Wissenschaften zu Göttingen abgehaltenen Tagung „Erinnerung, Niederschrift, Nutzung – Das Papsttum und die Schriftlichkeit im westeuropäischen Mittelalter". Die Tagung war Resultat einer in den Vorjahren vom Erlanger Lehrstuhl für Mittelalterliche Geschichte, der Pius-Stiftung für Papsturkundenforschung und der Göttinger Akademie der Wissenschaften ausgegangenen Initiative zur Wiederaufnahme der ins Stocken geratenen Arbeiten an der Hispania Pontificia, die nach den intensiven Vorarbeiten von P. F. Kehr, C. Erdmann, P. Rassow, J. Rius und P. Galindo seit den 1930er Jahren nur noch einmal kürzere Zeit in den Forschungen von O. Engels und L. Vones zu einigen Ergebnissen geführt hat. Aus einer 2006 begonnenen neuen Initiative erwuchs eine Arbeitsgemeinschaft, an der deutsche, spanische und portugiesische Forscher beteiligt waren, deren gemeinsames Ziel die Erforschung der römisch-iberischen Beziehungen bis ins 13. Jahrhundert war. Die zunächst noch lose und nur durch gemeinsame Forschungsinteressen verbundene Gruppe ist zwischenzeitlich, dank der großzügigen Unterstützung durch das Akademienprogramm und die Akademie zu Göttingen sowie das Madrider Wissenschaftsministerium eine auch institutionell fest etablierte internationale Forschungskooperation geworden, die außer in Registerbänden auch in regelmäßigen Arbeitstreffen und Tagungen die erfreulichen Arbeitsfortschritte dokumentiert.

---

1 Die Publikationsliste des Unternehmens bietet die Homepage unter der Adresse www.papsturkunden.gwdg.de/Pius-Stiftung/Publikationen/publikationen. html (letzter Zugriff: 5. August 2010).

Der nun vorgelegte Band führt erste Überlegungen zur Klärung von räumlichen und personellen Strukturen fort, denn es war das Ziel der Göttinger Tagung, vor allem die Quellengrundlagen stärker zu sichten. Die hier dokumentierten Diskussionen galten unter anderem der Frage, welche Auswirkungen der Kontakt mit dem Papsttum auf die Entwicklung der Schriftlichkeit auf der Iberischen Halbinsel hatte, sowohl mit Blick auf die pragmatische Schriftlichkeit wie auch hinsichtlich legitimitätsstifender Schriftproduktion, wie in der Einführung weiter vorgestellt wird. Diese Fragen helfen der Klärung der Voraussetzungen für eine Iberia Pontificia, sie greifen aber zugleich sehr aktuelle wissenschaftliche Diskussionen um die Entstehung des Papsttums auf, so dass Quellenforschung und Sachdiskussionen hervorragend zu verbinden waren.

In den kulturellen Umwälzungsprozessen des Hochmittelalters, in deren Folge weite Teile Europas eine drastische Zunahme der Schriftlichkeit verzeichneten, nahm das Papsttum eine wichtige Mittlerrolle ein. Es bemühte sich seit der zweiten Hälfte des 11. Jahrhunderts verstärkt, in alle Teile der damals bekannten Welt auszugreifen. Die hoch entwickelten, weitgehend schriftgestützten, kurialen Verwaltungsabläufe erwiesen sich dabei nicht nur als sehr wirkungsvolle Instrumentarien, sondern beeinflussten auch nachdrücklich die Entwicklung der Schriftlichkeit in vielen der römischen Kontaktregionen.

Als Untersuchungsraum solcher römischer Einflüsse, ihrer Auswirkungen in und auf traditionelle Quellengruppen wie auch auf die Entstehung neuer Schriftformen eignet sich die Iberische Halbinsel besonders gut. Die durch Reconquista und Neuorganisation von Kirchenstrukturen geprägten iberischen Verhältnisse jener Zeit schufen günstige Voraussetzungen für die Entwicklung stärker schriftbasierter Verwaltungsmechanismen und für die Übernahme römisch-kanonischer Rechtsnormen, die durch kontinuierliche inneriberische Rivalitäten und Konflikte noch gefördert wurde. Mit der gewachsenen Rolle des Papsttums als legitimationsstiftender Instanz kam den Beziehungen zu Rom und päpstlichen Privilegien in iberischen Kirchenkreisen eine zunehmend wichtigere Stellung zu. Dies schlug sich deutlich in der historiographischen und diplomatischen Auseinandersetzung mit der eigenen Vergangenheit nieder, vor allem in den Bemühungen, durch – häufig manipulative – Rekonstruktion vergangener Rombeziehungen gegenwärtige Rechtsansprüche zu legitimieren.

Die Aufsätze des Bandes bieten erste Annäherungen an diese Fragen. Um eine bessere Übersichtlichkeit zu gewährleisten, wurden Abbreviaturen nach der Vorlage des Lexikons des Mittelalters verwendet. Der geneigte Leser findet am Anfang von Beiträgen, die zusätzliche Siglen enthalten, eine entsprechende Auflösung derselben. Bei der Vorbereitung der Tagung halfen den beiden Herausgebern die Sekretariate und Hilfskräfte des Lehrstuhls für Mittelalterliche Geschichte in Erlangen sowie der Akademie zu Göttingen; bei der Einrichtung des Druckes vor allem Frau Christine Avram, Frau Eva Djakowski,

Frau Christina Oikonomou, Frau Katharina Götz und Frau Katrin Bauer (redaktionelle Leitung). Ihnen sei auch an dieser Stelle herzlich gedankt.

Erlangen, den 5. August 2010
Klaus Herbers Ingo Fleisch

Gedächtnis und Legitimation – Aspekte der Überlieferung und ihrer Auswertung. Zur Einführung

KLAUS HERBERS

Der Schleier der Erinnerung, Verformungen und Konstruktionen der Vergangenheit, die Kanonisierung von Überlieferungen samt der damit verbundenen Konsequenzen, so lauten einige Stichworte, die in letzter Zeit nicht nur in Fachgesprächen, sondern auch allgemein in den überregionalen Tageszeitungen diskutiert wurden. Wer sich vor allem quellenbezogen mit Geschichte beschäftigt, kann an diesen Überlegungen nicht vorbeigehen, selbst wenn das Ziel nur sein sollte, aus den Quellen zu rekonstruieren, „wie es eigentlich gewesen".[1]

2006 wurde in einem Madrider Gespräch vereinbart, die Diskussionen und die gemeinsamen Arbeiten über das Papsttum und die Iberische Halbinsel im Rahmen einer „Iberia Pontificia" fortzusetzen[2], was inzwischen auf mehreren Ebenen geschehen ist. Schon von der Sache her erschien es geboten, quellen- und überlieferungsgeschichtliche Fragen zunächst in den Vordergrund zu rücken. Sie waren als eine thematische Klammer gedacht, um die Diskussionen in einen etwas größeren und vor allem vergleichenden Rahmen einzufügen. Übergreifende Sachfragen und Urkundenforschungen sollten bei einem zweiten Treffen miteinander verbunden werden, so dass ein ursprünglich angedachter Arbeitstitel für eine solche Zusammenkunft („Chartulare") eine etwas andere thematische Ausrichtung gewann. Die Tagung wurde aber trotz der Fortsetzung von Madrid zugleich eine Premiere, weil die Papsturkundenforschung in der Zwischenzeit institutionell einen Sprung nach vorne machen konnte, denn Teilprojekte sind seit dem 1. Februar 2007 in das Programm der deutschen Akademien aufgenommen worden, dies betrifft vor allem eine Neubearbeitung des Jaffé, der östlichen Pontificien und auch die Hispania. In

1 Die folgenden Bemerkungen greifen die kurze Begrüßung auf, die als Willkommen vor allem an die künftigen Mitarbeiter und Mitarbeiterinnen der Iberia Pontificia gerichtet war. Deshalb werden nur die notwendigsten Anmerkungen gesetzt.

2 Vgl. hierzu den Sammelband: Rom und die Iberische Halbinsel im Hochmittelalter. Die Konstruktion von Räumen, Normen und Netzwerken – Roma y la península Ibérica en la Alta Edad Media. La construcción de espacios, normas y redes de relación, hg. von Klaus HERBERS/Santiago DOMÍNGUEZ SÁNCHEZ, León/Göttingen 2009.

Spanien wurde außerdem ein Antrag zur Unterstützung der Papsturkundenforschung von Fernando López Alsina eingereicht; dieses Projekt arbeitet seit Mitte 2007 erfolgreich mit spanischer, deutscher und portugiesischer Beteiligung.[3] Dazu kommt eine dritte Initiative von Harald Müller und Jochen Johrendt: ein Nachwuchsnetzwerk der Deutschen Forschungsgemeinschaft beschäftigt sich mit Fragen der Papstgeschichte unter den Aspekten von Zentrum und Peripherie.[4]

Erinnerung, Niederschrift, Nutzung, diese drei Stichworte des vorliegenden Sammelbandes lassen sich auf die angedeuteten Diskussionen beziehen. Einige Aspekte seien in dieser Einführung kurz angesprochen. Zunächst geht es um Fragen einer subjektiven Wahrnehmung und Deutung von Realitäten, zum zweiten um Fragen des Gedächtnisses, zum dritten um das Verhältnis von Mündlichkeit und Schriftlichkeit sowie schließlich um die verschiedenen Formen der Aufzeichnung, der Niederschrift und ihren Funktionen, von denen die im Titel genannte Legitimation nur eine ist. Die einleitenden Bemerkungen versuchen, die folgenden Beiträge etwas besser einzuordnen und gegebenenfalls Verbindungslinien anzudeuten.

1. Wahrnehmung und Deutung

Über die Erhebung Compostelas vom Bistum zum Erzbistum informiert im wesentlichen die «Historia Compostellana», die eine Art von Überlieferung repräsentiert, die in diesem Sammelband im Vordergrund steht, denn die Zusammensteller bieten in der Bistumsgeschichte nicht nur zahlreiche eingeschaltete Urkundentexte, sie kommentieren diese auch häufig. Deshalb ist – ohne schon hier Details zu nennen – zu Recht betont worden, dass „Registrum" und „Gesta" kombiniert wurden.[5] Im zweiten Buch handeln Kapitel 63 und 64 von der endgültigen Erhebung Compostelas zur Metropole 1124. Kapitel 63 enthält den Wortlaut eines noch angeblich ungesiegelten Privilegs des Papstes Calixt II., das in Kapitel 64 in einer erweiterten und in einigen Punkten

---

3 Der genaue Titel lautet: "El Pontificado Romano: relaciones con el Noroeste Peninsular y bases documentales para su estudio hasta el año 1198".

4 Inzwischen ist aus diesem Netzwerk folgender Sammelband hervorgegangen: Römisches Zentrum und kirchliche Peripherie. Das universale Papsttum als Bezugspunkt der Kirchen von den Reformpäpsten bis zu Innozenz III., hg. von Jochen JOHRENDT/Harald MÜLLER, Berlin 2008 (Neue Abhandlungen der Akademie der Wissenschaften zu Göttingen, Philosophisch-Historische Klasse, 2, Studien zu Papstgeschichte und Papsturkunden); ein weiterer Band ist in Vorbereitung.

5 Historia Compostellana, ed. Emma FALQUE REY, Turnhout 1988 (Corpus Christianorum, Continuatio Mediaevalis, 70); vgl. hierzu die Beiträge von Klaus HERBERS und Fernando LÓPEZ ALSINA in diesem Band. Zur Bezeichnung vgl. zum Beispiel Ludwig VONES: Historia Compostellana, in: LMA 5 (1991), Sp. 42f., der von Registrum, Gesta und Chartularchronik spricht.

präzisierten Form erscheint.[6] Es wurde schon mehrfach auch mit Blick auf die päpstliche Kanzlei interpretiert.[7] Warum beide Fassungen nötig waren, erläutert der Autor dieses Teiles in seinen zwischen den Urkundentexten stehenden Bemerkungen: Der Papst habe Compostela so sehr geliebt, dass er zu Änderungen der Rohfassung ermuntert, sofern diese nötig seien. Die Korrekturen seien dann mit Geldgeschenken wiederum nach Rom gesandt worden. Der Zusammensteller berichtet nicht nur, er schreibt seine Wahrnehmung: Die Rohfassung wird korrigiert (nicht etwa verfälscht). Außerdem deutet er: Der Papst räumt diese Möglichkeit ein, weil er Compostela so sehr geliebt habe. Wäre zum Beispiel in Toledo ein Geschichtsschreiber mit der Urkunde befasst gewesen, so hätte dieser vielleicht wie manch moderner Autor den Vorgang anders gedeutet: Das Privileg wurde nicht korrigiert, sondern verfälscht, wurde zudem erschlichen oder erkauft. Und besäßen wir nur die beiden Privilegienfassungen als angebliche Originale oder in Einzelkopien, eines datiert, eines undatiert, so blieben mehrere Deutungsmöglichkeiten: Wie stehen die Kurz- und Langfassung zueinander, welche war zuerst, welche später, wer intervenierte, wann wurde abgewandelt? Waren es die Empfänger oder Dritte? Die Fragen nähmen kein Ende, würden wir den Katalog der „inneren Merkmale" abarbeiten.

Das Beispiel zeigt: Die Eindrücke eines mittelalterlichen Zeitgenossen waren im vorliegenden Fall an Wahrnehmungsformen gebunden, die zugleich mit gewissen Deutungsmustern verknüpft waren. Ein Toledaner Beobachter hätte anders als ein Compostellaner wahrgenommen, aber auch anders gedeutet. Die Überlieferung zwingt uns jedoch häufig dazu, die eine oder andere Perspektive zunächst zur Kenntnis zu nehmen. Dazu kommt eine weitere Brechung: Heutige Interpreten nehmen die einzelnen Elemente der Überlieferung ebenso unterschiedlich wahr, vor allem aber deuten sie unterschiedlich. Auch wenn die Diplomatik einen methodisch sauberen Katalog an Fragen und Kriterien etabliert hat, die üblicherweise an Urkunden zu richten sind, bleiben Voreinstellungen bestimmend, wie die Beobachtungen verknüpft werden. Unterstellt werden zum Beispiel die Ambitionen des Compostellaner Bischofs Diego, die personellen Machenschaften oder die Parteilichkeit Calixts II. Auch klassische Quellenkritik basiert somit auf Mustern von Wahrnehmung und Deutung.

Nicht einmal wenn wir nur „Faktengeschichte" schreiben, eine diplomatische Diskussion führen oder Regesten anfertigen wollen, kommen wir umhin,

---

6 Hist. Comp., ed. FALQUE REY (wie Anm. 5), S. 348f. und 355f. (zwei Fassungen JL 7160).

7 Ludwig VONES: Die „Historia Compostellana" und die Kirchenpolitik des nordwestspanischen Raumes 1070–1130, Köln/Wien 1980 (Kölner Historische Abhandlungen, 29) S. 396–473, bes. 453–455; Klaus HERBERS: Santiago de Compostela zur Zeit von Bischof und Erzbischof Diego Gelmírez (1098/99–1140), in: Zeitschrift für Kirchengeschichte 98 (1987) S. 89–102, bes. 98f.

sinnstiftende Muster zu bemühen[8], nur so ergibt sich der „logische" Zusammenhang der Erscheinungen. Extrem ließe sich fragen: Sehen und hören wir nur, was wir sehen und hören wollen? Was aber ist Wahrnehmung? Eine von Hartmut Bleumer und Steffen Patzold gegebene Definition scheint als Arbeitsgrundlage geeignet: „Unter ‚Wahrnehmung' ist ... jede aktive Aufnahme kultureller oder natürlicher Phänomene zu begreifen, die dem Betrachter als ‚fraglos gegeben' erscheinen."[9] Daneben existieren Wahrnehmungsmuster, die auf die eher unbewusste Ordnung die Phänomene im Prozess der Wahrnehmung zielen. Deuten ist hingegen das reflektierte Erfassen von Phänomenen, aber auch hier folgen die Deutenden vielfach Mustern, die in der Regel reflektierten Formen folgen.[10] Damit wird deutlich, dass Wahrnehmung und Deutung begrifflich zu scheiden sind, jedoch erscheint beides dennoch vielfach verschränkt.

2. Gedächtnis

Nicht nur Wahrnehmung und Deutung sind eng aufeinander bezogen. Dies gilt auch für das Gedächtnis. Manche Muster dominieren, haben sich auch im Gedächtnis verschiedener Forschergruppen unterschiedlich verfestigt. Sieht die spanische Forschungsbrille in Papst Calixt II. in der Tat den großen Förderer Compostelas, so bleibt er in Deutschland vielfach eher der Papst, der mit Heinrich V. 1122 das Wormser Konkordat schloss. In Burgund hingegen gilt Calixt II. als Förderer Viennes.[11] Gibt es also eine räumlich oder an Institutionen gebundene Memoria der heutigen Forschung, wo die Bilder bestimmter

8 Zur Wahrnehmungsgeschichte liegt inzwischen eine Vielfalt von Beiträgen vor. Für die geschichtswissenschaftliche Sicht sei vor allem auf das Themenheft: Wahrnehmungs- und Deutungsmuster im europäischen Mittelalter, hg. von Hartmut BLEUMER/Steffen PATZOLD, Berlin 2003 (Das Mittelalter. Perspektiven mediävistischer Forschung 8/2), verwiesen.

9 Hartmut BLEUMER/Steffen PATZOLD: Wahrnehmungs- und Deutungsmuster in der Kultur des europäischen Mittelalters, in: Wahrnehmungs- und Deutungsmuster (wie Anm. 8) S. 4–22, hier 6.

10 Vgl. ebd.

11 Vgl. zu einigen dieser Aspekte Beate SCHILLING: Guido von Vienne – Papst Calixt II., Hannover 1998 (MGH, Schriften, 45) besonders S. 445–459, 500–534 und 65–102. Zu etwas anderen Interpretationen bezüglich des Wormser Konkordates oder zur Gesamtbedeutung vgl. Claudia ZEY: Der Romzugsplan Heinrichs V. 1122/1123. Neue Überlegungen zum Abschluss des Wormser Konkordats, in: Deutsches Archiv 56 (2000) S. 447–504; Beate SCHILLING: Ist das Wormser Konkordat überhaupt nicht geschlossen worden? Ein Beitrag zur hochmittelalterlichen Vertragstechnik, in: Deutsches Archiv 58 (2002) S. 123–191; zur Einordnung des Pontifikates Calixts II. vgl. Johannes LAUDAGE: Rom und das Papsttum im frühen 12. Jahrhundert, in: Europa an der Wende vom 11. zum 12. Jahrhundert. Beiträge zu Ehren von Werner Goez, hg. von Klaus HERBERS, Wiesbaden 2001, S. 23–53, bes. 53.

Personen in der Erinnerung schon festliegen oder einen bestimmten Akzent besitzen? Wie steht es demgegenüber mit der Erinnerung **vor** der Niederschrift? Das zitierte Beispiel berichtet über die Verhandlungen in Rom, über die Korrekturen in Compostela und bietet viele Details im Zusammenhang mit der Ausstellung der für Compostela so begehrten Urkunde. Wurde aus dem Gedächtnis aufgezeichnet? Jüngere Studien, zum Beispiel von Johannes Fried, haben deutlich gemacht, wie sehr die Erinnerung schon nach kürzester Zeit verformend wirkt. Hätten drei Zeugen die Verhandlungen in Rom aufgeschrieben, könnten wir verschiedene Berichte erwarten. Deshalb ist nicht nur Wahrnehmung und Deutung zu beachten, sondern auch, was überhaupt erinnert wurde, und was sich später davon im kollektiven Gedächtnis festsetzte. Wenn aber Gedächtnisleistungen „konstruktive Prozesse“[12] sind und schon die Wahrnehmung mit der Erinnerung untrennbar verknüpft ist[13], müssen wir dem Kommentator der «Historia Compostellana» mit der gebotenen Skepsis gegenübertreten, weil wir die Selektionsvorgänge noch nicht bis ins letzte durchschauen.

3. Mündlichkeit – Schriftlichkeit

Die zwischen den Urkunden angeführten Berichte der «Historia Compostellana» zeigen – ebenso wie vielleicht Notizen in Privaturkunden zur Delegationsgerichtsbarkeit oder in „Narrationes“ von Urkunden –, dass die Konstruktionen von Wahrnehmung, Deutung und Erinnern auch ein zunächst so „objektiv“ erscheinendes Material wie die Urkunden betreffen kann. Trotzdem dürfte entscheidend sein, ob Erinnerung mündlich blieb oder schriftlich gepflegt wurde. Die Frage von Mündlichkeit und Schriftlichkeit gehört inzwischen sicher nicht mehr zu den neuesten Aspekten der Forschungen zum Mittelalter, jedoch sind die Konsequenzen weiterhin im Auge zu behalten, weil oral bestimmte Gesellschaften offensichtlich vielfach anders funktionierten.[14] In jüngerer Zeit ist deutlich gemacht worden, wie sehr auch Urkunden in solchen Gesellschaften anders als heute wirkten. Dies reichte vom demonstrativen Niederlegen von Schriftstücken auf Reliquien oder auf heiligen Büchern bis

12 Johannes FRIED: Der Schleier der Erinnerung. Grundzüge einer historischen Memorik, München 2004, S. 135.

13 FRIED, Schleier (wie Anm. 12) S. 140ff.

14 Vgl. aus der Fülle der Literatur z. B. Hanna VOLLRATH: Das Mittelalter in der Typik oraler Gesellschaften, in: Historische Zeitschrift 233 (1981) S. 574–594; Ludolf KUCHENBUCH: Teilen, Aufzählen, Summieren: Zum Verfahren in ausgewählten Güter- und Einkünfteverzeichnissen des 9. Jahrhunderts, in: Schriftlichkeit im frühen Mittelalter, hg. von Ursula SCHAEFER, Tübingen 1993 (Script Oralia, 53), S. 181–206 (und die weiteren Beiträge in diesem Band).

hin zum öffentlichen Vorlesen der jeweils gewährten Urkunden.[15] An vielen Beispielen ist außerdem nachzuweisen, wie sehr Mündlichkeit bei der Abfassung, beim Lesen oder Wiederlesen berücksichtigt werden muss. Was wurde aber schriftlich aufgezeichnet, was mündlich besprochen? Verhandlungen zur Ausstellung von Urkunden bietet das eingangs zitierte Beispiel ebenso wie weitere Berichte über Gesandtschaften nach Rom.[16] Konnte von Verhandlungen über die Ausstellung einer Urkunde mitunter zwar in der „Narratio" berichtet werden, so war dies doch meist nicht die Regel. Wie sehr Rechtstitel oder päpstliche Entscheidungen aber durch mündliche Anweisungen begleitet werden konnten, zeigen die Papstbriefe, beispielsweise eines Nikolaus' I., die zuweilen auf mündliche Informationen der Überbringer verweisen.[17] Gerade solche mündlichen Anweisungen konnten Historiographen verformend aufgreifen, denken wir nur erneut an die Bemerkungen des Autors der «Historia Compostellana», Calixt habe Santiago so sehr geliebt und zu Korrekturen aufgefordert. Vielleicht wurden die Änderungen der zweiten Urkundenfassung hart erhandelt, aber der Kommentar konnte auch deshalb so geschrieben werden, weil mündliche Instruktionen nicht unbedingt etwas Außergewöhnliches waren.[18]

15 Vgl. die Beiträge im Sammelband Charters and the Use of the Written Word in Medieval Society, hg. v. Karl HEIDECKER, Turnhout 2000 (Utrecht Studies in Medieval Literacy, 5); Hagen KELLER: Die Herrscherurkunden: Botschaften des Privilegierungsaktes – Botschaften des Privilegientextes, in: Comunicare e significare nell'alto Medioevo, Spoleto 2005 (Settimane di Studio della Fonadzione Centro Italiano di Studi sull'alto medioevo, Bd. 52/1), S. 231–279; Hagen KELLER/Stefan AST: Ostensio cartae. Italienische Gerichtsurkunden des 10. Jahrhunderts zwischen Schriftlichkeit und Performanz, in: Archiv für Diplomatik 53 (2007) S. 99–121.

16 Vgl. hierzu z. B. Dietrich LOHRMANN, Berichte von der Kurie über den Erwerb umstrittener Prozeßmandate und Privilegien (12.–13. Jahrhundert), in: Das Papsttum und das vielgestaltige Italien. Hundert Jahre Italia Pontificia, hg. von Klaus HERBERS/ Jochen JOHRENDT, Berlin 2009 (Abhandlungen der Akademie der Wissenschaften zu Göttingen. Neue Folge, philosophisch-historische Klasse, 5, Studien zu Papstgeschichte und Papsturkunden), S. 311–330; vgl. demnächst auch: Patrick N. R. ZUTSHI, Kuriale Gerichtsbarkeit und päpstliches Prozesswesen, in: Die Ordnung der Kommunikation und die Kommunikation der Ordnungen II: Zentralität: Papsttum und Orden im Europa des 12. und 13. Jahrhunderts (in Druckvorbereitung).

17 Vgl. hierzu die Regesten Nikolaus' I.: Johann F. BÖHMER, Klaus HERBERS: Die Regesten des Kaiserreiches unter den Karolingern 751–918 (926/962), Bd. 4: Papstregesten 800–911, Teil 2: 844–872, Lieferung 2: 858–867 (Johann Friedrich BÖHMER, Regesta Imperii 1, Köln/Weimar/Wien im Druck).

18 Vgl. oben S. 2f.

4. Niederschrift, Nutzung und Legitimation

Die mehrfach vorgestellte «Historia Compostellana» bietet schließlich ein vorzügliches Beispiel dafür, wann kopiert und niedergeschrieben wurde. Aus vergleichenden Forschungen wissen wir, dass Chartulare oder Tumbos, wie sie in Spanien vielfach genannt werden, unter ganz bestimmten Bedingungen und in ganz bestimmten Situationen angelegt wurden.[19] Krisenzeiten waren dafür einschlägig, möglicherweise auch die Vergänglichkeit des Beschreibstoffes oder der Schrift. Die Abschriften in einem einzigen Codex, nicht in Einzelkopien, machen deutlich, dass auch die Zusammenstellung, die Anordnung, die Auswahl beachtet werden sollten. Die Sichtung und Einordnung dieser Chartulare hat für die Forschung zu den älteren Papsturkunden nicht nur deshalb große Bedeutung, weil sie angesichts der großen Verluste päpstlicher Originalurkunden Goldminen der Überlieferung bieten, sondern auch, weil sie für eine Interpretation der Empfänger als Personen oder Institutionen wesentliche Aussagen ermöglichen. Was wurde aufgenommen, welche Tendenzen sind erkennbar? Auch der Kontext, die Überlieferung in weiterem Schriftgut, bleibt aufschlussreich, wie beispielsweise die hagiographische Forschung verdeutlicht.[20] Vor diesem Hintergrund ist die «Historia Compostellana» auffällig, findet sich doch hier weniger ein Chartular als Gesta episcopi, die mit Urkunden angereichert wurden, die Kombination von „Gesta“ und „Registrum“ folgte aber in den drei Büchern der Historia unterschiedlichen Prinzipien.

Zeitpunkt, Form, Anordnung der Niederschriften von Rechtstiteln waren mithin Thema der hier dokumentierten Tagung. Dabei bleiben Fragen nach der Abgrenzung von Chartular bzw. Tumbo zu Registrum und Gesta, gleichzeitig aber auch Fragen nach den Briefsammlungen, die vielleicht anderen, eventuell aber auch vergleichbaren Richtlinien folgten wie die Chartulare, zunächst offen.

Wenn aber solche Sammlungen häufig aus aktuellen Anlässen zusammengestellt wurden, vielleicht sogar propagandistische Ziele verfolgten, um die eigene Institution oder Person in ein angemessenes Licht zu rücken, wurden dann die original überlieferten Rechtstitel vernichtet? Oder anders: Nutzte man künftig eher die Sammlung, das Chartular und weniger die Originale, um Rechtsstreitigkeiten beizulegen oder um weitere Rechtstitel zu erwerben? Dienten die Sammlungen eher der Legitimation als der Dokumentation? Den besten Weg, um hier Klarheit zu schaffen, bietet am ehesten ein Blick in die

19 Vgl. z. B. die Studien im Sammelband Les cartulaires. Actes de la table ronde organisée par l'École nationale des chartes 1991, hg. von Olivier GUYOTJEANNIN/Laurent MORELLE/Michel PARISSE, Paris 1993 (Mémoires et documents de l'École des Chartes, 39), sowie die in den Beiträgen des vorliegenden Bandes angeführte Literatur.

20 Vgl. die Beiträge in: Hagiographie im Kontext. Wirkungsweisen und Möglichkeiten historischer Auswertung, hg. von Klaus HERBERS/Dieter R. BAUER, Stuttgart 2000 (Beiträge zur Hagiographie, 1).

Überlieferung. Die Frage nach der Nutzung der Schriften, dem Wann, dem Wie und dem Warum, ist aber nicht nur durch das Handschriftenstudium zu klären, sondern auch durch die Untersuchung der Art und Weise, wie frühere Rechtstitel in späteren Urkunden oder anderen Schriften zitiert werden. Die gängige Suche nach Deperdita bleibt somit nicht nur wichtig, um neue Stücke zu finden, sondern auch um die Nutzung und Bedeutung bereits bekannter Stücke zu verfolgen. Nur so wird beispielsweise deutlich, mit welchen Urkunden die Streitigkeiten zwischen Santiago, Braga und Toledo im 12. und 13. Jahrhundert geführt wurden[21] und welche Rechtstitel eher „Eintagsfliegen" waren.

5. Ergebnisse und Perspektiven

Schriftlichkeit und Mündlichkeit, Niederschrift und Nutzung sind die wichtigsten Stichworte für die folgenden Beiträge. Das Programm der Tagung hatte in zwei Blöcken, die sicher nicht ganz so deutlich wie auf dem Papier voneinander zu scheiden sind, eher propagandistische, legitimierende Überlieferungen der pragmatischen Schriftlichkeit gegenübergestellt. Diese Trennung ließ sich nicht ohne weiteres durchhalten, stand aber dennoch im Hintergrund. Diskutiert wurden auch Fragen der unterliegenden Wahrnehmungs- und Deutungsmuster, der Erinnerungsleistungen sowie der Absicht und Zielsetzung. Die Beiträge bieten damit zugleich erste Bausteine über die großen Sammlungen von Papsturkunden auf der Iberischen Halbinsel, wie in einem dritten Teil die besondere Überlieferungslage der Hispania im Vergleich zu Frankreich deutlich machen sollte.

Erinnern, Bewahren, Aufschreiben und Nutzen betraf aber nicht nur die Institutionen, die Urkunden empfingen. In Rom konnten auf der Basis spätantiker Traditionen Formen ausgebildet werden, die den Bischofsgesta ähnelten, die weiterhin den Briefausgang und Eingang in Registern zusammenfassten. Auch in Rom ist vor 1198 viel ausgewählt, zugespitzt und verändert worden. Überlieferungschance und Überlieferungszufall, wie Arnold Esch dies bezeichnet hat[22], und ich füge hinzu: Überlieferungsabsicht, spielten eine wichtige Rolle.

Die Beiträge selbst betreffen entsprechend nach diesen einführenden Bemerkungen zunächst die römische Situation (I), um dann an den Beispielen

21 Vgl. hierzu Michael HORN: Der Streit um die Primatswürde der Erzbischöfe von Toledo. Ein Beitrag zur Geschichte der älteren Papstregister, in: Archivum Historiae Pontificiae 29 (1991) S. 259–280 und Ingo FLEISCH: Sacerdotium – Regnum – Studium: der westiberische Raum und die europäische Universitätskultur im Hochmittelalter. Prosopographische und rechtsgeschichtliche Studien, Berlin 2006 (Geschichte und Kultur der Iberischen Welt, 4, S. 50–58 und 66–80).

22 Arnold ESCH: Überlieferungschance und Überlieferungszufall als methodisches Problem des Historikers, in: Historische Zeitschrift 240 (1985) S. 529–570.

Oviedo und besonders Santiago de Compostela Überlieferungs- und Nutzungsformen in nordspanischen Bistümern bzw. Erzbistümern vorzustellen, die Bewahrung, Verformung sowie Nutzung betrafen. Das katalanische Beispiel ergänzt diese Überlegungen vor dem Hintergrund neuer wissenschaftlicher Diskussionen (II). Pragmatische Aspekte stehen dagegen bei den Beispielen Astorga (mit Urkundenanhang), den Diözesen der Extremadura und Braga im Vordergrund; der nordwestiberische Raum dient in einem Beitrag auch dazu, das Vordringen des römisch-kanonischen Prozessrechtes zu untersuchen (III), bevor mit Blick auf Frankreich die vergleichende Perspektive den Band abrundet (IV).

Abstract

Memory and Legitimation. Aspects of Tradition and Interpretation. An Introduction.

The veil of memory, and the distortion and construction of the past, are key terms in a debate which in recent years has been played out both in the scholarly world and in more popular contexts, such as newspaper articles. This introductory article takes as its starting point the "Historia Compostellana", and its account of the elevation of the bishopric of Compostela to metropolitan status, for a discussion about sources and tradition. The text is analysed first in the context of the perception and interpretation of realities; second, with the role of memory in mind; and, third, with respect to the relationship between orality and literacy, as well as the various forms and functions of written records. Such questions recur in the present volume, and have been fundamental to recent research on the documentary history of the medieval papacy.

The "Historia Compostellana" is of particular interest to this volume, because it breaches the boundaries between the narrative and the diplomatic: it not only incorporates a number of charters, but also provides extensive commentary. In one case, this includes two different versions of the same papal privilege. It is a contemporary example of how different versions of a single document could be perceived, and how the process of perception related to pre-existing patterns of interpretation. As such, it is equally relevant to the modern diplomatist, also when dealing with more traditional source-critical problems, such as the distinction between an original and a forgery. Similarly, the modern scholar does well to keep the study of memory, individual as well as institutional, in mind: the differences between modern scholarly traditions – such as the variously selective interpretations of Calixt II in Spain and Germany – can also be attributed to memory as a "constructive process" (Johannes Fried). However, the relationship between perception, interpretation, and memory was fundamentally different in societies where most information was transmitted orally. Recent scholarship has shown how also charters were anchored in oral cultures, and how the written record could be accompanied by spoken instructions. The writing-down of a document was in itself an act of interpretation and legitimation. Cartularies were collected and copied in particular circumstances, often in times of crisis, and with a particular purpose in mind. The inclusion or exclusion of a certain papal diploma can be revealing of the intentions and opinions of the papacy as well as the recipients.

Päpstliche Urkunden, Briefe und die europäische Öffentlichkeit

UTA-RENATE BLUMENTHAL

1. Päpstliche Register und «Liber Pontificalis» – narrative und diplomatische Quellen der Kurie und ihre Vorbildfunktion für Europa.*

„Wer fischt wochenlang, um eine Sardine nach Hause zu bringen?"[1] Mit diesem Sprichwort wurde Paul Fridolin Kehr um 1900 davon abgeraten, die späteren erhaltenen Papstregister nach ansonsten 'verlorenen' Papstbriefen aus der Zeit vor dem Pontifikat Innozenz' III. durchforschen zu lassen. Wie man weiß, ließ er sich von dem nur scheinbar aussichtslosen Unterfangen zum Glück nicht abhalten. Niemand wird heute mehr bestreiten wollen, dass es seit der Zeit Papst Alexanders II. wieder Register gegeben hat, die in Verbindung mit der päpstlichen Kurie[2] geführt worden sind. Bei diesen Registern handelt es sich um die anscheinend ganz bewusste Wiederaufnahme der spätantiken und frühmittelalterlichen Tradition, die im 10. Jh. abgebrochen war. Zwar hat es gewiss auch im 10. Jh. Formularbehelfe und Bibliotheksfaszikel gegeben, wie Hans-Hennig Kortüm für die 'Bibliothekshandschriften' des «Liber Diurnus» bewiesen hat, aber bisher fehlt für Papstregister im Sinne von in Bücher unterteilten Registerbänden für jeden einzelnen Papst seit der Zeit des Formosus (891–896) bis hin zu Alexander II. jede Spur.[3] Es war dann bekannt-

---

* Die Vortragsform für diesen Aufsatz wurde beibehalten und durch Anmerkungen erweitert.

1 Paul F. KEHR: Ältere Papsturkunden in den päpstlichen Registern von Innocenz III. bis Paul III., in: NGG 4 (1902) S. 393–558, Zitat S. 394.

2 Jürgen SYDOW: Untersuchungen zur kurialen Verwaltungsgeschichte im Zeitalter des Reformpapsttums, in: DA 11 (1954/55) S. 18–73.

3 Hans-Henning KORTÜM: Zur päpstlichen Urkundensprache im frühen Mittelalter. Die päpstlichen Privilegien 896–1046, Sigmaringen 1995 (Beiträge zur Geschichte und Quellenkunde des Mittelalters, 17); vgl. Rudolf SCHIEFFER: Tomus Gregorii papae: Bemerkungen zur Diskussion um das Register Gregors VII., in: ADipl 17 (1971) S. 169–184, S. 173 Anm. 25. Schieffer weist darauf hin, dass die Exzerpte Deusdedits aus den *tomi* gerade die Epoche betreffen, in der Register fehlen (S. 183); vgl. auch Detlev JASPER/Horst FUHRMANN: Papal Letters in the Early Middle Ages, Washington D.C. 2001 (History of Medieval Canon Law).

lich Papst Honorius III. (1216–1227), der die Register des 12. Jhs. als Letzter ausschreiben ließ und ihre Authentizität verbürgte.[4] Honorius III., vor seiner Wahl Cencius Savelli, hatte seine Hochachtung vor den Registern nicht nur von seinem berühmten Vorgänger, Innozenz III., übernommen, sondern war als ehemaliger Kämmerer (1188–1198) mit aller Art Aufzeichnungen im päpstlichen Archiv[5] bestens vertraut. Der «Liber Censuum» ist ihm zu verdanken, selbst wenn der Anstoß zu diesem Zinsbuch wahrscheinlich sowohl auf Kardinal Boso als auch direkt auf Kardinal Albinus zurück gehen sollte, der die zuerst in der Kanonessammlung des Deusdedit fassbare, sogenannte Privilegiensammlung vervollständigt und in seinen «Digesta pauperis scolaris» abschreiben ließ.[6] Honorius war der Erbe einer Verwaltung, „which in the previous quarter century had undergone an unparalleled expansion and a radical reformation and rationalization".[7] Es war zur Regel geworden, dass in Streitsachen Registereinträge das beste Beweismittel darstellten.

---

4 Fritz EHRLE: Die Frangipani und der Untergang des Archivs und der Bibliothek der Päpste am Anfang des 13. Jahrhunderts, in: Mélanges offerts à M. Emile Châtelain, Paris 1910, S. 448–483; Uta-Renate BLUMENTHAL: Papal Registers in the Twelfth Century, in: Proceedings of the Seventh International Congress of Medieval Canon Law (Cambridge 23–27 July 1984), ed. by Peter LINEHAN, Città del Vaticano 1988 (MIC C: Subsidia 7), S. 136 Anm. 4 mit Literatur.

5 Zum *cartularium iuxta Palladium* und weiteren Literaturangaben siehe SCHIEFFER (wie Anm. 3) S. 175 und S. 177 sowie S. 182 zu einem Archiv im Patriarchium Lateranense und in der *turris cartularia* am Palatin, die in der «Collectio canonum» des Deusdedit genannt werden.

6 Theodor VON SICKEL: Das Privilegium Ottos I. für die Römische Kirche vom Jahre 962, Innsbruck 1883, S. 69ff. und S. 77ff. Der Umfang der Privilegiensammlung ist unbekannt, doch hat sie sicherlich Kapitel 184–289 des 3. Buchs der Sammlung Deusdedits in der Ausgabe Viktor WOLF VON GLANVELLS, Paderborn 1905, Neudr. Aalen 1967 enthalten; Horst FUHRMANN: Einfluß und Verbreitung der pseudoisidorischen Fälschungen, 3 Bde., Stuttgart 1972–1974 (MGH Schriften 24, I–III) Bd. 2, S. 517–519; Teresa MONTECCHI PALAZZI: Cencius Camerarius et la formation du 'Liber Censuum' de 1192, in: Mélanges de l'École Française de Rome 96 (1984) S. 49ff., hier S. 53ff., mit Literatur; Uta-Renate BLUMENTHAL: Cardinal Albinus of Albano and the *Digesta pauperis scolaris Albini:* MS Ottob. Lat. 3057, in: Archivum Historiae Pontificiae 20 (1982) S. 7–49 (Neudr. in DIES.: Papal Reform and Canon Law, Aldershot u.a. 1998, Nr. XVII); Teresa MONTECCHI PALAZZI: Formation et carrière d'un grand personnage de la Curie au XII siècle: le cardinal Albinus, in: Mélanges de l'École Française de Rome 98 (1986) S. 623–671; Paul FABRE: Étude sur le Liber Censuum de l'Église Romaine, Paris 1892 (Bibliothèque des Écoles Françaises d'Athènes et de Rome, 62); Le Liber Censuum de l'Église Romaine, publ. par Paul FABRE/Louis DUCHESNE, 2 Bde., Paris 1889–1910, Bd. 3 publ. par Louis DUCHESNE/Paul FABRE/Guy MOLLAT, Paris 1952 (Bibliothèque des Écoles Françaises d'Athènes et de Rome, 2e série).

7 Jane E. SAYERS: Papal Government and England during the Pontificate of Honorius III, 1216–1227, Cambridge 1984, S. 15.

Meine Bemerkungen heute beziehen sich erstens stichwortartig auf den Inhalt der Register in der Zeit bis ca. 1200, mit einer „losen und eher zufälligen Beziehung zwischen Papstdekretalen und Registern“ und ganz knapp auf die Periode Innozenz’ III. und Honorius’ III., in der man vergebens versuchte, Dekretalen von den Registern abhängig zu machen, wie Othmar Hageneder herausstellte.[8] Als Zweites werde ich mich in aller Kürze einigen Benutzern der Register zuwenden, deren Wertschätzung wir es verdanken, dass trotz des Untergangs aller frühen Register bis zu Innozenz Anfang des 13. Jhs. – mit Ausnahme der Teilabschrift des Registers Johannes’ VIII. und des Originalregisters Gregors VII. – auch heute noch zahlreiche, wenn auch geographisch weit verstreute Nachrichten zu den Registern des 11. und 12. Jhs. vorhanden sind. Als Drittes werde ich abschließend auf den «Liber Pontificalis» eingehen, der, wie man stets meint, Mitte bis Ende des 12. Jhs. in gewissem Sinn eine Verbindung mit den Registern einging, bevor er seinen ursprünglichen Platz in der antiken päpstlichen Verwaltung bald gänzlich verlor und nur noch historischen Zwecken diente.

2. Registerinhalt

Johannes Diaconus berichtet in seiner ‘Vita’ Gregors des Großen, dass Gregor ebenso viele Bücher (*libros*) im Archiv des Laterans (*scrinium*) zurückgelassen habe, wie er Jahre gelebt hätte – sicher ein Bezug auf die Jahre des Pontifikats. In der Zeit Hadrians I., so berichtet Johannes weiter, seien aus ihrer Gesamtmenge, den 14 Bänden, bestimmte *epistolae decretales* exzerpiert und in zwei Bänden nach einzelnen Indiktionen zusammengestellt worden.[9] Johannes Diaconus fand die besagten Gregor-Bände im Archiv als Codices vor, die durchblättert werden konnten, *charticii libri*, die also keine Papyrusrollen waren.[10]

Die Cassinenser Abschrift des Registers Papst Johannes’ VIII., der an dem Register Gregors I. so interessiert gewesen war, dass er die erwähnten Auszüge veranlasste, zeigt, dass das Original-Register dieses Papstes nach den gleichen

8 Othmar HAGENEDER: Papstregister und Dekretalenrecht, in: Recht und Schrift im Mittelalter, hg. von Peter CLASSEN, Sigmaringen 1977 (VuF, 23), S. 319–347, Zitat S. 319.

9 Vita Gregorii 4.71 = PL 75.223A-B; JASPER (wie Anm. 3) S. 70f. mit Literatur; HAGENEDER (wie Anm. 8) S. 322f.; beide mit ausführlichen Angaben zu den kritischen Editionen von Paul EWALD und Ludovicus M. HARTMANN (MGH Epp. 1 und 2) und von Dag NORBERG (CCL 140).

10 Vita Gregorii, Vorwort = PL 75.62C; JASPER (wie Anm. 3) S. 71, besonders Anm. 301; Dietrich LOHRMANN: Das Register Papst Johannes’ VIII. (872–882). Neue Studien zur Abschrift Reg. Vat. 1, zum verlorenen Originalregister und zum Diktat der Briefe, Tübingen 1968 (Bibliothek des Deutschen Historischen Instituts in Rom, 30), S. 186.

Prinzipien angelegt war wie das Register Gregors I. – und wie fast 200 Jahre später dasjenige Gregors VII., obwohl nicht mehr in Indiktionen unterteilt, sondern in Pontifikatsjahre.[11] Dieselbe Vielseitigkeit – Gregors Register enthielt Brief-Auslauf, gegebenenfalls Einlauf, Notizen wie den «Dictatus papae», ausnahmsweise Privilegien, narrative Passagen, Eide und vor allem Synodalprotokolle – war auch den anderen Registern des 11. und 12. Jhs. eigen, über die man seit dem Pontifikat Alexanders II. (1061–1073) wieder weiß. Allem Anschein nach fehlen Papstregister für die Zeit von Formosus (891–896) bis hin zu Papst Leo IX. (1049–1054), aber das sollte nicht so verstanden werden, als ob die Schriftlichkeit in der Kanzlei gänzlich aufgehört hätte. Rudolf Schieffer machte darauf aufmerksam, dass die Exzerpte Deusdedits aus den *tomi* des Lateran-Archivs (und in ganz seltenen Fällen der *turris cartularia*) genau aus den Jahren stammen, in denen wir nichts über Register hören.[12] Vielleicht die präziseste Beschreibung der Register von Alexander II. bis zu Alexander III. stammt aus einem Plädoyer der kanonistisch ungemein gelehrten und wendigen Prokuratoren der portugiesischen Metropole Braga von 1217.[13] Im Hinblick auf einen Brief Paschalis' II. schrieben sie wie folgt: „Der besagte Brief *Experientiam* findet sich ungefähr am Anfang des dritten Buches; und weil das erste Buch die *acta* des ersten Jahrgangs enthält, das zweite die des zweiten, das dritte die des dritten und so weiter, lässt sich das Datum des Briefes beweisen, nach Einsicht in das Buch und das Jahr des Papstes, und dem *anno dominico* sowie der Indiktion".[14] Das Gleiche treffe für alle anderen Register zu, wurde

---

11 Das Register Gregors VII., hg. von Erich CASPAR, 2 Bde., Berlin/Dublin/ Zürich 1920–1923, ³1967 (MGH Epp. sel. II, 1–2); Hartmut HOFFMANN: Zum Register und zu den Briefen Papst Gregors VII., in: DA 32 (1976) S. 86–130 mit ausführlicher Literatur. Eine englische Übersetzung des Registers stammt von Herbert Edward John COWDREY: The Register of Pope Gregory VII 1073–1085, Oxford/New York 2002; Vgl. Rudolf VON HECKEL: Das päpstliche und sicilische Registerwesen in vergleichender Darstellung mit besonderer Berücksichtigung der Ursprünge, in: AU 1 (1908) S. 371–501 und BLUMENTHAL: Papal Registers (wie Anm. 4) S. 135–151 (Neudr. wie Anm. 5, Nr. XV).

12 SCHIEFFER (wie Anm. 3) S. 183.

13 BLUMENTHAL: Papal Registers (wie Anm. 11) S. 137–145 zum Hintergrund des Braga-Prozesses mit ausführlicher Literatur; Peter FEIGE: Die Anfänge des portugiesischen Königtums und seiner Landeskirche, in: Gesammelte Aufsätze zur Kulturgeschichte Spaniens 29 (1978) S. 85–436 (Spanische Forschungen der Görresgesellschaft, 1. Reihe); Maria Cristina ALMEIDA E CUNHA: A chancelaria Arquiepiscopal de Braga 1071–1244, Noia 2005 (Serie Trivium, 15); vgl. auch Ingo FLEISCH: Sacerdotium – Regnum – Studium: Der westiberische Raum und die europäische Universitätskultur im Hochmittelalter, Münster 2006 (Geschichte und Kultur der Iberischen Welt, 4). Auch hier danke ich Herrn Fleisch verbindlich für die beiden letzten Hinweise.

14 Carl ERDMANN: Papsturkunden in Portugal, Berlin 1927 (AGG, Philologisch-Historische Klasse 20,3), Nr. 160, S. 381–384, Zitat S. 382; Uta-Renate BLUMENTHAL: Bemerkungen zum Register Papst Paschalis' II., in: QFIAB 66 (1986) S. 1–18, (Neudr. wie Anm. 5, Nr. XIII) S. 2f.

den Vertretern Bragas von den Schreibern der Register versichert. In der Tat lässt sich eine solche Anordnung der Materialien bei allen mir bekannten Registerbezügen öfter verfolgen, wenn die Sequenz nicht absichtlich unterbrochen wurde.

In der Argumentation Bragas im Primatsstreit mit Toledo spielte die Anordnung innerhalb der Register eine große Rolle, vor allem im Register Urbans II., da Briefe oder Urkunden zu seiner Zeit offensichtlich ohne Datierungen im Register standen.[15] Nach der Einnahme Toledos 1085 durch Alfons VI. erhielt Erzbischof Bernhard, den man aus Cluny geholt hatte, eine besondere Würde, die nach Urbans Worten der „besonderen Macht und Ehre seines Königs, der die anderen Könige übertraf, gleich sein sollte", indem er ihn 1088 zum Primas aller hispanischen *regna* ernannte[16]; allerdings mit Vorbehalt: *salva apostolice sedis auctoritate et metropolitanorum privilegiis singulorum.* Dieser Vorbehalt geriet in Toledo und dann auch in Rom in Vergessenheit, denn das Privileg war nicht registriert worden, und der Vorbehalt fiel in Bestätigungsurkunden aus.[17] Zum Ersatz musste sich Toledo 1217 vor Honorius III. als Beweis mit einer narrativen Notiz begnügen, die sinngemäß den Jahresschlussberichten im Register Gregors VII. sowie Passagen in einem Registerauszug für Paschalis II. entspricht.[18]

Weshalb wurden Privilegien meistens nicht registriert? Die Behauptung, dass es neben den regulären Registern Privilegienregister gegeben habe, ist deswegen so schwer zu widerlegen, weil es auch Ausnahmen gegeben hat. So enthielt das Register Papst Alexanders II. neben Briefen auch zumindest ein Privileg, wie sich aus einem Transsumpt Honorius' III. ergibt. Es war von Alexander für St. Stephan in Caen ausgestellt worden (JL 4644). Honorius

---

15 BLUMENTHAL: Papal Registers (wie Anm. 11) S. 141; Robert SOMERVILLE with the collaboration of Stephan KUTTNER: Pope Urban II, the *Collectio Britannica* and the Council of Melfi (1089), Oxford 1996, S. 234 Anm. 17 zu anderen Registerresten Urbans.

16 FEIGE (wie Anm. 13) S. 104–110 sowie S. 357 Anm. 45, zum westgotischen Hintergrund; Alfons BECKER: Papst Urban II., 2 Bde., Stuttgart 1964–1988 (MGH Schriften 19, I–II), Bd. 1, S. 239 und Anm. 897; Urbans Privileg für Ebf. Bernhard von Toledo (JL 5366) = Toledo, Archivo de la Catedral, X.7. A.1.1, ist ediert bei Francisco J. HERNÁNDEZ: Los cartularios de Toledo: Catálogo documental, Madrid 1985 (Monumenta Ecclesiae Toletanae Historica I, 1), S. 480, Nr. 538.

17 Erst mit dem Primatsprivileg Honorius' II. für Ebf. Raimund von Toledo (JL 7231) fehlte die Formel. FEIGE (wie Anm. 13) S. 106.

18 BLUMENTHAL: Papal Registers (wie Anm. 11) S. 139–141 mit Literatur. Zur «Collectio Britannica» vgl. Klaus HERBERS: Leo IV. und das Papsttum in der Mitte des 9. Jahrhunderts. Möglichkeiten und Grenzen päpstlicher Herrschaft in der späten Karolingerzeit, Stuttgart 1996 (Päpste und Papsttum, 27), S. 49–91 und jetzt auch Christof ROLKER: History and Canon Law in the *Collectio Britannica:* A New Date for London, BL Add. 8873, in: Bishops, Texts and the Use of Canon Law around 1100. Essays in Honour of Martin Brett, ed. by Bruce C. BRASINGTON/Kathleen G. CUSHING, Aldershot 2008 (Church, Faith and Culture in the Medieval West), S. 141–152.

bestätigte es *sicut in eius prospeximus contineri regesto.*[19] St. Stephan in Caen hatte Glück, denn wie auch unter Gregor VII. waren viele Privilegien Alexanders ebenfalls nicht in dessen Register zu finden. Bei Streitsachen mussten die Parteien die Privilegien nach Rom mitbringen, wie zum Beispiel unter Gregor VII. Erzbischof Richer von Sens und Bischof Rainer von Orléans (Reg. 4.9)[20], wobei Gregor dann recht selbstherrlich über ihre Gültigkeit entschied. Im November 1073 verweigerte er dem Kloster Santa Maria di Butrio die Bestätigung einer Urkunde „mit dem Namen Alexanders" wie es im Register Gregors äußerst vorsichtig heißt, die ihm vorgelegt wurde. Der Grund für die Ablehnung war das korrupte Latein und die Variationen unter den darin angeführten kanonistischen *auctoritates* (Reg. 1.33), sinngemäß waren es also damals schon die gleichen Kriterien wie für die Konstitutionen Alexanders III. (Liber X 2.22.2) und Innozenz' III. (Liber X 5.20.4). Das Privileg Alexanders II. für die Abtei Hirsau akzeptierte Gregor zwar, aber nur um es sofort zu widerrufen und es feierlich für immer und ewig ungültig zu erklären (Reg. 7.24).[21] Dieser viel besprochene Widerruf hatte politische oder besser ideologische Gründe, aber die allgemeine Skepsis Gregors VII. gegenüber Privilegien beruhte wohl eher auf Menschenkenntnis, wie man im Hinblick auf zahllose Fälschungen gerade von Privilegien zugeben muss. Dies wird aus meinem letzten Beispiel aus Gregors Pontifikat klar. Gregor ließ zwar ein heute nicht mehr erhaltenes Privileg für La Chaise-Dieu vorbehaltlich gelten, übertrug aber dessen Überprüfung Hugo von Lyon. Es sei zu vernichten, falls Hugo Betrug feststellen sollte, da, schrieb Gregor, „du selbst weißt, dass bei meinem Vorgänger gar manches erschlichen worden ist." (Reg. 9.19).

Trotz der für uns befremdlich wirkenden Behandlung von Privilegien – manchmal wurden sie eingetragen, manchmal nicht – wurde die Registerführung, die dem Kanzler und seinen Schreibern anvertraut war, aber anscheinend mit Sorgfalt betrieben. Dies zeigt sich in einer Notiz über Verhandlungen, die der damalige Legat Rainer von San Clemente 1090 von Narbonne über Toulouse und León, wo er ebenfalls Konzilien feierte, zurück nach Rom brachte. Die Notiz betrifft Auseinandersetzungen der Bischöfe von Narbonne, Barcelona und Carcassonne mit Abt Frotard von St-Pons-de-Thomières um das Kloster San Cugat. Rainer durchschlug den Knoten, indem er San Cugat zum Eigentum des Hl. Stuhls erklärte.[22] Rainers Entscheidung wurde im Juni 1091

19 Tilmann SCHMIDT: Alexander II. und die römische Reform-Gruppe seiner Zeit, Stuttgart 1977 (Päpste und Papsttum, 11), S. 234 und Anm. 69.

20 Die Ziffern in Parenthese beziehen sich auf die Ausgabe CASPARs: Das Register (wie Anm. 11).

21 Zuletzt Uta-Renate BLUMENTHAL: Gregor VII. Papst zwischen Canossa und Kirchenreform, Darmstadt 2001 (Gestalten des Mittelalters und der Renaissance), S. 266ff. mit ausführlicher Literatur.

22 Carlo SERVATIUS: Paschalis II. (1099–1118). Studien zu seiner Person und seiner Politik, Stuttgart 1979 (Päpste und Papsttum, 14), S. 20–23; BLUMENTHAL: Papal Registers (wie Anm. 11) S. 144f. und Anm. 42 auf S. 145 zum Titel *kamerarius*.

durch die Erzbischöfe von Bordeaux und Grenoble bestätigt und durch Rainer, oder vielmehr seinem *kamerarius,* in das Register Urbans II. eingenäht (*Hoc est in quadam cedula consuta in regestro Urbani secundi*), so beschrieb der Mönch von San Cugat später, was er in Rom vorgefunden und für sein Kloster kopiert hatte.[23] Das Register Urbans bestand also von Anfang an bereits aus zusammengenähten Lagen, wie das vielleicht auch für Gregor VII. zutrifft, denn sonst wäre die als «Dictatus papae» berühmte Notiz, die auf einem Folio viel kleineren Formats steht, sicher verloren gegangen (Reg. 2. 55a).[24]

3. Die Benutzer

Die Notiz aus Narbonne zu San Cugat stellt einen Gerichtsentscheid dar, eine *sententia,* die registriert wurde, obwohl sie auf ein Legatenurteil im fernen Narbonne zurückging. Der Inhalt des Papstregisters des 12. Jhs. wird auch in diesem Teil des Vortrags noch deutlich werden, in dem ich mich einzelnen Benutzergruppen kurz zuwenden will. Jeder Hinweis auf ein Register ist selbstverständlich auch ein Hinweis auf einen Benutzer, aber es ergibt sich eine andere Perspektive, die den Blick auf die allgemeinen Interessen lenkt, denen päpstliche Bücher entgegen kamen und zum Vorbild wurden. Zunächst zu einem Papst selbst als Benutzer: Der älteste Hinweis in der «Collectio Avellana» von ca. 550 ist ein Brief Papst Pelagius' II. aus den Jahren 585/586, der von Briefen Papst Leos I. spricht, die *ex codicibus et ex antiquis polypticis scrinii sanctae sedis apostolicae* stammten.[25] Die Register Leos I. (440–461) und Felix' III. (483–492) waren unter den Bänden, die in der zweiten Hälfte des 11. Jhs. abgeschrieben wurden. Hadrian I. (772–795) hatte sich um die Register des Großen Gregors bemüht, wie Johannes Diaconus berichtete. Doch schon vor Hadrian wurden sie um 725 von Nothelm, einem englischen Priester aus Canterbury, sowie von weiteren namenlosen Kanonisten, denen wir zwei weitere Auszüge verdanken, durchforscht. Nothelm schrieb alles ab, was, wie er meinte, für den Benediktiner Beda im fernen Kloster Wearmouth im Norden Englands für seine Geschichte der Angelsachsen und ihrer Missionierung von Interesse sein könnte.[26] Die Briefe Gregors bildeten bekanntlich die institutionelle Grundlage für die englische Kirche, insbesondere im Hinblick

---

23 Paul F. KEHR: Papsturkunden in Spanien. Vorarbeiten zur Hispania pontificia, I: Katalanien, Berlin 1926 (AGG, Philologisch-Historische Klasse/ NF 18,2), S. 279f., Nr. 18.

24 Vgl. aber Erich CASPAR: Studien zum Register Gregors VII., in: NA 38 (1913) S. 145–226, S. 161, der von „einer Reihe von ursprünglich wohl lose zusammengelegten Pergamentlagen verschiedenen Umfangs ..." spricht.

25 JASPER (wie Anm. 3) S. 83ff.; HAGENEDER (wie Anm. 8) S. 320f.

26 Bede's Ecclesiastical History of the English People, ed. by Bertram COLGRAVE/R. A. B. MYNORS, Oxford/New York ^{2}1991, Vorwort Bedas.

auf die Schaffung von zwei Erzdiözesen, Canterbury und York.[27] Die Rangstreitigkeiten zwischen beiden betrafen besonders das 11. und 12. Jh. mit erheblichen Auswirkungen auf die englische königliche Politik einerseits und auf das Papsttum andererseits. Die Fälschungen, die dabei entstanden, sind berüchtigt. Auch diese zeigen den ungeheuren Einfluss und die Bedeutung der Papstregister, obwohl dieser Punkt hier nicht verfolgt werden kann.[28]

Papst Johannes VIII. (872–882), der Auftraggeber der Gregor-'Vita' des Johannes Diaconus, hat offensichtlich Gregors Register geschätzt, nicht zuletzt auch als Vorlage für sein eigenes Register. Das Register Johannes' VIII. wiederum wurde mehr als 100 Jahre später von Abt Desiderius von Montecassino durchgesehen, denn wie auch die Register Leos I. und Felix' III. übergab er es zweien seiner Mönche zur Abschrift. Dietrich Lohrmann hat sehr einleuchtend gezeigt, dass sie im Kloster Santa Maria in Pallara am Palatin gewirkt haben. Desiderius erhielt dieses Kloster von Papst Alexander II. im Tausch gegen Santa Croce in Gerusalemme[29], eine interessante Einzelheit, denn es war ja gerade unter Alexander II., dass die Anlegung von Papstregistern wieder aufgenommen wurde. Der Zusammenhang lässt sich nur vermuten, aber hat doch große Wahrscheinlichkeit für sich, denn unter Leo IX. (1049–1054) hat es nachweislich noch keine Register gegeben. Sollte Desiderius, Abt von Montecassino seit 1058 und trotz seiner Wahl als Papst Viktor III. in diesem Amt bis zu seinem Tod 1087 einer der ersten Benutzer der Register zur Zeit der Kirchenreform im 11. Jh. gewesen sein?[30]

Montecassinos Anteil am Registerwesen erstreckt sich auch auf die Anlage, nicht nur das Abschreiben von Registern, zumindest für Urban II. Dieses wurde durch einen Cassinenser Mönch namens Leo geführt, der unter Paschalis II. Kardinaldiakon von SS. Vito e Modesto wurde, sich um 1100 schlicht *scriptor* nannte und später auch datierte.[31] Viel bekannter als Leo ist ein weiterer, bereits erwähnter Mönch aus Montecassino, Johannes von Gaeta, der, so vermutet Lohrmann, bereits unter seinem Abt Viktor III. an Registern arbeitete, unter Paschalis Kanzler wurde und dann dessen Nachfolger als Gelasius II. (S.

27 JE 1829, Gregorii I Registrum XI, 39 (ed. EWALD-HARTMANN 2, S. 311ff.; ed. NORBERG S. 934f.) = Bede, Ecclesiastical History, I. 29.

28 Vgl. Beate SCHILLING: Guido von Vienne – Papst Calixt II., Hannover 1998 (MGH Schriften 45), S. 433–438 mit Literaturangaben. Besonders zu beachten ist hier ihr Hinweis auf S. 436 Anm. 240, dass Papst Gelasius II. – der frühere Cassinenser Mönch und Kanzler Johannes von Gaeta – die Register auf seiner Flucht nach Frankreich mitgenommen haben muss. Sie sind dann wohl mit Calixt II. nach Rom zurückgekehrt.

29 LOHRMANN: Das Register (wie Anm. 10) S. 102–109 sowie S. 109–117 zu Desiderius.

30 Vgl. Herbert Edward John COWDREY: The Age of Abbot Desiderius. Montecassino, the Papacy, and the Normans in the Eleventh and Early Twelfth Centuries, Oxford 1983, S. 19–22 allgemein zum Skriptorium der Abtei.

31 LOHRMANN: Das Register (wie Anm. 10) S. 99 mit Literatur; Rudolf HÜLS: Kardinäle, Klerus und Kirchen Roms 1049–1130, Tübingen 1977 (Bibliothek des Deutschen Historischen Instituts in Rom, 48), S. 243f.

87–94). Bei den engen Beziehungen zwischen Montecassino und der päpstlichen Kanzlei in der zweiten Hälfte des 11. Jhs. war die Abschreibearbeit durch die Cassinenser Mönche in Santa Maria in Pallara ohne weiteres möglich. Noch heute steht ihre Arbeit am Register Johannes' VIII. als Registrum Vaticanum I in schöner Beneventana im Schrank des Archivio Segreto. Es handelte sich nur um eine Teilabschrift, und zwar nur derjenigen Registerjahre, die aufgrund der Beziehungen Montecassinos zur griechischen Welt für Abt Desiderius von Interesse waren. Sowohl das Original Johannes' VIII. als auch die Kopie waren interessanterweise den Kanonisten Deusdedit und – weniger bemerkenswert – Ivo von Chartres unbekannt, denn ihre Quelle für das photianische Konzil von 879 war nicht das Register, sondern die folgenschwer verfälschten griechischen Konzilsakten in ihrer lateinischen Rückübersetzung.[32] Wegen der Wirren in Rom um 1100 ist es wahrscheinlich, dass die cassinensische Abschrift in Santa Maria in Pallara in Rom verblieb. Weder Leo von Ostia in seiner Chronik von Montecassino noch Petrus Diaconus zitieren Johannes-Briefe. Interessenten, und zwar waren es, wie Randbemerkungen zeigen, Rechtsgelehrte, fand das Register erst um 1260, als die Abschrift wieder aufgefunden wurde. Damals ging sie auch in den Besitz der Päpste über. Im Katalog der Bibliothek Bonifaz' VIII. von 1295 wurde sie verzeichnet.[33] Wir brauchen uns nicht zu fragen, weshalb die «Collectio Britannica» aus dem frühen 12. Jh., die ob ihrer vielen Registerauszüge berühmt ist, nichts zu Johannes VIII. zu sagen hat.

Hiermit komme ich auf eine weitere Benutzergruppe zu sprechen, Kanonisten und Dekretisten. In den bisher vorgestellten Beispielen waren die Motive der Benutzer generell historischer und vielleicht kann man sagen praktischer Art, denn es scheint zu stimmen, dass die alten Register direkt als Vorbild galten und die zeitgenössischen zum täglichen Gebrauch da waren. Es waren Handexemplare. Gregor VII. jedenfalls hat sein Register, das größtenteils durch seinen Kanzler Petrus geschrieben wurde, auf diese Weise benutzt. So ließ er aus dem Register, so darf man annehmen, eine Abschrift eines seiner früheren Briefe an Rainer von Orléans machen und schickte diese zur Kenntnisnahme an Erzbischof Richer von Sens (Reg. 4.9), und sein zweiter Rechtfertigungsbrief an Hermann von Metz benutzte den ersten als Vorlage (Reg. 8.21).[34] Die fast sämtlich in Rom gehaltenen Konzilien Gregors VII., von weit her besucht, veranlassten nicht nur eine rege Registriertätigkeit – sowohl Lohrmann für Johannes VIII. als auch Caspar für Gregor VII. konstatieren schubweise Registrierung – sondern boten auch vielerseits Gelegenheit für Teilnehmer, das Register einzusehen und auszuschreiben. Auf diese Weise wurden synodale Beschlüsse sowie auch Briefe nördlich der Alpen schnellstens

---

32 LOHRMANN: Das Register (wie Anm. 10) S. 113f.

33 LOHRMANN: Das Register (wie Anm. 10) S. 127f.

34 Stefan BEULERTZ: Gregor VII. als 'Publizist'. Zur Wirkung des Schreibens Reg. VIII, 21, in: Archivum Historiae Pontificiae 32 (1994) S. 7–29.

bekannt.[35] Als Beispiel erwähnt sei der Kanonist und Chronist Bernold von Konstanz, bekanntlich ein glühender Verehrer Gregors, der unter anderem die «74-Titel-Sammlung» 'vervollständigte', das heißt, sie mit den neuesten Dekreten Gregors VII., die von ihm überarbeitet worden waren, versah und in dieser neuen Fassung verbreitete.[36] Das Register Gregors war im ganzen 12. Jh. ein viel gelesenes Buch, wie die vielen Randvermerke und die Rubriken beweisen. Namentlich bekannt von diesen Benutzern in Rom, die Konzilsteilnehmer erwähnte ich bereits generell, ist nur Kardinal Deusdedit, ein gebürtiger Südfranzose, ein gelehrter Dichter und Musiker, der aber bereits im Alter von 30 Jahren seine Titelkirche San Pietro in Vincoli inne hatte, ein Amt zu dem ihn Gregor VII. vor 1078 ernannt hatte.[37] Er starb 1098/99 in Rom. Seine Kanonessammlung beendete er im Jahr 1087 und widmete sie Viktor III. Etwas später schrieb er einen «Liber contra simoniacos», in dem er zum Teil die gleichen Quellen verwandte wie in der Kanonessammlung, aber ohne diese zu erweitern oder zu verkürzen, wie er dies in der Sammlung tat. Es ist daher wohl nicht richtig, wenn diese Texteingriffe, die ihm oft zum Vorwurf gemacht werden, so ausgelegt werden, als ob Deusdedit die Register gar nicht benutzt, sondern sich nur auf Auszüge verlassen hätte. Als enger Mitarbeiter und gelehrter Freund Gregors war er natürlich in der Lage, auch abgelegene Quellen aufzuspüren und heranzuziehen, die heute sonst nirgends mehr greifbar sind. Der Historiker ist ihm dafür sehr dankbar, aber nicht zu vergessen sind seine Texteingriffe. Er selbst hatte in seiner Widmung an Papst Viktor III. streng irgendwelche Änderungen an seinem Werk verboten. Er wusste sehr genau, wie sinnentstellend derartige Eingriffe wirken konnten! Es ist also nicht einfach, den Quellen seiner Texte auf die Spur zu kommen, wie der Stillstand der Editionsarbeiten beweist. Zu allem kommt dann noch, dass die einzige vollständige Handschrift des Werks zweifellos korrupt ist. Bei aller gebotenen Vorsicht, die meiner Ansicht nach manchmal zu weit führt, ist aber daran festzuhalten, dass diesem engen Mitarbeiter Gregors VII., Viktors III. und Urbans II. die römischen Archive weit offen standen, die er im eigenen wie im Inte-

35 Vgl. BLUMENTHAL: Gregor VII. (wie Anm. 21) S. 143–150.

36 Johanna AUTENRIETH: Bernold von Konstanz und die erweiterte 74-Titelsammlung, in: DA 14 (1958) S. 375–394; DIES.: Die Domschule von Konstanz, Stuttgart 1956; I. S. ROBINSON: Zur Arbeitsweise Bernolds von Konstanz und seines Kreises. Untersuchungen zum Schlettstädter Codex 13, in: DA 34 (1978) S. 51–122.

37 Die Kanonessammlung des Kardinals Deusdedit, hg. von Victor WOLF VON GLANVELL, Paderborn 1905 (Neudr. Aalen 1967), S. IX–XIX; Walther HOLTZMANN: Kardinal Deusdedit als Dichter, in: HJb 57 (1937) S. 217–232 (Neudr. in: DERS.: Beiträge zur Reichs- und Papstgeschichte, Bonn 1957 (Bonner Historische Forschungen, 8); Hans VAN DE WOUW: Deusdedit, in: LMA 3 (1986), Sp. 739f.; Lotte KÉRY: Canonical Collections of the Early Middle Ages (c. 400–1140). A Biographical Guide to the Manuscripts and Literature, Washington D. C. 1999 (History of Medieval Canon Law), S. 228–233; Linda FOWLER-MAGERL: *Clavis Canonum*: Selected Canon Law Collections Before 1140 (Access with data processing), Hannover 2005 (MGH Hilfsmittel, 21), S. 160–163.

resse der Päpste gründlich durchsucht haben muss, selbst wenn Santa Maria in Pallara mit der Registerabschrift Johannes' VIII. nicht dazu gehört hat. Es kann nicht bezweifelt werden, dass er unter anderem auch Papstregister – im Original oder in Abschriften – benutzt hat. An 39 Stellen beruft Deusdedit sich auf Papstregister, jedes Mal unter der Bezeichnung *registrum*, und wenn Inskriptionen wie *item in eodem* mitgerechnet werden, besteht rund ein Siebtel seiner Sammlung aus solchen Zitaten[38], die aus den Codices der Päpste von Gelasius I. (2.54) bis zu Gregor VII. stammen. Mehrere der Stücke stehen nur hier und in der «Collectio Britannica», aber in textlich unabhängiger Form, obwohl die «Collectio Britannica» die Kanonessammlung Deusdedits ausgeschrieben hat.[39] Man schließt deswegen entweder auf eine gemeinsame Zwischenquelle oder, und dies gilt als das Wahrscheinlichste, auf ein besseres Exemplar der «Britannica» als heute in der Hs. London, BL Add.8873 vorhanden. Diese Vermutung wurde besonders durch die Forschungen Martin Bretts und Robert Somervilles zur Sammlung Paris, Arsenal 713B bestärkt, die auf Beziehungen der Arsenal-Sammlung zur «Britannica» und zu den Werken Ivos von Chartres, insbesondere «Tripartita A», schließen lassen.[40] Dies ist wegen der impliziten Beziehungen zwischen Rom und dem nördlichen Frankreich von Interesse und beweist deutlich, dass die «Collectio Britannica», wie sie in der Londoner Hs, BL Add. 8873 vorliegt, in Stufen entstanden ist.[41] Klaus Herbers hat die Exzerpte für Leo IV. scharfsinnig analysiert und kam unabhängig zum gleichen Ergebnis, da unter den Leo IV. betreffenden Stücken in der «Britannica» Verfälschungen auftauchen, die nicht dem Register entstammen können. Er schloss auf „mehrere (nicht mehr rekonstruierbare) Stufen, die von der Ablage päpstlichen Schriftgutes im *scrinium* bis zur Abfassung weiterer Zwischensammlungen reichten und eine Mehrstufigkeit der Zusammenstellung der Leofragmente vom 9.–11. Jh. nahelegten."[42] Die kürzeren oder längeren Zwischensammlungen, Zusammenstellungen der verschiedensten Art – theologisch, liturgisch, literarisch oder kanonistisch – sind besonders problematisch, da sie mit zwei Ausnahmen, der «Britannica» und der «Collectio Barberiniana», aus dieser frühen Zeit selbst nicht mehr existieren, aber in den verschiedensten Werken ihre Spuren hinterlassen haben.[43] Deusdedit selbst zeigt an, dass er

---

38 SCHIEFFER (wie Anm. 3) S. 173f.; HAGENEDER (wie Anm. 8) S. 324.

39 Grundlegend zur «Collectio Britannica» sind Paul EWALD: Die Papstbriefe der Britischen Sammlung, in: NA 5 (1880) S. 275–414 und S. 505–596; SOMERVILLE (wie Anm. 15) S. 3–21; HERBERS und ROLKER (wie Anm. 18).

40 Martin BRETT: The Sources and Influence of Paris, Bibliothèque de l'Arsenal 713, in: Proceedings of the Ninth International Congress of Medieval Canon Law, ed. by Peter LANDAU/Jörg MÜLLER, Città del Vaticano 1997 (MIC C: Subsidia 9), S. 149–167; SOMERVILLE (wie Anm. 15) S. 16–21.

41 ROLKER (wie Anm. 18) bes. S. 143–148.

42 HERBERS (wie Anm. 18) S. 89.

43 FUHRMANN: Einfluss (wie Anm. 6) Bd. 2, S. 522–528 und S. 529–533 zu Zwischensammlungen.

unter anderem in der Tat auch Zwischensammlungen ausschrieb. In der Rubrik zu cap. 106, Buch III, heißt es – um nur ein Beispiel zu nennen – in Bezug auf das Register Gregors I.: „Dieses Privileg, das einem Ravennater Kloster verliehen wurde, wird im Register gelesen und einige Dinge sind ihm hinzugefügt worden, die das Gegenteil der Kanones und auch seines [Gregors] Registers besagen.“ Die Fälschung, die er mit diesen Worten übernimmt, ist zum Teil reine Erfindung zugunsten von Mönchen, aber mit echten Absätzen aus verschiedenen Briefen Gregors I. durchsetzt. Sie hat den Weg in mehrere der bekanntesten kanonistischen Werke der Kirchenreform des 11. Jhs. gefunden, von der «74-Titel-Sammlung» (4.39) bis zu Anselm von Lucca (5.54) und dem «Decretum Gratiani» (cf. C.18 q.2 c.5). [44] Doch die Warnung vor dem Text findet sich nur in der Rubrik, die Deusdedit zwischen cap. III.105 und III.106 in der Ausgabe Glanvells eingeschoben hat (S. 315). Wie sorgfältig wir auf Deusdedits Rubriken und Inskriptionen achten sollten, hat schon vor Jahren Rudolf Schieffer in Bezug auf die Bezeichnung der Quellen als *tomi carticii* (3.191–207) gezeigt, die einen Teil der großen Sammlung zu den dinglichen Rechten der römischen Kirche ausmachen, die Ende des 12. Jhs. von Kardinal Albinus und Cencius Savelli zusammen mit Bosos ähnlicher Zusammenstellung übernommen wurde, und die Schieffer überzeugend als „Urkundenformen ‘unterhalb’ der Stufe förmlicher Papstprivilegien“ identifizierte.[45] Es lässt sich bisher noch nicht beweisen, dass Deusdedit die Besitztitel-Sammlung selbst zusammengestellt hat[46], aber auf jeden Fall ist er der aufmerksamste und älteste bekannte Besucher des Archivs im *Patriarchium Lateranense* und in ganz vereinzelten Fällen in der *turris cartularia* am Palatin gewesen. Abschließend noch ein letzter Beweis für die im Allgemeinen sorgfältige Arbeitsweise des Kardinals: Gregor VII. ist selten gereist. Eine Ausnahme ist der bekannte Aufenthalt in Canossa. Damals stockte das Registriergeschäft in der Kanzlei und nur die *promissio Canusina* Heinrichs IV. und das Schreiben, mit dem sie nach Deutschland übermittelt wurde, hat man eingetragen, und zwar nach dem Konzept, wie das Fehlen von Bekräftigungsformel und Zeugenliste beweisen

44 JE †1366 (*Quam sit necessarium*). Reiche Literaturangaben zu pro-monastischen Fälschungen bei John GILCHRIST: The Influence of the Monastic Forgeries attributed to Pope Gregory I (JE †1951) and Boniface IV (JE †1996), in: Fälschungen im Mittelalter. Internationaler Kongress der Monumenta Germaniae Historica (München, 16.–19. September 1986), Teil II: Gefälschte Rechtstexte, Der bestrafte Fälscher, Hannover 1988 (Schriften der MGH/ 33, 1–5), S. 263–287.

45 SCHIEFFER (wie Anm. 3) S. 176ff., Zitat S. 182.

46 HAGENEDER (wie Anm. 8) beurteilt die Leistung Deusdedits sehr skeptisch und räumt lediglich ein, dass er, wenn überhaupt, nur das Register Gregors VII. benutzt habe (S. 323). Zur Privilegiensammlung s. a. Anm. 5 oben; Uta-Renate BLUMENTHAL: Reflections on the influence of the *Collectio canonum* of Cardinal Deusdedit, in: Mélanges en l'honneur d'Anne Lefebvre-Teillard, publ. par Bernard D'ALTEROCHE/Florence DEMOULIN-AUZARY/Olivier DESCAMPS/Franck ROUMY (im Druck) neigt zur gegenteiligen Annahme, wie das eigentlich auch für SCHIEFFER (wie Anm. 3) zutrifft.

(Reg. 4.12 und 12a). Das Original aber muss nach Rom zurück gebracht und im Archiv aufbewahrt worden sein, denn Deusdedit hat es mit vollem Protokoll in seine Sammlung aufgenommen.[47] Der Kämmerer Boso zur Zeit Eugens III. sowie Albinus und Cencius Savelli taten gut daran, den Spuren Deusdedits zu folgen.

Als letzte, allerdings wohl wichtigste Gruppe von Benutzern der Register des 12. Jhs. möchte ich kurz noch an die vielen Kontrahenten erinnern, die nach Rom appellierten, um sich Recht zu verschaffen oder Unrecht wieder aufheben zu lassen. Die Schwierigkeiten und hohen Kosten eines solchen Rom-Besuchs schildert die Erzählung Hariulfs, Abt des flandrischen Klosters Oudenburg, das sich nicht von St. Médard in Soissons vereinnahmen lassen wollte[48], und neben zahlreichen weiteren Quellen der wesentlich spätere Bericht des Thomas von Marlborough, Mönch der Abtei Evesham, die vor der Kurie erfolgreich die Exemtion aus der Diözese Worcester reklamierte und dabei die berühmten Bleisiegel mit zwei Urkunden Papst Konstantins vorlegte, auf die sogar Innozenz III. hereinfiel.[49]

Oben wurde bereits auf die ungewöhnlich reichhaltigen und durch juristisch exakte Beschreibungen der Verhandlungen und der benutzten Unterlagen sehr wertvollen Dokumente in den Archiven Bragas, Lissabons und Toledos hingewiesen. Ich möchte dieses Material, das zum Teil schon Paul Kehr bekannt war, von Peter Feige auszugsweise veröffentlicht und von Ludwig Vones, Michael Horn, Ingo Fleisch sowie nicht zuletzt von Peter Linehan diskutiert wurde, nicht noch einmal aufrollen, aber doch an die vielseitigen Benutzerspuren im Zusammenhang mit den verschiedenen hispanischen Pro-

47 CASPAR: Studien (wie Anm. 24) S. 196.

48 Ernst MÜLLER: Der Bericht des Abtes Hariulf von Oudenburg über seine Prozessverhandlungen an der römischen Kurie im Jahre 1141, in: NA 48 (1930) S. 97–115. Der Bericht illustriert wie 'Originale' wieder nach Rom zurückkehren konnten. Chronique de l'abbaye de Saint-Riquier, publ. par Ferdinand LOT, Paris 1894, bes. die Einleitung zum Leben Hariulfs. Pascale BOURGAIN: Hariluf v. St.-Riquier, in: LMA 4 (1989), Sp. 1938.

49 JE †2147 und JE †2149. Reg. VIII, 205 (204), in: Die Register Innozenz' III., 8. Band, 8. Pontifikatsjahr 1205/06, hg. von Othmar HAGENEDER/Andrea SOMMERLECHNER, Wien 2001 (Publikationen des Historischen Instituts beim Österreichischen Kulturinstitut in Rom, II. Abteilung Quellen, 1. Reihe), S. 351–357; Chronicon Abbatiae de Evesham, ed. by William D. MACRAY, London 1863 (RS 29), S. 141–200, hier besonders S. 154–158 sowie S. 179–183; Max SPAETHEN: Giraldus Cambrensis und Thomas von Evesham über die von ihnen an der Kurie geführten Prozesse, in: NA 31 (1906) S. 689–708; Jane E. SAYERS: 'Original', Cartulary and Chronicle: the Case of the Abbey of Evesham, in: Fälschungen im Mittelalter (wie Anm. 43) Teil IV/II, S. 371–395, besonders S. 371f., 380 und 394; Christopher Robert CHENEY: Pope Innocent III and England, Stuttgart 1976 (Päpste und Papsttum, 9), besonders S. 199, Anm. 81, mit dem Hinweis, dass die beiden Urkunden von 709 und 713 wahrscheinlich in den ersten beiden Jahrzehnten des 12. Jhs. gefälscht wurden.

zessen erinnern, da hier in vielen Fällen die Beteiligten namentlich bekannt sind, eine hohe Zahl von Registern herangezogen wurde und der historische Zusammenhang rekonstruiert werden kann.[50] Nichts kann den Einfluss der kurialen schriftlichen Praxis in der europäischen Politik des 12. Jhs. besser verdeutlichen. Hochinteressant sind die vielen Verhandlungen um den Besitzstreit zwischen den Diözesen Huesca und Roda-Lérida und die Eroberung Barbastros. Doch reicht die Zeit für Einzelheiten, die vielen von Ihnen sicher auch bekannt sind, leider nicht. Nur eine Frage; wie hätte die Spanienpolitik wohl ohne Papstregister ausgesehen?

4. «Liber Pontificalis»

Berufungen und Verlass auf die päpstlichen Register bei Rechtsstreitigkeiten erreichten unter Innozenz III. und Honorius III. ihren Höhepunkt, bevor die Berufung auf sie durch das päpstliche Dekretalenrecht gänzlich verdrängt wurde, eine Bewegung, die sich seit der Zeit Alexanders III., aus dessen Register zwei Dekretalenbände exzerpiert wurden, mit Riesenschritten entwickelt hatte. Das heißt aber nur, dass die nunmehr hoch entwickelte Jurisprudenz die Register zu unhandlich und unpraktisch fand. Sie waren keineswegs überholt, sondern wurden weitergeführt, ein ruhender Pol in der sich schnellstens und ständig wandelnden Kanzlei und Kurie. Ganz anders steht es um den «Liber Pontificalis», einer ehrwürdigen Tradition der Kurie. Das Bemühen der Reformer des 11. Jhs., das Ideal einer von ihnen erträumten Urkirche wiederherzustellen, hatte zu einer intensiven Durchforschung der kirchlichen, vor allem römischen Archive geführt, wie schon im Zusammenhang mit Deusdedit erwähnt. Damit wurde auch der alte «Liber Pontificalis» wieder entdeckt, die *gesta pontificum*, die kaum, wenn überhaupt in den Registern zu finden waren, sondern eben in den Werken der quasi-offiziellen päpstlichen Geschichtsschreibung. In verschiedenen Stadien war aus Katalogen eine im Allgemeinen gleich bleibende Struktur für Einträge unter den Namen der einzelnen Päpste entstanden.[51] Damit vermischt finden sich mehr oder minder ausführliche Berichte, meist sehr schmeichelnder aber zuweilen auch kritischer Art. Autorennamen haben wir so gut wie nicht, aber aufgrund der benutzten Quellen – Registern und Rechnungsbüchern – darf man annehmen, dass die Zusammenstellungen und Erzählungen durch Kleriker der Kanzlei oder des *vestarariums*, wie Klaus Herbers zum Beispiel für die 'Vita' Leos IV. zeigte, erfolgten. Ungefähr um die gleiche Zeit wie die Register im 11. Jh. wurde auch der «Liber Pontificalis» wieder entdeckt. Petrus Damiani, Anselm von Lucca und

---

50 BLUMENTHAL: Papal Registers (wie Anm. 11) besonders S. 137–144.

51 Harald ZIMMERMANN: Liber Pontificalis, in: LMA 5 (1991), Sp. 1946f.; HERBERS (wie Anm. 18) S. 12–48 analysiert den «Liber Pontificalis» detailliert im Zusammenhang mit der 'Vita' Leos IV.

Deusdedit, um nur einige Namen zu nennen, machten ausgiebig Gebrauch vom alten «Liber Pontificalis», wobei sie eine Mischung aus Passagen des «Liber Pontificalis» mit Auszügen aus den Pseudo-Isidorischen Dekretalen herstellten. Duchesne hielt von allem nichts: „...il n'ont rien fait, ni l'un ni l'autre, pour l'histoire pontificale proprement dite".[52] Anders wird es erst mit Bonizo von Sutri, und besonders dessen «Liber ad amicum». Bonizo hat den «Liber Pontificalis» ausführlich studiert und in mehreren Werken benutzt, aber seine Schriften basierten nicht auf der Absicht, ihn fortzusetzen, sondern er versuchte, die großen Fragen seiner Zeit und seines eigenen Geschicks durch die *Gesta* der alten Päpste zu erklären. Wie konnte es angehen, dass Gott den Bösen den Sieg über seine Getreuen gestattete?[53] Bonizos Werke aber wurden die Grundlage für einen ganz bewussten Fortsetzer des alten «Liber Pontificalis», Kardinal Boso (†1178). Nach einem kurzen Text zu Stephan V. aus Bonizos «Liber de vita christiana» entnahm Boso dem «Liber ad amicum» eine 'Vita' Johannes' XII. (955–964), woran er dann mit Auslassungen die 'Viten' Leos IX. bis zu Gregor VII. anschloss. Er überarbeitete Bonizos Texte nochmals auf die energischste Art und Weise und verlieh den Bösewichten in seinen Augen und seinen Helden ein schärferes Profil. Exemplarisch für die Textbehandlung ist Bosos Schluss der 'Vita' Gregors VII. „Robert erscheint mit den Normannen in Rom als 'glorreicher Triumphator'. Er lässt den aus der Engelsburg befreiten Gregor VII. nach seinem Abzug in Rom zurück und friedlich geht der Papst vom Lateranpalast aus wieder seinen weltweiten Kirchengeschäften nach. Dann geht er auf Reise nach Salerno, erkrankt plötzlich und stirbt".[54] Selbst bei Bonizo hatte Boso die Wahrheit noch lesen können.

Boso, wohl aus Lucca gebürtig, brachte es an der Kurie zu Ruhm und Ehren. Seit 1135 in der Umgebung des Kardinals Guido Pisanus nachgewiesen, leitete er in den vierziger Jahren unter Eugen III. bis 1153 als *scriptor* die päpstliche Kanzlei und wurde unter Hadrian IV. Kämmerer, stellte also eine Verbindung zwischen Kanzlei und Kammer her. Er starb bei Lucca nach dem 28. Juli 1178. Unter seiner Leitung wurden die Aufgaben der Kammer stark erweitert, insbesondere in Bezug auf den Kirchenstaat, dem das Hauptinteresse Bosos galt. Er erzielte große Erfolge, so dass Fritz Geisthardt ihn als den Wegbereiter einer Landesherrschaft des Papsttums feierte, obwohl der Ausbruch des Schismas, Boso ergriff 1159 sofort für Alexander III. Partei, nicht wenige Rückschläge brachte.[55] Odilo Engels untersuchte die einzelnen Einschnitte in Bosos «Liber Pontificalis» und kam auf andere Weise zum gleichen Ergebnis

---

52 Le Liber Pontificalis, Bd. 2, publ. par Louis DUCHESNE, Paris 1892, S. XVII.

53 Walter BERSCHIN: Bonizo von Sutri, Berlin/New York 1972 (Beiträge zur Geschichte und Quellenkunde des Mittelalters, Bd. 2), besonders S. 97ff.

54 BERSCHIN (wie Anm. 52) S. 98.

55 Sehr gut zusammengefasst mit neuer Literatur Werner MALECZEK: Boso, in: LMA 2 (1983), Sp. 478f.; Fritz GEISTHARDT: Der Kämmerer Boso, Berlin 1936, besonders S. 86.

wie Geisthard, nämlich dass es für Boso von zentraler Wichtigkeit war, ob der Besitz der römischen Kirche in der Gewalt des Papstes war oder nicht.[56] Boso legte in Verbindung mit diesem Ziel eine Sammlung von Urkunden an, die Exzerpte der Register Gregors VII., Paschalis' II. und Hadrians IV. enthielt, sowie ein Zinsregister. Dieses Werk gehörte 1192, so wie auch Deusdedits «Collectio canonum» und die «Digesta pauperis scolaris» von Albinus zu den Vorlagen für den «Liber Censuum».[57] Bosos Zusammenstellung oder eine gemeinsame Zwischenquelle wurde von Cencius dabei ausdrücklich als *memoralia in scriptis de censibus* aus der Zeit Eugens III. und Hadrians IV. erwähnt.[58]

Kardinal Boso war der einzige Fortsetzer des «Liber Pontificalis» im 12. Jh. Er begnügte sich nicht damit, die sogenannten 'Viten' Bonizos zu überarbeiten, sondern setzte die Sammlung auch bis zu der berühmten und historisch wichtigen 'Vita' Alexanders III. fort.[59] Man sollte in seinem Werk, nur zusammen mit dem «Liber Censuum» überliefert, die einzelnen späteren Abschnitte streng von seiner Überarbeitung Bonizos, die mit der 'Vita' Gregors VII. endet, unterscheiden. Die sofort anschließende 'Vita' Paschalis' II. nimmt eine Sonderstellung ein. Sie muss von Boso selbst zusammengestellt sein und ist keine 'Vita' im üblichen Sinn, sondern ein Sammelsurium von Exzerpten, die aus dem Register Paschalis' II. zu stammen scheinen, aber zumindest chronologisch eine große Unordnung aufweisen, sofern sie annähernd zu datieren sind: 1111, vor 1110, 1112/1113, 1106, 1104, 1112.[60] Engels ließ die Frage offen, ob die Paschalis-'Vita' in Rom oder während des Exils in Frankreich aufgrund von Material, das der Kurie dort zur Verfügung stand, entstanden sei.[61] Es lässt sich schwer bestreiten, dass das Paschalis-Register wenigstens mittelbar zu Bosos Quellen gehörte. Drei Einträge bei Albinus und im «Liber Censuum» aus dem Pontifikat Paschalis' II. zu päpstlichem Besitz und Rechten südlich Roms enthalten genaue Buch- und Kapitelangaben.[62] Sie sind sicherlich ein Teil der *memoralia in scriptis de censibus*, die Cencius erwähnt und die zu Bosos Zusammenstellung gehört haben werden. Auch wenigstens ein Teil des Textes zu 1106, dem Konzil von Guastalla, in der Paschalis-'Vita' in Bosos «Liber Pontificalis» wird unabhängig von Boso von Kardinal Pietro Diani um 1180 brieflich seinen Mitbrüdern an der Kathedrale von Piacenza mitgeteilt,

56 Odilo ENGELS: Kardinal Boso als Geschichtsschreiber, in: Konzil und Papst. Historische Beiträge zur Frage der höchsten Gewalt in der Kirche, Festgabe für Hermann Tüchle, hg. von Georg SCHWAIGER, München/Paderborn/Wien 1975, S. 147–168, S. 152.

57 Anders Roman DEUTINGER: Sutri 1155. Missverständnis um ein Missverständnis, in: DA 60 (2004) S. 97–133.

58 ENGELS (wie Anm. 55) S. 155.

59 Peter MUNZ: Boso's Life of Alexander III, Totowa, N. J. 1973.

60 Vgl. Uta-Renate BLUMENTHAL: The Early Councils of Pope Paschal II., 1100–1110, Toronto 1978, S. 43–47.

61 ENGELS (wie Anm. 56) S. 154.

62 BLUMENTHAL: Bemerkungen (wie Anm. 14) S. 6ff.

und zwar mit der ausdrücklichen Bemerkung, dass er, Pietro Diani, den Text aus dem Register Paschalis' II. abgeschrieben habe.

Zum Abschluss muss ich aber hier noch Bosos Sequenz von Urkunden zu den Ereignissen von 1111/1112 mit der dramatischen Gefangennahme Paschalis' und der Kardinäle durch König Heinrich V., der seine Kaiserkrönung und Genehmigung der Investitur erzwingen wollte, herausgreifen. Diese Stücke veranschaulichen auf das Lebhafteste die großen Schwierigkeiten, die nach wie vor einem sachlich gerechten historischen Verständnis von Registern und ihrer Benutzung im Weg stehen. Boso beginnt seine Paschalis-'Vita' nach der formelhaften Eröffnung mit den 1111 Dokumenten, die auch im Codex Vat. lat. 1984 überliefert werden.[63] Sie waren nicht nur Duchesne, sondern auch Ludwig Weiland bekannt, allerdings unter dem irreführenden aber bequemen Titel «Annales Romani». Diese und weitere Texte, die alle römische Ereignisse behandeln, wurden von verschiedenen Händen im Laufe des 12. Jhs. auf frei gebliebenen Blättern des Vaticanus 1984 nachgetragen, zum Teil auf Rändern, zum Teil in absolut winzigen Schriften. Paläografisch gesichert ist eigentlich nur die Einheit der Einträge zu 1111/12, die mit der Überschrift *Incipit registrum Pascali pape secundi* beginnen und mit der Erklärung schließen: *Hec sicut passi sumus et oculis nostris vidimus et auribus nostris audivimus mera veritate perscripsimus.* Sie umrahmt Urkunden und Eide, die sowohl von narrativen Passagen aus dem Register als auch von weiteren Kommentaren des Abschreibers unterbrochen werden, wie z. B.: *Et hoc sacramentum ex parte pontificis sicut in registro residet. Eiusdem pape privilegium secund[um] etiam.*[64] Diesen Bericht hat nun Boso in seinem «Liber pontificalis» benutzt, und Duchesne, dem Weiland folgte, meinte aufgrund von Varianten, dass Boso dabei nochmals direkt auf das Paschalis-Register zurückgegriffen habe. Ich halte das inzwischen nicht mehr für richtig, sondern nehme an, dass Boso tatsächlich ein Exemplar des Berichts in Vat. lat. 1984, wenn nicht sogar die Handschrift selbst, zur Verfügung stand. Die Rubrik *Incipit registrum* weist nämlich lediglich auf einen Auszug aus dem Register hin, der von einem unbekannten Anhänger und Begleiter des Papstes in die Gefangenschaft, vielleicht im Frühjahr 1112 zur Zeit der Lateransynode dieses Jahres, aus dem Register ausgeschrieben wurde.[65] Der Grund ist die Rubrik *Incipit registrum,* die von der gleichen Hand gleichzeitig mit dem Text geschrieben wurde. Bei 1111 kann es sich aber nicht um den Anfangsband von Paschalis' Register gehandelt haben. Die bunt durcheinander

63 Die falschen Investiturprivilegien, hg. von Claudia MÄRTL, Hannover 1986 (MGH Fontes iuris germanici antiqui in usum scholarum, 13), S. 96–103, enthält die genaueste und neueste Beschreibung der Handschrift.

64 BLUMENTHAL: Bemerkungen (wie Anm. 14) S. 10.

65 Besonders wichtig hier ist die Erzählung zu der über Nacht angefertigten Abschrift zu 1111 bei Walther HOLTZMANN: England, Unteritalien und der Vertrag von Ponte Mammolo, in: Zur Geschichte des Investiturstreits (Englische Analekten II), Teil 3, in: NA 50 (1933) S. 282–301. (Neudr. in: DERS.: Beiträge zur Reichs- und Papstgeschichte des hohen Mittelalters, Bonn 1957, S. 107–122).

gewürfelten Einzelstücke aus Paschalis' Pontifikat, die in Bosos «Liber pontificalis» den 1111 Exzerpten folgen, gehen daher wohl auch eher auf Zufallsfunde aus dem Register Paschalis' II. zurück. Hat Boso für seinen «Liber pontificalis» überhaupt Register benutzt? Wegen seiner hohen Stellung schien dies immer eine selbstverständliche Annahme. Sein wichtiger Bericht über das Treffen von 1155 wird von Historikern aber nur deshalb als „aus dem Register" bezeichnet, weil Kardinal Albinus einen sehr ähnlichen Bericht mit einem ausdrücklichen Hinweis auf das Register Hadrians IV. überliefert.[66] Auch eine dritte Überlieferung in der Slawenchronik Helmolds von Bosau ist bekannt.[67] Roman Deutinger, der Albinus' große Treue bei Abschriften beweist, kam zu dem Ergebnis, dass Boso sich bei seinem zehn Jahre späteren Eintrag zwar auf den Registereintrag stützte, aber diesen in seinem Sinn durch Einzelheiten ergänzte. Odilo Engels beschreibt die veränderte Darstellung bei Boso als ein Ergebnis von Bosos Intention, die Vollmacht der Römischen Kirche, das heißt der Päpste, zu betonen und kardinalizische Ansprüche zurückzudrängen.

Die Opposition zu Alexander III. innerhalb des Kardinalkollegiums zur Zeit Alexanders III., die Boso ein großer Dorn im Auge war, muss ihn als Schriftsteller, als der er im «Liber pontificalis» auftritt, insgesamt sehr beschäftigt haben. Der Bericht zu 1155 bildet nämlich ein genaues Gegenstück zum Augenzeugenbericht von 1111, den Boso als ersten Beleg in der 'Vita' Paschalis' II. abschrieb. Der Bericht zu 1111 zeigt die Kardinäle als getreue und folgsame Begleiter Paschalis' II. in die Gefangenschaft des Kaisers. Schriftstellerische Intentionen, so zeigt sich hiermit, spielten bei Boso wie ja auch bei Bonizo eine gewichtige Rolle. Die *Gesta* der Päpste besaßen im 12. Jh. nicht mehr den offiziellen Charakter der Register und bilden somit ein anderes literarisches Genre als der alte offizielle «Liber Pontificalis», der Ende des 9. Jhs. abbrach.

Abstract

Papal Documents and Letters and the European Public

It is no longer in doubt that the ancient tradition of the official registration of papal letters and documents was revived under Pope Alexander II—possibly under the influence of Abbot Desiderius of Montecassino—after a hiatus in the tenth century. With the exception of the register of Pope Gregory VII, the original eleventh- and twelfth-century registers have not been preserved. However, they have left fragmentary traces in canonical collections, historical and literary sources, and in court records as well as in official and semi-official compilations of the papal court like the *Liber Censuum* and the *Liber Pontificalis.*

66 BLUMENTHAL: Bemerkungen (wie Anm. 14) S. 15.

67 DEUTINGER (wie Anm. 57) S. 102 und S. 108–112.

In some cases these fragments allow the reconstruction of the shape and content of the lost registers. They document the very considerable influence of the papacy on the developments of medieval Europe by means of papal letters, decretals and privileges. Prominent examples can be found in twelfth-century England and Spain where papal privileges were primary instruments of policy and judicial proceedings. The register fragments also directly reflect the interests of those individuals who excerpted the registers and had access to them. The excerpts, therefore, may be influenced by very subjective concerns, as is the case in sections of the revived *Liber Pontificalis*, and therefore have to be carefully evaluated by historians.

Constructing Legitimacy and Using Authority. The Production of Cartularies in Braga during the 12th Century[1]

MARIA JOÃO BRANCO

Incipit cronica eorum que, pro magna parte, spectant vel spectare debent ad ecclesiam bracharensem et eius diocesim, sive provinciam, et vocatur liber fidei, id est: cui fides debet adhiberi, vocatur etiam: liber testamentorum[2]

Such are the opening words of the «Liber Fidei», one of the most famous cartularies preserved in the archive of the archdiocese of Braga, if not the most famous one. It is, undoubtedly, the oldest one from that cathedral's *scriptorium*, but its significance does not derive from its age alone, but rather from its contents and dimension, unparalleled by any of the subsequent cartularies written in that same intellectual environment. This makes it an invaluable source of information, allowing us insights into worlds normally obscured from the eyes of historians.

The words in the *incipit* of what is commonly known as the «Liber Fidei» introduce us directly to the question of the motivation and stimulus for the production of such an instrument, i. e., to the basis of the need to create a cartulary, in the privileged form of a *liber*, where written proof of all important things would be noted down in authoritative form. They would hence serve as 'unquestionable testimony'– one which could *fides adhiberi* – to Braga's possessions, rights and interests within the boundaries of its province. This was to be done, of course, by copying 'faithfully' all the relevant documents, the *testamenti,* into one single piece of evidence, a book, which would, in itself, certify, or, in a word, give faith to, the acts related and the correlated facts it contained, organized in a specific order, according to the purpose it served.

It is widely known that the production of cartularies – an instrument still lacking a definition which can characterise it properly[3] – is almost always de-

1 I would like to thank André O. Marques, Hugh Denman and Peter Linehan for their suggestions, information and comments to my text, as well as the badly needed corrections to my English. All the mistakes are my responsibility, of course.

2 Liber Fidei Sanctae Bracarensis Ecclesiae, vols. I–III, ed. Avelino de Jesus da COSTA, Braga 1965–1990, vol. I, p. 3.

3 The definition of 'cartulary' adopted in 1994 by the Vocabulaire International de Diplomatique (cura Maria Milagros CÁRCEL ORTI), Valencia 1994, pp. 35–36 is a good

rived from the basic need to collect sufficient evidence, in order to enable the institutions which produce it to prove the legitimacy of their claims to a very wide range of rights.

The motivations for this effort of compilation of documents into a single cartulary can range from the simple need to prove entitlement to property or to determine the possession of jurisdictional rights, to rather more complex questions. Quite often, the raison d'être for the production of these complex instruments, outshines, by far, the simpler territorial proof of entitlement to land.[4] Indeed, this seems to have been the case with many of the documents contained in the «Liber Fidei» itself, which also reflects other types of needs and interests. 'Propaganda' being a strong word, it has been used in this meeting to describe the function of other cartularies being produced in Spain in even earlier chronologies[5], and as we will try to prove here today, it was also one of the driving forces to the production of a considerable part of the «Liber Fidei».

In producing 'their' cartulary, the canons of Braga were only following a relatively common trend, in the 12th century of increasing the legal strength of the written records, by engraving them in a lasting, prestigious and reliable 'new' format, in a form closer to the notion of 'register' as we conceive of it today. A cartulary, a codex in which all those pieces of written evidence could be gathered and available in just one piece, was probably perfect for that task.

---

example of how wide ranging and vague this 'type' can be. If on the one hand it defines it as: „un recueil de copies de ses propres documents, établis par une personne physique ou morale, qui, dans un volume ou plus rarement dans un rouleau, transcrit ou fait transcrire intégralement ou parfois en extraits des titres relatives à ses biens et à ses droits et des documents concernant son histoire ou son administration, pour en assurer la conservation et en faciliter la consultation". On the other hand it then adds other meanings to the word *chartularium*: it may just mean a record of a group of things, like the cargo of a ship, or a record of debts, or even a register of notarial minutes. Then there is the question of the institution or person who ordered it, and the immense variety of names which are given to cartularies.

4 On the composition of cartularies and their study, it may also be of use to browse through Paul BERTRAND/Caroline BOURLET/Xavier HÉLARY: Vers une typologie des cartulaires médiévaux, in: Les Cartulaires Méridionaux, publ. par Daniel LE BLÉVEC, Paris 2006, pp. 7–20. Cf. moreover, David WALKER: The Organization of Material in Medieval cartularies, in: The Study of Medieval Records. Essays in Honour of Kathleen Major, ed. by Donald Auberon BULLOGH/Robin Lindsay STOREY, Oxford 1971, pp. 132–150. Charters, Cartularies and archives: The Preservation and Transmission of Documents in the Medieval West. Proceedings of a Colloquium of the Comission internationale de diplomatique (Princeton-New York 16–18 September 1999), ed. by Adam J. KOSTO/Andreas WINROTH, Toronto 2002. Les Cartulaires. Actes de la table ronde organisée par l'École nationale des chartes et le GDR 121 du CNRS (Paris, 5–7 décembre 1991), publ. par Olivier GUYOTJEANNIN/Laurent MORELLE/Michel PARISSE, Paris 1993.

5 I am referring to the article by María Josefa SANZ FUENTES, on the cartularies of Oviedo, also published in these proceedings (pp. 219–232).

We know that Braga's *scriptorium* possessed other such codices, but have no means of assessing their date of production or their exact numbers. When, in 1187, before the judge delegates who were arbitrating the quarrel between Braga and Compostela, the men from Braga displayed cartularies which contained the evidence they wanted to offer as proof for the justice of their cause, they brought forward, together with what they name as «Liber Testamentorum», which is an important part of the «Liber Fidei», a «Liber Iudiciorum» and a «Liber Parvulus», which are now, apparently, lost. [6]

Returning to the interesting prologue to the cartulary, and to the way in which it seems to hint at the existence of a further agenda in its specific production, one should, perhaps, wonder about the reasons underlying the decision of the canons of Braga for choosing the word *Cronica* to introduce the cartulary: *cronica eorum que, pro magna parte, spectant, vel spectare debent, ad ecclesiam bracharensem.* The mere use of the word *cronica* should immediately lead us into enticing speculations on the use of such a word for this specific purpose. It is surely tempting to read the choice of that particular term as an indication of a certain attempt to convey the idea that the deeds recorded in that specific cartulary were more than a compilation of documents, and served to authorise the past as 'history', to re-create it, or, at least, to legitimise the version they wanted to promote of the past as 'it really happened', in what concerned Braga.

To assemble this collection of acts under the designation of 'chronicle', would, no doubt, provide the codex with an added sense of purpose, a narrative-like compilation of authoritative documents which would definitively clarify any doubts about the property and possessions of Braga. Yet the term 'chronicle' is not the only element that leads us to the conclusion that the production of the «Liber Fidei» must have been driven by more reasons other than providing entitlement to property and enumerating all the goods and chattels belonging to Braga.

The scribe who penned the words in the prologue, knew that he had to mention that the «Liber Fidei» hadn't only been produced in order to prove what belonged to Braga (*spectant*) but also to prove what 'should' belong to the diocese 'and its province', (thus the *spectare debent*).

This seems to reinforce, in strong terms, the idea that the «Liber Fidei» was produced having in mind something more than the will to list and record the property of the archbishopric. In my opinion, the *spectare debent* part of the title, strongly suggests the need to prove entitlement to property and rights which were being challenged. And, indeed, we have sufficient elements to confirm that assumption, beyond any reasonable doubt.

---

6 Carl ERDMANN: Papsturkunden in Portugal im ersten Jahrhundert der portugiesischen Geschichte, Berlin 1927 (Abhandlungen der Akademie der Wissenschaften zu Göttingen, Philosophisch-historische Klasse, Neue Folge XX, 3), doc. 110, pp. 312–313.

We do not need to look very far to understand the need, for Braga, by the end of the 12th century, to be able to produce proof of its patrimony and rights. The disputes over jurisdictional and territorial rights between Braga and Compostela, since 1120, when Pope Calixtus II had granted the see of Santiago the metropolitan dignity, had always been instrumental for the political harmony between the two Western most Iberian monarchies and their archbishoprics, but they became particularly relevant and virulent from the end of the 1170s onwards. The ease in the Toledo primacy question, after the sixties of the 12th century, would allow the disclosure of how much more fundamental such opposition was, especially for the political survival and affirmation of both archdioceses and their 'respective' Kings and Kingdoms, with very similar, but politically opposed agendas.[7]

The particular virulence that the quarrels assumed from the 50s to 80s of the 12th century must derive from the fact that, after the successful campaigns of Afonso Henriques of Portugal, in the mid-12th century, in the south of his recently created kingdom, the subsequent restoration of too many sees which belonged to the jurisdiction originally given to Compostela, alienated from that see's obedience all the bishops consecrated by Braga, as well as the income of those dioceses. This must have poisoned the relations between the two archbishoprics and would mark the rivalry indelibly. It would eventually also determine the definition of the famous „five items" on which the dispute was to be centred.[8]

---

7 This prominence of the Santiago/Braga quarrels over the ones between Braga, Santiago and Toledo for the primacy was first noticed by Peter FEIGE: La primacía de Toledo y la libertad de las demás metrópolis de España. El ejemplo de Braga, in: La Introducción del Cister en España y Portugal, La Olmeda 1991, pp. 61–132, and also in his thesis: Die Anfänge des portugiesischen Königtums und seiner Landeskirche, in: Spanische Forschungen der Görresgesellschaft 29 (1978) pp. 85–436. See also, evidently, the classical work by Carl ERDMANN: O Papado e Portugal no primeiro século da História Portuguesa, Coimbra 1935 and the traditional Demetrio MANSILLA: Disputas diocesanas entre Toledo, Braga y Compostela en los siglos XII al XIII, Anthologica Annua 3 (1955) pp. 89–143.

8 The question, historically, progressed into a varied quantity of topics, among which the following five were the most important ones: 1) the possession of the four episcopates: Lamego, Viseu, Coimbra and Egitânia (belonging originally to Merida but traditionally in Braga): 2) Lisbon and Évora (undoubtedly within Mérida's jurisdiction); 3) Braga (the right to the churches of San Frutuoso and San Victor and the half of Braga); 4) Zamora and 5) the question of the Raised Cross. Since the establishment of Santiago as archdiocese and until 1182–1187, when the judge delegates came to Tui to install the process which would definitively solve the matter, all these five questions had been brought up to Rome as separate issues. They had all previously been brought to the attention of the Papacy, and, in the vast majority of the cases, Braga had managed to receive the most favourable sentences. That had been the case in 1148 (ERDMANN: Papsturkunden [see note 6] doc. 47, pp. 211–213), 1153 (ERDMANN: Papsturkunden (see note 6) doc. 50, pp. 215–217), 1157 (ERDMANN: Papsturkunden [see note 6] doc. 57, pp. 225–227), 1163 (ERDMANN: Papsturkunden [see note 6] doc. 63, pp. 233–

Yet it was not until 1177 that the opposition really started to be seriously addressed by Rome. In that year, Alexander III issued a bull in which he re-energized the Lisbon and Évora question, by reaffirming their obligation to obey the see of Compostela.[9] From that moment onwards, the whole quarrel seems to have taken a different turn, and from then to the end of his pontificate, every New Year saw the reissue of a different papal letter on that same topic, seeking to implement the necessary procedures for the case to be definitively solved.[10] By the end of the 12th century, nominating judge delegates for the instruction of the processes was, of course, the correct form of 'doing things'. The procedures of law demanded that this sort of case should be dealt with in the correct form, i.e. credible, attested, valid, authentic and legitimate evidence on the items being challenged, produced by both parties. After the evidence had been gathered, the judges could then elaborate the report or reports which would then be sent to Rome, where the Pope could finally issue his definitive sentence, based on real, palpable and, above all, legitimate evidence.

It was not Alexander III, however, the Pope when the judge delegates started collecting evidence[11], in Tui, and instructing a process proper, but rather Lucius III, his successor. And the 'final' sentences derived from that evidence, would not, however be issued before the pontificate of Innocent III.[12]

Regardless of those delays, in 1182 and 1187[13], the papal judge delegates did come to Tui (*locum satis aptum* for this purpose, as they themselves inform

---

234), and 1177 (ERDMANN: Papsturkunden [see note 6] doc. 72, pp. 244–246), and on all of these occasions the Popes had decided favourably for the archbishops of Braga's claims. As a consequence, Braga was granted all the Episcopal sees 'under' or 'inside' the 'Portuguese territory' even before the 'official' recognition of the Kingdom by Rome (which wouldn't happen until 1179), including those which had belonged to the ancient see of Braga, when Braga headed the Roman and Visigothic church of the Roman province of Gallaecia, many of which were, by then, within the political boundaries of the Leonese Kingdom. In 1148, Eugenius III granted Astorga, Lugo, Tui, Mondonhedo, Valabria, Orense, Porto, Coimbra, Viseu, Lamego and Idanha to Braga; in 1153 Eugenius III added to those the sees of Britonia and Zamora. Lisbon and Évora, however, had never been a pacific case. No Pope had ever recognised them as legitimately belonging to Braga. In 1177, therefore, Alexander III reaffirms their allegiance to Santiago of Compostela and the need to obey and pay homage to their archbishops.

9 See ERDMANN: Papsturkunden [see note 6], doc. 72, pp. 244–246.

10 In 1178, 1180 and 1181 (ERDMANN: Papsturkunden [see note 6], doc. 7, pp. 246–247; doc. 77, pp. 251; docs. 78–80, pp. 252–254, doc. 82, pp. 255–256) letters were sent to the contending parties and judge delegates were appointed in order to make the necessary enquiries and define the final state of affairs.

11 See ERDMANN: Papsturkunden (see note 6), docs. 85–87, pp. 258–26, for the nomination and definition of the duties of these judge delegates.

12 See note 20.

13 ERDMANN: Papsturkunden (see note 6) doc. 91, pp. 266–282; doc. 110, pp. 303–324.

us) in order to collect sufficient and good evidence to be sent to Rome. And it is in the copies of their reports, sent to Rome after those 'campaigns', that we may recognise an important part of the evidence which supports our reasoning today, and the assumption, based on what those documents say, that i) at least one of the cartularies mentioned in the reports, the «Liber Testamentorum», is the first part of the first cartulary which would, later, be copied into the «Liber Fidei» and that ii) it was probably compiled, in its pristine form, precisely with the intent of being displayed as one single piece of evidence on the items dispute before the audience of those specific judge delegates.

It seems likely that the turn of the events and the demands of a process which was growing in complexity and seriousness promoted the need to produce updated and authoritative records of entitlement to possession of patrimony and rights, like the one provided by the «Liber Testamentorum» presented to the judge delegates in Tui, which is, in fact, preserved until this day in the first book of the «Liber Fidei». Moreover, we may also testify to a similar concern in the *scriptorium* of the canons of Santiago de Compostela, who were acting along comparable lines, at much the same time. They, too, were producing similar cartularies in chronologies close to the one of the «Liber Testamentorum».[14]

Faced with serious threats to their respective jurisdictions, limits and rights, the contenders were asked, by the Pope himself, to prove, their 'true' entitlement to the privileges and possessions, which they both claimed as theirs by legitimate right. In the late 12th century, solving this sort of jurisdictional problems meant fighting the cause with the means and the ways considered more appropriate for the specific situation they were faced with, making extensive use both of written and oral testimonies, which had to be brought forward as definitive authorities before the judges, thereby legitimating the ambitions and claims of each of the contestants.[15] Thus the importance of possessing, and

---

14 I am referring, not only to the very famous Tumbos of the Cathedral of Santiago, but also to the cartularies presented by the archbishop of Compostela, in precisely the same hearings where we learn that the Braga men brought their cartularies (*libri*) to serve as proof of entitlement to rights. *Dominus compostelanus produxit quedam librum quem apellat corpus canonum (...). In quo libro continetur Emeritense concilium, cuius rubrica sic incipit: (...) Item ante inicium eiusdem libri est quidam caternus sub eadem ligatura cum libro alterius scripture et littere quem dominus Compostellanus dixit non esse de libro in quo diuisiones metropolum Yspanie antiquam, litteram dissimilem tamen a libro in hunc modo descripte sunt (...). Item in eodem caterno continetur quedam scriptura quam dominus Bracarensis uocat Lucense concilium quod sic incipit (...)* (ERDMANN: Papsturkunden [see note 6] doc. 110, pp. 310–311).

15 During the 12th century the relation and hierarchy of the elements of proof presented by contenders to judge delegates was a fundamental element in establishing the truthfulness of the claims presented. For a long period of time, prcendence was given to oral testimony over the written evidence, in general terms. Cf. 'Preuve', *DDC*, t. VII, cols. 205–213, for the analysis of the hierarchy of the different types of proof in Canon Law. Not until the advent of public notaries would this reality change considerably. Michael CLANCHY: From Memory to Written Record: England, 1066–1307, Oxford

being able to exhibit, before everyone and anyone, not only a multitude of oral witnesses, but also a multitude of written evidence, preferably papal and royal grants or privileges, old authoritative monuments like 'Chronicles' or 'Histories' dating from Antiquity or the Visigothic times, *acta* of Visigothic Councils, divisions of ecclesiastical provinces, and all sorts of other evidence which could serve to testify to the justness of what was being contested against the other party.[16]

When Erdmann published his Papsturkunden[17], he studied the structure of the «Liber Fidei», concluding that this 13th century cartulary was actually a copy of two pre-existing ones, dating from the 12th century.[18] This is a fundamental factor for any approach or study of the «Liber Fidei», which needs to be taken into account at all times. The original date of production of the cartularies which were later to be integrated in the cartulary we possess today is a determinant factor for the approach to the motivations and characteristics of its compilation and structure. In this paper I will focus my attention only on the study of the contents and organisation of the 'first' of those two cartularies, the «Liber Testamentorum I», whose existence as one single previously compiled piece is perfectly attestable, not only from close study of the structure of the «Liber Fidei», itself, but also from evidence provided by other secondary sources.

---

²1993, pp. 206–211 and pp. 304–308, also seems to have found the same relation between oral statements and the written word, in the documents he analysed. But he also concludes that both oral and written statements and documents were submitted to strict analysis, in search of falsification or forgeries. See Marta MADERO: Façons de croire. Les témoins et le juge dans l'ouvre juridique d'Alfonse X le Sage, roi de Castille, in: Annales HSS, janvier-février 1999, n. 1, pp. 197–218, for the role of the witnesses as indisputable proof of truthfulness and an irreplaceable and much valued element in each and every case, since Antiquity. See also Linda FOWLER-MAGERL: Ordines Iudiciarii ad libelli ordinem iudiciorum, col. Typologie des sources du Moyen Age Occidentale, fasc. 63, Turnhout 1994, p. 45, for an analysis of the evolution of these two types of proof and their intimate relationship to the development of notarial validation. We can recognize the renewed prestige and strength of the written document as a source of proof, but these very documents are also submitted to as much critical evaluation and as many rigorous validation tests as the oral testimonies and the witnesses themselves.

16 For the ways in which the processes of law were handled, especially in the Iberian Peninsula, see António GARCÍA GARCÍA: El proceso canónico medieval en los archivos españoles, in: Iglesia, Sociedad y Derecho, vol. III, Salamanca 2000, p. 481, and El proceso canónico en la documentación medieval leonesa, Iglesia, Sociedad y Derecho, vol. III, pp. 272–279. There is much evidence on how these processes should be dealt with, as opposed to the evidence on how they were actually applied in real-life cases. Cf. also Antonio PÉRÉZ MARTÍN: El Ordo Iudiciarius'Ad summariam notitiam y sus derivados. Contribución a la historia de la literatura procesual castellana, in: Estudio, Historia. Instituciones. Documentos 8 (1982) pp. 195–266.

17 ERDMANN: Papsturkunden (see note 6) pp. 146–147.

18 Later reconfirmed by COSTA (see note 2) vol. I, xi.

Until recently it has been claimed that the 'original' cartularies copied into the «Liber Fidei» in the 13th century lack any form of organization and that the internal order of the compilation is quite chaotic. My aim is to try to understand the 'rationale' behind the organization and inclusion of the documents gathered in the «Liber Testamentorum I», and the possible motives for this specific form of 'disorderly order'.

In a word, to try and assess the 'project', more than that, the 'programme' that such organization reveals, and to compare it with what we know about the use of this specific material in the actual law suits that took place in the late 80s of the 12th century, so that we try and determine that it was made specifically for that purpose and try and identify how effective it may have been for the purpose of defending Braga's case against Compostela.

I shall do so, by looking not only at the structure and composition of the «Liber Testamentorum I», but also at the use made of it in a judicial context, where we can actually understand the legal and political use of these documents, as performed by the men in charge of defending the legitimacy of the dioceses they were representing.

1. The «Liber Testamentorum I» in the context of the «Liber Fidei»: tradition, structure, organization

As said, it was Carl Erdmann, who first analysed the structure of the «Liber Fidei». He was able to define, from the outset, that the «Liber Fidei» was no more than the latest copy we possess of two previous cartularies.[19] It was him, and not Avelino Jesus da Costa[20], its later editor, who first re-traced the tradition of the cartulary, by studying its composition and organization, and by further detecting the direct and indirect references to the use of this codex as evidence, both in the law suit which opposed Braga to Compostela in Tui, in 1182 and 1187[21], and in the mention made of it by Innocent III, in the bulls containing the final sentence on the dispute, all issued in July 1199.[22]

Based on the analysis of the documents copied into it, both Erdmann and Costa agreed that the production of the «Liber Fidei» must be set in the end of the 13th century, and that the two different cartularies it contains must have been compiled, one in the late 12th century and 'probably' during the prelacy

19 ERDMANN: Papsturkunden (see note 6) pp. 143–148, where a detailed description of the contents of the «Liber Fidei» is given.

20 COSTA (see note 2) pp. xi–xxiii.

21 ERDMANN: Papsturkunden (see note 6) docs. 91; 110, pp. 267–283; 303–324.

22 Especially *In causa duorum,* issued 2nd July 1199; *Licet unum,* issued 12th July 1199, publ. in: Bulário Português. Inocêncio III (1189–1216), ed. Avelino de Jesus da COSTA/Maria Alegria MARQUES, Lisbon 1989, docs. 45, 49, 63 pp. 69–74, 82–91, 106.

of John Peculiar[23], with whose documents it ends, and the second one later on, as it lists documents up to the times of archbishop João Viegas de Portocarreiro (1245–1255) in its first composition. They were then, afterwards, both continuously supplemented, presumably until the time when they were finally copied into the «Liber Fidei», by the end of the 13th century. Although they were both transcribed in the same codex, at the same time, and although they are apparently on the same topic, they are quite different in their respective internal structure, and probably also in the reasons and ways in which they were compiled, separately, and originally not intended to be linked in any manner.

The «Liber Fidei» incorporates 957 documents of very different typologies. As António Emiliano noticed, when working on the acts of that same cartulary for the period 1050–1110, the vast majority of the acts transcribed in it, and, consequently, already present in one or the other of the previous two «Libri Testamentorum», are of a notarial nature.[24] They are also, therefore, basically concerned with acquisition and transmission of property by the diocese of Braga.

The fact that these cartularies seem to have been added and continued after their first compilation, will not surprise anyone who has ever worked with this sort of instrument. Although we are not in the presence of a simple register, it is hardly surprising to find in it a considerable number of interpolations, scratched acts, rewritten or corrected documents. The reality that those 'inserts' are often chronologically incomprehensible, in the middle of otherwise fairly coherent sets of documents, should not come as a total surprise. It is very often the case in this sort of documents, as archbishop Godinho (1175–1188) himself, during the course of the process in Tui, tried to explain to the judge delegates, claiming that any scratched and overwritten documents derived basically from the fact that every time the archdiocese got rid of a property or exchanged it, the record had to be altered[25]... poor justification indeed, especially when consider that he was facing accusations of forgery put forward by the archbishop of Compostela. But justification, nevertheless.

---

23 COSTA (see note 2) p. xii.

24 António EMILIANO: Latim e Romance na segunda metade do século XI. Análise scripto-linguística de documentos notariais do Liber Fidei de Braga, de 1050 a 1110, Lisbon 2003, pp. 81–82.

25 ERDMANN: Papsturkunden (see note 6) doc. 110, pp. 331–332: The accusation by the compostelan archbishop was that: (...) *Contra librum quem dominus Bracarensis dicit testamentorum, multa obicit. Dicit enim librum esse multarum scripturarum et quod rasuram pluribus locis contineat, et quod quidam caterni sint uetustiores aliis et quod per tempora augeantur et quod quedam transcripta continentur ibi, et quod professiones episcoporum non sint scripte per ordinem, et ista omnia uera sunt.* (...), to which: *His respondebat dominus Bracarensis: Non est mirum, si augeatur per tempora, cum ecclesia Bracarensis loco registri eum habeat, et sic preciosissimus liber ille in ecclesia illa rasuram ideo continet, quia, cum permutamus rem aliquam cum aliquo, non prius traditur nobis res, quam in causam permutacionis accipimus, quam instrumentum illius rei, quam alienamus alteram recipiendo, deletum fuerit.*

When we first browse through the documents of the «Liber Fidei», the first feeling we get is that of a confused mixture of things, a complete lack of sense of order, or organizational logic. Almost all of those who have worked at some stage with the contents of the first «Liber Fidei» seem to have felt the need to try and detect, in its internal organization, a logic of composition which might better suit contemporary concepts of what an orderly record should be like. This feeling is even more striking when the two «Liber Testamentorum» are compared, because the second, is far more orderly than the first, with its sections organized by archbishop, listing the acquisitions and property in segments initiated by titles and rubrics, in a much clearer chronological order.[26]

A preliminary approach to the first «Liber Testamentorum (I)», could lead to the idea that the documents are not organised according to any clear chronological order, any geographical criterion, any type of document or in specific topics.

Yet, a closer analysis of the sequence of documents seems to show that both the «Liber Testamentorum» appear to have been compiled according to the traditional concept of 'dossiers', groups of documents gathered together under a certain heading or topic in order to provide a particular insight into the tradition of a property or right. In fact, it is as if the compilers were intent on proving their argument by showing how old the properties were, how well documented the entitlement to property was, and all the tradition related to each of them. It is as if they were trying to retrace their 'genealogy', by demonstrating the origin of each property or right, thereby validating the legitimacy of the claims.

Whenever it was considered useful or necessary to prove the possession of a property or rights by the archbishopric, the compiler seems to have tried to find the original document of donation or purchase to or by Braga, but there are also cases in which the compiler decided to gather all the documents he could, thereby providing proof of all the previous purchases of that property as far back in time as he could, until it comes to its last property owner, in this case, obviously and always, the archbishopric of Braga.

Accepting that the compilation was made according to this 'rationale', it is easier to understand the ways in which the documents were organized.[27]

Travelling backwards in time, as far as the memory can reach, and furthermore, in this case, recovering a memory with an attestable written record to certify its credibility, seemed to be the only right thing to do. And the one

---

26 COSTA (see note 2) vol. I, p. xiii has given the complete list of documents and its order, which EMILIANO (see note 24) p. 86, adapted in tables where the order and systematization of the copied documents is visibly more organized in the «Liber Testamentorum II» than in the previous cartulary. Cf. Annex 4, where the tables made by António Emiliano are reproduced and translated by me and where the structure of the main plan of «Liber Fidei» becomes apparent.

27 Cf. Annexes 1–2, for the contents of Part 1 of «Liber Testamentorum I», where these elements become apparent and exemplify what has been said.

which surely would have more impact in the circumstances, and no doubt more acceptance in its own time and circumstances, or it wouldn't have been made in this way, at all.

This near 'obsession' with retracing the tradition of the control of rights or properties is very much in accordance with the new demands of the renewed 12th century legal practice, and its requirement for tangible proof of everything.[28] But it is also consistent with a widely spread notion which seems to have (in-)formed most concepts of property and entitlement to it, from owning land to the *Reconquista*: the argument of tradition.

Whenever a doubt arose on whatever question – whether it dealt with the true identity of a knight, who had 'forgotten' his name in a chivalric novel, the possession of a castle, or of a feud by noblemen or monasteries, the entitlement to jurisdiction over a territory or the right to rule over a Kingdom – the correct way to handle the question, any question, always seems to have been proving the tradition, the history of the quarrel, and that meant going back to the roots of the problem, whether by means of witness enquiries, written documents, trials, people's memory, or any other way of making the 'history' of the question both clear and trustworthy. To resort to memory and written record as the means to prove that a certain use or right 'had always been like this', seems to be the most commonly accepted form of proof to entitlement of most rights or properties.[29] It is therefore not unwise to state that it would even be better for the sake of one's arguments, in this case, of Braga's arguments, if a cartulary (or several cartularies), were made up expressly with the intention of gathering and displaying all the authoritative instruments on one or several related topics, in a written support as revered as a codex. A cartulary was surely a much more reliable and symbolically strong form of preserving and exhibit-

---

28 Cf. The classic Richard SOUTHERN: Scholastic Humanism and the unification of Europe, vol. I, Oxford 1995, Sergio MONCHI ONORY: Fonti canonistiche dell' idea moderna dello Stato, Milan 1951 and Stephan KUTTNER: Gratian and the Schools of Law (1140–1234), London 1980. For a more modern approach, cf. Jacques LE GOFF: La longue durée de L'État, Paris/Seuil 2000 (Histoire de la France, publ. par André BURGUIERE/Jacques REVEL, vol. III.), p. 129–132 where the influence of the legal scholars is enhanced. For the Portuguese and Iberian scenario cf. Ingo FLEISCH: Sacerdotium – Regnum – Studium. Der westiberische Raum und die europäische Universitätskultur im Hochmittelalter. Prosopographische und rechtsgeschichtliche Studien (Geschichte und Kultur der Iberischen Welt, 4), Münster 2006, and Peter LINEHAN: The case of the impugned chirograph and the juristic culture of early thirteenth-century Zamora, in: Manoscritti, editoria e biblioteche tra medioevo ed etá moderna. Studi offerti a Domenico Maffei, a cura di Giuseppe COLLI, Roma 2006, pp. 461–513.

29 For an example of similar behavior pattern, see Maria João BRANCO: Memory and Truth. The Strange Case of the Witness Enquiries of 1216 on the Braga-Toledo Dispute, in: Historical Research 79, n. 203 (February 2006) pp. 1–20.

ing the relevant acts than a collection of individual documents simply bundled together.[30]

When any doubt was shed on possession of a property or if a quarrel like the one which was ongoing for decades between Braga and Compostela was revived again and the need to issue a sentence is again renewed, the best protection was undoubtedly making the judges understand how things got to the situation where they were. Flaunting the tradition of entitlement to jurisdiction and power, showing off the 'lineage' and 'genealogy' of that ownership, was surely a guarantee of security and authority to the custodians of such instruments.[31]

This 'genealogic' approach rises almost to the status of universal category during these years. We just need to consider instances like the correct way of preparing a case in any legal process, the forms used for presenting the evidence, the form in which the royal enquiries were set up, the confirmation of possessions, or even the 'narratives' in the final sentences of Popes such as Innocent III, Honorius III, Gregory IX or Innocent IV, to understand the importance of the need to describe the historical process which lead to a particular situation as one of the major operative categories in the processes of Law.

It was important to show what the reasoning behind each of the sentences was, to everyone involved in it, so that they could be accepted by those to whom they were addressed, but also recognised and therefore validated by all the remaining members of the community.

This 'operational' category seems to bear some of the answers for something which has puzzled researchers for many years: the apparent lack of 'order'[32] of the first «Liber Testamentorum», either in absolute terms or, especially, when compared to its next of kin, the «Liber Testamentorum II». There seem to be functional reasons for its disorderly nature, which may very well derive from the fact that it was composed in order to serve as proof in a court.

---

30 Constance BOUCHARD: Monastic Cartularies: organizing eternity, in: Charters, Cartularies and Archives. The preservation and Transmission of Documents in the Medieval West, ed. by Adam J. KOSTO/Anders WINROTH, Toronto 2002, pp. 22–33, points out (especially pp. 26–29) that the production of a cartulary implies that the living memory has already been transformed in written memory at some stage before the writing of the cartulary and to the intentions and uses of these special type of documents.

31 Bernard GUENEE: Histoire et Culture historique dans l'Occident Médiéval, Paris 1980, pp. 350–354.

32 When we mention 'order' we must bear in mind that these considerations have merely been expressed by modern researchers who tend to wish that the cartularies in front of them had a discernible organized organization, but usually tend to forget that what is considered orderly today does not necessarily has to be intelligible as such for 12th century mentality. In fact, I have never encountered such accusations made by contemporaries of the composition of those cartularies. The authenticity of the copies transliterated into the cartularies is often challenged, but the 'order' of those same documents never seems to have troubled anyone involved in such questions.

Notarial documents may be the more numerous of those from the cartularies copied into the «Liber Fidei», but they were not the only, and above all, they were not the most important ones. On the contrary, as far as it is possible to appreciate, they may be there expressly to enhance the strength of what is being shown by other means – and let us remember the words of the *incipit* of the *liber* – where it is clearly affirmed that its main purpose was to certify the vastness, quantity and quality of the possessions of the see of Braga.[33]

This idea is reinforced by the occurrence in the «Liber Fidei», of most of all the other types of document which are usually present in so many other cartularies of this period: Papal, Royal and Episcopal acts, containing old and significant special grants, charters of privilege, final sentences, juridical acts, procedural pieces, ancient divisions, narrative extracts, foundational documents or even *acta* of councils or solemn *curiae*.[34]

It is only fair to recognise that the display of these acts seems to be quite chaotic within the «Liber Testamentorum I», as Erdmann had already noticed, when he remarked on the apparent incongruence of the opening and closing pieces of «Liber Testamentorum I», which do not seem to be even roughly in accordance with the remaining order of the cartulary.[35] Yet, this is perhaps not completely true, as there may be some quite relevant reasons for that specific non-order.

The cartulary starts with 23 documents which occupy the first 16 folios (two *quaterni*), and then it is followed by a series of 'dossiers' on the archbishops, from Geraldo to João Peculiar, which contain the most relevant documents for those periods. Immediately after the neat set of two *quaterni* in which the 23 initial documents are contained, we are then introduced, by an Index, to a set of 39 further documents (documents 24 to 62) which enumerate them in sequential order, using Roman numerals, of course. This is only the first of a series of partial indexes of documents. In the course of the remaining 599 documents of the «Liber Testamentorum I», we will still find seven other indexes of documents, listing, yet again, clusters of around ten to 20 documents each, grouped either around what happened to a particular property, or around the acquisitions of a certain bishop.[36] The order may seem random, but in fact, in general terms, it is not that random. The logic of the remaining pieces copied into this 'first' cartulary seems to observe the will to draw together the documents pertaining to the administration accomplishments of every archbishop of Braga, from Pedro (1071–1091) to João Peculiar (1138–1175). Apart from the obvious indication that the acts were being copied from earlier 'dos-

---

33 Cf. COSTA (see note 2).

34 Cf. Annex 3, with the list of sources quoted as authorities in the processes of 1182 and 1187 and check one of the uses of it in ERDMANN: Papsturkunden (see note 6) doc. 91, pp. 280–281.

35 ERDMANN: Papsturkunden (see note 6) pp. 146–147.

36 Cf. Annex 1 for the composition of «Liber Testamentorum I».

siers' that must have been previously headed by a thematic, place name or 'property rationale', we can also detect that there are some individual pieces which seem to be placed at a particular point, for very specific reasons, and others which seem to have been placed there with no reason whatsoever.[37] That is the case of document number 145, which displays a rubric stating that the document deals with the acquisitions of archbishop Pedro.[38] When we proceed to analyse it, it contains just the historicised version of the election of archbishop Geraldo (1099–1108) and his work in expanding the properties of his metropolitan see, after the troubles derived from Pedro's 'errors'. Only the documents preceding number 145 which actually deals with the acquisitions of Bishop Pedro. The following ones are all related to acquisitions by, or at least during the times of archbishop Geraldo.[39] This seems to suggest that the original work was in different *quaterni*, and that, when the copyist gathered them in one piece only, he mistakenly added the 'rubric' stating that the documents were Pedro's acquisitions in the heading of the 'dossier' on Gerald's properties and deeds, as opposed to having it placed in the 'end' of the 'file' on Pedro? It is a possibility.

But there are other, more puzzling elements in the composition of this first cartulary, like the apparently very distant (in terms of the cartulary *folios*) clusters of oaths of obedience of bishops of the suffragan churches of Braga to their 'legitimate' archdiocese, spread throughout the whole «Liber Fidei» with no recognizable logic, if we think in terms of a mise en scène. The first group shows up in documents 212–14 and 216–17 and the others in documents 510–517, 548–550, 561–63, 570–77 and 584–590A. Eight clusters of oaths of obedience, grouped in very logical terms, within themselves, completed by singular individual acts of obedience to Braga, in other parts of the cartulary, like the ones in documents 371, 418.[40]

In order for these particular clusters of documents to make sense, we need to accept that the component elements of the «Liber Testamentorum I» derive from previous small 'dossiers', put together in order to answer the whole set of

37 Cf. Annex 1, although the really 'random' documents aren't many.

38 *Hec sunt que adcquisivit Petrus bracarensis episcopus* (COSTA [see note 2] doc. 145).

39 Cf. Annex 2.

40 Cf. Annex 1. Here are the details of the oaths, following the publication in COSTA (see note 2) (doc, date and see): 139–1109-Coimbra; 212–1130-Tui; 213–1158-Tui; 214–1168-Tui; 216–1147-Coimbra; 217–1148-Lisboa; 371–1128-Coimbra; 418–1147-Lamego; 510–1176-Mondonhedo; 511–1156-Astorga; 512–1174-Tui; 513–1176-Lamego; 548–1128-Coimbra; 549–1162-Coimbra; 550–1169-Mondonhedo; 561–1169-Mondonhedo; 563–1213-Viseu: 564–1213-Santa Marinha da Costa; 565–1155-Mondonhedo; 570–1100-Orense; 571–1102-Tui; 572–1113-Mondonhedo; 573–1128-Coimbra; 574–1166-Viseu; 575–1171-Viseu; 576–1179-Viseu; 577–1176-Porto; 583–1138-Porto; 584–1144-Astorga; 585–1146-Porto; 586–1147-Viseu; 587–1154-Porto; 598–1113-Porto; 590–1113-Mondonhedo; 590A–1123-Astorga.

different questions which were at stake in the conflict between Braga and Compostela in the late 12th century.[41]

The lack of order must derive from the will to copy into one single cartulary what must have effectively been quite a few separate little «Libri Testamentorum»[42] in their own time of production.

How else do we explain the presence of the marriage arrangement which was settled between Afonso Henriques and Raimundus Berenguer in 1160[43], interpolated in the middle of other apparently non related materials, in this case two bulls by Eugenius III and documents dated from 1124 to 1151? Or how do we explain the small groups of bulls copied amidst the other documents, or even the sentence of 1124, by Cardinal Deusdedit, on the hot question of Zamora's obedience[44], which were copied apparently totally decontextualized in the likely structure of the cartulary?[45]

Why shouldn't we assume that what we have in the composition of the «Liber Fidei» is not, as we have so often been told, a copy of two ancient cartularies, but rather two copies of two very different cartularies: the first one a miscellaneous assemblage of several bits and pieces compiled in a certain order by reasons related to its production in the years when it was being fabricated, i.e., when the questions between Braga and Compostela were being stirred again and being heard in Tui by the Popes' judge delegates, in 1182 and 1187, and the second one much more carefully organised, also 'costume made', but much more in conformity with what Monique Bourin classifies as the mise en scène[46] of this sort of documents, arranged with a care just as meticulously planned as the mise en page was?

Why spend so much time debating over the reasons for the many different parts in the original cartulary, conceived of as a full copy of one single previous piece, as opposed to considering it for what it actually seems to be, a first, or perhaps second compilation of several different 'files' or small cartularies?

In fact, that approach would make much more sense, in every respect. We possess more than enough proof that similar 'files' or 'groups of documents' or their certified copies were being used by proctors and delegates of the bishops

---

41 It is perhaps necessary to state here that this explanation cannot cover all the documents present in the cartulary under scrutiny, like the marriage contract, or the interpolations of 1202. 1218 documents, but it can account for the vast majority of them. Maybe we should be sufficiently.

42 This is, of course, the most common designation for most of the cartularies, which makes it extremely difficult to assess to which the contenders are referring to.

43 COSTA (see note 2) doc. 218.

44 COSTA (see note 2) doc. 317.

45 Cf. Annex 1: a first group of 7 bulls in docs. 2–8; another group of 2 bulls in docs. 207–208; yet another group of four bulls in docs. 554–557.

46 Monique BOURIN: Conclusion, in: Les Cartulaires Méridionaux, publ. par Daniel LE BLÉVEC, Paris 2006, pp. 264–265.

and archbishops themselves, during the 12th and 13th century, near the Curia.[47] What would be so strange in their being used once more at this instance?

Already in 1177, archbishop Godinho, in his trip to Rome, presumably to receive confirmation of his election and the *pallium*, had taken the opportunity to deal with the questions connected with the bishoprics under contest with Compostela. He was armed with copies of papal privileges granted to Braga, and that impressed Pope Alexander III, who granted Pedro Soares de Deza, then archbishop of Compostela, the right to receive the obedience of Lisbon and Évora, but of none of the other sees at issue, which he strongly confirmed as legitimately belonging to Braga.[48]

The use of papal documents as a source of authoritative argument was a very common procedure, of course, as was the copying of documents in order to present them to the judges which were going to appreciate the cases. This is evidently one of the reasons why the presence of so many papal privileges in the cartulary under analysis is so normal, and why the existence of clusters of these documents in places quite apart from each other, is not so strange, either.

Just as «Liber Testamentorum I» is initialised by the display of papal bulls benefiting Braga, it is also closed by yet another group of papal privileges, although less extensive. Once more, they were issued by Paschal II, and still, all

---

47 A very sticking example of a similar instrument may be found in a small 13th century booklet with the transcription of the most important documents related to the quarrel between Afonso II, King of Portugal (1211–1223) and his sisters (Lisbon, TT, *Gavetas da Torre do Tombo*, Gav. XVI, mç. 2, n. 15). Certainly produced in the early 13th century, it provides an illuminating light on this way of preparing one's case. In a very thin compilation we find the transcription of 12 documents, all relevant to the arguments that the lawyers were going to present before the curia on behalf of the Portuguese King. They may seem disorderly, but for someone inside the process, the fact that Sancho I's royal wills and all the *Manifestis probatum est* issued and re-issued by all the Popes until 1212 are transcribed, together with previous sentences, make it all have an extra added sense and value, although it might be perfectly senseless for eyes unaware of what was going on.

48 This is told in *Cum uenerabilis* of 2nd January 1177, addressed to the archbishop of Compostela, in which Alexander III explains that, in a hearing in the papal court, in which archbishop Godinho was defending in person Braga's rights against the proctor of Compostela, a certain „M" had alleged that all the episcopates were Compostelan. Godinho claimed that Lisbon and Évora belonged to Compostela, but not the others and he displayed a whole array of papal privileges to authorize his claims. Here is what the bull recalls of that moment, reproducing what Godinho said: *De aliis uero episcopatibus, quos idem M.* [the representative of Compostela] *dicebat ad ecclesiam tuam* [archbishopric of Compostela] *pertinere, dixit* [the archbishop of Braga], *quod ad ecclesiam suam spectant et sibi iure metropolitico debent subesse, et super hoc priuilegia Romanorum pontificum multa produxit. Cumque ab eodem M. instantius requisissemus, si qua exinde priuilegia ecclesia tua haberet, et ipse asseuerasset, se id omnino nescire, statuimus, ut episcopi, quos Bracharensis non recognouit ad te pertinere, asserens ad ecclesiam suam ipsos spectare, ei et ecclesie sue, quousque hoc iudicio diffiniatur* (...), in: ERDMANN: Papsturkunden (see note 6) doc. 72, p. 245.

of them, from the early 12th century. No copy of any of the papal privileges of Calixtus II at all, as surely the *Bracharensis* did not want to remind to judge delegates or to his opponents of the Pope who had granted Compostela its metropolitan status.

In mid-cartulary, two bulls by Pope Eugene III, dating from 1148 and 1149, don't seem to have any relation with the direct quarrels between Braga and Compostela, just as other papal documents seem to show up incidentally, included in the compilation in places where they must have been before, being copied into the «Liber Testamentorum I», as integral parts of those specific dossiers on the acquisition of property from specific noblemen and others.

After this brief and preliminary approach to the structure, organisation and contents of the «Liber Testamentorum I», I tend to argue that what we have here is a compilation of several different, smaller and surely much older pieces of evidence, gathered together in a later period, amongst which we can count in the smaller books made expressly to prove the rights and possessions of Braga at the time of its contest with Santiago, and probably during the aggressive pontificates of Godinho of Braga (1176–1188) and Pedro Soares de Deza of Compostela (1173–1206).

2. The use of the «Liber Testamentorum I» in the specific context of the Braga-Compostela conflict: on the uses of Authority to Construct Legitimacy

It seems, furthermore, that the production of the compilation which we can identify today as 'the first cartulary' of «Liber Fidei», the «Liber Testamentorum I», was determined by the need to challenge the contention of the archbishop of Santiago of Compostela. From what we just saw, it also looks as if we should argue that the compilation we possess doesn't derive from one single previous *codex*, but rather from the reunion of a group of formerly scattered 'dossiers' or documents which may have been grouped together traditionally for decades, if not centuries, in very different forms, from small *libri*, or *quaterni*, to individual acts, or to clusters of documents grouped together as part of the same file, perhaps in an *arca* or *armario*, as it was so often the case in ecclesiastical archives. The presence of the eight indexes of documents which precede the documents transcribed, as well as the seven clusters of oaths of obedience to Braga by the suffragans, seemingly not logically connected or chronologically ordered, seem to confirm the hypothesis that these were 'files' brought in for copying, not necessarily in a logical order. In a strange form, this would even help to justify, up to a point, something which has puzzled researchers, the strange and incomprehensible repetition of transcriptions of the same documents, sometimes twice, sometimes three times, and even, in certain cases, four times in the same cartulary. Of the interpolations added later, there is no need to explain how common and natural these are.

Presumably, therefore, at the time of the compilation of the «Liber Testamentorum I», they were brought out from the archive or the library of Braga and transcribed into the *codex* where they assumed a completely different shape and function. Perhaps they weren't all as relevant for the points needing to be proven in front of the pontifical judges, but when taken as a whole, it makes good sense to have a combination where you alternate papal privileges, oaths of obedience by suffragan bishops, purchases and sales by all the preceding archbishops, title deeds, sentences by cardinals, texts of councils from the 6th century, and *alia miscelania,* including works of History, Geography or Natural Sciences, all of which added to the verification that Braga owned all it claimed as its own from times so far back into the past that they would be totally lost in the memory of men if it weren't for the fact that written documents attesting to these facts have been preserved since those times. The fact that Braga kept these documents, dating back to the times when there wasn't even the slightest possibility of there being another archbishopric in the region, would in itself, be a major argument for precedence in the rights they were claiming. This could be an explanation for the fact that the current documents transcribed in the «Liber Testamentorum I» go back to 1071, to Archbishop Pedro and the date of the restoration of the archdiocese of Braga, almost precisely 150 years before the concession of the metropolitan dignity to Compostela.

And this accounts only for the private documents of the archbishops, because if we look into the composition of other parts of this cartulary, then the intent in proving Braga's legitimacy is brought to acts dated from the 5th and 6th century, and to authoritative sources which prove the entitlement to the 'sovereign' dominion of the region.

In this context, the opening piece of this cartulary assumes a very special role, and its structure and contents is so different from the rest that it seems plausible to advocate its pre-existence as a singular little cartulary before its inclusion in the «Liber Testamentorum I».

It seems rather obvious that the there must be have been a strategic reason for initiating this cartulary by such a title as the one we have already analysed, immediately followed by the two *quaterni* we already mentioned, containing 23 documents, all directly linked to the question of the jurisdictional rights of Braga. They include the chapters of the Curia/Council of León, followed by seven bulls by Paschal II, all in favour of Braga's claims, the division of Wamba, the text of the council of Lugo, with the *Parochiale Suevum* and the *Diuisio Theodomiri*, privileges granted by the Asturian Kings Alfonso II, Alfonso III and Ordonho III to Braga or related to it, the delimitation of the borders of Braga, dated from 835 accompanied by a narrative version of it, and another of Dume, dated from 911, another history of the diocese of the Iberian Peninsula and Braga, until its restoration by Pedro, in 1071, a sentence and two other judicial processes between the archbishop Pedro and some serfs.[49]

This particular 16 folios, corresponding to those two *quaterni* are quite significant within the economy of the «Liber Testamentorum I», in that they present the only internal organization which could correspond to the idea of 'dramatization of action' which was already mentioned before, the enacting effect of transcribing documents in a certain order and offering them to an audience, in this case composed of both the contenders and the judge delegates to whom they were very likely made for.

It is surely not by chance that the cartulary mentions, in its *incipit*, that that was precisely what it was supposed to do: to prove the justice of Braga's claims. The rest follows, in quite a consistent form, if we accept the premises that it must have been compiled to make proof of all the property and rights of the dioceses within Braga's jurisdiction.

This belief comes not just from the attentive study of the cartulary, or what we believe it might have been the cartulary in itself, but also from the references to it and to the importance of its contents as proof of truth as we find it in the most detailed record we posses of its actual use as a procedural piece, in the already mentioned audience, before the papal judges expressly sent to the Iberian Peninsula in order to produce a report which was to enable the Pope to issue the final sentence on the question.

I am, of course, referring to the pieces of evidence which Erdmann published in his Papsturkunden, as numbers 91 and 110, the hearings of the papal judge delegates sent to Tui, in 1182 and 1187, mentioned above.

In the reports sent to Rome by the judges who arbitrated the cause between the two sees, which we still possess, in the Braga archives[50] the references to the importance of the papal, royal, legal and historical materials contained in the cartularies, brought forward to the judges audience by both the Compostela and the Braga archbishops is undeniable, and as important as the large number of witnesses produced. Either in 1182 or in 1187[51], both contenders bring their own materials organized in *libri* and the comparison of the

---

49 For more details, cf. Annex 2.

50 Published by Erdmann, as we saw, their copies are in *rotuli* dated from the 12th and 13th centuries kept in Braga, Arquivo Distrital, *Gaveta dos Arcebispos*, n. 8, 43 and 95. It is rather interesting that the archive has preserved these pieces in *rotuli,* for so long, and it is quite meaningful too, for the topic we are addressing here today, as if Braga had asked for copies of these instruments.

51 José Augusto FERREIRA: Fastos episcopaes da igreja primacial de Braga (sec. III–sec. XX), vol. I, Braga 1928, pp. 344–345, had also mentioned this fact, the allusion to the contents of «Liber Fidei» in the course of this process, as Erdmann had, already in 1927, and gives us an abridged enumeration of those elements, but neglected to see that the same reasoning and arguments could already be spotted on the 1182 report. It is also bluntly pro-Braga and not only all of his work seems to be a pro-Braga pamphlet, but it also contaminates and distorts his view of the topic.

documents mentioned in the report of the judge delegates, the contents of the «Liber Testamentorum I», and especially of the first part of it, namely those 23 documents gathered in the two *quaterni*, doesn't seem to leave much space for doubts on their purpose, use and function, in their own times, if not on its structure and organization itself.[52]

Following the Pope's instructions[53], who had commanded the judge delegates to find out what the basis for the claims of the prelates were, and what the diocesan limits were, both archbishops presented a long list of authorities to prove the antiquity and legitimacy of the rights they both claimed to belong to them. More than enlightening the case in their own time, these elements enlighten us on the mechanics of the medieval juridical culture and on the basis of their historical and geographic reasoning, on the contents of their archives and libraries, and, what is more to our concern in this specific paper, on the composition and function of the cartularies they presented in front of the judges.

In this specific process of inquiry, in fact, in both of them, but especially obvious in the one of 1187, both the contenders presented small and big cartularies to prove their points. We are told that, in the reports that describe the complete proceedings, that, after it had been established which were the conflict issues, a multitude of witnesses was brought forth, to attest what each of the archbishops, present in person, was claiming. It would only be after that phase that the written evidence came into play, and it is at that stage that we can recognize the elements that the report is referring to:

First the Compostelan brought forward his cartularies:

> (…) *produxit quendam librum quem apellat corpus canonum* (…). *In quo libro continetur Emeritense concilium, cuius rubrica sic incipit:* (…) *Item ante inicium eiusdem libri est quidam caternus sub eadem ligatura cum libro alterius scripture et littere quem dominus Compostelianus dixit non esse de libro, in quo diuisiones metropolum Yspanie antiquam, litteram dissimilem tamen a libro in hunc modo descripte sunt*(…) *Item in eodem caterno continetur quedam scriptura quam dominus Bracarensis uocat Lucense concilium quod sic incipit* (…).[54]

And then it was Godinho of Braga's turn to present his evidence:

> (…) *Dominus uero Bracarensis pro se inducit ex eodem corpore canonum concilium Bracarense secundum, cuius rubrica incipit:* (…) *Item dominus Bracarensis produxit <u>libros duos quos dixit iudiciorum et librum quem dixit testamentorum et alium librum paruulum</u>* (…).[55]

52 Cf. Annexes 1, 2 and 3. The use of the materials listed in Annex 1 and 2 by the representatives of Braga, as listed in Annex 3 is evident, either by Braga, or by Compostela.

53 ERDMANN: Papsturkunden (see note 6) docs. 86, 87, 104, pp. 259–261, 297–299.

54 ERDMANN: Papsturkunden (see note 6) doc. 110, pp. 310–311.

55 ERDMANN: Papsturkunden (see note 6) doc. 110, pp. 312–313. (bold and underlined are mine).

We are, therefore, informed that the archbishop of Braga displayed the evidence contained in the «Corpus Canonum», like the Compostelan archbishop, but also the remaining three cartularies, one called the «Liber Iudiciorum», the other one called «Liber Testamentorum» and a third one which they simply call «Liber Paruulus». This would be very deficient if we didn't happen to have the description of the contents of these, but luckily the information contained in them was considered sufficiently important to deserve being detailed.

> (...) *In illis duobus quos appelat libros iudiciorum continetur diuisiones metropolum Hyspanie hoc modo: 'Incipiunt nomina ciuitatiumuel sedem pontificium Hyspanie, quibus Gothorum genus cum propriis regibus usa est'(...) 'Qui duo libri ex antiqua scriptura scripti esse uidentur, et eiusdem scripture sunt diuisiones cum reliqua libri scriptura. Iste diuisiones similiter reperiuntur in libro quem Bracarenses dicunt testamentorum. In libro paruulo hec alia diuisio continebatur cuius rubrica sic incipit:*[56]

We do find three such 'divisions' in the first two *quaterni* of the first «Liber Testamentorum» copied into the «Liber Fidei», the always useful «Diuisio Wambae»[57] and the *Diuisio Theodemiri*[58], even if the incipit mentioned here does not coincide with the ones we can find in the «Liber Testamentorum I». And then the report proceeds:

> (...) *Item produxit X priuilegia Romanorum pontificum, tres Paschalis pape II, unum Calisti pape II aliud Innocencii pape II, alterum Lucii pape II, duo Eugenii pape III, unum Adriani pape IIII et aliud Alexandri pape III. Sunt autem in primo Paschalis priuilegio hec uerba: 'Presentis itaque priuilegii pagina iuxte petitionem tuam, Karissime frater Girarde Bracarensi metropoli Galleciam prouinciam et in ea episcopalium cathedralium urbes redintegramus id est Asturicam, Lucum,* (...).[59]

We have seen the importance of the papal privileges present in the «Liber Testamentorum I», and the reference to these specific bulls, all of them granting Braga the jurisdiction of the dioceses under dispute, must have had great impact in the papal final decision. This passage seems to confirm the weight of the authority given by the possession of pontifical privileges, and thereby, the great care taken in order to make sure that they were safely copied into a cartulary. The relevance given to these papal bulls is such that the judge delegates

---

56 ERDMANN: Papsturkunden (see note 6) doc. 110, p. 313.

57 On the *Diuisio Wambae* and its presence and uses in the «Liber Fidei» and in Braga, see Luis VÁZQUEZ DE PARGA: La División de Wamba, Madrid 1943, p. 68, and Pierre DAVID: Le Pontifical de Braga, in: IDEM: Études Historiques sur la Galice et le Portugal du VIème au XIIème siécles, Paris 1947, pp. 540–541, where the differences between the several versions of this *diuisio* are explained in detail.

58 Cf. Annex 3, where the detailed description of the contents of these 23 documents may be found. The closeness is sticking. As to the *Diuisio Theodomiri*, see Pierre DAVID: L'Organization ecclésiastique du royaume suève au temps de Saint Martin de Braga, in: DAVID (see note 57), Paris 1947, pp. 1–82.

59 Ibidem.

actually transcribed into the report the contents of the most important of these, detailing with great care the parts which concerned the suffragan churches ascribed to Braga by those papal privileges.

The other important element in the «Liber Testamentorum I», also copied in clusters, were the oaths of obedience of the suffragan cathedrals. This derived no doubt from the value that these records added to the argument of antiquity and of its repercussion in the legitimacy granted to very old practices. This surely accounts for the oaths of obedience of so many of the bishops whose dioceses should legally belong to Compostela, but which had, for a very long time, in fact for more than 40 years, obeyed to Braga. The strategy of proving that in the controversial cases of Lisbon, Évora, Coimbra, Lamego and Viseu, the practice of obeying to Braga was attestable from the times of its conquest and reinauguration, and the evidence also given, that the followers of those 'first' bishops had always been in accordance with this obedience, would most certainly be derived from the intent to prove its validity from tradition and use. Peter Feige found more than 40 oaths of obedience in «Liber Fidei», which he confirmed independently.[60] Copying these specific acts into the «Liber Testamentorum I» was surely a deliberate action. And the judge delegates in Tui did not fail to notice it:

> (...) *Item ex libro quem dicunt testamentorum produxit dominus Bracarensis professiones episcoporum Colimbriensium Gundisaluui, Bernaldi, Iohannis, Michaelis, Vermuti et Martini et episcoporum Lamacensis ecclesie, scilicet Menendi et Godini, et episcoporum Visensis ecclesie, scilicet Odorii, Gunsalvi, Godini et Johannis, et Giliberti Vlixbonensis episcopi* (...).[61]

Immediately after this phrase, the judge delegates add another sentence, which, if there were to be any doubts about the correspondence between the composition of the «Liber Testamentorum I» and the hearings before the papal judges, would surely dismiss it. They add:

> (...) *et aliam quandam scripturam quam dicunt sententiam fuisse datam a Deosdedit cardinali et legato Yspanie super episcopatu Zamorensi. Et ista continetur in fine transcriptorum priuilegiorum suorum que transcripta de priuilegiis eorum in conspectu meo sunt sumpta. Professiones quoque et scriptum quod dicunt sententiam de libro illo quem testamentorum appellant transscripta sunt in quo alie professiones eorum episcoporum qui indubitanter sunt sui, scripte sunt* (...).[62]

It is difficult not to see in these lines of the audiences of 1187 the structure of the «Liber Testamentorum I» and the first 23 documents. The reference to the divisions of provinces, and papal bulls, which we can actually retrace in the

60 Peter FEIGE: Die Anfänge des portugiesischen Königtums und seiner Landeskirche, in: Spanische Forschungen der Görresgesellschaft 29 (1978) analysed all the 40 professions of obedience which he found in «Liber Fidei», and traced them in the Braga archive with success, concluding that those were verifiable documents.

61 ERDMANN: Papsturkunden (see note 6) doc. 110, p. 315.

62 ERDMANN: Papsturkunden (see note 6) doc. 110, pp. 314–315.

«Liber Testamentorum I», just as much as this last phrase, which tells us of a cluster of oaths of obedience, followed by the sentence of cardinal Deusdedit on Zamora, and yet again more oaths of obedience, leave hardly any space for doubting on the relevance and usefulness of such compilation.[63] It also seems to leave the «Liber Testamentorum I» and its production totally alien to the production of this first piece, even if it was considered relevant when the copy of the cartulary which is the «Liber Fidei» was made, almost a century after these events.

The quantity and quality of the research and preparatory work that the personnel of each of the two institutions (Braga and Compostela) had to undertake in order to compile and produce all the evidence we have access to, *via* these reports, was massive.

It shows the mentality behind it, a mentality which reflects the habits and the tradition of the most refined critical exegesis in the study of Theology and Law according to scholastic methods. The production of authoritative texts and documents and the use of those testimonies to exemplify and justify the arguments put forward is exhaustively performed by the archbishops, but had to be prepared by those involved in the selection and compilation of all the pieces of evidence.

In this process we observe how, apart from the acts and documents already analysed, they also and mostly resort to History, in the form of all the Hispanic chronicles available at the time, as well as to the works of ancient geographers, grammarians, astronomers, the acts of Visigothic and Suevic councils, and even to canon and civil Law codifications, in order to complement the allegations with as much rigor and erudition as you possibly could by the end of the 12th century. Gracian and Justinian could not be missed by either of the contenders.[64] And they were not.

In a process like this, of which we possess a detailed description, we can actually have an insight on the processes of Law, and observe how both the archbishops move so easily within these processes and even manage to make

63 Cf. Annexes 1 and 2 for this.

64 Godinho tries to defend his views when he states, at a certain point, that the Compostelan archbishop couldn't have claimed dioceses which didn't belong to Mérida when Mérida's jurisdiction was attributed to Compostela, resorting to the text either of the Justinian Code or of the Decretum of Gracian. Erdmann identified the references in Justinian's Code (Cod. 2. 52.7) as well as in Gracian's *Decretum* (C. 16 q.3 c. *prima actione*). It is, however, remarkable to see the level of Godinho's professionalism and familiarity with these sources in his closing arguments in 1182: *Ad ultimum uero, ita concludit dominus Bracarensis dicens: Cum ergo dominus Compostellanus nichil de his, que aduersus eum intentabat, probauit, quoniam nec possessorium, quod ab initio proposuit, neque rei uendicationem, manifesta patet equitatis ratio, quod absoluendus est ab eius impetitione. Actore quippe non probante reus, etsi nichil prestiterit, absoluendus a iure Codicis censetur, et fauorabiliores magis rei quam actores in regulis iuris describuntur.* (ERDMANN: Papsturkunden [see note 6] doc. 91, p. 282).

use of the same sources to prove totally opposed theories[65], displaying both great subtlety in their argumentation and also great knowledge in textual criticism techniques.[66] They themselves and the people who support their claims behind the scenes.

The resulting conception of reality and its evolution, which exhumes from these reports is that of one in which the historical dynamics may sometimes be changed by disturbing factors, like royal interference or violence, but in which the study of the evolution in the past still seems to provide the best way to recognize the roots, the ancestry and pedigree of the 'truth'. Both parties claim to be entitled to the best truth, which has to be, of course, the most ancient one.

The use made of what is called 'ancient historians' derives from this mental approach to possession of privilege. Original and *apocrifa* are mentioned as authorities placed at the same level, as long as they provide good material for proving each of the contender's truth. This is what happens with the division

65 The most important of these being the use made by both of the texts of the councils of de Braga, Lugo and Mérida. Both parties use the texts according to the two distinct *quodam uolumine quod corpus canonum uocamus* in the case of the one presented by Compostela (ERDMANN: Papsturkunden [see note 6] doc. 91, p. 267) and *quodam uolumine quod corpus canonum uocatur* in the case of the one used by Braga (Ibidem, p. 270) Same source, theoretically, same councils. Yet the Compostelan accuses the Braga archbishop, based on the texts of the councils, of having received the suffragans of Merida when King Miro conquered Lusitania, abusively, because such division was done illegally, for it is not for Kings to interfere with ecclesiastical boundaries. He then proceeds through the analysis of the texts of the councils and of the bishops present and absent in the acts of the councils of Braga I, II and III, as well as the Lugo one, trying, through a complicated series of accounts, to prove that the consecutive changes in the suffragan churches of Braga was illegal. The archbishop of Braga picks up these arguments and dismisses the one of royal violence without much detail, proceeding, with a similar approach, to the analysis of the same elements of the same councils, but going so far as to stating that the archbishop of Compostela had made a false statement, by ignoring the subscriptions in the councils. He then proceeds to try and prove how the council of Lugo was in fact the one of Braga and explains how the presence or absence of a bishop in such gathering was irrelevant, because it did not contribute to the topic of obedience, and the reasons for not being summoned for a council and for not being present may be multiple and not related to the obedience topic. He finishes his speech by claiming that if that analysis were to be correct, then we would have to conclude that the bishops who couldn't be present at the council of Lateran (III) did not belong to the jurisdiction of the Apostolic See, which was definitely an error. (Ibidem, pp. 268–270). The examples repeat themselves troughout the text.

66 Both contenders try to show how some of the documents which could damage their case could be falsifications. They take great care in explaining why they think so, by observing the formal details of the acts, like the intrinsic and extrinsic factor, and analysing the formal details, letters, hands, validation signs, scratches, defects in the composition of a text, the forms and types of the seals, signatures, authographes and the state of the parchment, ink, letters, hands and contents, whose veracity is often challenged. (Cf. ERDMANN: Papsturkunden [see note 6] doc. 91, pp. 280–281).

of Wamba and the council of Lugo, in different versions according to their source of production (Braga or Compostela). Resorting to Histories and Chronicles like Rufus Festus, Hidatius, Orosius, Johannes Biclarensis and Sampiro[67], amongst others, is so common that they even transcribe the relevant passages in order to ascertain what the shape of the provinces were and, finally, which diocese belonged to which province in the Roman and Visigothic pre-711 times. Although, unfortunately we do not have any record of the holdings of the Libraries of Braga or Compostela it is hardly conceivable that they could use these texts without having them in their own *scriptoria*.

All these arguments added, all these juridical skills displayed in front of the *vicedominus* from Brescia, were still not enough to solve the question in 1187, as they had proven incapable of doing in 1182.[68]

The unsettled political situation in the Iberian Peninsula, in the archbishoprics of Braga and Compostela and in Rome prevented a 'final sentence' from being issued before Innocent III.[69] This would only happen in July of 1199, when the Pope issued a considerable group of bulls[70] concerning the questions which opposed Braga and Compostela, and putting a final stone in the matter... for the time being.

The most substantial bulls of this group, issued in the first 15 days of July, are the ones which deal with the questions of the Lisbon and Évora, the question of Zamora, and the question of the four episcopates and the possession of Braga and San Fruttuoso.[71]

All of these have long narrative blocks enlightening the question in terms of their tradition, and reconstituting the steps of the quarrel until that moment. More importantly, the details given on the subjects under evaluation, just as the analysis, study and decision about the several different topics shows a direct

67 Cf. ERDMANN: Papsturkunden (see note 6) pp. 276–279. For a more exhaustive table of all the arguments used by both contenders in this particular hearings, cf. Annex 3.

68 In 1182, the only result was to book the final hearing for 1184, but the final sentence was immediately contested by the archbishop of Braga on the grounds of bad will and partiality in favour of Compostela from the part of the two judge delegates involved.

69 Both Clement III, in April 1190 (ERDMANN: Papsturkunden [see note 6] doc. 121, pp. 339–340) and Celestine III, in May 1194 (ERDMANN: Papsturkunden [see note 6] doc. 138, pp. 358–359) tried to solve the question definitively, but it was never possible to gather all the intervenients or manage to finalize the matter. In January 1197 Celestine III summons the archbishop of Braga to come to the Curia for the final solution of the question (ERDMANN: Papsturkunden [see note 6] doc. 152, pp. 374–376) but he died in the meantime, leaving the task to Innocent III.

70 From the end of June to the 14th of July, the Pope issued eleven documents related to these quarrels (COSTA/MARQUES [see note 22] docs. 44–54, pp. 66–97).

71 They are the *In causa duorum* (2nd July 1199 – COSTA/MARQUES [see note 22] doc. 45, pp. 69–74), on Lisbon and Évora, the *Cum simus* (5th July 1199 – COSTA/MARQUES [see note 22] doc. 46, pp. 74–79) on the question of Zamora, and the *Licet unum sit* (12th July 1199 – COSTA/MARQUES [see note 22] doc. 49, pp. 82–91) on the question of the four episcopates, Braga and San Fruttuoso.

dependency from the reports sent to Rome by the judge delegates of the enquiries of 1182 and 1187, especially from this last one, and ultimately, from the elements brought forward as proof by the archbishops of Braga and Compostela to that meeting.

It all makes sense, in the end of this cycle. The production of an important cartulary containing pieces of fundamental evidence, or of several smaller cartularies, as it seems rather to be the case, was surely instrumental, especially for Braga, who apparently invested more seriously in the production of written acts of privilege and in the presentation of the oaths of obedience in a form which could be seen as more authoritative, than Compostela. It seems to have conveyed itself to Rome, and the fact that the Pope takes into account evidence from the meetings in Tui is surely significant.

The relevance of the «Liber Testamentorum I» in the economics of this quarrel appears, then, under a new light, when we try to trace it in the acts of the audiences of the papal judges in Tui, and in the final papal sentences. The still mysterious reasons for its labyrinthic structure seem a little less incomprehensible, and its symbolic and practical functions seem clearer and more evident, more effective and more intelligible.

Although a great deal of grey areas are still begging to be studied in more detail, this brief glimpse allowed us, nevertheless, the possibility of having a deeper approach and insight into the mentality of the men involved in the production of the cartularies in Braga, in the 12th century, into the mechanisms of the promotion of the legitimacy of Braga and into the uses and manipulations of the written memory of an ecclesiastic institution, for the purpose of its self-preservation and glorification.

Annex 1

Composition of «Liber Testamentorum I»

#1	n°s 1–23	Miscellaneous documents (among which seven bulls of Pascal II)
		Index of 39 documents [n°s 24–62]
#2	n°s 24–144	Documents of archbishop Pedro (1071–1091)
	[n°s. 139, 141–144: out of place]	
	n° 145	*Hec sunt que adquisivit Petrus* (election of Geraldus)
#3	n°s 146–380	Documents of archbishop Geraldo (1099–1108)
		[n° 205–218 – documents of the years 1119–1161]
		[n° 207/208 – two bulls of Eugenius III – sententiae for Oviedo and Lugo]
		[n° 218 – Marriage contract between the daughter of A. Henriques and Ramón Berenger of Aragon]
		[n° 316–319] – documents of 1124–1151]
		[n° 317 – Sentence of cardinal Deusdedit on Zamora-1124]

		N° 319 – Index with 18 documents N° 337 – Index with 19 documents N° 361 – Index with eight documents N° 369 – Index with 25 documents
#4	n°s 381–401	Documents of archbishop Maurício Burdino (1109–1118) N° 395 – Index with 14 documents
#5	n°s 402–477	Documents of archbishop Paio Mendes (1119–1137) [n°s 416–418 date from 1142–1148] [n° 417 – 'Council' of Braga 1148] N° 418 – Index with 22 documents
#6	n°s 478–546	Documents of archbishop João Peculiar (1138–1175) [n°s 493–500 – interpolation of documents from 1202–1218] [fol. 138 missing – followed by a set of eight obedience oaths] N° 518 – Index of 17 documents
#7	n°s 547–592	Several assorted documents [n° 554–557 – four bulls of Pascual II (1114/15)] [563–564 – interpolations from the years of archbishop Estêvão 1213–1228] [593–598 – Interpolation from the years 1112–1121] [599 – one document in a 14th–15th century hand]

Oaths of obedience by suffragan bishops to Braga: docs. n.: 139, 212–14, 216–217, 371, 418, 510–517, 548–550, 561, 563–565, 570–577, 583–587, 588–590A.

Annex 2

List of documents contained in the first two *quaterni* of «Liber Fidei» - «Liber testamentorum I»

Fls.	Doc. n°	Date	Place name	Contents
1–1v	1	1017/07/28	–	General canons from the Curia/Council of León.
1v	2	1103/04/1	Lateran	*Strenuitate tua* from Pascual II to count Raymond, asking him to protect the recently reinstalled church of Braga.
1v–2	3	1103/04/1	Lateran	*Iustitie ordo* from Pascual II to the bishop of Mondoñedo ordering him to obey Braga as its metropolitan and to restitute Dume.
2–2v	4	1103/04/1	Lateran	*Et fratrum* from Pascual II to Diego Gelmirez, ordering him to return to the archbishop of Braga the part of the churches of S. Frutuoso and S. Vítor, for which purpose King D. Garcia, had granted a monastery to Compostela.
2v	5	1101/03/24	Lateran	*Apostolice Sedis*, from Pascual II, confirming to the bishop of Coimbra the ancient limits of the diocese and entrusting him the rule over Lamego and Viseu whilst they were not restored.
2v	6	1103/04/01	Lateran	*Conquestus est*, from Pascual II, to the bishop of Astorga ordering him to surrender to the archbishop of Braga the domains of Aliste and Bragança, and ordering him to respect the limits of the diocese of Orense.
2v–3	7	1103/04/1	Lateran	*Noveris nos* from Pascual II, ordering the bishop of Coimbra (Mauritius Burdinus) to obbey to the archbishop of Braga as its metropolitan and to help him in the recovery of the diocesan whealth.

3	8	1100–1108	–	Bula *Eos qui*, from Pascual II, comunicating to the archbishop of Braga that the ordaining of diaconi and presbiters done under the hispanic rite are still valid.
3–4	9	–	–	*Divisio Wambae.*
4–4v	10	–	–	*Paroquial suévico* or *Divisio Theodomiri.*
4v–6v	11	–	–	*Paroquial suévico* or *Divisio Theodomiri.*
6v–7v	12	832/03/27	–	Donation, by King Alfonso II , of the church of Braga and Orense to Lugo, from whom they would be spiritually dependent.
7v–8v	13	899/07/6	–	Confirmation by King Alfonso III to the bishop of Lugo, of the previous donation.
8v–9v	14	915/09/1	–	Confirmation by Ordonho II of the previous two documents.
9v	15	572/01/1	–	Delimitation of Braga.
9v–10	16	840/04/1	–	Order to populate and restore the city of Braga given by Alfonso III of Astúrias (problem in the date).
10	17	835/01/28	–	Delimitation of Braga and confirmation of its assignment to the bishop of Braga, then residing in Lugo.
10–10v	18	835/01/28	–	Narrative version of the previous donation.
10v–11v	19	911/09/28	Aliobrio	Delimitation of Braga by Ordonho II, on request of the diocese of Dume.
11v–12	20	–	–	*Notitia* of the Reconquest of the Iberian Peninsula and the problems which affected Braga until its restoration and the appointment as bishop of D. Pedro.
12–12v	21	1078/12/18	–	Judicial sentence over the case of Baroncelli. It had been given by Sesnandus, the consul of Coimbra, in delegation of Alfonso VI.
12v–15	22	1025/08/30	–	Process between bishop Pedro, residing in Braga, and some servants who refused to obey him.
15–16	23	1062/09/5	–	Letter in which some servants recognize the rights of the archbishopric of Braga over them.

Annex 3

Sources quoted and used in the two enquiries[72]

1182	1187
Historical argument – King Miro took it by force and it took restoring the Visigothic rule to have them split between Lugo and Braga (no sources given)- but copied in «Liber Testamentorum I» (docs. 2,11)	«Corpus Canonum» (quoted by Braga and Compostela) (in Braga they were copied into the so called two «Libri Iudiciorum»)
Council of Lugo (in «Corpus Canonum») (quoted by Compostela and Braga)	Council of Emerita (quoted by Compostela)
«Corpus Canonum»	Little *in quarto* bound into the end of the «Corpus Canonum» *volumen*, containing the «Diuisio Wambae»
Councils of Braga I, II, IV (mistaken by III)	Council of Lugo (quoted by Compostela and Braga)
Braga II (quoted by Braga)	Council of Braga II (quoted by Braga)
Council of Emerita (quoted by Braga and Compostela)	Two «Libri Iudiciorum» (produced by the archbishop of Braga and quoted by him) – containing the *Diuisio Theodomiri* (quoted by Braga)
Councils of Toledo, II, VI, IX e X	One «Liber Testamentorum » («Liber Fidei») (produced by the archbishop of Braga and quoted by him)
Reference to recent Lateran III	«Liber Parvulus» (quoted by Braga), another *diuisio*
Councils of Toledo, III, IV, VIII, XI, XII, XIII, XV, XVI	Paulus Orosius (in the two «Libri Iudiciorum») (Braga)
«Codex Iustinianus» (on prescription and on restitution)	Isidore of Seville *Historia Gothorum* (in the two «Libri Iudiciorum») (extensively quoted by Braga)
Decretum Gratiani (c.3 C. VI qu. 3, Denique; Dist. 76 c.8, Scire debet; c.13 C. XVI qu.3) *et variis iuris articulis*	Ten papal privileges from Pascal II to Alexander III (quoted by Braga) (in the two «Libri Iudiciorum»)

72 1182 – ERDMANN: Papsturkunden (see note 6) doc. 91, pp. 266–82; 1187 – Ibidem doc. 110, pp. 303–24.

Diuisio Wambae (described as such)	Professions of the bishops of Coimbra, Lamego, Viseu, Lisboa and a sentence by cardinal Deusdedit (in «Liber Fidei» – «Liber Testamentorum»)
Luc., 10,37	Hidatius, *Chron.* (in the two «Libri Iudiciorum») (quoted by Braga)
Isidore of Seville *Historia Gothorum* (quoted by Compostela)	John of Biclar, *Chronica* (in the two «Libri Iudiciorum») (quoted by Braga)
Cronicis Regis hispaniarum (*pseudo*-Itacius? Sampiro?) (quoted by Compostela)	*Ystoria Martinus Bracarensis* (in the two «Libri Iudiciorum») (quoted by Braga)
Rufi Festi *Breuiarium Rer. gest. populi Rom.* quoted by Braga)	*Ystoria Festi ad Valentinianum* (in the two «Libri Iudiciorum») (quoted by Braga)
Paulus Orosius, *Historiarum adu. paganos* (quoted by Braga)	*Ystoria regum Hispaniarum* (in the two «Libri Iudiciorum») (quoted by Braga)
Two papal privileges (false) produced by the archbishop of Compostela and quoted by him	Paulus Orosius, *Hist. adv. paganos* (quoted by Braga)
Eight papal privileges produced by Braga (some of which also false)	Councils of Toledo I, II,III, VII, VIII, X, XI; Braga I; Emerita (quoted by Compostela)
	Isidore, Orosius and now also Iulianus of Toledo, *Historia Wambae* & *Chron. Adefons. Imp.*& *Sampiro* & *De bello gallico* (quoted by Compostela)
	Priscianus, *De arte grammatica* (quoted by Compostela)
	Martianus Capella, *De nuptiis Phil.* (quoted by Compostela)
	Alfagani, *Astrologia* (quoted by Compostela)
	Solinus, *Collect. rer. mem.* (quoted by Compostela)
	Isidorus, *Etimologiae, de gemmis* (quoted by Compostela)
	Isidorus, *De natura rerum* (quoted by Compostela)
	Martianus Capella, *De Geometria*, (quoted by Compostela)
	Passio Sancti Facundi et Primitivi (quoted by Compostela)
	Two papal privileges (quoted by Compostela)

Abstract

Constructing Legitimacy and Using Authority. The Production of Cartularies in Braga during the 12th Century.

The production of cartularies is almost always derived from the basic need to collect sufficient evidence in order to enable the producers to prove the legitimacy of their claims to a very wide range of rights. The motivation can range from the simple need to prove entitlement to property, or jurisdictional rights, to rather more complex issues. Sometimes, the *raison d'être* for the making of these compound instruments, surpass the simpler and narrower territorial or seigniorial topics, and, as it seems to have been the case with many of the documents contained in the cartulary analysed in this paper, they reflect other types of needs and interests. Such was the case in Braga, during the last quarter of the 12th century, when the quarrels against Santiago de Compostela, which had been brooding all through the previous five decades, would finally free themselves from the ever prominent question of the primacy of Toledo over the other Spanish sees, and reveal how much more "functional" and fundamental the opposition between Braga and Compostela would be, for the political survival and affirmation of both the archdioceses and their "respective" Kingdoms. The contenders had to prove the rights which they both claimed by legitimate right. Thus the importance of possessing, and being able to exhibit before the papal judges, evidence such as papal and royal grants or privileges, or old authoritative monuments like Histories from the Antiquity or Visigothic times, *acta* of Councils or even mythical divisions, which should be testimony, in themselves, of true, trustworthy veracity. This paper will study the cartulary generally called *Liber Fidei*, produced in Braga, in the 13th century, compiling previous cartularies, dated from the 12th century. The "*Libri Testamentorum*", whose existence is attested to by secondary sources, appear as proof in several sentences dating from the end of that century, in causes related to the disputes for jurisdiction and territorial power between Braga and Compostela. The structure and contents of the cartularies is used in order to try and understand what the rationale of such compilations might have been, and then observe how well suited for the purpose of serving as authoritative evidence they might have been. In 1182 and 1187 reports were sent to Rome by the papal judge delegates, who arbitrated the cause between the two sees, in Tui. The references to the importance of the papal, royal, legal and historical materials contained in the cartularies do not seem to leave much space for doubts on their purpose, use and function, in their own times, if not on their structure and organization in the first place.

Los cartularios de la catedral de Astorga y la recuperación de „bulas" asturicenses anteriores a 1198

SANTIAGO DOMÍNGUEZ SÁNCHEZ

Hace algo más de un año, cuando el prof. Klaus Herbers tuvo la amabilidad de invitarme a las Jornadas „Roma y la Península Ibérica en la Alta Edad Media. La construcción de espacios, normas y redes relacionales", celebradas en Madrid, en el excepcional marco de la Casa Velázquez[1], presenté una ponencia titulada Las „bulas" pontificias altomedievales y su transmisión documental en los archivos leoneses[2], intervención que yo comenzaba recordando la importancia clave que otorga la ciencia diplomática a la transmisión o tradición documental, entendida como la manera en que el documento ha llegado hasta la actualidad, esto es, la forma en que la historia nos lo ha entregado.[3]

Continuaba en aquella ponencia expresando la enorme relevancia que tiene para un diplomatista el conocimiento de la condición de original o copia y de la autenticidad de cualquier diploma, lo cual es aún más relevante ante las bulas pontificias altomedievales. Y decía textualmente que „los documentos pontificios, como testimonio fehaciente de la voluntad de la más alta autoridad del mundo medieval, se custodiaron con extremo cuidado en tesoros y archivos catedralicios, monásticos y palaciegos. Además, los originales, que debían ser utilizados frecuentemente para defender los derechos y prerrogativas de muchas instituciones, especialmente eclesiásticas, fueron copiados sistemáticamente,

---

1 Jornadas Internacionales 'Roma y la Península Ibérica en la Alta Edad Media. La construcción de espacios, normas y redes relacionales', organizadas por la Universidad de Erlangen-Nuremberg y por la Fundación Pius für Papsturkundenforschung de la Academia de Ciencias de Göttingen (responsable de los „Regesta Pontificum Romanorum"), celebradas en Madrid los días 17 y 18 de febrero de 2006.

2 Roma y la Península Ibérica en la Alta Edad Media. La Construcción de Espacios, Normas y Redes de Relación, ed. Klaus HERBERS/Santiago DOMÍNGUEZ SÁNCHEZ, León/Göttingen 2009.

3 Véanse los siguientes manuales generales: Cesare PAOLI: Diplomatica. Nueva edizione aggiornata da G. C. Bascapé, Florencia 1942, reed. Florencia 1987, pp. 263–301. Paul RABIKAUSKAS: Diplomatica generalis, Roma 1967, ed. 5ª, Roma 1998, pp. 74–85. Olivier GUYOTJEANNIN/Jacques PACKE/Benoit-Michel TOCK: Diplomatique Médiévale, Turnhout 1993, pp. 271–395; Vocabulaire International de la Diplomatique, ed. Maria Milagros CÁRCEL ORTÍ, Valencia 1994, pp. 27–44, y Fernando DE LASALA/Paul RABIKAUSKAS: Il documento medievale e moderno. Panorama storico della Diplomatica generale e pontificia, Roma 2003, pp. 109–119.

tanto de forma individual como colectiva, en copias notariales, *vidimus*, tumbos, etc., de manera que monasterios y catedrales pudieran hacer valer sus exenciones y libertades sin tener que llevar el original a tribunales judiciales o a la corte real".

Aunque muchos archivos hispanos conservan todavía en nuestros días numerosos documentos pontificios originales, otros muchos han sufrido a lo largo de la historia incendios, saqueos, robos, sustracciones y otro tipo de vicisitudes que los han dejado más o menos asolados.

Efectivamente, han llegado a nuestros días centenares de diplomas pontificios altomedievales custodiados en muy diversos depósitos dispersos por toda la geografía de la Península Ibérica, tanto en archivos civiles, como el Histórico Nacional de Madrid, donde, como se sabe, se conservan la gran mayoría de los fondos procedentes de la Desamortización de cientos de monasterios y conventos hispanos, el Archivo de la Corona de Aragón, que conserva un gran número de las bulas dirigidas por los Pontífices medievales a los diversos reyes aragoneses, como en archivos eclesiásticos, entre los que destacan los catedralicios de León, Zamora, Burgos, Toledo, Pamplona, Braga o Barcelona.

Sin embargo, es bien conocido el caso de otros archivos ibéricos, fundamentalmente catedralicios, cuyos diplomas medievales más antiguos, entre ellos los apostólicos, han sufrido enormes mermas y pérdidas, entre ellos algunos tan importantes como los de Oviedo, Coria, Tarragona, Santiago de Compostela, Ávila, Cuenca, Seo de Urgell, Gerona, Orense, Plasencia, Burgo de Osma, Mondoñedo, Lugo o Astorga.[4]

Pues bien, en estos casos, cuando por diversas razones sólo se dispone de copias, esto es, de transcripciones fieles de bulas originales en una nueva materia escriptoria, el diplomatista debe hacer un análisis detenido y crítico de las mismas, en aras a recuperar, fijar y más tarde publicar el texto preciso de las mismas. De todos es sabido que, en estos casos, el diplomatista se puede topar con muy diversos tipos de copias. Estas Jornadas versan sobre un tipo de copia muy específico: los cartularios, unos códices que habitualmente tienen inigualable interés para el interesado en el mundo y en el documento altomedieval.

Efectivamente, los cartularios, becerros o tumbos, esto es, las copias hechas por los destinatarios de los documentos en libros especialmente destinados a ello, pueden y suelen ser una fuente de enorme importancia para la localización de diplomas pontificios desaparecidos.[5]

---

4 Cf., entre otros, los comentarios de Peter LINEHAN: Spanish Litigants and their Agents at the thirteenth-century Papal Curia, in: Proceedings of the Fifth International Congress of Medieval Canon Law (Salamanca, 21–25 september 1976), Ciudad del Vaticano 1980, pp. 487–501, esp. pp. 488–489.

5 Para un primer acercamiento cf. José Manuel RUIZ ASENCIO: Cartularios, en: Diccionario de Historia Eclesiástica de España, I, Madrid 1972, pp. 368–370. Véanse varios estudios genéricos sobre este tipo de manuscritos en Les cartulaires. Actes de la Table ronde organisée par l'École Nationale des Chartes et le G.D.R. 121 du C.N.R.S. (Pa-

Como se sabe, los cartularios se comenzaron a utilizar sistemáticamente desde el siglo XII por la necesidad que sintieron muchas instituciones, eclesiásticas y seculares, de defender sus derechos de modo eficaz, conservando con este sistema muchos o todos los documentos que tenían. Son muy abundantes en catedrales y monasterios, aunque también los hay en casas señoriales o en concejos. El uso de este tipo de libros perduró durante toda la Baja Edad Media y se mantuvo también en la Edad Moderna, como se verá en esta exposición. Hoy día tienen un claro valor añadido, puesto que, como decía, sirven para recuperar los documentos que han desaparecido.

Sin embargo, es necesario hacer un detenido estudio crítico de cada uno de los documentos copiados en los cartularios, puesto que, a pesar de que algunos de ellos van rubricados también por notarios, no gozan de la misma fiabilidad que otro tipo de copias. La experiencia demuestra que no son infrecuentes las interpolaciones u otro tipo de desviaciones en los textos. También hay que tener cierta prevención hacia la calidad de la copia, puesto que los copistas de épocas tardías podían leer mal algunas palabras de los originales altomedievales. Otras veces los cartularios hacen algo diferente: 'mejorar' o retocar el lenguaje medieval utilizado, ajustándolo a los cánones de la gramática o de la retórica.

En esta ponencia pretendo poner de manifiesto el caso hispano quizá más paradigmático de recuperación de diplomas medievales en general, y de bulas pontificias en particular, a través de la utilización de cartularios: y es el de la documentación medieval de la catedral de Astorga. El archivo medieval de la catedral de Astorga, que ya había padecido diversos percances y accidentes a lo largo de la historia, sufrió un devastador incendio durante la Guerra de Independencia, que provocó la pérdida de sus documentos originales. Éstos se han podido en gran medida reconstruir a través del estudio de diversos tumbos de época moderna.[6]

El citado archivo reunía la documentación de una de las catedrales más importantes del noroeste hispano durante la Alta Edad Media, la de Astorga. Esta ciudad, hoy día de pocos habitantes, sita en la actual provincia de León, fue durante muchos siglos el centro de un obispado de enorme extensión y de gran importancia.[7] De la llamada hasta nuestros días santa apostólica iglesia catedral

---

ris, 5–7 décembre 1991), ed. Olivier GUYOTJEANNIN/Laurent MORELLE/Michel PARISSE, París 1993.

6 Cf. Gregoria CAVERO DOMÍNGUEZ/María Encarnación MARTÍN LÓPEZ: Colección documental de la catedral de Astorga, I (646–1126), León 1999. Gregoria CAVERO DOMÍNGUE/María Encarnación MARTÍN LÓPEZ: Colección documental de la catedral de Astorga, II (1126–1299), León 2000. Aunque ya de época posterior, cf. también Gregoria CAVERO DOMÍNGUEZ/Santiago DOMÍNGUEZ SÁNCHEZ: Colección documental de la catedral de Astorga, III (1300–1499), León 2000.

7 Para una primera apoximación, cf. Augusto QUINTANA PRIETO: Geografía eclesiástica, en: Diccionario de Historia Eclesiástica de España, II, Madrid 1972, pp. 983–1015; e IDEM: Astorga, diócesis de, en: Diccionario de Historia Eclesiástica de España, I, Madrid 1972, pp. 148–151.

de Astorga, por remontarse según la tradición popular al tiempo de los apóstoles, hay noticias fiables desde mediados del siglo III, que afirman que no se había erigido entonces, sino que provenía de tiempo atrás.

Sea como fuere, el obispado de Astorga tuvo notable importancia y amplitud territorial hasta principios del siglo VIII, época de la invasión musulmana, surgiendo dentro de sus límites, durante el siglo VII, un tipo de monacato de gran influencia en toda la España altomedieval, protagonizado por los santos Toribio, Fructuoso y Valerio.

La repoblación de Astorga por obra de Ordoño I en el año 854 y la restauración de su sede episcopal, a la vez que el renacimiento de un enorme número de monasterios dispersos por toda la geografía diocesana, reavivaron el empuje de este obispado, que extendía sus dominios por amplias zonas de lo que había sido el antiguo convento jurídico romano astur – con capital en Asturica Augusta[8] – y de lo que luego serían comarcas leonesas y gallegas; aunque estos límites comenzarían muy pronto a recortarse por el establecimiento paulatino de las sedes episcopales de León, Palencia, Zamora y Orense.[9] En fin, Astorga fue durante la Alta Edad Media una sede episcopal importante, y, debido a su renombre, al igual que fue destinataria de gran cantidad de diplomas reales, recibió numerosos diplomas pontificios.

Como decía, en el año 1814, en el transcurso de la Guerra de la Independencia, las tropas inglesas[10] prendieron fuego al archivo catedralicio astorgano, salvándose sólo unas pocas decenas de diplomas[11], que, además, hoy día están en pésimo estado de conservación. De resultas de dicha tragedia, desapareció la posibilidad de acceder de forma directa a los más de 2.500 documentos originales medievales que custodiaba dicho archivo, de ellos al menos 128 pontificios, según expresa textualmente un manuscrito de la propia catedral astorgana[12] y según narran algunos cronistas asturicenses.

El historiador astorgano Pedro Rodríguez escribía a este respecto, allá en el año 1905, lo siguiente:[13]

> „De los antecedentes que han podido recogerse resulta que el archivo de la Catedral tenía un tumbo negro (así llamado por el color de la piel que le cubría) con

8 De todos es sabido que Diocleciano (entre los años 284 y 305) dividió Hispania en seis provincias (Tarraconense, Cartaginense, Bética, Lusitana y Gallaecia, más la Nova Hispania Ulterior o Mauritana, con capital en Tingis [Tánger]), cada una de las cuales, además, distribuyó en conventos jurídicos. La provincia Tarraconensis quedó dividida en los conventos Lucensis, Bracarensis, Asturicensis, Cluniensis, Carthaginensis, Caesaraugustanus y Tarraconensis.

9 Sobre este asunto cf. Demetrio MANSILLA REOYO: Geografía eclesiástica de España. Estudio histórico-geográfico de las diócesis, Roma 1994.

10 Que no las francesas.

11 Han llegado a nuestros días exactamente 48 diplomas medievales en pergamino, de ellos sólo 21 anteriores al siglo XIII.

12 Ms. 4/27 del Archivo Catedralicio de Astorga.

13 Pedro RODRÍGUEZ LÓPEZ: Episcopologio asturicense, I, Astorga 1908, p. 3.

730 instrumentos hasta el siglo XII y algunos del XIII; y un tumbo blanco, que constaba de 119 instrumentos, los más del siglo XIII. Había más de 2.500 escrituras originales, y muchas de éstas estaban copiadas en los tumbos, conservándose otras, divididas en mazos o legajos (...) También existían, cuando escribió la historia de la catedral de Astorga el P. Flórez, 60 protocolos de actas capitulares, con muchas noticias curiosas e interesantes. Toda esta riqueza literaria se perdió enteramente (...) con motivo de la entrada en esta ciudad de numerosos ejércitos en la Guerra de la Independencia, y sólo quedaron, entre escombros y ruinas, unos 20 pergaminos, casi ilegibles, rotos y chamuscados. Para perpetua ignominia de aquellos bárbaros se veían hasta hace poco las paredes del patio interior de la catedral con señales de fuego que producían los pergaminos al cocer el rancho para las tropas.“

Pues bien, los investigadores interesados en conocer los diplomas medievales astorganos han tenido que contentarse hasta hace pocos años prácticamente sólo con utilizar la edición y las citas[14] de diversos documentos asturicenses que había hecho Enrique Flórez en el tomo XVI de la España Sagrada, dedicado a la iglesia de Astorga[15], que, entre otros datos dignos de destacarse, cuenta con un Apéndice en el que edita cuarenta y un diplomas seleccionados de dicho depósito documental[16], uno de ellos pontificio.[17]

Además, a lo largo del siglo XX diversos eruditos e investigadores fueron dando a conocer la existencia de diversos manuscritos de época moderna, concretamente de los siglos XVII y XVIII, conservados en la propia catedral de Astorga, en el Archivo Histórico Nacional, en la Biblioteca Nacional y en la Biblioteca del Palacio de Oriente de Madrid, en los que había citas, menciones, algunas transcripciones y diversos datos, muchas veces inexactos, erróneos, equívocos o irregulares, de los documentos medievales asturicenses.

Algunos historiadores locales, basándose en estos códices, editaron o comentaron algunos diplomas cuyos originales habían sido pasto de las llamas. Entre estos estudiosos sobresalen dos autores: Pedro Rodríguez López, autor del Episcopologio asturicense[18], y Augusto Quintana Prieto, que firmó a lo largo de su dilatada vida numerosísimos artículos y monografías, entre los que destacan los cuatro volúmenes titulados El Obispado de Astorga en los siglos

---

14 Para un primer acercamiento a la problemática de reconstrucción de este archivo, cf. CAVERO DOMÍNGUEZ/MARTÍN LÓPEZ: Colección documental I (como nota 6) pp. 13–35.

15 Enrique FLÓREZ: España Sagrada, XVI, La iglesia de Astorga, Madrid 1762. Hay reediciones editadas en Madrid en 1878 y 1905, y una actual, a cargo de Rafael Lazcano, hecha en Madrid en 2005 (editorial Revista Agustiniana).

16 Bajo el título *Scripturae nunc primum editae ex archivio asturicensi*, pp. 403–480 de la edición de Madrid 2005.

17 Se trata de la ‘ordenación’ de las pertenencias de la mesa episcopal de Astorga hecha por Jean Halgrin de Abbeville, cardenal obispo de Sabina, dada en septiembre de 1228.

18 RODRÍGUEZ LÓPEZ: Episcopologio (como nota 13).

IX y X, en el siglo XI, en el siglo XII y en el siglo XIII[19], y el artículo titulado Registro de documentos pontificios de la diócesis de Astorga (1139–1413).[20]

Aunque éstos y otros investigadores explicaron de palabra en conferencias y comunicaciones, y también pusieron por escrito la necesidad de realizar una reconstrucción o 'reconstitución'[21] del archivo catedralicio de Astorga, nadie se había puesto manos a la obra a realizar este proyecto.[22] En efecto, tal reconstitución del archivo catedralicio astorgano era una obra esperada muchas décadas por los historiadores del occidente hispano, y que nadie había tenido la osadía de realizar.[23] La enorme dificultad del proyecto, que obligaba a trabajar con materiales de 'segunda mano', enrevesados e imprecisos, hizo que los lustros pasaran y nadie se atreviera a poner manos a la obra en este asunto, hasta que en los años 1999 y 2000 las profesoras Cavero Domínguez y Martín López, tras muchos años de trabajo, publicaron[24] dos volúmenes titulados Colección documental de la catedral de Astorga, I. (646–1126) y II, (1126–1299)[25], en los que se hacía la reconstrucción nada menos que de 1.514 diplomas asturicenses anteriores al año 1299.

Las doctoras Cavero y Martín emprendieron esta tarea con mucho ánimo, cargadas de paciencia, aun a sabiendas de que el resultado final de sus investigaciones nunca sería definitivo y podría ser cuestionado en muchos aspectos. Tras muchos años de trabajos, como decía, estos dos volúmenes vieron la luz. Las autoras del mismo han explicado claramente en la introducción a estos volúmenes la enorme complejidad de los diplomas en cuanto a su tradición documental y en cuanto a su cronología. La mayoría de los documentos, como ya he señalado repetidamente, sólo se conocen por copias o resúmenes hechos en cartularios de los siglos XVII–XVIII, y los autores de estos tumbos, con

19 Augusto QUINTANA PRIETO: El obispado de Astorga en los siglos IX–X, Astorga 1968; IDEM: El obispado de Astorga en el siglo XI, Astorga 1977; IDEM: El obispado de Astorga en el siglo XII, Astorga 1985; e IDEM: El obispado de Astorga en el siglo XIII, Astorga 2001.

20 Augusto QUINTANA PRIETO: Registro de documentos pontificios de la diócesis de Astorga (1139–1413), en: Anthologica Annua 11 (1963) pp. 189–226.

21 En palabras de Pascual Galindo. Véase, en este sentido, el sugerente artículo de este autor: Pascual GALINDO ROMEO: Reconstitución del archivo del monasterio de Santa Clara la real de Murcia: Actas de las I Jornadas de Metodología aplicada a las ciencias históricas, V, Santiago de Compostela 1975, pp. 61–74.

22 Alguno de estos investigadores, pasado el tiempo, ha elevado críticas a la labor de quienes, con enorme esfuerzo, sí se ocuparon de localizar, identificar, analizar y editar los diplomas astorganos.

23 Permítaseme seguir en este párrafo mis propias palabras que escribí en el siguiente artículo: Santiago DOMÍNGUEZ SÁNCHEZ: En torno a las puntualizaciones sobre la datación de documentos medievales de la catedral de Astorga, en: Estudios Humanísticos (Historia) 4 (2005) pp. 297–302.

24 En la Colección Fuentes y Estudios de Historia Leonesa.

25 CAVERO DOMÍNGUEZ/MARTÍN LÓPEZ: Colección documental I (como nota 6); CAVERO DOMÍNGUEZ/MARTÍN LÓPEZ: Colección documental II (como nota 6).

frecuencia, no supieron leer o interpretar correctamente los originales: confundieron muchas veces los numerales romanos[26]; no se dieron cuenta de que algunos diplomas aparentemente distintos eran un único texto, pero del que se conservaba un original y una copia posterior, quizá con fecha diferente; leyeron mal algunos de los nombres que aparecían en los sincronismos, etc.[27]

Verdaderamente, la reconstrucción de los documentos medievales asturicenses a través de las copias de los cartularios que han llegado a nuestros días, de los que haré mención a continuación, es una tarea apasionante, pero extremadamente ardua. En lo referente a las bulas altomedievales el problema se complica aún más en los aspectos cronológicos: las *litterae* pontificias originales, como es conocido, no expresan el año de expedición hasta el año 1188, y, desde esa fecha, sólo hacen mención al año del pontificado[28], lo que hizo que los redactores de los cartularios de época moderna no supieran datarlas con precisión.

Además, en una gran mayoría de casos, los citados cartularios se limitan a anotar un resumen de los textos medievales que tenían delante, pero no a transcribirlos en su integridad. La carencia del texto completo entorpece la identificación precisa de dichos diplomas pontificios, o hace difícil determinar sus características diplomáticas y su clasificación tipológica.

En esta sencilla comunicación pretendo ofrecer un catálogo lo más exacto preciso de 20 documentos pontificios anteriores al año 1198 que custodió el archivo catedralicio asturicense y que, aun habiendo desaparecido a principios del siglo XIX pasto de las llamas, se han podido recuperar en gran medida a

---

26 Como pasa en el documento núm. 2 que presentamos más abajo en el Apéndice Documental.

27 Como expresé en el citado artículo Santiago DOMÍNGUEZ SÁNCHEZ: En torno (como nota 23) pp. 297–302: „las profesoras Cavero y Martín avisaron en los referidos volúmenes que, tras mucho estudiar el asunto, habían decidido mantener en los regestos y transcripciones que ellas presentaban la fecha que aportan los cartularios consultados, aun sabiendo que podía ser errónea, si no había absoluta seguridad de la data exacta, y ello con la intención de no 'inventar' ninguna data nueva que pudiera en un primer momento solucionar los problemas cronológicos presentados. Lógicamente, en esos casos, las citadas profesoras han dejado claro que la fecha es dudosa, o que otros autores que anterioremente habían tratado de ese diploma habían propuesto otra. Tal decisión parece acertada. De todos es sabido que la Cronología técnica, disciplina que se enmarca dentro de la Diplomática y que estudia los problemas en torno a la fecha de los documentos, especialmente de los altomedievales, no recomienda plantear soluciones a la ligera. Es muy fácil decir que a un *scriptor* medieval se le olvidó añadir una o dos 'C', o que un transcriptor de época moderna de textos medievales no supo interpretar una 'X' aspada. Si no se tiene garantía de lo que ocurrió, es más prudente avisar de los problemas, y no dar como definitivas soluciones que pueden no serlo, o que no lo serían si tuviéramos más datos en la mano."

28 En dicho año 1188, efectivamente, se comenzó a anotar el año del pontificado, pero sólo en 1423 se añadió el año cristiano.

través de la consulta de los cartularios citados.[29] Me limito a analizar las bulas anteriores al citado año 1198 por ser esa la fecha límite que tradicionalmente han tenido los estudios de la eminente Colección Regesta Pontificum Romanorum[30], dirigida en este momento por el referido profesor Herbers[31] y que tiene relación directa con la organización de estas Jornadas.

Seguiré en principio los datos que aportan las profesoras Cavero y Martín, tratando de completarlos en todo lo posible con todas las referencias que se pueden hallar en los estos tumbos. Parece conveniente, antes de ofrecer la relación de bulas, hacer en este momento una breve síntesis de las características de los referidos cartularios. Las referencias concretas a documentos pontificios aparecen en los siguientes seis manuscritos, todos ellos en papel[32]:

*Biblioteca Nacional (Madrid):

-*Ms. 4357*. Se trata del códice más interesante y más completo de todos que, con una gran diferencia respecto a los demás, hace referencia a un mayor número de bulas altomedievales. Realizado en el siglo XVIII, lleva por título original Índice de las escrituras de la Santa Iglesia de Astorga dentro y fuera de los Tumbos (Negro y Blanco). Por el padre Francisco Méndez, tiene 262 folios. Como bien expresa el título, el autor examinó e hizo las pertinentes referencias, aunque sólo en forma de reseña y no copiados íntegramente, los diplomas originales que custodiaba el archivo y también con los desaparecidos y famosos tumbos medievales asturicenses, los llamados Negro y Blanco.[33]

Efectivamente, divide la documentación en las siguientes secciones: Tumbo Negro, Tumbo Blanco, Privilegios Reales, Particulares y Comunes, Instrumentos Apostólicos e Índice de los Testamentos. Como es evidente, interesa especialmente para este trabajo la sección Instrumentos Apostólicos, que ocupa los folios 229–248.

29 Aunque sólo de uno de ellos, el segundo, los tumbos asturicenses ofrecen la transcripción completa de su texto.

30 Esa fecha viene dada por el importante cambio que supuso la costumbre iniciada en el primer año del pontificado de Inocencio III (1198–1216) de usar de forma sistemática los registros.

31 Véase, en este sentido, la información que proporciona la página WEB de la Fundación Pius für Papsturkundenforschung de la Academia de Ciencias de Göttingen, responsable de los Regesta Pontificum Romanorum: http.www. papsturkunden.gwdg.de.

32 Téngase en cuenta, por otro lado, que hay otros seis tumbos que también ofrecen diversas noticias de la documentación medieval de la catedral de Astorga, pero que no hacen referencia alguna a bulas anteriores al año 1198. Se trata de los manuscritos 4/17, 4/26 y 2/27 del Archivo de la propia Catedral de Astorga; y de los manuscritos 9194, 712 y 18739 de la Biblioteca Nacional de Madrid. Sobre ellos, cf. nuevamente CAVERO DOMÍNGUEZ/MARTÍN LÓPEZ: Colección documental I (como nota 6) pp. 13–35.

33 Llamados así, con toda seguridad, por el color de su encuadernación.

Los resúmenes que presenta de las bulas están muy bien realizados, lo que indica que el autor de los mismos comprendía bien la carolina cancilleresca pontificia, y dominaba el idioma latino.

De forma un tanto extraña, hace referencia a todos los diplomas pontificios asturicenses altomedievales que presentaré en el Apéndice documental, menos a uno, precisamente el más importante, un privilegio de Alejandro III dado en 1163[34] por el que confirma la protección especial de la Sede Romana a este obispado y por el que corrobora todas sus posesiones.

-*Ms. 13123.* Manuscrito de mediados del siglo XVIII de diverso contenido que en sus folios 252–281, bajo el título Índice de los documentos de la Iglesia Cathedral de Astorga que remite don Carlos de Simón Pontero al Excelentísimo Señor don Joseph Carvajal y Lencaster, Primer Ministro de Estado, en 17 de agosto de 1751, hace el resumen de unos pocos diplomas procedentes de la catedral asturicense, con el fin de averiguar los derechos en el obispado de Astorga del patronato regio.

No tiene gran interés para el propósito de este artículo, puesto que se limita a resumir un sólo diploma pontificio altomedieval.[35]

*Archivo Histórico Nacional (Madrid):

-*Ms. 1195b.* Se trata del códice más antiguo, realizado en el año 1613[36] bajo la dirección de Gerónimo de Chirivoga, deán de Salamanca, para indagar las propiedades del patronato regio en la diócesis de Astorga, tal y como dice el fol. 2: Lo que se a podido aberiguar en el obispado de Astorga que pertenezçe al Real Patronazgo de Vuestra Magestad es lo siguiente... No lleva título. Tiene 863 folios. Hace copias íntegras de los diplomas medievales, tratándose de auténticos traslados notariales, cada uno de los cuales va signado y rubricado por Estaban de Soto, notario apostólico con residencia en Salamanca, contratado al efecto por el referido deán salmantino.

Tampoco es especialmente relevante para el estudio de las bulas medievales asturicenses, ya que ofrece la copia de una sola de ellas.[37]

-*Ms. 1197b.* Es un manuscrito realizado en 1753 bajo la supervisión del citado Carlos de Simón Pontero, con el título Donaciones reales y otros documentos que prueban la antigüedad de la iglesia de Astorga y todas las de su diócesis, principalmente las del arcedianato de Robleda y que todas son de fundación y

---

34 Privilegio ya citado por Philipp JAFFÉ: Regesta Pontificum Romanorum, 2ª ed., vol. II, Leipzig 1888, 164, núm. 10802; y, comentado más detenidamente por Paul Fridolin KEHR: Papsturkunden in Spanien. Vorarbeiten zur Hispania Pontificia. I, Katalanien, Berlin 1926, reed., Göttingen 1970, 78. Paul Kehr lo conoce por encontrarse una copia del mismo en la Biblioteca Universitaria de Barcelona, ms. 17–2–9/10.

35 Núm. 2 del Apéndice documental.

36 Con unos folios iniciales posteriores, del año 1735.

37 Núm. 2 del Apéndice documental.

dotación reales, con copias o noticias de diplomas medievales, refrendadas por Pedro Moreno, canónigo, notario y secretario de Astorga. Tiene 441 folios. Se hizo basándose en otro cartulario anterior, hoy desaparecido, suscrito en los años 1608–1609 por Antonio de Quintela, arcediano de Robleda, con el fin también de localizar los derechos del rey en el citado arcedianato. Aporta datos muy escuetos de las bulas medievales, y, en lo referente a las altomedievales, sólo ofrece unos parcos apuntes de una de ellas.[38]

*Biblioteca del Palacio de Oriente (Madrid):

-*Ms. 713.* Se trata de un manuscrito de la segunda mitad del siglo XVIII. Tiene 269 folios, y, de ellos, los folios 50 a 269 copian algunas donaciones reales y otros documentos relevantes, entre ellos algunos pontificios, que conservaba antiguamente el archivo catedralicio de Astorga. De los altomedievales, sólo hace la transcripción de uno.[39] Esa única copia está hecha con gran esmero y sigue fielmente el original, pero el hecho de que no se ocupe de más diplomas papales hace que el manuscrito tenga poco valor para este trabajo.

*Archivo Catedral de Astorga:

-*Ms. 4/16.* Es un manuscrito del siglo XVIII, muy deteriorado[40], titulado Manual de Bulas y privilegios que existían en el archivo cabildo de la Santa Yglesia de Astorga, de 91 folios. Su contenido, restringido a documentos pontificios, es casi el mismo que el aportado por los manuscritos anteriores, sobre todo el ms. 1195B del Archivo Histórico Nacional y el ms. 713 de la Biblioteca del Palacio de Oriente. Se limita, como los anteriores, a copiar una única bula del siglo XII, por lo que es de poca utilidad en la investigación de diplomas papales.[41]

Repasados los cartularios con documentación asturicense, diré que las veinte bulas de las que hacen mención los citados cartularios se fechan entre los años 1163 y 1195 y fueron expedidas por los cinco Pontífices más importantes de la segunda mitad del siglo XII: Alejandro III (1159–1181), Lucio III (1181–1185), Urbano III (1185–1187), Clemente III (1187–1191) y Celestino III (1191–1198). Su contenido no me corresponde a mí estudiarlo. Sólo diré que la mayoría versa sobre diversos aspectos judiciales y de jurisdicción muy frecuentes en cualquier obispado, y sólo una es muy relevante[42], porque concede derechos perpetuos y firmes para la iglesia asturicense.

Como adelanté líneas atrás, presento a continuación, en un Apéndice documental, el listado de estos diplomas pontificios. Puesto que el citado trabajo

---

38 Núm. 6 del Apéndice documental.

39 Núm. 2 del Apéndice documental.

40 Tanto, que hoy día su consulta debe ser restringida para evitar su total destrucción.

41 Nuevamente, núm. 2 del Apéndice documental.

42 Núm. 2 del Apéndice documental.

de las profesoras Cavero-Martín[43] hace unos regestos completos de cada uno de los documentos, me remito a él y omito algunos datos que en aquellos se anotan, fundamentalmente de citas bibliográficas de los diplomas.

En cambio, añado, porque puede ser de interés, la transcripción exacta de las referencias hechas por los cartularios a cada una de dichas bulas altomedievales. Y copio al completo todo lo que dicen de dichos diplomas pontificios porque allí se proporcionan noticias del máximo interés para diplomatistas e historiadores: informan sobre el soporte de la escritura, la presencia de sellos, las dificultades para fecharlos, la presencia de algunas cláusulas finales especiales[44], etc. Todos estos datos, en caso de ser necesario, serán comentados brevemente.

Finalmente, de forma secundaria, propongo la modificación de algunas pequeñas erratas de imprenta o inexactitudes – en fechas o identificación de topónimos – de la citada edición.

---

43 CAVERO DOMÍNGUEZ/MARTÍN LÓPEZ: Colección documental II (como nota 6).

44 En el núm. 9 del Apéndice documental, por ejemplo, se anotó el uso de la fórmula *Sublato appellationis obstaculo*…

Apéndice Documental

En el Ápendice se utilizan las abreviaciones siguentes:

JK, JE, JL: Philipp JAFFÉ, Regesta Pontificum Romanorum, 2ª ed., 2 vol., Leipzig 1985–1988.

BBS: Johann Friedrich BÖHMER/Katrin BAAKEN/Ulrich SCHMIDT: Regesta Imperii IV. Lothar III. und ältere Staufer 1125–1197. 4. Abt.: Papstregesten Lucius' III. 1124–1198, Bd. 4,1 (1181–1184), Köln et al. 2003.

1

[1163], abril, 24. París.

Litterae executoriae de Alejandro III por las que ordena a los cluniacenses establecidos en el obispado de Astorga que no establezcan en sus iglesias a clérigos no aprobados por el obispo, a la vez que les prohíbe poner dificultades para que los clérigos que cuentan con dicha aprobación presten la debida obediencia al mismo. Les veta asímismo que admitan en sus oficios y den sepultura eclesiástica en sus iglesias a los excomulgados por dicho prelado, y que se excedan en sus privilegios en perjuicio de la jurisdicción episcopal.

B. BN, ms. 4357, Instrumentos apostólicos, f. 246r–v, núm 113. Noticia que lo data aleatoriamente en 1170.

REG.: JL –; CAVERO-MARTÍN: Colección Astorga. II, como nota 6, pp. 142–143, núm. 789.

Como muy bien explican Cavero-Martín, la fecha no puede ser más que 1163, porque sólo el 24 de abril de 1163 Alejandro III residía en París (cf. JL II, p. 167).

Ms. 4357: „Bula plúmbea de la Santidad de Alejandro 3°, por la qual manda a los monges cluniacenses establecidos en este obispado de Astorga no se entrometan a poner // de su autoridad clérigos en las iglesias de él sin aprobación de su obispado, ni les embaracen presten la debida obediencia a su prelado; como también el que no admitan a los excomulgados por el ordinario diocesano a los divinos oficios, ni les den sepoltura eclesiástica en sus iglesias; y que se contengan dichos monges sin exceder de lo prevenido en sus privilegios e indultos en perjuicio de los dichos obispos; con el apercibimiento de que de hacer lo contrario se passaría a la correspondiente corrección.

Datum Parisis (*sic*), 8° kalendas maii.

No tiene otra fecha por donde se venga en conocimiento de quál fue el año de su data de los 21 ó 22 que gobernó la Iglesia, que fueron desde el 1159 hasta el 1180 u 1181. Y assí esse y demás instrumentos sin otra fecha se colocan año de 1170."

2

1163, mayo, 9. Tours.

Privilegium de Alejandro III por el que acoge bajo protección de la Sede Romana a la iglesia de Astorga, y por el que confirma sus posesiones.

B. AHN, ms. 1195B, ff. 20–22v. Copia defectuosa, que altera en gran medida la ortografía original.

C. BPO, ms. 713, ff. 162–168. Copia de gran calidad.

D. BN, ms. 13123 f. 263, noticia absolutamente escueta, en la que ni siquiera se anota al completo la data.

E. ACAstorga, ms. 4/16. ff. 85–86, núm. 23. Copia defectuosa y en mal estado de conservación.

REG: JL –.

ED.: CAVERO-MARTÍN: Colección Astorga. II, como nota 6, pp. 138–142, núm. 787. Lo datan, al igual que otros autores anteriores, el 10 de mayo de 1162.

La datación que ofrecen los tres cartularios citados (salvo *D*, que no la reproduce) presenta, a todas luces, un error. Dicen éstos: „Dat<um> Turon<i>, per manum Hermani, Sancte Romane Ecclesie subdiaconi et notarii, VII idus maii, indictione decima prima, Incarnationis Dominice anno millessimo centessimo sexagessimo secundo, pontificatus vero domini Alexandri, Pape tertii, anno quarto."

El error está en el año citado, 1162, que de ninguna manera encaja con el itinerario del Pontífice, ya que el 9 de mayo de 1162 Alejandro III residía en Montpellier (cf. Philipp JAFFÉ: Regesta Pontificum Romanorum, como nota 34, II, p. 157).

La indicción XI (cf. Santos Agustín GARCÍA LARRAGUETA: Cronología. Edad Media, Pamplona 1976, p. 102) y el año cuarto del pontificado de Alejandro III, que citan los cartularios, sin embargo, sitúa el texto en el año cristiano 1163 (puesto que este Pontífice fue coronado el 20-IX-1159).

Pienso que este diploma se datό realmente en el año 1163, ya que el 9 de mayo de 1163 Alejandro III sí se encontraba en Tours (cf. Philipp JAFFÉ: Regesta Pontificum Romanorum, como nota 34, II, p. 168).

Por tanto, el original debía decir 'año de la Encarnación M C LXIII', lo que no fue bien leído por los autores de los citados cartularios.

Por otro lado, no añado más datos porque las profesoras Cavero-Martín transcriben íntegramente el texto partiendo de las tres copias citadas, y no es posible ofrecer nada nuevo.

3

[1166, 1167, 1178 ó 1179 (?)], marzo, 11. Letrán.

Litterae gratiosae de Alejandro III dictadas a ruego del obispo y de la iglesia de Astorga, por las que le exime del pago de cierta cantidad debida a la Sede Romana por su antecesor. A la vez, ordena a un colector pontificio denominado 'Cabeza de Oro' que no lo exija, aunque sí se le deberá entregar a éste el importe de sus gastos de viaje.

B. BN, ms. 4357, Instrumentos apostólicos, f. 248, núm. 125. Noticia que lo data aleatoriamente en 1170.

REG.: JL –; CAVERO-MARTÍN: Colección Astorga. II, como nota 6, p. 150, núm. 800. Datado en 1166, 1167 ó 1179.

La fecha es dudosa, puesto que el diploma no anota el año del pontificado. De acuerdo con el itinerario del Pontífice, puede ser 1166, 1167 ó 1179 (cf. JL II, p. 198, p. 203, p. 321 y p. 330).

No puede ser del año 1161, tal como expresa como posibilidad Augusto QUINTANA PRIETO: Regesto de documentos, como nota 20, 193, núm. 4, porque el 11-III-1161 el Pontífice residía en Anagni (cf. JL II, p. 153).

Ms. 4357: „Bula plúmbea de la Santidad de Alejandro 3° por la qual, a instancia de la Iglesia de Astorga y de su obispo, les perdona el importe de los encargos con que se hallaba gravada por incuria del obispo su predecesor, y manda que los cobradores de estos encargos, que el uno se apellida Cabeza de Oro, no cobren por razón de usuras cosa alguna, y se les bonifique las expensas de ida y vuelta.

Datum en Laterano, 5 idus martii.

No tiene otra apuntación, por lo que no se sabe qué año se expidió. Púsose el de 1170."

4

[1166, 1167, ó 1179], mayo, 19. Letrán.

Litterae executoriae de Alejandro III por las que comisiona a los obispos de Astorga y Ciudad Rodrigo en la contienda existente entre los obispos de Lugo y Orense por la jurisdicción de diversos lugares: el prelado lucense reclamaba los territorios de Búbal (prov. de Lugo) y Cusanca (prov. de Orense), la iglesia de San Martín de Vilarrubín (prov. de Orense) y otras seis iglesias, y el orensano reclamaba las iglesias y tierra de Lemos (prov. de Lugo) y El Beroso.

B. BN, ms. 4357, Instrumentos apostólicos, ff. 243v–244, núm. 95. Noticia que lo data aleatoriamente en 1174.

REG.: JL –; CAVERO-MARTÍN: Colección Astorga. II, como nota 6, pp. 150–151, núm. 801. Lo datan en 1166, 1167, 1178 ó 1179.

La fecha es dudosa, ya que el diploma no expresa el año del pontificado. De acuerdo con el itinerario del Pontífice, puede ser 1166, 1167 ó 1179 (cf. JL II, 199, p. 205 y p. 346).

No puede ser del año 1178, porque el 19-V-1178 el Pontífice expidió los diplomas desde la basílica de San Pedro del Vaticano (cf. JL II, p. 323).

Augusto QUINTANA PRIETO: Regesto de documentos, como nota 20, 194, núm. 5, expresa la posibilidad del año 1161, lo cual es muy dudoso, porque no está claro dónde residía Alejandro III el 19-V-1161 (cf. JL II, p. 153).

Ms. 4357: „Otra comisión de la Santidad de Alejandro 3° a los obispos de Ciudad Rodrigo y Astorga para que, citadas a su presencia las partes de los señores obispos de Lugo y Orense en el pleyto que entre los dos ad invicem pendía, el primero pretendiendo ser de su dignidad episcopal el territorio de Bualo y Cusanza, la iglesia de San Martín de Villarrubín, con otras seis iglesias, y el de Orense pedía le restituyesse el de Lugo el derecho que le competía en las iglesias y tierra de Lemus y El Veroso, en que con la ocasión de la prolongada desolación de aquellos payses se havía introducido dicho obispado de Lugo; oídas sus razónes, o bien por concordia, o ya fuese judicialmente, determinassen dicha causa, y en caso de que algunas de dichas partes quisiese apelar de esta decisión, hechas y escritas las justificaciones de una y otra, con sus correspondientes alegaciones, les assignassen término para comparecer en Roma con los autos para la determinación.

Datum en Laterano, XIIII kalendas iunii.

No expresa año ni de fecha ni de pontificado. Y haviendo obtenido la tiara por más de 20 años, aunque con la inquietud de varios antipapas, no se puede inferir el año de esa data por este instrumento. Púsose en el año 1174.“

5

[1181 (?)], marzo, 8. Túsculum.

Litterae executoriae de Alejandro III por las que manda al obispo de Astorga que, cuando se lo solicite el monasterio de San Claudio, proceda a consagrar en un plazo de veinte días y sin tasa alguna la iglesia de Villafáfila, cuya presentación correspondía a dicho centro monástico y la cual, tiempo atrás, cierto impostor, haciéndose pasar por obispo asturicense, había pretendido consagrar, tras lo cual el obispo legítimo de entonces, Arnaldo, se había negado a proceder a tal consagración, a pesar de que se le había prometido cierta provisión. Alejandro III dispone que, hasta tanto no esté consagrada esta iglesia, no tengan lugar en ella los oficios divinos, salvo el bautismo y la penitencia en casos extremos.

B. BN, ms. 4357, Instrumentos apostólicos, ff. 244v–245, núm. 100, Noticia que lo data aleatoriamente en 1178.

REG.: JL –; CAVERO-MARTÍN: Colección Astorga. II, como nota 6, p. 188, núm. 854.

Alejandro III estuvo en Túsculi el 8 de marzo de los años 1171, 1172 y 1181 (cf. JL II, p. 242 p. 260 y p. 415).

El texto parece indicar que el obispo de Astorga, Fernando, fue el destinatario de este diploma. El problema es que hubo dos obispos con este nombre en épocas muy similares, uno de 1157 a 1172 y otro de 1177 a 1189 (cf. Augusto QUINTANA PRIETO: Astorga, diócesis de, como nota 7, p. 150). Augusto Quintana, de acuerdo con la larga duración del pleito y situando todos sus autos en época de Alejandro III, propone como destinatario de este diploma al último de estos obispos, teniendo en cuenta que fue el sucesor de Arnaldo (II), que pontificó de 1173 a 1176, actuando ambos en época de Alejandro III (1159–1181). Con ello, Quintana descarta al primer obispo Fernando, sucesor a su vez de otro obispo Arnaldo (I) ya muy anterior a la época de Alejandro III, que rigió la diócesis de Astorga de 1144 a 1152 (cf. Augusto QUINTANA PRIETO: Registro de documentos, pp. 194–195, núm. 6).

Siguiendo este razonamiento, que parece acertado, se deben desechar los años 1171 y 1172.

Ms. 4357: „Breve expedido por la Santidad de Alejandro, en que relaciona que, de mandato de don Arnaldo, de buena memoria, obispo que havía sido de Astorga, cierto herege que se simulaba obispo, con asistencia de sus arcedianos, presumió consagrar la iglesia de Villafáfila, y que los monjes de San Claudio, a quien pertenecía esta iglesia, aunque havían pedido al sucessor de dicho don Arnaldo (fuelo don Fernando) consagrase dicha iglesia, y que le concederían y a su cathedral la 3ª parte de la citada iglesia, dicho obispo no havía querido asentir a ello, por lo qual y que no era ni se podía decir consagración la que presumió practicar el que en realidad no era obispo, ni este sacramento lo puede hacer sino el que recibe la potestad para ello, manda al obispo que, dentro de 20 días de como sea requerido por parte de dichos monges con este mandato, passe a consagrar dicha iglesia gratis y, no lo haciendo, prohíbe su

Santidad se celebren en ella los oficios, excepto el sacramento del Bautismo a los párvulos y el de la Penitencia a los moribundos, y al mismo tiempo previene a dicho obispo no debe ignorar quán trabajoso le sería si por razón de dicha consagración pactasse recibir y tomar de dichos monges alguna cosa.

Datum en Tusculano, 8° idus martii.

No tiene otra fecha ni señal para conocer quál de los Pontífices del nombre de Alejandro fue el que expidió estre breve. Si sólo se infere pudo ser el 3° por quanto el obispo don Arnaldo gobernó esta iglesia hasta el año 1152 ó 1153, y le sucedió don Fernando, que la regió hasta el año de 1172, en cuyo intermedio de años obtuvo la silla apostólica el citado Alejandro 3°, desde el año de 1159 hasta el 1180 u 81, aunque con el cisma de 4 antipapas que huvo desde su elección hasta el cumplimiento de 20 años. Púsose en el año 1178."

6

[1182], marzo, 9. Letrán.

Litterae gratiosae de Lucio III por las que confirma al obispo de Astorga las donaciones hechas por Fernando I y Fernando II del monasterio de Santa Marta de Tera y del castillo y territorio de Noceda del Bierzo; además de la posesión de las iglesias construidas en la diócesis asturicense en terreno de realengo o de infantado.

B. BN, ms. 4357, Índice, Instrumentos apostólicos f. 244, núm. 96. Noticia que lo fecha aleatoriamente en 1182.

C. AHN, ms. 1197B, f. 186. Noticia muy escueta, que no lo fecha.

REG.: JL –; CAVERO-MARTÍN: Colección Astorga. II, como nota 6, p. 190, núm. 857; BBS 171.

Se fecha en 1182 porque sólo el 9 de marzo de dicho año Lucio III residía en Letrán (cf. JL II, p. 438).

Ms. 4357: „Bula plúmbea de la Santidad de Lucio 3°, en que confirma las donaciones hechas por los señores reyes Fernando 1° y 2° a los obispos de Astorga y a su santa iglesia, del monasterio de Santa Marta de Tera, con todas sus pertenencias, y el castillo y tierra de Noceda, como todas las demás iglesias que en este obispado se havían construido y edificassen, assí de realengo como de infantadgo.

Su fecha de esta bula en Laterano, 7° idus martii, a pedimiento del obispo don Fernando.

No trae más fecha, y porque fue electo año de 1181, en el de 1185 fue electo Urbano 3°, se pone en el año de 1182."

[Este instrumento (...) no express<a> los años de su expedición, ni el de su pontificado; pero no haviendo gobernado la silla apostólica más que desde el año de 1181 hasta el de 1184 u 85, se deduce fu<e> expedid<o> en este intermedio.

En <él> se halla pendiente sello de plomo, con la inscripción <Lucio Papa 3°>].

Ms. 1197B: „Confirmación appostólica del Papa Lucio III de la donación fecha de yglesias y ottras cosas tocantes a la abbadía de Santa Marta de Riva de Tera, Noceda y otras cosas.“

7

[1182], agosto, 4. Velletri.

Litterae executoriae de Lucio III por las que manda a los freiles hospitalarios residentes en la diócesis de Astorga que no admitan, ni tampoco excluyan, a clérigos en dicho obispado sin permiso del ordinario, que no admitan en los oficios divinos a los excomulgados por éste, ni dejen de obedecer al obispo en asuntos de jurisdicción.

B. BN, Ms. 4357, Instrumentos apostólicos, f. 246v, núm. 114, noticia que lo data aleatoriamente en 1183.

REG.: JL –; CAVERO-MARTÍN: Colección Astorga. II, como nota 6, p. 191, núm. 859; BBS 304.

Lo dato en 1182 porque únicamente el 4 de agosto de este año Lucio III residía en Velletri (cf. JL II, p. 443).

Ms. 4357: „Otra bula plúmbea como la antecedente expedida por Lucio 3° contra todos los Hospitalarios constituidos en este obispado que ponían y removían clérigos en las iglesias sin consulta del obispo (éralo a la sazón don Fernando), erigían iglesias sin su licencia, admitían a los oficios divinos a los excomulgados y les daban sepultura eclesiástica y cometían otros excesos contra la jurisdicción episcopal.

Datum Velletri, 2° nonas augusti.

Tampoco tiene otra fecha para venir en conocimiento del año de esta data de los quatro que gobernó la Iglesia, que fue desde 1181 hasta el de 1185 u 1184. Y assí este instrumento se pone en el año de 1183.“

8

[1182], septiembre, 22. Velletri.

Litterae executoriae de Lucio III por las que comisiona al obispo de Ciudad Rodrigo, Pedro, y al de Astorga, Fernando, para que prosigan como jueces en el pleito existente entre los obispos de Lugo y Orense sobre las iglesias de Lemos y El Beroso, según les había ordenado Alejandro III (véase atrás núm. 4 de este Apéndice). Les ordena que, de no ser posible, remitan el pleito a la Audiencia pontificia, debiendo citar a las partes ante el Pontífice para oír sentencia el día 24 de abril del año siguiente, 1183.

B. BN, Ms. 4357, Instrumentos apostólicos, f. 245r–v, núm. 104. Noticia que lo data aleatoriamente en 1183.

REG.: JL –; CAVERO-MARTÍN: Colección Astorga. II, como nota 6, p. 191, núm. 860; BBS 337.

Se fecha en 1182 de acuerdo con el itinerario del Pontífice (cf. JL II, p. 443).

Ms. 4357: „Otro breve del mismo Pontífice (Lucio 3°) en que da comisión a los obispos Pedro de Ciudad Rodrigo y Fernando de Astorga para que, en la causa a ellos comenda<da> por su predecessor, Alejandro 3°, para conocer y decidir la controversia // entre los obispos de Lugo y Orense sobre las iglesias de Lemus y Verosina, continuassen su comisión hasta su decisión, por concordia o justicia, y, de lo contrario, remitiessen la causa instruida a su Santidad y citassen a dichas partes para oír sentencia en la Dominica que se canta 'Quasi modo gentis (*sic*), etc.', a presencia de su Santidad.

Datum Velletri, X kalendas octobris.

Estos tres últimos breves aquí anotados no tienen más fecha que la del día de su data, sin expresar a lo menos el año del pontificado, por lo que no se sabe el o los en que se expidieron, sólo por la chronología de los Sumos Pontífices se sabe que éste gobernó la cáthedra de San Pedro desde el año 1181 hasta el de 1184 u parte del 85. Pusiéronse estos instrumentos en el año de 1183."

9

[1184], marzo, 23. Anagni.

Litterae executoriae de Lucio III por las que manda a los abades benedictinos de San Claudio de León y San Pedro de Eslonza que acaten los derechos episcopales del prelado asturicense en las iglesias de su jurisdicción en el obispado de Astorga, prohibiéndoles establecer allí clérigos de la diócesis de León, salvo que lo admita el ordinario astorgano; mandándoles, de lo contrario, que se presenten ante los obispos de Salamanca y Zamora, a quienes designa jueces apostólicos al efecto.

B. BN, Ms. 4357, Instrumentos apostólicos, f. 245, núm. 103. Noticia que lo data aleatoriamente en 1183.

REG.: JL –; CAVERO-MARTÍN: Colección Astorga. II, como nota 6, p. 195, núm. 866; BBS 1023.

Se fecha en 1184 de acuerdo con el itinerario del Pontífice (cf. JL II, p. 463).

Ms. 4357: „Otro breve del mismo Pontífice (Lucio 3º) en que manda a los abades de San Claudio y San Pedro de Aslonza que, en las iglesias que tienen dentro del obispado de Astorga, guarden y conserven a su obispo los debidos derechos y regalías que le pertenecen, y no pongan en ellas clérigos ordenados por la diócesis de León, menos que el obispo de Astorga los apruebe o obedezcan sus órdenes, y, de hacer lo contrario, comparezcan dichos abades ante los señores obispos de Salamanca y Zamora, siempre que sean requeridos, y cumplan con lo que por éstos se les mandasse en este assunto, sublato appellationis obstaculo.

Datum Anagnie, X kalendas aprilis.

[Est<e> (...) brev<e> aquí anotad<o> no tien<e> más fecha que la del día de su data, sin expresar a lo menos el año del pontificado, por lo que no se sabe el o los en que se expidieron, sólo por la chronología de los Sumos Pontífices se sabe que éste gobernó la cáthedra de San Pedro desde el año 1181 hasta el de 1184 u parte del 85. P<úsose>se est<e> instrument<o> en el año de 1183]."

10

[1184], marzo, 23. Anagni.

Litterae executoriae de Lucio III por las que ordena al obispo y al arcediano de Zamora que devuelvan al obispo de Astorga la iglesia de San Pedro del lugar de Milles de la Polvorosa y la de Villarrín de Campos; bajo la amenaza, de lo contrario, de comparecer ante los obispos de Salamanca y Lugo, jueces pontificios designados al efecto.

B. BN, Ms. 4357, Instrumentos apostólicos, f. 244, núm. 97. Noticia que lo data aleatoriamente en 1182.

REG.: JL –; CAVERO-MARTÍN: Colección Astorga. II, como nota 6, p. 195, núm. 867; BBS 1021.

Se fecha de nuevo en 1184 de acuerdo con el itinerario del Pontífice (cf. JL II, p. 463).

Ms. 4357: „Otra (bula plúmbea) del mismo Pontífice (Lucio 3º) en que manda al obispo y arcediano de Zamora no inquieten al obispo de Astorga en la posesión de las iglesias de San Pedro de Melles y Villarrín, en las que injustamente se havían introducido dicho obispo y arcediano de Zamora, lo que cumpliessen sin dificultad; y, de lo contrario, compareciessen ante los obispos de Salamanca y Lugo a decir y expressar las causas de su resistencia, que harían justicia.

Datum en Anagnia, Xº kalendas aprilis.

Este instrumento ni el immediato antecedente de este Pontífice no expressan los años de su expedición, ni el de su pontificado; pero no haviendo gobernado la silla apostólica más que desde el año de 1181 hasta el de 1184 u 85, se deduce fueron expedidos en este intermedio.

En uno y otro se halla pendiente sello de plomo, con la inscripción <Lucio Papa 3°>.

Púsose, como el immediato antecedente, en el año 1182."

11

[1184], marzo, 23. Anagni.

Litterae executoriae de Lucio III por las que comisiona a los obispos de Salamanca y Zamora en el litigio pendiente entre los obispos de León y Astorga en torno a la jurisdicción de las iglesias de Cazanuecos, Tapioles y de una villa próxima a Villadangos del Páramo.

B. BN, Ms. 4357, Instrumentos apostólicos, f. 245, núm. 102. Noticia que lo fecha aleatoriamente en 1183.

REG.: JL –; CAVERO-MARTÍN: Colección Astorga. II, como nota 6, p. 196, núm. 868; BBS 1019.

Se fecha de nuevo en 1184 de acuerdo con el itinerario del Pontífice (cf. JL II, p. 463).

Ms. 4357: „Breve de la Santidad de Lucio 3° en que da comisión a los obispos de Salamanca y Zamora para que, en la controversia pendiente entre los de León y Astorga sobre las iglesias de Cazanuecos, Tapioles y población hecha cerca de la villa de Villadangos, citadas las partes, determinen por concordia o justicia esta causa, appellatione remota.

Datum Anagnie, X kalendas aprilis.

[Est<e> (...) brev<e> aquí anotad<o> no tien<e> más fecha que la del día de su data, sin expresar a lo menos el año del pontificado, por lo que no se sabe el o los en que se expidieron, sólo por la chronología de los Sumos Pontífices se sabe que éste gobernó la cáthedra de San Pedro desde el año 1181 hasta el de 1184 u parte del 85. P<úsose>se est<e> instrument<o> en el año de 1183]."

12

[1182–1185], marzo, 23. Ferentino.

Falsas litterae executoriae de Lucio III por las que ordena al abad y a los monjes del monasterio cisterciense de Santa María de Carracedo que acaten la sentencia dada por los obispos de Salamanca y Zamora en el pleito sostenido entre dicho monasterio y el obispo de Astorga sobre la posesión del lago de

Borrenes -más conocido como de Carucedo-, que Fernando II de León había dado a dicho ordinario.

B. BN, Ms. 4357, Instrumentos apostólicos, f. 246, núm. 115. Noticia que lo data aleatoriamente en 1183.

REG.: JL –; CAVERO-MARTÍN, Colección Astorga. II, como nota 6, p. 194, núm. 862. Lo datan en 1183; BBS 543.

Las profesoras Cavero-Martín, siguiendo a Augusto Quintana (Augusto QUINTANA PRIETO: Regesto de documentos, como nota 20, 196–197, núm. 10) afirman, con tada razón, que estamos ante un falso, puesto que Lucio III no expidió ningún diploma desde Ferentino (cf. JL II, pp. 431–492), y porque se sabe que dicho lago nunca fue donado por Fernando II al prelado de Astorga, sino al monasterio cisterciense de Santa María de Carracedo, exactamente en abril de 1178 (cf. Martín MARTÍNEZ MARTÍNEZ: Cartulario de Santa María de Carracedo. 992–1500, I, 992–1274, Ponferrada 1997, pp. 75–76, núm. 70). Dicha falsificación se hizo seguramente pocos años más tarde con la intención de reclamar ciertos derechos sobre dicha propiedad. El recurso a falsificaciones de bulas por parte del obispo de Astorga Fernando (1177–1189) fue demostrado por el Papa Clemente 3°, que lo castigó por ello el 31-V-1188 y el 7-VI-1188 (véanse los diplomas 15 y 16 del Apéndice documental).

Obsérvese, además, que en este caso el autor del tumbo no dice que la bula tuviera sello, como sí sucede en la mayoría de los otros ejemplos. No lo tenía en el siglo XVIII, en efecto, porque nunca lo pudo tener, al ser una falsificación.

Ms. 4357: „Otra del mismo Lucio 3° en que manda al abad y monges de Carracedo que en la questión que con ellos tiene el obispo de Astorga sobre el lago de Borrenes y todo su realengo, que le donó el Rey de España, y dichos abad y monges lo de<te>ntan, estén y passen por la sentencia que es esta causa diessen los obispos de Salamanca y Zamora, a quienes su Santidad tenía cometida la decisión.

Datum Ferentini, X° kalendas aprilis.

Sin tener otra razón de su fecha, púsose dicho año de 1183.“

13

[1185 ó 1186], diciembre, 18. Verona.

Litterae gratiosae de Urbano III por las que autoriza al obispo de Astorga a edificar una iglesia en las proximidades de Villafranca del Bierzo, a condición de no ocasionar perjuicio a las iglesias vecinas.

B. BN, Ms. 4357, Instrumentos apostólicos, f. 244v, núm. 98. Noticia que lo data en 1186.

REG.: JL –; CAVERO-MARTÍN: Colección Astorga. II, como nota 6, p. 203, núm. 883, fechándolo en 1186.

De acuerdo con el itinerario del Pontífice, se puede datar en 1185 o en 1186 (cf. JL II, p. 494 y p. 508).

La mención al obispo de Astorga Fernando no es útil para precisar más la data del diploma, puesto que pontificó de 1177 a 1189 (cf. Augusto QUINTANA PRIETO: Astorga, diócesis de, como nota 7, p. 150).

Ms. 4357: „Otra bula de la Santidad de Urbano 3°, en que concede licencia al obispo de Astorga (don Fernando) para edificar una iglesia nueva en proprio suelo de santa iglesia cerca de Villafranca, en cuyo sitio tiene su dignidad varios predios y heredades inclusas en su obispado, y sin perjuicio de las vecinas.

Datum en Verona, XV kalendas ianuarii.

Tampoco expresa el año de la data ni pontificado, pero no haviéndole obtenido más que desde el año de 1185 hasta el de 1187, en que fue electo Gregorio 8°, se deduce se expidió en este corto intermedio,a cuya sazón era obispo de Astorga don Fernando, y se puso en el de 1186.“

14

[1186–1187], junio, 18. Verona.

Litterae executoriae de Urbano III por las que comisiona a los obispos de Salamanca y Ciudad Rodrigo y al abad de San Isidoro de León en el pleito sobre el nombramiento de chantre asturicense; tras haberse recurrido una sentencia dictada con anterioridad por tres jueces pontificios nombrados previamente para la misma causa: el obispo de Oviedo y los abades cistercienses de Santa María de Moreruela y Santa María de Carracedo.

B. BN, Ms. 4357, Instrumentos apostólicos, f 243v., núm. 94. Noticia que lo data en 1185 ó 1186.

REG.: JL –; CAVERO-MARTÍN: Colección Astorga. II, como nota 6, pp. 204–205, núm. 888, datándolo el 19 de junio.

De acuerdo con el itinerario del Pontífice, se puede datar en 1186 o en 1187 (cf. JL II, p. 503 y p. 519).

Sobre el pleito en torno al nombramiento de chantre, véanse los dos diplomas que van a continuación.

Ms. 4357: „Comisión de la Santidad de Urbano 3° a los obispos de Salamanca y Ciudad Rodrigo y abad de San Isidro para que, en el negocio y causa pendiente en la santa iglesia de Astorga sobre la nominación de la cantoría o chantría de ella, que por otra comisión se havía encargado al obispo de Oviedo y a los abades de Moreruela y Carracedo y puso en ejecución este último con diferentes contradiciones del obispo y algunos capitulares, por lo que estaba pendiente la citada causa, citadas las partes a su presencia, y oídas sus razones, decidiessen en este negocio lo que <fuese> justo, y compeliessen a su cumplimiento, no obstante qualquiera apelación.

Datum en Verona, XIIII kalendas iulii.

No expresa el año de esta fecha, ni expresa el de su pontificado, pero se deduce sería año de 1185 vel de 1186, pues ascendió a la tiara el primero de estos dos, y en el de 1187 fue electo su sucessor, Gregorio 8°."

15

1188, mayo, 31. Letrán.

Litterae executoriae de Clemente III por las que comisiona al obispo, al arcediano y al chantre de Salamanca, y a un arcediano de Zamora, a fin de que se le conceda a un clérigo llamado Gonzalo la chantría de la catedral asturicense y otros beneficios eclesiásticos que le había quitado el obispo de Astorga, Fernando, para entregársela a un familiar suyo, valiéndose de diplomas pontificios falsos; encargándoles, además, que castiguen al obispo por haber realizado dicha falsificación.

B. BN, ms. 4357, Instrumentos apostólicos, f. 248, núm. 126. Noticia que lo data en 1187, por desconocer que Clemente III fue designado Papa el 20-XII-1187 (cf. JL II, p. 536).

REG.: JL –; CAVERO-MARTÍN: Colección Astorga. II, como nota 6, p. 207, núm. 891, datándolo en 1188.

Ms. 4357: „Otra (bula plúmbea) de Clemente 3° en que da comisión al obispo de Salamanca, arcediano y chantre de aquella iglesia, y a un arcediano de la de Zamora, para que ponga en posesión de la chantría de Astorga, y de todos los demás beneficios de que havía sido despojado G. por F., obispo de Astorga, en favor de N., su pariente, que para este efecto usó de letras falsas de la Sede Apostólica, con cuyos legítimos despachos havía sido puesto en la possessión de dicha chantría el referido G.; y también para que, justificada la suposición y falsedad de letras, procediesen al condigno castigo.

Datum en Laterano, 2 kalendas iunii, año primero del pontificado de su Santidad.

Que corresponde a último de mayo del año de 1187, que fue en el que entró en su pontificado."

16

1188, junio, 7. Letrán.

Litterae executoriae de Clemente III por las que comisiona a los abades de Santa María de Carracedo y de San Pedro de Montes y al arcediano de Salamanca ante la denuncia presentada por el chantre asturicense, Gonzalo, contra el obispo de Astorga (Fernando), que le había despojado de sus beneficios valiéndose de diplomas pontificios falsificados. Les ordena que castiguen al autor de la falsificación y que restituyan al chantre lo enajenado.

B. BN, Ms. 4357, Instrumentos apostólicos, ff. 241v.242, núm. 79. Noticia.

REG.: JL –; CAVERO-MARTÍN: Colección Astorga. II, como nota 6, pp. 207–208, núm. 892.

Ms. 4357: „Otra comissión del Papa Clemente III a los abades de Carracedo y San Pedro de Montes y al arcediano de Salamanca, a instancia de don Gonzalo, chantre de Astorga, para que se informassen de los motivos que el señor obispo de Astorga havía tenido para despojarle de aquella prebenda y otros beneficios, respecto que parecía se fundaba en bullas // apostólicas que se sospechaba fuessen falsas, las reconociessen y, hallando ser susplantadas, procediessen contra el deliquente; y a dicho chantre le restituyessen en todos sus beneficios con frutos y rentas.

Dada en Laterano, VII idus iunii del pontificado de su Santidad 1°.

Fue electo año 1187.“

17

1188, junio, 28. Letrán.

Litterae executoriae de Clemente III por las que comisiona a los obispos de Salamanca y Zamora y al arcediano de Salamanca ante la reclamación presentada por el cabildo de Astorga porque cierto Sancho Ordóñez pretendía anular una donación que había hecho, con reserva vitalicia de usufructo, de un hospital a la catedral asturicense, para dárselo después al monasterio cisterciense de Santa María de Moreruela.

B. BN, Ms. 4357, Instrumentos apostólicos, f. 242, núm. 81. Noticia.

REG.: JL –; CAVERO-MARTÍN: Colección Astorga. II, como nota 6, p. 208, núm. 895.

Ms. 4357: „Otra comisión de la Santidad de Clemente 3°a los obispos de Salamanca y Zamora y al arcediano de Salamanca para conocer y determinar en el pleyto que seguía el cabildo contra Sancho, que havía donado un hospital a dicha santa iglesia, reservando su usufruco por su vida, y después, mudando de voluntad, lo havía dejado o pretendía dejar al monasterio de Moreruela.

Su data en Laterano, IIII kalendas iulii del pontificado de su Santidad año 1°.

Fue electo en el de 1187.“

18

1188, julio, 1. Letrán.

Litterae executoriae de Clemente III por las que comisiona a los obispos de Salamanca y Zamora para que obliguen a los abades cistercienses de Santa María de Moreruela, Santa María de San Esteban de Nogales y Santa María de Carracedo a acatar la jurisdicción del obispo de Astorga y no admitir en los oficios divinos y enterrar en sus iglesias a excomulgados.

B. BN, Ms. 4357, Instrumentos apostólicos, f. 246v, núm. 116. Noticia que lo fecha en 1187 por desconocimiento de la fecha precisa de elección y coronación de Clemente III.

REG.: JL –; CAVERO-MARTÍN: Colección Astorga. II, como nota 6, p. 209, núm. 896.

Ms. 4357: „Otra bula (plúmbea) de Clemente 3° por la que da comisión a los obispos de Salamanca y Zamora para compeler a los abades de Moreruela y Nogales y Carracedo se abstengan de admitir en sus iglesias ni dar sepultura en ellas a los excomulgados por el obispo de este obispado, cuyo exceso cometían, abusando de sus privilegios y en perjuicio del derecho y jurisdicción episcopal.

Datum Laterani, en las kalendas de julio, ano 1° de su pontificado.

Fue electo en el de 1187, con que es éste el de la fecha de este instrumento.“

19

1189, junio, 5. Letrán.

Litterae executoriae de Clemente III por las que comisiona al obispo de Palencia y al maestro Miguel, notario de la Cancillería Romana y emisario papal, para que, tras estudiar el asunto, restituyan al presbítero Domingo a su iglesia de Santa Olaja del lugar de Ballesteros, de la que le había desposeído injustamente el obispo de Astorga, y de la que era titular por haberlo decidido así el abad de Santa María de Moreruela actuando como comisionado de Urbano III.

B. BN. Ms. 4357, Instrumentos apostólicos, f. 245v., núm. 105. Noticia que lo data en 1188 por error de cálculo del año del pontificado.

REG.: JL –; CAVERO-MARTÍN: Colección Astorga. II, como nota 6, pp. 211–212, núm. 903.

Ms. 4357: „Otro breve de la Santidad de Clemente 3° por el qual da comissión al obispo de Palencia y al presbítero Miguel, notario y nuncio de su Santidad, y a qualquiera de ellos, para que restituyan al sacerdote Domingo a la iglesia de Santa Olaya de Ballesteros que, con mandato de su predecessor, Urbano 3°, le havía adjudicado el abad de Moreruela y puesto en la possessión de ella, y de que le havía despojado el obispo de Astorga, don Fernando, contraviniendo a lo determinado por la silla apostólica debajo del supuesto 'Quatenus si res ita se habet'.

Datum Laterani, en las nonas de junio, del pontificado de su Santidad año segundo.

Que corresponde al de 1188 por haver sido electo Pontífice el de 1187."

20

1194, mayo, 5. Roma, San Pedro.

Litterae gratiosae de Celestino III por las que autoriza a Lope, obispo de Astorga, para designar a los canónigos que sean precisos hasta alcanzar un cabildo compuesto por setenta canónigos, todos los cuales deberán ser clérigos e idóneos para tal puesto. Prohíbe la antigua costumbre de conceder algunas de estas prebendas a laicos.

B. BN, Ms. 4357, Instrumentos apostólicos, f. 238, núm. 53, datándolo en 1195 por computar erróneamente el año del pontificado.

REG.: JL –; CAVERO-MARTÍN: Colección Astorga. II, como nota 6, p. 223, núm. 923. Por errata de imprenta lo adjudican a Clemente III. Datado en 1195.

La datación de 1194, deducida por el año del pontificado, la corrobora el itinerario del pontífice (cf. JL II, p. 604).

Ms. 4357: „Bula de la Santidad de Celestino 3° por la qual concede licencia y facultad al señor obispo de Astorga, don Lope, para que pueda poner e instituir en aquella santa iglesia los canónigos que faltassen hasta completar el número de 70, que era el estatuido por dicha santa iglesia, que fuesen sugetos idóneos, no obstante la antigua costumbre que havía tenídose en dicha iglesia de tener ocupadas algunas prebendas con personas legas, lo que para lo sucesivo se prohíbe por su Santidad.

> La data de esta bula fue en Roma, cerca de San Pedro, 3 nonas maii del pontificado de su Santidad año 4°.

Que corresponde a 5 de mayo del año de 1195, respecto fue electo al Sumo Pontificado en el de 1191."

Abstract

The Cartularies of the Cathedral of Astorga and the Recuperation of pre-1198 Asturicense Papal Bulls

In this report I will look at perhaps the most paradigmatic case in the field of recuperation of hispanic medieval documents in general, and of papal bulls in particular, through the utilization of cartularies, specifically the medieval documentation of the cathedral of Astorga. It is wellknown in the field of hispanic medievalism that the medieval archive of the cathedral of Astorga, which throughout its long history has suffered many misfortunes and accidents, suffered a devastating fire during the Spanish War of Independence. As a result, the possibility of access to the 2.500 original documents that this archive contains – at least 128 of them pontifical documents – disappeared.

The archive in question contained the documentation of one of the most important cathedrals of the hispanic north-west during the Early Middle Ages, the cathedral of Astorga. This city, with the population today of a small town, located in the current day province of León, was for many years the centre of a bishopric both large and of great importance. There exists credible evidence of the existence of the so-called Sancta Apostolica Cathedralis Ecclesia Asturicensis from the middle of the 3rd century, which suggests that this bishopric dates from before this date.

Until quite recently, historians interested in the study of the medieval documents of Astorga had only used the ancient book written by Enrique Flórez, entitled España Sagrada, vol. XVI, La Iglesia de Astorga, and, in some cases, references made by other historians of the 19th and 20th centuries.

In the past century, a variety of learned persons informed of the existence of some manuscripts from the 17th and 18th centuries that mentioned and provided facts, information, transcriptions and diverse dates, often mistaken or incorrect, from the medieval documents of this aforementioned cathedral. The cartularies in question are six. The most interesting and complete of them is the ms. 4357 of the Biblioteca Nacional de Madrid, from the 18th century, entitled Índice de las escrituras de la Santa Iglesia de Astorga dentro y fuera de los tumbos, where a good summary of 19 papal bulls of the Early Middle Ages is made. Other manuscripts are of less importance: the ms. 13123 of the same Biblioteca Nacional, the ms. 1195b and 1197 of the Archivo Histórico Nacional de Madrid, the ms. 713 of the Biblioteca del Palacio de Oriente de Madrid, and, finally, the ms. 4/16 of the Archivo de la Catedral de Astorga.

The reconstitution of the archive of the cathedral of Astorga long remained neglected by the historians of the west of Spain, mainly as nobody dared to take it on. The aforementioned cartularies normally only have a summary of the medieval texts, not a complete copy. The vast difficulty of the project, the need to work with imprecise and vague secondhand materials, was the reason for the paucity of work done in this area. Finally, in the years 1999 and 2000 Cavero Domínguez and Martín López, after many years of work, published two volumes entitled „Colección documental de la catedral de Astorga. I (646–1126) y II (1126–1299)", where the reconstruction of no less than 1.514 documents of the archive of Astorga dating from before 1299 was completed.

This difficult recuperation of medieval pontifical bulls is further complicated due to its chronological characteristics: papal letters, until the year 1188, as is well-known, do not show the year of composition, and, from that year 1188, features only the year of the pontificate. Because of this, the writers of the aforementioned cartularies have not provided accurate dates. Also, the lack of the complete text obstructs the exact identification of its diplomatic characters and its typological classification.

In this article, starting from the dates adduced by Cavero and Martín, I present an accurate as possible catalogue of 20 papal documents dating from before 1198 which were kept in the medieval archive of the cathedral of Astorga. I try to provide as much information as possible, attaching the exact transcription of the details of each medieval papal bull annotated in the cartularies. This is interesting for historians and diplomatic experts because much useful information is provided: the writing materials, the presence of pontifical seals, the difficulties in dating them, the appearance of some special final clauses, etc. Last, in some cases, I propose the modification of minor misprints or inaccuracies with regards to dates, or in the identification of some place-names evident in the afore mentioned publication.

Rechtsstreit und Schriftkultur – Zum Vordringen des römisch-kanonischen Prozessrechts auf der Iberischen Halbinsel

INGO FLEISCH

Die päpstliche Durchdringung Europas im Verlauf des 11. und 12. Jahrhunderts und die damit zunehmend einhergehende internationale Anerkennung des Papstes als oberster geistlicher Gerichtsherr gingen Hand in Hand mit der Ausbildung des römisch-kanonischen Prozesswesens.[1] Angesichts der massiven Häufung internationaler Klagen trat neben den kurialen Gerichtshöfen das Institut der delegierten Gerichtsbarkeit immer stärker in den Vordergrund der päpstlichen Rechtsprechung.[2] Auf dieses hatte man an der Kurie zwar schon in

---

1 Zu Entwicklung und Charakter des gelehrten Prozessrechts vgl. Erwin JACOBI: Der Prozeß im Decretum Gratiani und bei den ältesten Dekretisten, in: Zeitschrift der Savigny-Stiftung für Rechtsgeschichte, Kanonistische Abteilung 34 (1913) S. 223–343; Knut-Wolfgang NÖRR: Reihenfolgeprinzip, Terminsequenz und Schriftlichkeit. Bemerkungen zum römisch-kanonischen Zivilprozeß, in: Zeitschrift für Zivilprozeß 85 (1972) S. 160–170; DERS.: Päpstliche Dekretalen und römisch-kanonischer Zivilprozeß, in: Studien zur europäischen Rechtsgeschichte, hg. von Walter WILHELM, Frankfurt 1972, S. 53–65; Wieslaw LITEWSKI: Der römisch-kanonische Zivilprozeß nach den älteren ordines iudiciarii, 2 Bde., Krakau 1999; Thomas WETZSTEIN: Heilige vor Gericht. Das Kanonisationsverfahren im europäischen Spätmittelalter, Köln/Weimar/Wien 2004, S. 25–85. Nützlich, aber vornehmlich deskriptiv ist die Studie von Hans Jörg BUDISCHIN: Der gelehrte Zivilprozeß in der Praxis geistlicher Gerichte des 13. und 14. Jahrhunderts im deutschen Raum, Bonn 1974; sowie Antonio GARCÍA Y GARCÍA: El proceso canónico en la documentación medieval leonesa, in: El Reino de León en la Alta Edad Media. II. Ordenamiento Jurídico del Reino de León, León 1992, S. 565–655, der den idealtypischen Prozessverlauf anhand eines besonders gut dokumentierten leonesischen Streitfalls des 13. Jahrhunderts nachvollzieht. Sehr instruktive frühere Fallbeispiele bringen M. SPAETHEN: Giraldus Cambrensis und Thomas von Evesham über die von ihnen an der Kurie geführten Prozesse, in: Neues Archiv der Gesellschaft für ältere deutsche Geschichtskunde 31 (1906) S. 619–649 und Ernst MÜLLER: Der Bericht des Abtes Hariulf von Oudenburg über seine Prozeßverhandlungen an der römischen Kurie, in: Neues Archiv der Gesellschaft für ältere deutsche Geschichtskunde 48 (1930) S. 97–115.

2 Grundlegend: Jane E. SAYERS: Papal Judges Delegate in the Province of Canterbury 1198–1254, Oxford 1971; DIES.: The Diplomatic of the Judicial Records of the Ecclesiastical Courts in England in the twelfth and thirteenth centuries, in: La diplomatica dei documenti giudiziari (dai placiti agli acta – secc. XII–XV). Commission Internatio-

früheren Jahrhunderten zurückgegriffen, doch wurde es erst seit der Mitte des 12. Jahrhunderts zum grundlegenden Bestandteil päpstlicher Rechtsprechungsinstrumentarien. Für die Kurie brachte die Delegationsgerichtsbarkeit nicht nur eine wesentliche Arbeitsentlastung gegenüber den sich ausschließlich an der Kurie vollziehenden Verfahren, sondern bot zudem den wesentlichen Vorteil einer Überprüfbarkeit der jeweiligen Beweisgrundlagen vor Ort. Doch auch die Kläger profitierten nicht selten von der Auslagerung jurisdiktioneller Kompetenzen durch das Papsttum, konnten auf diese Weise doch lokale oder regionale Rechtsinstanzen umgangen werden. Überdies wurde es durch die Vermehrung der Gerichtsstätten auch finanzschwächeren kleineren Kirchen oder gar Einzelpersonen erleichtert, ihren Klagen Gehör zu verschaffen. Von diesen äußeren Bedingungen abgesehen, konnte auch das Verfahren selbst mit beträchtlichen Vorzügen gegenüber den häufig willkürlichen lokalen Gerichten aufwarten, da es durch die detailliert geregelten Prozessstufen deutlich effizienter und objektiver war und vielfach, wenn auch nicht immer, eine wirksamere Urteilsvollstreckung gewährleisten konnte als viele herkömmliche Verfahren. Die manifesten Vorteile des römisch-kanonischen Prozesswesens und die zu-

---

nale de Diplomatique. X Congresso Internazionale, Bologna, 12–15 settembre 2001, a cura di Giovanna NICOLAJ, Rom 2004, S. 361–386. Harald MÜLLER: Päpstliche Delegationsgerichtsbarkeit in der Normandie (12. und frühes 13. Jahrhundert), 2 Bde., Bonn 1997 (Studien und Dokumente zur Gallia Pontificia 4); DERS.: Die Urkunden der päpstlichen delegierten Richter. Methodische Probleme und erste Erkenntnisse am Beispiel der Normandie, in: Hundert Jahre Papsturkundenforschung. Bilanz – Methoden – Perspektiven. Akten eines Kolloquiums zum hundertjährigen Bestehen der Regesta Pontificum Romanorum vom 9.–11. Oktober 1996 in Göttingen, hg. von Rudolf HIESTAND, Göttingen 2003, S. 350–371; DERS.: Streitwert und Kosten in Prozessen vor dem päpstlichen Gericht – eine Skizze, in: Zeitschrift der Savigny-Stiftung für Rechtsgeschichte, Kanonistische Abteilung 87 (2001) S. 138–164; DERS.: Gesandte mit beschränkter Handlungsvollmacht. Zu Struktur und Praxis päpstlich delegierter Gerichtsbarkeit, in: Aus der Frühzeit europäischer Diplomatie. Zum geistlichen und weltlichen Gesandtschaftswesen vom 12. bis zum 15. Jahrhundert, hg. von Claudia MÄRTL/Claudia ZEY, Zürich 2008, S. 41–65; DERS.: Entscheidung auf Nachfrage. Die delegierten Richter als Verbindungsglieder zwischen Kurie und Region sowie als Gradmesser päpstlicher Autorität, in: Römisches Zentrum und kirchliche Peripherie. Das universale Papsttum als Bezugspunkt der Kirchen von den Reformpäpsten bis zu Innozenz III., hg. von Jochen JOHRENDT/Harald MÜLLER, Berlin 2008 (Neue Abhandlungen der Akademie der Wissenschaften zu Göttingen, Philosophisch-historische Klasse 2) S. 109–131; WETZSTEIN: Heilige vor Gericht (wie Anm. 1) S. 86–176; Peter HERDE: La giurisdizione delegata pontificia nel Medioevo e nell'Età Moderna e le lettere di giustizia della Cancelleria Apostolica, in: NICOLAJ: La diplomatica (wie oben in dieser Anm.) S. 25–47; sowie zahlreiche Detailstudien von Ludwig FALKENSTEIN, von denen beispielhaft: Appellationen an den Papst und Delegationsgerichtsbarkeit am Beispiel Alexanders III. und Heinrichs von Frankreich, in: Zeitschrift für Kirchengeschichte 97 (1986) S. 36–65, genannt und auf sein Schriftenverzeichnis (bis 1998) in: Licet preter solitum. Ludwig Falkenstein zum 65. Geburtstag, hg. von Lotte KÉRY/Dietrich LOHRMANN/Harald MÜLLER, Aachen 1998, S. 287–292, verwiesen sei.

nehmende Notwendigkeit seiner Kenntnis als rechtliches 'Kommunikationsmittel' mit dem sich auf seinem Machtzenit befindlichen Papsttum erklären dessen verhältnismäßig rasche Ausbreitung und den Erfolg des Verfahrens. Dieses diente in der Folge vielerorts – sei es in Einzelelementen oder auch in seiner Gesamtheit – als Vorbild für die Ausgestaltung der lokalen geistlichen und auch weltlichen Rechtsprechung. Über die hohe rechtshistorische Relevanz hinaus, hatte der Rezeptionsprozess des römisch-kanonischen Rechts jedoch auch bedeutende kulturgeschichtliche Implikationen. So förderte und forderte das stetig anwachsende Materialkorpus und der strenge Formenkanon die Ausbildung von rechtsgelehrtem Personal, das über mehr als nur kursorische Kenntnisse der Rechtsquellen verfügte. Hierdurch kam es zur Ausformung eines an Rechtsschulen wie Bologna gebildeten Juristenstandes, der sich in rechtsberatenden Funktionen in Kanzleien, an weltlichen oder geistlichen Höfen verdingte. Hinzu kam eine Schicht von Notaren, Schreibern und sonstigem Verwaltungspersonal, das zur Abfassung und zum Umgang mit rechtsrelevanten Schriftstücken befähigt sein musste und daher neben den unabdingbaren rhetorischen Fertigkeiten auch ein Mindestmaß an Rechtskenntnissen besitzen musste. Nicht nur für päpstliche Delegaten, sondern auch für einen weiter gefassten, nicht spezialisierten Personenkreis von 'Rechtspraktikern' bildeten sich daher neue Quellengattungen heraus[3], so etwa Handbücher zum Prozessrecht, *Ordines iudiciarii* oder auch Notariatskünste und *Artes dictandi*, die zunehmend an den Erfordernissen des gelehrten Prozesswesens orientiert waren.[4] Das Schriftlichkeitsprinzip, das einerseits seitens des kanonischen Rechts eingefordert wurde[5], andererseits aber auch aufgrund der Notwendigkeit einer

3 Zur Quellentypologie vgl. Giovanna NICOLAJ: Gli acta giudiziari (secc. XII–XIII): vecchie e nuove tipologie documentarie nello studio della diplomatica, in: DIES.: La diplomatica (wie Anm. 2) S. 1–24; Thomas WETZSTEIN: Prozeßschriftgut im Mittelalter – einführende Überlegungen, in: Als die Welt in die Akten kam: Prozessschriftgut im europäischen Mittelalter, hg. von Susanne LEPSIUS/Thomas WETZSTEIN, Frankfurt a. M. 2008, S. 1–27; vgl. auch DERS.: Heilige vor Gericht (wie Anm. 1) S. 176–202.

4 Zu den *Ordines iudiciarii* vgl. Linda FOWLER-MAGERL: Ordo iudiciorum vel ordo iudiciarius. Begriff und Literaturgattung, Frankfurt 1984 (Ius Commune, Sonderhefte, 19); zu den *Artes dictandi* v. a. Franz Josef WORSTBROCK: Die Frühzeit der Ars dictandi in Frankreich, in: Pragmatische Schriftlichkeit im Mittelalter. Erscheinungsformen und Entwicklungsstufen. Akten des Internationalen Kolloquiums, 17.–19. Mai 1989, hg. von Hagen KELLER/Klaus GRUBMÜLLER/Nikolaus STAUBACH, München 1992, S. 131–156; Repertorium der Artes dictandi des Mittelalters. Teil I. Von den Anfängen bis um 1200, hg. von Franz Josef WORSTBROCK/Monika KLAES/Jutta LÜTTEN, München 1992.

5 Der 38. Kanon des vierten Laterankonzils, der in den Liber Extra einging (*Quoniam contra falsam*, X 2.19.11), forderte die notarielle Abfassung von Prozessprotokollen ein. Wenngleich, wie NÖRR: Reihenfolgeprinzip (wie Anm. 1) nachdrücklich hervorhebt, eine konsequent beobachtete Schriftlichkeit der Verfahren erst im Spätmittelalter einsetzte, sollte dessen Wirkung bereits für das 13. Jahrhundert nicht unterschätzt werden.

schlüssigen und erfolgreichen Beweisführung häufig unumgänglich war, führte überdies vielerorts zur Entstehung weiterer pragmatischer Schriftgattungen.

Die Iberische Halbinsel wies im 12. Jahrhundert singuläre kirchenrechtliche Verhältnisse auf: die im Zuge der schnell voranschreitenden Reconquista durchgeführten Bistumserrichtungen bargen ein immenses Konfliktpotential. Regelmäßig auftauchende Streitigkeiten um Grenzen, Herrschafts- und Besitztitel waren die unvermeidliche Folge des inneren Ausbaus der einzelnen Diözesen, die sich als Rechtsnachfolger ihrer römischen oder westgotischen Vorläufer verstanden und ehemalige Besitzungen oder Rechtstitel jener Zeit einforderten, auch und gerade dann, wenn diese mit der nunmehrigen kirchlichen und politischen Situation nicht mehr zu vereinbaren waren.[6] Diese sich im Umbruch befindlichen iberischen Kirchenverhältnisse begünstigten die im europäischen Vergleich recht frühzeitige und rasche Rezeption des römisch-kanonischen Rechts in den iberischen Reichen.[7] Förderlich war dabei auch

6 Vgl. Odilo ENGELS: Papsttum, Reconquista und spanisches Landeskonzil im Hochmittelalter, in: Annuarium Historiae Conciliorum 1 (1969) S. 37–49, 241–287 [Neudr. in: DERS.: Reconquista und Landesherrschaft. Studien zur Rechts- und Verfassungsgeschichte Spaniens im Mittelalter, Paderborn et al. 1989, 327–386]; José Luis MARTÍN MARTÍN: Estructuras eclesiásticas en espacios fronterizos de la Península Ibérica medieval, in: Grenzräume und Grenzüberschreitungen im Vergleich. Der Osten und der Westen des mittelalterlichen Lateineuropa, hg. von Klaus HERBERS/Nikolas JASPERT, Berlin 2007, S. 403–434; DERS.: Espacios eclesiásticos y construcción de fronteras en la Península Ibérica, siglos IX–XII, in: Roma y la Península Ibérica en la Alta Edad Media. La construccíon de espacios, normas y redes de relación, ed. Santiago DOMÍNGUEZ SÁNCHEZ/Klaus HERBERS, León/Göttingen 2009, S. 109–134; zur portugiesischen Situation vgl. Peter FEIGE: Die Anfänge des portugiesischen Königtums und seiner Landeskirche, in: Gesammelte Aufsätze zur Kulturgeschichte Spaniens 29 (1978) S. 85–436 und Ingo FLEISCH: Sacerdotium – Regnum – Studium. Der westiberische Raum und die europäische Universitätskultur im Hochmittelalter (Geschichte und Kultur der Iberischen Welt, 4), Münster 2006.

7 Zur Rezeption des römisch-kanonischen Rechts auf der Iberischen Halbinsel liegen bislang nur zeitlich, räumlich oder thematisch begrenzte Einzelstudien vor; unentbehrlich sind die zahlreichen Darstellungen von Antonio GARCÍA Y GARCÍA: La penetración del derecho clasico medieval en España, in: Anuario de Historia del Derecho Español 36 (1966) S. 575–592; DERS.: Notas sobre la canonística ibérica de los siglos XIII–XV, in: Studia Gratiana 9 (1966) S. 155–170; DERS.: Estudios sobre la canonística portuguesa medieval, Madrid 1976; DERS.: La canonística ibérica medieval posterior al Decreto de Graciano, II, III, in: Repertorio de Historia de las Ciencias Eclesiásticas en España 2 (1971) S. 183–214, 5 (1976) S. 350–402; DERS.: La canonística medieval en Galicia, Santiago de Compostela 1981; DERS.: El Studium Bononiense y la Península Ibérica, in: DERS.: Iglesia, Sociedad y Derecho, 1, Salamanca 1985, S. 45–64; DERS: Notas para un censo de los códices canónicos extrapeninsulares pregregorianos en la Península Ibérica, in: Coloquio sobre circulación de códices y escritos entre Europa y la Península en los siglos VIII–XIII, Santiago de Compostela, 16–19 de Septiembre de 1982, Actas, Santiago de Compostela 1988, S. 35–59; DERS.: La canonistica ibérica (1150–1250) en la investigación reciente, in: DERS.: Derecho Común en España. Los juristas y sus obras,

der Umstand, dass die Jurisprudenz in Form des bis weit ins 12. Jahrhundert hinein auf der Halbinsel verbreiteten westgotischen Rechts, bereits als Buchwissenschaft verankert war.[8]

Murcia 1991, S. 47–77; des weiteren die Studien von Antonio PÉREZ MARTIN, dessen Arbeitsschwerpunkt gleichwohl im Spätmittelalter liegt: El ordo iudiciarius Ad summariam y sus derivados. Contribución al estudio de la literatura procesal castellana, I: Estudio, II: Edición de textos, in: Historia, Instituciones, Documentos 8 (1981) S. 195–266, 9 (1982) S. 327–423; DERS.: El estudio de la Recepción del Derecho Común en España, in: I Seminario de Historia del Derecho y Derecho privado. Nuevas técnicas de investigación, ed Pablo SALVADOR CODERCH/Joaquín CERDÁ Y RUIZ-FUNES, Bellaterra 1985, S. 241–325; DERS.: Importancia de las Universidades en la recepción del Derecho Romano en la Península Ibérica, in: Studi Sassaresi. Atti del Colloquio su Cultura Ibérica e diritto romano 8, Sassari 1980/81 [1986], S. 256–332; DERS.: Jacobo de las leyes: datos biográficos, in: Glossae. Revista de Historia del Derecho Europeo 5–6 (1993–1994 [1996]) S. 279–331; DERS.: La obra jurídica de Jacobo de las Leyes: las Flores del Derecho, in: Cahiers de linguistique hispanique medieval 22 (1998–1999) S. 247–270; DERS.: La difusión de la obra de Rolandino en España, in: Rolandino e l'ars notaria da Bologna a Europa. Atti del Convegno internazionale di studi storici sulla figura e l'opera di Rolandino, organizzato dal Consiglio notarile di Bologna sotto l'egida del Consiglio nazionale del notariato, a cura di Giorgio TAMBA, Mailand 2002, S. 759–789. Für den katalanischen Raum grundlegend: Antonio IGLESIA FERREIRÓS: La creación del derecho en Cataluña, in: Anuario de Historia del Derecho Español 47 (1977) S. 99–423; DERS.: La difusión del derecho común en Cataluña, Barcelona 1991. [Separatdruck aus: El dret comú i Catalunya. Actes del Ier Simposi Internacional Barcelona, 25–26 de maig de 1990], zu Portugal vgl. FLEISCH: Sacerdotium (wie Anm. 6) S. 45–80 mit weiteren Literaturangaben.

8 Claudio SÁNCHEZ ALBORNOZ: El «Juicio del Libro» en León durante el siglo X y un feudo castellano del siglo XIII, in: Anuario de Historia del Derecho Español 1 (1924) S. 382–389; Rafael GIBERT: Enseñanza del Derecho en Hispania durante los Siglos VI a XI, Mailand 1967; Eelco Nicolaas van KLEFFENS: Hispanic Law until the end of the Middle Ages, Edinburgh 1968, S. 85ff.; Manuel C. DÍAZ Y DÍAZ: La Lex Visigothorum y sus manuscritos. Un ensayo de reinterpretación, in: Anuario de Historia del Derecho Español 46 (1976) S. 163–224; Walther von PLETTENBERG: Das Fortleben des Liber iudiciorum in Asturien/León: (8.–13. Jh.), Frankfurt am Main 1994; zu Katalonien vgl. Michel ZIMMERMANN: L'usage du droit wisigothique en Catalogne du IXe au XIIe siècle. Approches d'une signification culturelle, in: Mélanges de la Casa Velázquez 9 (1973) S. 233–281; Roger COLLINS: 'Sicut lex Gothorum continet': law and charters in ninth- and tenth-century León and Catalonia, in: English Historical Review 100 (1985) S. 489–512; DERS.: Visigothic Law and Regional Custom in Disputes in Early Medieval Spain, in: The Settlement of Disputes in Early Medieval Europe, ed. by Wendy DAVIES/Paul FOURACRE, Cambridge 1986, S. 86–100; IGLESIA FERREIRÓS: La creación (wie Anm. 7); zu Portugal: Guilherme BRAGA DA CRUZ: O direito subsidiário na história do direito português, in: Revista Portuguesa de História 14 (1975) S. 177–213; José Artur Anes Duarte NOGUEIRA: Sociedade e Direito em Portugal na Idade Média. Dos primórdios ao século da Universidade, Lissabon 1994, S. 95–133; Ruy de ALBUQUERQUE/Martim de ALBUQUERQUE: História do Direito Português, I. (1140–1415), Lissabon [10]1999, S. 171–173.

Während es im katalonisch-aragonesischen Osten der Iberischen Halbinsel, der kulturell stark an den südfranzösischen Raum angebunden war, bereits frühzeitig zu Einflüssen des römischen Rechts kam, bei deren Vermittlung das intellektuelle Umfeld von Saint-Ruf eine Rolle gespielt zu haben scheint[9], sind erste Spuren einer Auseinandersetzung mit dem gelehrten Recht im zentral- und westiberischen Raum, mit dem ich mich im Folgenden beschäftigen werde, später und zunächst nur vereinzelt nachzuweisen.

In Kastilien, León und dem entstehenden portugiesischen Reich drang das gelehrte Recht zunächst und in erster Linie in Form des kanonischen Rechts vor. Zwei Vermittlungswege dürften dabei in der Frühzeit von besonderer Bedeutung gewesen sein. Einerseits die französische Durchdringung des iberischen Episkopats, die um 1100 ihren Höhepunkt erreichte, teils sogar bis in die Mitte des 12. Jahrhunderts nachwirkte.[10] Die damit verbundene Anknüpfung an französische Bildungstraditionen, die sich anhand von Handschriften und Studienkontakten zu französischen Bildungszentren nachverfolgen lassen[11], hat wohl auch den Boden für eine Beschäftigung mit dem gelehrten Recht bereitet. Grundlegend waren daneben die unmittelbaren Kontakte zur römischen Kurie, die eine verstärkte Auseinandersetzung mit dem kanonischen Recht zur Folge hatten. Besonders deutlich wird dies im galicischen Santiago de Compostela unter dem Pontifikat des 1140 verstorbenen Erzbischofs Diego Gelmírez.[12] Die ungewöhnlich hartnäckigen und schließlich erfolgreichen

9 André GOURON: Die Entstehung der französischen Rechtsschule. Summa Iustiniani est in hoc opere und Tübinger Rechtsbuch, in: Zeitschrift der Savigny-Stiftung für Rechtsgeschichte, Romanistische Abteilung 93 (1976) S. 138–160; DERS.: Aux origines de l'influence des glossateurs en Espagne, in: Historia. Instituciones. Documentos 10 (1983) S. 325–346 [Neudr. in: DERS.: Études sur la diffusion des doctrines juridiques médievales, London 1987, Art. Nr. VI]; zu Saint-Ruf: Ursula VONES-LIEBENSTEIN: Saint-Ruf und Spanien. Studien zur Verbreitung und zum Wirken der Regularkanoniker von Saint-Ruf in Avignon auf der Iberischen Halbinsel (11. und 12. Jahrhundert), 2 Bde., Paris/Turnhout 1996 (Bibliotheca Victorina 6).

10 Marcelin DEFOURNEAUX: Les Français en Espagne aux XIe et XIIe siècles, Paris 1949; Juán Francisco RIVERA RECIO: El Arzobispo de Toledo Don Bernardo de Cluny (1086–1124), Rom 1962 (Publicaciones del Instituto Español de Historia Eclesiastica. Monografias 8); FLEISCH: Sacerdotium (wie Anm. 6) S. 82–87.

11 Vicente BELTRÁN DE HEREDIA: La formación del Clero en España durante los siglos XII, XIII y XIV, in: Revista Española de Teología 6 (1946) S. 313–357; Johannes VINCKE: Die Hochschulpolitik der spanischen Domkapitel im Mittelalter, in: Spanische Forschungen der Görres-Gesellschaft I, 9 (Münster 1954) S. 144–163; José de AZEVEDO FERREIRA: As relações culturais luso-francesas durante a Idade Média, in: Les rapports culturels et litteraires entre le Portugal et la France. Actes du colloque, Paris 11–16 octobre 1982, Paris 1983, S. 29–41; GARCÍA Y GARCÍA: Coloquio sobre circulación de códices (wie Anm. 7); FLEISCH: Sacerdotium (wie Anm. 6) S. 82–112 mit weiteren Literaturnachweisen.

12 Zu Diego siehe Antonio LÓPEZ FERREIRO: Historia de la Santa A. M. Iglesia de Santiago de Compostela, 11 Bde., Santiago 1898–1909, hier Bd. 3, S. 169–528, Bd. 4, S. 7–219; Anselm Gordon BIGGS: Diego Gelmírez. First Archbishop of Compostela,

Bemühungen Diegos, Compostela in den Rang einer Erzdiözese erheben zu lassen, von denen die «Historia Compostellena»[13], eindrucksvoll berichtet, machte Galicien trotz seiner geographischen Ferne zu einem Gebiet großer Papstnähe. In diesen Kontext sind die ersten Hinweise auf Kontakte zum gelehrten Recht im westiberischen Raum zu situieren. Gelmírez war Widmungsempfänger des um 1106/1113 von Kardinal Gregor von San Grisogono kompilierten «Polycarpus», dessen Benutzung die «Historia Compostellena» belegt.[14] Außerdem schickte Gelmírez Kathedralgeistliche zum Studium nach Frankreich und bemühte sich, an der Compostellaner Domschule einen hochwertigen Unterricht zu gewährleisten, indem er renommierte ausländische Lehrer nach Galicien rief, zu denen auch Magister Raniero zählte.[15] Raniero stammte aus dem italienischen Pistoia, wo eine der beiden Handschriften der im frühen 12. Jahrhundert entstandenen Sammlung in drei Büchern überliefert ist, die eng mit dem «Polycarpus» zusammenhängt und wie dieser eine der kanonistischen Hauptquellen von Gratians Dekret war.[16] Ob-

---

Washington D. C. 1949; Reyna PASTOR DE TOGNERI: Diego Gelmírez: une mentalité à la page. À propos du rôle de certaines élites de pouvoir, in: Mélanges offerts à René Crozet, I, Poitiers 1966, S. 597–608; Ludwig VONES: Die „Historia Compostellana" und die Kirchenpolitik des nordwestspanischen Raumes 1070–1130. Ein Beitrag zur Geschichte der Beziehungen zwischen Spanien und dem Papsttum zu Beginn des 12. Jahrhunderts, Köln/Wien 1980; Richard FLETCHER: Saint James's Catapult, Oxford 1984.

13 Historia Compostellana, hg. von Emma FALQUE REY, Turnhout 1988 (Corpus Christianorum, Continuatio Mediaevalis, LXX), vgl. zu dieser v. a. VONES: Die „Historia Compostellana" (wie Anm. 12).

14 Uwe HORST: Die Kanonessammlung Polycarpus des Gregor von San Grisogono, Quellen und Tendenzen, München 1980; Richard FLETCHER: Magister Geraldus, Geraldus Episcopus Salamanticensis, Geraldus scriptor: a suggestion, in: Studia Gratiana 28 (1998) S. 249–264, hier S. 251.

15 Manuel C. DÍAZ Y DÍAZ: Problemas de la cultura en los siglos XI–XII. La escuela episcopal de Santiago, in: Compostellanum 16 (1971) S. 187–200; zu Raniero siehe BIGGS: Diego Gelmírez (wie Anm. 12) S. 250–253; VONES: Die „Historia Compostellana" (wie Anm. 12) S. 59–65; FLETCHER: Saint James's Catapult (wie Anm. 12) S. 324; Adeline RUCQUOI: „De grammaticorum schola": la tradición cultural compostelana en el siglo XII, in: Visitandum est: Santos y cultos en el Codex Calixtinus, ed. Paolo G. CAUCCI VON SAUCKEN, Santiago de Compostela 2006, S. 235–254.

16 Paul FOURNIER: Une collection canonique italienne du commencement du XIIe siècle, in: Annales de l'enseignement supérieur de Grenoble 6 (1894) S. 343–438; Paul FOURNIER/Gabriel LE BRAS: Histoire des collections canoniques en Occident depuis les Fausses Decretales jusqu'au decret de Gratien, 2 Bde., Paris 1931–1932, Bd. 2, S. 198ff.; John H. ERICKSON: The Collection in Three Books and Gratian's Decretum, in: Bulletin of Medieval Canon Law 2 (1972) S. 67–75, hier S. 67ff.; Giuseppe MOTTA: Osservazioni intorno alla Collezione Canonica in tre libri (MSS C 135 Archivio Capitulare di Pistoia e Vat. lat. 3831), in: Proceedings of the Fifth International Congress of Medieval Canon Law, Città del Vaticano 1979, S. 51–65; Lotte KÉRY: Canonical Collections of the Early Middle Ages (ca. 400–1140): A

wohl die bedeutenden Überlieferungsverluste kaum eindeutige Aussagen hinsichtlich einer weiterführenden Beschäftigung mit dem gelehrten Recht in der galicischen Metropole zulassen, ist es doch wahrscheinlich, dass die Bedeutung, die Compostela seit den 1170er Jahren in der iberischen Rezeptionsgeschichte des römisch-kanonischen Rechts spielen sollte, auf Bildungstraditionen zurückwies, die noch unter Gelmírez grundgelegt wurden.[17]

Auch in Kastilien stehen die ersten verfügbaren Hinweise auf Kontakte zum gelehrten Recht in engem Zusammenhang mit der römischen Kurie. Der Kanzler des kastilischen Königs, Erzbischof von Toledo und erste iberische Kardinal, Pere de Cardona, ein *doctor legum magnificus*, dürfte seine Rechtsbildung in Italien oder Südfrankreich erlangt haben.[18] Er stand mit dem französischen Kardinal Raymond des Arènes, dem ersten namentlich bekannten Vertreter der südfranzösischen Rechtsschule, der als Glossator *Cardinalis* bekannt wurde[19], und wohl auch mit Kardinal Hyazinth in Verbindung. Hyazinth, der später als Cölestin III. (1191–1198) den päpstlichen Thron besteigen sollte,

---

Bibliographical Guide to the Manuscripts and Literature, Washington D. C. 1999 (History of Medieval Canon Law 1), S. 269ff.

17 Der Pontifikat von Pedro Suarez (1173–1206) (vgl. zu ihm unten Anm. 36), der in Paris, möglicherweise auch bereits in Bologna studiert hatte, war für die Rezeption des gelehrten Rechts in Compostela von besonderer Bedeutung. Pedro führte aufwändige Rechtsstreitigkeiten mit Braga und unter seiner Ägide dürften verschiedene, später namhafte Kanonisten, allen voran der ältere Bernardus Compostellanus, in Bologna studiert haben. Aus der quellenmäßig schlecht dokumentierten Zeit zwischen Diego Gelmírez und Pedro Suarez sind von 1164/1165 datierende Compostellaner Belege von Erbeinsetzungen und Renuntiationspraxis hervorzuheben, die als Anzeichen des Vordringens des gelehrten Rechts gewertet werden können, vgl. Aquilino IGLESIAS FERREIRÓS: Breviario, recepción y Fuero real: tres notas, in: Homenaje al prof. Alfonso Otero, Santiago de Compostela 1981, S. 131–151, S. 146, Anm. 72; GOURON: Aux origines (wie Anm. 9) S. 325, Anm. 2.

18 Zu Pere de Cardona siehe Ramón RIU Y CABANAS: Primeros cardenales de la Silla Primada, in: Boletín de la Real Academia de la Historia 27 (1895) S. 137–147, hier S. 137–141; Fernando VALLS-TABERNER: Le juriste catalan Pierre de Cardona, Cardinal de l'église romaine sous Alexandre III, in: Mélanges Paul Fournier, Paris 1929 [Neudr. 1982], S. 743–746; Juán Francisco RIVERA RECIO: La Iglesia de Toledo en el siglo XII (1086–1208), 2 Bde., Rom 1966–1976 (Publicaciones del Instituto Español de Historia Eclesiastica. Monografías, 10, 22), I, S. 200–201; André GOURON: Autour de Placentin à Montpellier: maître Gui et Pierre de Cardona, in: Studia Gratiana 19 (1976) S. 337–354 [Neudr. in: DERS.: La science du droit dans le Midi de la France au Moyen Age, London 1984, Art. Nr. VII]; Paul FREEDMAN: The Diocese of Vic: Tradition and Regeneration in Medieval Catalonia, New Brunswick/New Jersey 1983, S. 53, 87; FLEISCH: Sacerdotium (wie Anm. 6) S. 167–170.

19 André GOURON: Le cardinal Raymond des Arènes: Cardinalis?, in: Revue de droit canonique 28 (1978) S. 180–192 [Neudr. in: DERS.: La science du droit dans le Midi de la France au Moyen Age, London 1984, Art. Nr. XII.]; Rudolf WEIGAND: Die Glossen des Cardinalis – Raimundus de (H)arenis – zu C. 16, in: Recht im Dienst des Menschen. Eine Festgabe. Hugo Schwendenwein zum 60. Geburtstag, hg. von Klaus LÜDICKE/Hans PAARHAMMER/Dieter A. BINDER, Graz 1987, S. 267–283.

führte 1154/1155 und 1171–1174 zwei sehr wichtige Legationsreisen auf der Iberischen Halbinsel durch, die auch für die iberische Kultur- und Rechtsgeschichte von größter Bedeutung waren.[20] Er förderte Auslandsstudien iberischer Geistlicher und war vermutlich, wie vielleicht auch Pere de Cardona, an der Gründung der ersten iberischen Universität in Palencia nicht unbeteiligt.[21] Außerdem dürfte der gegenüber dem neuen Recht aufgeschlossene Legat, dessen Kanzlei wohl Gratians Dekret und Formelsammlungen mitführte[22], durch die Verhandlung zahlreicher iberischer Streitfälle wesentlich auf die Verbreitung des römisch-kanonischen Prozessrechts auf der Iberischen Halbinsel eingewirkt haben.

Neben den Beziehungen zur römischen Kurie, die vor allem in der Frühzeit als wichtiger Mittler für die Ausbreitung des römisch-kanonischen Rechts fungierte, nahmen die unmittelbaren iberischen Kontakte zur in Frankreich und Italien aufblühenden Hochschulkultur einen zunehmend höheren Stellenwert ein. Vielerorts in Europa begnügte man sich nicht mehr damit, erfolgversprechende junge Kleriker an entlegene Studienzentren zu senden, sondern man bemühte sich, qualifizierte Lehrer zu werben oder gar selbst eine Hoch-

---

20 Zu Hyazinth/Cölestin III. siehe Johannes LEINEWEBER: Studien zur Geschichte Papst Cölestins des Dritten, Jena 1905; Elfriede KARTUSCH: Das Kardinalskollegium in der Zeit von 1181–1227. Ein Beitrag zur Geschichte des Kardinalates im Mittelalter, Diss. masch. Wien 1948, S. 215–220; Volkert PFAFF: Feststellungen zu den Urkunden und dem Itinerar Papst Coelestins III., in: HJb 78 (1959) S. 110–139; DERS.: Pro posse nostro. Die Ausübung der Kirchengewalt durch Papst Cölestin III., in: HJb 43 (1957) S. 89–131; DERS.: Papst Coelestin III., in: HJb 47 (1961) S. 109–128; DERS.: Der Vorgänger: Das Wirken Coelestins III. aus der Sicht von Innocenz III., in: HJb 60 (1974) S. 121–167; Helene TILLMANN: Richerche sull'origine dei membri del collegio cardinalizio nel XII secolo, Teil 1 in: RSCI 24 (1970) S. 441–464, Teil 2 in: RSCI 26 (1972) S. 313–353, Teil 3 in: RSCI 29 (1975) S. 363–402, hier Teil 2, S. 350–353; zu Hyazinths Legatentätigkeit: Carl ERDMANN: Das Papsttum und Portugal im ersten Jahrhundert der portugiesischen Geschichte, Berlin 1928 (Abh. der Preussischen Akademie der Wissenschaften, Philosophisch-Historische Klasse, 5), S. 37–39, 43–47; Gerhard SÄBEKOW: Die päpstlichen Legationen nach Spanien und Portugal bis zum Ausgang des XII. Jahrhunderts, Berlin 1931, S. 48–51, 53–55; Wilhelm JANSSEN: Die päpstlichen Legaten in Frankreich vom Schisma Anaklets II. bis zum Tode Coelestins III. (1130–1198), Köln/Graz 1961, S. 59, 88f.; Stefan WEISS: Die Urkunden der päpstlichen Legaten von Leo IX. bis Coelestin III. (1049–1198), Köln/Weimar/Wien 1995 (Forschungen zur Kaiser- und Papstgeschichte des Mittelalters, 13), S. 173–203, 221–227; FLEISCH: Sacerdotium (wie Anm. 6) S. 170–173; DERS.: Rom und die Iberische Halbinsel: das Personal der päpstlichen Legationen und Gesandtschaften im 12. Jahrhundert, in: Römisches Zentrum und kirchliche Peripherie (wie Anm. 2), S. 135–190, hier S. 155–161; DERS.: Legados Papales como Intermediarios de Normas Jurídicas y Valores Culturales, in: Roma y la Península Ibérica en la Alta Edad Media. La construccíon de espacios, normas y redes de relación, ed. Santiago DOMÍNGUEZ SÁNCHEZ/Klaus HERBERS, León/Göttingen 2009, S. 135–155, hier S. 140–149.

21 FLEISCH: Sacerdotium (wie Anm. 6) S. 167–173.

22 WEISS: Urkunden (wie Anm. 20) S. 190–203.

schule einzurichten. So auch im kastilischen Palencia, dessen Studium Generale eine nicht zu unterschätzende Rolle bei der Ausbreitung des römisch-kanonischen Prozessrechts nicht nur in Kastilien, sondern auch in León und Portugal gespielt haben dürfte. War man in der Forschung lange Zeit von einer Gründung des Studiums um das Jahr 1210 ausgegangen, so lassen Studien der jüngsten Zeit vermuten, dass der Lehrbetrieb in Palencia spätestens zu Beginn der 1180er Jahre aufgenommen wurde.[23] Sieht man von zwei späteren chronikalischen Notizen, die von der Berufung von *sapientes a Galliis et Ytalia* bzw. von *magistros teologichos et aliarum arcium liberalium* berichten, und von der Dominikusvita ab[24], die Artes-Studien des späteren Ordensgründers zu Palencia erwähnt, so handelt es sich bei den einzigen noch aus dem 12. Jahrhundert stammenden Spuren um drei *lectiones* des italienischen Juristen Ugolino da Sesso zum römisch-kanonischen Prozessrecht, die zwischen 1188

---

23 Heinrich DENIFLE: Die Entstehung der Universitäten des Mittelalters bis 1400, Berlin 1885, S. 472ff. Vicente DE LA FUENTE: Historia de las Universidades, colegios y demás establecimientos de enseñanza en España, I, Madrid 1885, S. 76–84; Ana María BARRERO GARCÍA: Un formulario de cancillería episcopal castellano-leonés del siglo XIII, in: Anuario de Historia del Derecho Español 46 (1976) S. 671–711; Mariano PESET: Interrelaciones entre las Universidades españolas y portuguesas en los primeros siglos de su historia, in: Boletín da Faculdade de Direito da Universidade de Coimbra 58/1 (1982) S. 878–880; Jesús Menéndez Peláez: El IV Concilio de Letrán, la Universidad de Palencia y el Mester de Clerecía, in: Studium Ovetense 12 (1984) S. 27–39; Francisco RICO: La clerecía del mester, in: Hispanic Review 53 (1985) S. 1–23, 127–150; Charles FAULHABER: Latin Poems from Palencia, in: Romance Philology 43 (1989) S. 59–69; Estrella PÉREZ RODRIGUEZ: El Verbiginale. Una Gramatica Castellana Del Siglo XIII, Valladolid 1990; Ana Maria GÓMEZ-BRAVO: El latín de la clerecía. Edición y estudio del Ars dictandi Palentina, in: Euphrosyne 18 (1990) S. 99–144; Domenico MAFFEI: Fra Cremona, Montpellier e Palencia nel secolo XII. Ricerche su Ugolino da Sesso, in: Revista Española de Derecho Canonico 47 (1990) S. 34–51; Gonzalo MARTÍNEZ DÍEZ: La Universidad de Palencia. Revisión crítica, in: Actas del II Congreso de Historia de Palencia (27–29. April 1989), Palencia 1990, IV, S. 155–191; DERS.: Tres lecciones del siglo XII del Estudio General de Palencia, in: Anuario de Historia del Derecho Español 61 (1991) S. 391–449; Adeline RUCQUOI: La double vie de l'université de Palencia (ca. 1180–ca. 1250), in: Studia Gratiana 28 (1998) S. 723–748; Aquilino IGLESIA FERREIRÓS: Rex superiorem non recognoscens. Hugolino de Sesso y el Studium de Palencia, in: Initium. Revista Catalana d'Història del Dret 3 (1998) S. 1–205; FLEISCH: Sacerdotium (wie Anm. 6) S. 154–243.

24 Roderici Ximenii de Rada Historia de rebus Hispanie sive Historia Gothica, ed. by Juan FERNÁNDEZ VALVERDE, Turnhout 1987 (Corpus Christianorum, Continuatio Mediaevalis, 72), S. 256; Lucae Tudensis Chronicon mundi, ed. by Emma FALQUE, Turnhout 2003 (Corpus Christianorum, Continuatio Mediaevalis, 74), S. 324f.; Iordanus a Saxonia: Liber principii Ordinis Fratrum Praedicatorum, in: Acta Sanctorum, publ. par Jean BOLLAND, August I, Antwerpen/Brüssel 1733, S. 358–658, hier S. 545.

und 1198 datieren[25], sowie verschiedene mit Palencia in Zusammenhang stehende *Artes dictandi* der 1180er und 1190er Jahre.[26] Ob es bereits während der Frühphase des Studiums weiterführende Lehrangebote im gelehrten Recht gab oder ob sich der Unterricht auf die Vermittlung von rechtspraktischen Grundkenntnissen beschränkte, ist angesichts der fehlenden Überlieferung nicht zu entscheiden. Die erhaltenen Spuren deuten indes darauf, dass der pragmatischen Schriftkultur im kastilischen Studium eine hohe Bedeutung beigemessen wurde. Das zunehmend schriftbasierte Prozesswesen stellte an Kanzlei- und Schreibpersonal nicht mehr nur grammatische und rhetorische Anforderungen, sondern verlangte auch die Fähigkeit zur adäquaten Abfassung von rechtsrelevanten Dokumenten, die angesichts eines stetig komplexer werdenden Regelwerkes ohne Grundkenntnisse im gelehrten Prozessrecht kaum mehr möglich war. Es sei in diesem Zusammenhang an den berühmten Kurienprozess zwischen Erzbischof Balduin von Canterbury und den Mönchen von Christ Church erinnert. Während Balduin auf die Fähigkeiten des bekannten Rhetorikers Petrus von Blois vertraute, wählte der zeitgemäßer agierende Konvent von Christ Church den Juristen Pillius von Medicina. In der Verhandlung im Juni 1187 stellte sich alsbald heraus, dass der zwar rhetorisch brillante Petrus den ausgezeichneten Rechtskenntnissen des Pillius nichts entgegenzusetzen hatte. Petrus hatte das Nachsehen und Balduin verlor – für viele wohl völlig unerwartet – den Prozess.[27] Auch im fernen Kastilien hatte man nach zahlreichen Rechtsstreitigkeiten bereits Gelegenheit gehabt, festzustellen, dass im römisch-kanonischen Prozessrecht auch bloße Formfehler schwerwiegende ökonomische Konsequenzen nach sich ziehen konnten. Den möglichen Brückenschlag zwischen Recht und Rhetorik, der etwa im Lehrangebot der Rechtsmetropole Bologna deutlich wird, wo man sich auch in der *Ars dictandi* weiterbilden konnte, veranschaulicht im Fall Palencias das um 1184 datierende Urteil päpstlicher delegierter Richter im Streit zwischen den Diözesen von Burgos und Oviedo, das als Musterbrief Eingang in eine mit Palencia in Zusammenhang stehende *Ars dictandi* gefunden hat.[28] Unbeschadet etwaiger weiterer, verlorener Zeugnisse des Palentiner Wissenschaftsbetriebes, ist es wahrscheinlich, dass es zu den Aufgaben des Studiums von Palencia zählte, dem geistlichen Nachwuchs ein zeitgemäßes Handwerkszeug für eine Karriere in Kanzleien oder für sonstige Rechts- und Verwaltungsaufgaben zu vermitteln,

25 FOWLER-MAGERL: Ordo iudiciorum (wie Anm. 4) S. 223; MAFFEI: Fra Cremona (wie Anm. 23); MARTÍNEZ DÍEZ: La Universidad (wie Anm. 23); DERS.: Tres lecciones (wie Anm. 23).

26 FLEISCH: Sacerdotium (wie Anm. 6) S. 203–208 mit weiterer Literatur.

27 Helmut G. WALTHER: Die Anfänge des Rechtsstudiums und die kommunale Welt Italiens im Hochmittelalter, in: Schulen und Studium im sozialen Wandel des hohen und späten Mittelalters, hg. von Johannes FRIED, Sigmaringen 1986 (VuF, 30), S. 121–162, hier S. 147.

28 FLEISCH: Sacerdotium (wie Anm. 6) S. 206f.

die mehr und mehr von den Erfordernissen des gelehrten Prozessrechts geprägt war.

Das in Kastilien gegen Ende des 12. Jahrhunderts gewachsene Interesse am kanonischen Recht wird nicht nur an den bereits genannten *lectiones* des Ugolino deutlich, sondern wird ebenso durch die «Collectio Seguntina» belegt, eine der wenigen auf der Halbinsel überarbeiteten Dekretalensammlungen. Wie bei den Sammlungen der Dertusensis-Gruppe und den «Collectiones Alcobacenses» handelt es sich auch bei der Seguntina um keine originär iberische Sammlung.[29] Gleichwohl wurde diese Sammlung, die Dekretalen von Clemens III. und Cölestin III. enthält, in den letzten Jahren von Cölestins Pontifikat, vermutlich nur wenig später als die *lectiones* Ugolinos, an der Kathedralkirche des kastilischen Bistums Sigüenza abgeschrieben und durch lokales Material ergänzt. Dass der mutmaßliche Gründungsbischof des Palentiner Studiums, der 1207 verstorbene Italiener Arderico[30], der den Bischofsstuhl von Palencia im Jahr 1184 übernommen hatte, zuvor Bischof von Sigüenza gewesen war, könnte auf eine Verbindung zwischen der Palentiner Kanonistik und dem ungeklärten Entstehungskontext der Seguntina verweisen.

Anders als in Kastilien kam es in den Nachbarkönigreichen León und Portugal im 12. Jahrhundert noch nicht zur Gründung einer überregionalen Hochschule, zumindest sind etwa vorhandene Bestrebungen nicht nachzuweisen. Doch erlangte auch dort um dieselbe Zeit die Kanonistik große Bedeutung. In der Zeit von etwa 1180 bis 1230 werden in Bologneser Quellen eine ganze Reihe von iberischen Rechtslehrern namhaft – Menendus Hispanus, Petrus Hispanus, Kardinal Pelayo von Albano, Bernardus Compostellanus Antiquus, Martinus Zamorensis, Silvester Hispanus, Vincentius Hispanus, Johannes Compostellanus, Johannes Egitanensis, Petrus Hispanus Portugalensis.[31]

---

29 Walther HOLTZMANN: La „Collectio Seguntina“ et les décrétales de Clément III et de Célestin III, in: Revue d'Histoire Ecclésiastique 50 (1955) S. 400–453; Charles DUGGAN: Twelfth-century Decretal Collections and their importance in English history, London 1963; DERS.: English decretals in continental primitive collections with special reference to the primitive collection of Alcobaça, in: Studia Gratiana 14 (1967) S. 53–67; Christopher CHENEY/Mary G. CHENEY: Studies in the collections of twelfth-century decretals from the papers of the late Walther Holtzmann, Città del Vaticano 1979; Stanley CHODOROW: The Collectio Dertusensis Tertia and Tortosa MS 269, in: Revista Española de Derecho Canonico 39 (1983) S. 27–42; Gérard FRANSEN: Appendix Seguntina, Liber Tarraconensis et Décret de Gratien, in: Revista Española de Derecho Canonico 45 (1988) S. 31–34.

30 Zu Arderico: MAFFEI, Fra Cremona (wie Anm. 23) S. 43; FLEISCH: Sacerdotium (wie Anm. 6) S. 160–167.

31 Stephan KUTTNER: Bernardus Compostellanus Antiquus. A Study in the Glossators of the Canon Law, in: Traditio 1 (1943) S. 277–340; Javier OCHOA SANZ: Vincentius Hispanus. Canonista boloñes del siglo XIII, Rom-Madrid 1960; António DOMINGUES DE SOUSA COSTA: Mestre Silvestre e Mestre Vicente, juristas da contenda entre D. Afonso II e suas irmãs, Braga 1963 (Estudos e Textos da Idade Média e Renascimento, 1); Ana Maria BRACINHA DE LIMA MACHADO: Vicente Hispano. Aspectos biográficos

Es ist durchaus auffällig, dass mit der möglichen Ausnahme des Menendus Hispanus Junior keiner der bekannten iberischen Rechtslehrer jener Zeit kastilischer Herkunft war, sondern alle aus León und vor allem Portugal stammten. Dass nun Kastilien unter den Bologneser Rechtslehrern jener Zeit so deutlich unterrepräsentiert war, könnte zweierlei bedeuten. Denkbar wäre einerseits, dass der in Palencia angebotene Rechtsunterricht den dortigen Bedarf deckte, andererseits ist es möglich, dass Kastilier sehr wohl in Bologna studierten, dort aber nicht als Lehrer tätig wurden bzw. nicht lange genug blieben, um in den Bologneser Quellen Spuren zu hinterlassen. Immerhin ist zu bedenken, dass für Katalonien aus jener Zeit eine große Zahl von Studenten aus lokalen Quellen überliefert ist[32], die offenbar jedoch nicht als Lehrer tätig wurden oder nur eine geringe Rolle spielten, da sie in der Bologneser Überlieferung des frühen 13. Jahrhunderts nicht auftauchen. Im weiteren Verlauf des 13. Jahrhunderts, vor allem seit dem Einsetzen der Bologneser Notariatsakten, können Scholaren aus allen iberischen Reichen zahlreich in der italienischen Rechtsmetropole wie auch an anderen juristischen Studienzentren nachgewiesen werden. Die große Bedeutung, die den Rechtsstudien zu jener Zeit auf der Iberischen Halbinsel beigemessen wurde, spiegelt sich nicht weniger in den iberischen Hochschulgründungen des 13. Jahrhunderts, bei denen die Jurisprudenz eine gewichtige Rolle spielte.[33]

Eine der Ursachen für die verhältnismäßig frühe Etablierung des römisch-kanonischen Rechts auf der Iberischen Halbinsel dürfte in der qualitativen und quantitativen Bedeutung der vor den päpstlichen Gerichten ausgetragenen Rechtsstreitigkeiten zu finden sein. Da diese nicht selten mit weitreichenden wirtschaftlichen und politischen Interessen verknüpft waren, erstaunt es nicht, dass sich dementsprechend auch die zum erfolgreichen Umgang mit solchen Streitigkeiten qualifizierende Rechtsgelehrsamkeit zu einer hoch gehandelten Fertigkeit entwickeln konnte. Unter den zahlreichen Streitfällen ragen die zwischen den iberischen Metropolen Toledo, Santiago de Compostela und

---

e doutrinais, Lissabon 1965; Isaías DA ROSA PEREIRA: Lectura arborum consanguinitatis et affinitatis Magistri Ioannis Egitaniensis, in: Studia Gratiana 14 (1967) S. 155–182; DERS.: O canonista Petrus Hispanus Portugalensis, Lissabon 1968 (Arquivos de História da Cultura Portuguesa, II, 4), S. 3–18; Antonio GARCÍA Y GARCÍA: Estudios sobre la canonística portuguesa medieval, Madrid 1976; Gérard FRANSEN: Les gloses de Melendus et l'apparat d'Alain l'Anglais sur le Décret de Gratien, in: L'Église et le droit dans le Midi (XIIIe–XV^{e}siècles), Toulouse 1994 (Cahiers de Fanjeaux, 29), S. 21–35; sowie FLEISCH: Sacerdotium (wie Anm. 6) S. 120–123 mit weiterführenden Literaturangaben.

32 Joaquim MIRET Y SANS: Escolars catalans al estudi de Bolonia en la XIII^{a} centuria, in: Boletín de la Real Academia de Buenas Letras de Barcelona 15 (1915) S. 137–155; vgl. zur Entwicklung im 13. und 14. Jahrhundert auch Antonio PÉREZ MARTÍN: La presencia de los catalanes en Bolonia, in: Revista de dret històric català 1 (2001) S. 243–250.

33 FLEISCH: Sacerdotium (wie Anm. 6) S. 243–360.

Braga geführten Prozesse an Umfang und Bedeutung hervor.[34] Sowohl der Primatsstreit zwischen Toledo und Braga wie auch der Suffraganstreit zwischen Santiago und Braga waren generationenumspannende Prozesse, die ihre Höhepunkte in der zweiten Hälfte des 12. und im ersten Drittel des 13. Jahrhunderts erreichten, letztlich aber erst Jahrhunderte später endgültig beigelegt wurden. Es ist daher nicht zufällig, dass die bedeutendsten und aussagekräftigsten der frühen iberischen Zeugnisse zur Anwendung des römisch-kanonischen Prozessrechts aus den Verhandlungsgängen dieser beiden Konflikte stammen.

Der Streit zwischen Compostela und Braga um die Suffragane der untergegangenen westgotischen Metropole Mérida stammte noch aus den Tagen des Diego Gelmírez, war aber unter dessen unmittelbaren Nachfolgern nicht weiterverfolgt worden.[35] Erst unter Pedro Suarez de Deza (1173–1206) kam es zu einer Wiederaufnahme. Pedro hatte in Paris studiert und war ein besonderer Vertrauter von Kardinal Hyazinth, unter dessen Ägide Pedro von Salamanca auf den Compostellaner Erzstuhl transferiert wurde.[36] Die zweite Legationsreise des Kardinals nutzte Pedro für eine Neuauflage des Prozesses, der von Alexander III. an die Bischöfe von Tarazona, Ávila und Porto verwiesen wurde. Da diese den Streit jedoch nicht beilegen konnten, beauftragte Urban III. 1186 den römischen Subdiakon und Vicedominus von Brescia, Johannes und einen gleichnamigen Magister aus Bergamo mit der Untersuchung des Falles vor Ort. Die Bedeutung dieses Streits liegt zum einen in der für die damalige Zeit erstaunlichen Vielzahl überlieferter Einzeldokumente, unter denen die abschriftlich erhaltenen Prozessberichte von 1182 und 1187 hervorragen[37], die klar das Vorgehen nach den Normen des römischen-kanonischen Rechts bezeugen und mindestens auf Seiten Compostelas eine gute Kenntnis der Quellen des gelehrten Rechts belegen, die zahlreich allegiert wurden. Zum andern

34 Für weitere langwierige iberische Streitfälle sei beispielhaft verwiesen auf: Antonio UBIETO ARTETA: Disputas entre los obispados de Huesca y Lérida en el siglo XII, in: Estudios de la Edad Media de la Corona de Aragon 2 (1946) S. 187–240; Pablo DÍAZ BODEGAS: La disputa cluniacense – obispado de Calahorra por la posesión de Santa María la Real de Nájera (1079–1224). Más de cien años de conflicto jurisdiccional en la Diócesis de Calahorra por una disposición real, in: Berceo 126 (1994) S. 89–119.

35 Demetrio MANSILLA: Disputas diocesanas entre Toledo, Braga y Compostela en los siglos XII al XV, in: Anthologica Annua 3 (1955) S. 89–143; FEIGE: Die Anfänge (wie Anm. 6) S. 313ff.; Maria Alegria FERNANDES MARQUES: A restauração das dioceses de Entre Douro e Tejo e o litígio Braga-Compostela, in: 2° Congresso histórico de Guimarães. Actas do congresso. V: Sociedade, administração, cultura e igreja em Portugal no séc. XII, Guimarães 1996, S. 51–84; FLEISCH: Sacerdotium (wie Anm. 6) S. 50–64.

36 Zu Pedros Pontifikat ist nach wie vor grundlegend: LÓPEZ FERREIRO: Historia (wie Anm. 12) Bd. IV, S. 311–350; Bd. V, S. 7–44; weiterhin Richard FLETCHER: The Episcopate in the Kingdom of León in the Twelfth Century, Oxford 1978, S. 41f., 59f.

37 Papsturkunden in Portugal, hg. von Carl ERDMANN, Berlin 1927 (Abhandlungen der Akademie der Wissenschaften zu Göttingen, Philosophisch-historische Klasse, Neue Folge 20, 3), S. 266–282, Nr. 91; S. 303–324; Nr.110.

waren die offenbar mit dem Prozessergebnis verbundenen Konsequenzen von größter Bedeutung. Braga musste damals eine Niederlage hinnehmen, vielleicht auch deshalb, weil es den auf Seiten Compostelas bewiesenen Rechtskenntnissen nichts entgegenzusetzen hatte. Dies sollte sich jedoch in den Folgejahren drastisch ändern. Einer der delegierten Richter des Prozesses, der Bischof von Porto, der in der Folgezeit noch häufiger als päpstlicher delegierter Richter tätig wurde, ist der erste uns bekannte Portugiese, der nach Aussage seines 1185 niedergelegten Testamentes im Besitz nicht nur von Gratians Dekret, sondern auch von anderen Quellenwerken des kanonischen und des römischen Rechts war.[38] Aus der selben Zeit datieren die ersten Belege zum Erwerb von Dekrethandschriften für die Diözesen Viseu (zw. 1179 und 1187) und Coimbra (1187)[39], deren Oboedienz zu den Streitpunkten zwischen Compostela und Braga gehörte. Am auffälligsten waren die Änderungen in Braga. Wie bereits erwähnt, zählten Bragaer Geistliche seit den 1190er Jahren zu den renommiertesten Rechtslehrern Bolognas und machten glänzende Karrieren in der portugiesischen Metropolitankirche. Die wohl durch den Streit mit Compostela mitinitiierten Studienkontakte Bragas nach Bologna blieben während des ganzen 13. Jahrhunderts herausragend.[40]

Nicht weniger aufwändig und folgenreich wurde der zweite hier anzusprechende Prozess betrieben, der Primatsstreit zwischen Toledo und Braga.[41] Nachdem die bereits in der ersten Hälfte des 12. Jahrhunderts ausgebrochenen Streitigkeiten bis 1209 weitgehend geruht hatten, kam es unter dem ehrgeizigen und machtbewussten Toledaner Erzbischof Rodrigo Jiménez de Rada zu einer Neuauflage des Prozesses. Ein erster Vorstoß Rodrigos an der Kurie wurde von Innozenz III. unter Verweis auf die drohende Sarazenengefahr zurückgewiesen. Dass dieser Einwand nicht ganz unberechtigt war, ist ange-

---

38 Censual do Cabido da Sé do Porto. Códice Membranáceo existente na Biblioteca do Porto, Porto 1924, S. 386, vgl. FLEISCH: Sacerdotium (wie Anm. 6) S. 62.

39 FLEISCH: Sacerdotium (wie Anm. 6) S. 68.

40 FLEISCH: Sacerdotium (wie Anm. 6) S. 118f., 133–150.

41 MANSILLA: Disputas (wie Anm. 35); Juán Francisco RIVERA RECIO: La primacía eclesiástica de Toledo en el siglo XII, in: Anthologica Annua 10 (1962) S. 11–87; DERS.: La Iglesia de Toledo (wie Anm. 18); FEIGE: Die Anfänge (wie Anm. 6); DERS.: Zum Primat der Erzbischöfe von Toledo über Spanien. Das Argument seines westgotischen Ursprungs im Toledaner Primatsbuch von 1253, in: Fälschungen im Mittelalter. Internationaler Kongreß der Monumenta Germaniae Historica, München 16.–19. September 1986 (MGH Schriften, 33, I), Hannover 1988, I, S. 675–714; DERS.: La primacía de Toledo y la libertad de las demás metropolis de España. El ejemplo de Braga, in: La Introducción del Cister en España y Portugal, Santa Maria de Bujedo 1991, S. 61–132; José María SOTO RÁBANOS: Braga y Toledo en la polémica primacial, in: Hispania 174 (1990) S. 5–37; Michael HORN: Der Streit um die Primatswürde der Erzbischöfe von Toledo. Ein Beitrag zur Geschichte der älteren Papstregister, in: Archivum Historiae Pontificiae 29 (1991) S. 259–277; Maria João Violante BRANCO: Memory and truth: the strange case of the witness enquiries of 1216 in the Braga-Toledo dispute, in: Historical Research 79 (2006) S. 1–20.

sichts der massiven Konfrontation, zu der es im Jahr 1212 bei Las Navas de Tolosa kam, offensichtlich. Sicherlich spielten dabei jedoch auch politische Gründe eine erhebliche Rolle, und nicht folgenlos blieben wohl auch die Bemühungen der portugiesischen Prokuratoren in Rom. Die Summe von 1000 Goldstücken, die der 1212 verstorbene erzbischöfliche Elekt von Braga in seinem Testament den Vertretern Bragas in Rom anwies[42], dürfte daher eine lohnende Investition gewesen sein. Obwohl offensichtlich sowohl Innozenz III. wie sein Nachfolger Honorius III. darum bemüht waren, den Streit möglichst rasch und ohne Veränderung des status quo beizulegen – die schließlich ergangene Mitteilung Honorius' III. an Rodrigo, dass die Angelegenheit vertagt werden müsse, bedeutete denn auch das faktische Ende des Prozesses, obwohl die inneriberische Polemik zwischen den beiden Metropolen noch Jahrhunderte fortdauerte – gelang es Rodrigo, durch brillantes Taktieren auf dem vierten Laterankonzil, die Augen der Weltöffentlichkeit auf die iberische Streitfrage zu lenken und den Anstoß zur Aufnahme des Prozesses zu geben.[43] Wenige Monate später erging ein päpstliches Mandat an die Äbte von Espina und Matallana, denen die Vernehmung von Zeugen aufgetragen wurde. Ein Produkt der darauffolgenden Aktivitäten ist in Gestalt eines in Braga überlieferten Prozessrotulus auf uns gekommen. Es handelt sich dabei um ein Vernehmungsprotokoll, bei dem insgesamt 164 Zeugen aus Braga zu verschiedenen Streitfragen Stellung bezogen. Beeindruckend ist nicht nur die Anzahl der hinzugezogenen Zeugen, sondern auch der Umfang des Dokumentes, das aus elf Einzelstreifen besteht, die zu einem *rotulus* von einer Gesamtlänge von über 5,5 m aneinandergenäht wurden.[44] Es handelt sich hierbei nur um eines, wenn auch besonders repräsentatives von zahlreichen Dokumenten, die aus dem Primatsstreit überliefert sind und belegen, mit welch hohem materiellen und personellen Aufwand die Streitigkeiten in Toledo, Braga und Rom, wo die Toledaner Prokuratoren auch die älteren päpstlichen Register konsultierten[45], betrieben wurden. Die Anlage des 1253 fertiggestellten Toledaner Primatsbuches[46], infolge der Streitigkeiten, ist ein weiterer eindrucksvoller Beleg.

---

42 Braga, Arquivo Distrital (ADB), Gaveta dos Testamentos, doc. 9; vgl. FLEISCH: Sacerdotium (wie Anm. 6) S. 65.

43 Stephan KUTTNER/Antonio GARCIA Y GARCIA: A new eyewitness account of the Fourth Lateran Council, in: Traditio 20 (1964) S. 115–178.

44 Lissabon, Instituto dos Arquivos Nacionais/Torre do Tombo (IANTT), Mitra de Braga, rolo 3; Braga, Arquivo Distrital (ADB), Rerum Memorabilium, I, f. 3v–17; ediert in: Maria Alegria FERNANDES MARQUES: Um esboço de análise social de um inquérito do séc. XIII, na região de Braga, in: Bracara Augusta 39 (1987) S. 45–140, hier S. 85–128; Bulário Português. Inocêncio III (1198–1216), ed. Avelino de Jesus da COSTA/Maria Alegria FERNANDES MARQUES, Coimbra 1989, S. 391–434, Nr. 220; vgl. auch BRANCO: Memory and truth (wie Anm. 41).

45 HORN: Der Streit (wie Anm. 41).

46 Vgl. hierzu FEIGE: Zum Primat (wie Anm. 41).

Die mittel- und unmittelbaren Folgen dieser und der zahlreichen anderen Rechtsstreitigkeiten für die iberische Rechtsordnung, aber auch für die Verwaltungsorganisation und die Schriftlichkeit können hier nur kurz angedeutet werden, da bislang noch kaum detaillierte regionale Einzelstudien vorliegen. Auswirkungen sind zunächst in personenbezogener Hinsicht zu konstatieren. So lässt sich prosopographisch in Portugal seit dem frühen 13. Jahrhundert eine steigende Zahl von Rechtsgelehrten fassen, die die portugiesischen Domkapitel, allen voran das Erzkapitel von Braga, durchsetzten und vielfach sogar den Bischofsrang erreichten. Viele dieser Rechtsgelehrten waren auch im Königsdienst tätig oder besetzten Spitzenämter in weltlichen und geistlichen Kanzleien. Zu diesen hochrangigen Juristen gesellte sich noch im 13. Jahrhundert eine kleine Schicht von Berufsjuristen wie Prokuratoren und Advokaten, die an geistlichen und weltlichen Gerichten tätig wurden. Hinzu kam eine weitere Gruppe von Notaren und Schreibern, die wohl in der Regel keine Juristen waren, aber zumindest mit den Grundlagen des römisch-kanonischen Rechts und seiner Terminologie vertraut sein musste. Hierzu zählen in erster Linie die 1211 in Portugal eingeführten öffentlichen Notare und deren Kollegen an den bischöflichen Kurien sowie ein schwerer fassbarer Kreis von niedriger gestellten Schreibern, zu denen wohl auch ein 1281 nachzuweisender *scribanus de actis* zu rechnen ist.[47] Darüber hinaus ist in Portugal für das 13. Jahrhundert auch eine Entwicklung hin zu stärker schriftbasierten Rechts- und Verwaltungsstrukturen zu beobachten, die sich häufig auf römisch-kanonische Vorbilder zurückführen lassen. Nachhaltig waren die Veränderungen in erster Linie in den Diözesen, wo sich die Rechtsordnungen schon frühzeitig an Vorgaben des römisch-kanonischen Rechts orientierten. Aber auch die portugiesischen Könige integrierten, beeinflusst durch ihre juristisch geschulten Berater, entsprechende Vorbilder in die Reformen von Recht und Verwaltung. Besonders augenfällig wird dies in den von Alfons II. (1211–1223) durchgeführten Verwaltungsreformen, in der Einführung des Notariats, der Anlage eines Registers der königlichen Kanzlei oder der systematischen Anwendung des Inquisitionsverfahrens zur Ermittlung des königlichen Besitzstandes in Portugal, um nur die markantesten zu nennen.[48]

---

47 Lissabon, Instituto dos Arquivos Nacionais/Torre do Tombo (IANTT), Sé de Coimbra, II.ª incorp., maço 8, doc. 387. Zu den Ursprüngen des portugiesischen Berufsjuristenstandes im 13. Jahrhundert vgl. die Ausführungen bei FLEISCH: Sacerdotium (wie Anm. 6) S. 73–80 und die dort angegebene weiterführende Literatur.

48 Zu den Reformen von Alfons II. vgl. Damião PERES: As Cortes de 1211, in: Revista Portuguesa de História 4 (1949) S. 1–8; Rui de AZEVEDO: O Livro de registo da Chancelaria de Afonso II de Portugal (1217–1221), in: Anuario de Estudios Medievales 4 (1967) S. 35–62; Nuno J. ESPINOSA GOMES DA SILVA: Ainda sobre a lei da Cúria de 1211 respeitante às relações entre as leis do Reino e o direito canónico, in: Clio 6 (1987/1988) S. 29–39; José MATTOSO: A Cúria Régia de 1211 e o Direito Canónico, in: Direito e Justiça. Revista da Faculdade de Direito da Universidade Católica Portuguesa 13 (1999) S. 129–142; Maria João Violante BRANCO: The General Laws of Al-

Nicht zuletzt wirkte sich die Ausbreitung des gelehrten Rechts auf die iberische Schriftproduktion aus, sowohl hinsichtlich der Anzahl wie auch bezüglich der Vielfalt der Schriftträger. So wurden nun nicht nur immer häufiger die Rechtsquellen, insbesondere des kanonischen Rechts, kopiert und kompiliert, sondern es kam auch zu einer verstärkten iberischen Eigenproduktion von Schriften, die der Anwendung oder Lehre des Prozessrechts dienten, und die teils sogar volkssprachliche Bearbeitungen erfuhren, wie die «Flores del Derecho», die «Margarita de los pleitos» und die «Nueve tienpos».[49] Daneben entstanden Briefsammlungen und Formularbehelfe, die den indirekt mit den Prozessmodalitäten betrauten Notaren und Schreibern Vorlagen zur Abfassung von rechtserheblichen Briefen und Dokumenten boten. Die auch außerhalb der Iberischen Halbinsel verbreitete portugiesische *Ars notaria* des Domingos Domingues, die die notarielle Praxis iberischer Bischofskurien in der zweiten Hälfte des 13. Jahrhunderts bezeugt, veranschaulicht durch zahlreiche Belegstücke, in welch hohem Maße Elemente des römisch-kanonischen Prozessrechts bereits damals zum Alltagsbetrieb bischöflicher Schreibstuben gehörten.[50] Das römisch-kanonische Recht dürfte schließlich auch grundlegende Anstöße für ein allgemein gesteigertes Bemühen um eine archivalische Materialordnung gegeben haben. Es dürfte nicht selten vorgekommen sein, dass ältere Privilegien aufgrund mangelnder archivalischer Sorgfalt verlorengegangen waren und bei aufkommenden Prozessen um strittige Rechte nicht mehr als Beweisstück eingesetzt werden konnten.[51] Da dies höchst unerfreuliche Konsequenzen für den Prozessausgang haben konnte, ist anzunehmen, dass

---

fonso II and his Policy of 'Centralisation': a Reassessment, in: The Propagation of Power in the Medieval West. Selected Proceedings of the International Conference Groningen 20–23 November 1996, ed. by Martin GOSMAN/Arjo VANDERJAGT/Jan VEENSTRA, Groningen 1997, S. 79–95; DIES.: Poder Real e Eclesiásticos. A evolução do conceito de soberania régia e a sua relação com a praxis política de Sancho I e Afonso II. Tese de Doutoramento em História Medieval, Universidade Aberta, Lissabon 1999; Maria José AZEVEDO SANTOS: A Chançelaria de D. Afonso II (1211–1223). Teorias e práticas, in: DIES.: Ler e Compreender a Escrita na Idade Média, Lissabon 2000, S. 11–57. Hinsichtlich der portugiesischen Diözesen fehlen noch umfassende Detailstudien, vgl. hierzu vorläufig noch FLEISCH: Sacerdotium (wie Anm. 6) S. 71–78.

49 Paulo MERÊA: A versão portuguesa das „Flores de las leyes" de Jácome Ruiz, in: DERS.: Estudos de História do Direito, Coimbra 1923, S. 45–65; PÉREZ MARTIN: El ordo iudiciarius (wie Anm. 7); DERS.: Jacobo de las leyes (wie Anm. 7); DERS.: La obra jurídica (wie Anm. 7); DERS.: El derecho procesal del „ius commune" en España, Murcia 1999, S. 48–53; Jean ROUDIL: Jacobo de Junta. Summa de los Nueve Tiempos de los Pleitos. Edition et Étude d'une Variation sur un Thème, Paris 1986.

50 Ediert von Ludwig ROCKINGER: Briefsteller und Formelbücher des elften bis vierzehnten Jahrhunderts, München 1864, S. 517–592; zu dieser und ihrem Autor vgl. FLEISCH: Sacerdotium (wie Anm. 6) S. 74–77.

51 So etwa in Toledo, wo während des Primatsstreits ältere Papstprivilegien nicht auffindbar waren, HORN: Der Streit (wie Anm. 41) S. 265.

entsprechende Erfahrungen vielerorts eine verbesserte archivalische Organisation angeregt haben, sei es durch eine sorgsamere Ordnung der Einzeldokumente oder durch die systematische Abschrift und Sammlung von Rechtstiteln, durch die Ausweitung bestehender oder Neuanlage von Registern, Chartularen oder Privilegienbüchern.

Das stärkere Bemühen um eine sorgsamere Ordnung und Sicherung rechtsrelevanter Dokumente, aber auch die größere Bedeutung des Schriftlichkeitsprinzips und die gestiegene Anzahl von Prozessen vor päpstlichen und vor nach römisch-kanonischen Maßgaben organisierten lokalen Gerichten, sind ursächlich für die im 13. Jahrhundert massiv steigende absolute und relative Zahl von Prozessdokumenten in der urkundlichen Überlieferung der iberischen Archive. Während jedoch die Überlieferung und Verbreitung der normativen Quellen des römisch-kanonischen Rechts auf der Iberischen Halbinsel relativ gut bekannt sind[52] – obgleich auch hier künftig noch Entdeckungen in den spanischen und portugiesischen Bibliotheken und Archiven zu erwarten sind –, ist der Kenntnisstand der urkundlichen Überlieferung, der Relikte konkreter Streitfälle noch sehr mangelhaft. Dementsprechend schlecht untersucht ist mithin die nur anhand der überlieferten Prozessdokumente zu beantwortende Frage nach Umsetzung, Anwendung und Auswirkungen der neuen Rechtsnormen. Studien etwa zur Delegationsgerichtsbarkeit, wie sie insbesondere von Jane Sayers für England oder Ludwig Falkenstein und Harald Müller für Frankreich vorgelegt wurden[53], oder zur Auswirkung der neuen Rechtsnormen auf lokale Gerichtsbarkeiten, so etwa die von Hageneder für den deutschsprachigen Raum durchgeführten[54], sind für den zentral- und westibe-

---

52 Aus der mittlerweile stark angewachsenen Bibliographie sind neben Gérard FRANSEN: Manuscrits canoniques (1140–1234) conservés en Espagne, in: Revue d'Histoire Ecclésiastique 48 (1953) S. 224–234; 49 (1954) S. 152–156; die zahlreichen kanonistischen Handschriften-Studien von Antonio GARCÍA Y GARCÍA hervorzuheben, so etwa: Notas para un censo (wie Anm. 7). Für Portugal grundlegend sind daneben die Arbeiten von Isaías da ROSA PEREIRA: Manuscritos de Direito Canónico Existentes em Portugal, in: Arquivo Histórico da Madeira 1959, S. 196–242; 1962/1963, S. 28–41; DERS.: Livros de Direito na Idade Média, in: Lusitania Sacra 7 (1964/1966) S. 7–60; 8 (1967/1969) S. 81–96; sowie die kodikologischen Studien von Aires Augusto NASCIMENTO an den mittelalterlichen Klosterbibliotheken von Alcobaça und Santa Cruz de Coimbra, u. a.: Os Códices Alcobacenses da Biblioteca Nacional de Lisboa e o seu significado cultural, in: Exposição evocativa dos Códices Alcobacenses no VIII centenário da fundação do mosteiro de Alcobaça, Lissabon 1979, S. 1–7; DERS.: Concentração, dispersão e dependências na circulação de manuscritos em Portugal, nos séculos XII e XIII, in: Coloquio sobre circulación de códices (wie Anm. 7), S. 61–85; Catálogo dos Códices da Livraria de Mão do Mosteiro de Santa Cruz de Coimbra na Biblioteca Pública Municipal do Porto, ed. Aires Augusto NASCIMENTO/José Francisco MEIRINHOS, Porto 1997.

53 Siehe Anm. 2.

54 Othmar HAGENEDER: Die geistliche Gerichtsbarkeit in Ober- und Niederösterreich. Von den Anfängen bis zum Beginn des 15. Jahrhunderts, Linz 1967; DERS.: Die

rischen Raum in nur unzureichendem Maße vorhanden.[55] Zwar ist das iberische Urkundenmaterial für das 12. und 13. Jahrhundert reichhaltig überliefert, doch werfen Editions- und Auswertungsstand Schwierigkeiten auf. Trotz der Fortschritte, die in den letzten Jahren in dieser Richtung erzielt werden konnten, ist eine systematische und vollständige Auswertung des Materials für eine der iberischen Regionen, geschweige denn für die gesamte Halbinsel, gegenwärtig noch kaum durchführbar. So ist man zur Auffindung relevanter Stücke auf die Durchsicht von Hunderten von edierten Chartularen und Dokumentensammlungen angewiesen, die Abertausende von Einzelurkunden enthalten. Jedoch decken auch diese natürlich nur Teile des tatsächlich überlieferten Materials ab. Während etwa der ostiberische Raum über verhältnismäßig umfangreiche Editionen verfügt, ist der iberische Westen, zumal Portugal, stark unterrepräsentiert. Nur teilweise spiegelt sich darin der tatsächliche Umfang der Schriftproduktion und -überlieferung wieder, der ohne Frage im 12. Jahrhun-

---

Übernahme kanonistischer Rechtsformen im Norden, in: Kommunikation und Mobilität im Mittelalter. Begegnungen zwischen dem Süden und der Mitte Europas (11.–14. Jahrhundert), hg. von Siegfried de RACHEWILTZ/Josef RIEDMANN, Sigmaringen 1995, S. 249–260; weiterhin auch: Winfried STELZER: Gelehrtes Recht in Österreich. Von den Anfängen bis zum frühen 14. Jahrhundert, Wien/Köln/Graz 1982; DERS.: Die Rezeption des gelehrten Rechts nördlich der Alpen, in: Kommunikation und Mobilität (wie oben in dieser Anm.) S. 231–247; Winfried TRUSEN: Anfänge des gelehrten Rechts in Deutschland. Ein Beitrag zur Geschichte der Frührezeption, Wiesbaden 1962.

55 José MALDONADO Y FERNÁNDEZ DEL TORCO: Líneas de influencia canonica en la historia del proceso español, in: Anuario de Historia del Derecho Español 23 (1953) S. 467–493; María Paz ALONSO ROMERO: El proceso penal en Castilla (Siglos XIII–XVIII), Salamanca 1982; Maria Alegria FERNANDES MARQUES: Intervenções pontifícias na Península no início do séc. XIII (1198–1216), in: Actas das II Jornadas luso-espanholas de História Medieval, IV, Porto 1990, S. 1213–1226; Antonio GARCÍA Y GARCÍA: El proceso canónico (wie Anm. 1); DERS.: La Justicia eclesiastica en la España medieval. Un pleito legatino de Silos, in: Società, Istituzioni, Spiritualità. Studi in onore di Cinzio Violante, Spoleto 1994, I, S. 395–407; Agustín PRIETO MORERA: El proceso en el reino de León a la luz de los diplomas, in: GARCÍA Y GARCÍA: El Reino de León (wie Anm. 1) S. 383–518; María Josefa SANZ FUENTES/Miguel CALLEJA PUERTA: La documentación judicial en el reino de Castilla. Baja Edad Media, in: NICOLAJ: La diplomatica (wie Anm. 3) S. 113–136; María Milagros CÁRCEL ORTÍ: Documentación judicial de la administración episcopal valentina: procesos del Oficialato de Valencia y Xàtiva (siglos XIV–XV), in: NICOLAJ: La diplomatica (wie Anm. 3) S. 137–205; María Luisa PARDO RODRÍGUEZ: Escribir la justicia en Sevilla (1248–1500), in: NICOLAJ: La diplomatica (wie Anm. 3) S. 207–241; José MARQUES/Maria Cristina ALMEIDA E CUNHA: Conflit de juridictions et documents judiciaires. Le cas de Braga, in: NICOLAJ: La diplomatica (wie Anm. 3) S. 243–280; Peter LINEHAN: The Case of the Impugned Chirograph, and the Juristic Culture of early Thirteenth-centuty Zamora, in: Manoscritti, editoria e biblioteche dal medioevo all'età contemporanea. Studi offerti a Domenico Maffei per il suo ottantesimo compleanno, a cura di Mario ASCHERI/Gaetano COLLI con la collaborazione di Paola MAFFEI, Rom 2006, S. 461–513.

dert in Katalonien erheblich größer gewesen war als in Portugal[56], sondern auch politische, wirtschaftliche und forschungsgeschichtliche Rahmenbedingungen der letzten Jahrzehnte.

Die Quellengattung der Prozessdokumente hat in Anbetracht dieser Umstände bislang in der iberischen Forschung nur wenig Beachtung gefunden. Die kurzen nachfolgenden Ausführungen, die im wesentlichen auf eigenen Archiv- und Quellenstudien im Rahmen der Vorarbeiten zu meiner Dissertation und zur Iberia Pontificia (Galicien) basieren, können daher auch nur vorläufige Bemerkungen sein, die zu einer verstärkten Auseinandersetzung mit einer vernachlässigten Quellengruppe anregen möchten, deren Bedeutung gleichwohl in quantitativer und vor allem in qualitatitver Hinsicht innerhalb des iberischen Quellenmaterials des 12. und 13. Jahrhunderts sehr hoch zu veranschlagen ist.

Die iberischen Prozessdokumente, seien es rechtsrelevante Urkunden oder die in deutlich geringerem Umfang überlieferten Schriftstücke mit Aktencharakter, Notizen, Protokollabschriften und Ähnliches, nehmen während der letzten beiden Jahrzehnte des 12. Jahrhunderts merklich und seit dem Pontifikat von Innozenz III. massiv zu. Im Verlauf des 13. Jahrhunderts wird man schließlich kaum noch auf Urkundenbestände iberischer Kirchen stoßen, die nicht auch mehrere solcher Dokumente enthielten. Zwar dürfte sich auch im Bereich der Prozessdokumente nur ein Bruchteil der einst vorhandenen tatsächlichen Schriftproduktion erhalten haben, und man wird einen Verlust von Tausenden von Schriftstücken annehmen müssen, wenn man davon ausgeht, dass bei jedem Prozess während der verschiedenen Verfahrensschritte Akten anfielen – Zeugenaufnahme, Konzeption und Niederschrift der zu versendenden Attestationes, der Allegationen, der Libelle, etc.[57], doch waren deren Überlieferungschancen im Vergleich mit anderen Gattungen des Gebrauchsschriftgutes wohl noch verhältnismäßig gut. Insbesondere bei längerwierigen Konflikten, die sich nicht selten über Jahrzehnte, in Einzelfällen sogar über Jahrhunderte hinzogen, bestanden gute Chancen, dass nicht nur rechtssetzende Dokumente, sondern auch zugehöriges Aktenmaterial aufbewahrt wurde, zumal in solchen Fällen Vorkehrungen getroffen werden mussten, damit auch in späteren Prozessphasen noch Informationen über den gesamten Verhandlungsverlauf verfügbar blieben. Als weiterer überlieferungsrelevanter Faktor kommt hinzu, dass solche Akten häufig kopiert wurden. Nicht nur für beide Streitparteien war es unumgänglich, die Verhandlungsverläufe minutiös zu dokumentieren, sondern auch die delegierten Richter ließen Verhandlungen protokollieren, deren Niederschriften in den offiziellen Prozessbericht des Richtergremiums an die Kurie einflossen. Da die delegierten Richter – in der Regel drei – zumeist aus zwei oder drei verschiedenen Diözesen kamen, sind Teile

56 Vgl. zur katalanischen Situation die Studie von Ludwig VONES im vorliegenden Band.

57 Zur Anzahl und Vielfalt von Schriftstücken, die bei einem Prozess anfallen konnten, siehe MÜLLER: Päpstliche Delegationsgerichtsbarkeit (wie Anm. 2) S. 49 mit Anm. 5.

von Prozessen häufig in Nachbarregionen überliefert. Diese Streuung des Quellenmaterials erschwert zwar einerseits die Sammlung der Quellen für eine Diözese oder Region, bietet aber andererseits immer wieder die Chance, dass verlorenes Material zumindest punktuell durch Parallelüberlieferungen anderer Gebiete ergänzt bzw. rekonstruiert werden kann. So verhält es sich etwa in den beiden angesprochenen großen Streitfällen zwischen Compostela, Braga und Toledo. In beiden Fällen stammt die überwiegende Mehrzahl der erhaltenen Dokumente aus der Bragaer Überlieferung. Insbesondere im Fall Compostelas ist der Überlieferungsverlust drastisch. Während Toledo immerhin über Chartularsabschriften der wichtigsten rechtskräftigen Dokumente verfügt, ist die Überlieferung in Santiago de Compostela überraschend dürftig, was um so mehr überrascht, als es im 12. und frühen 13. Jahrhundert gerade die Erzbischöfe der galicischen Metropole waren, die offensiv und bestens vorbereitet gegen den portugiesischen Widersacher vorgingen. In den überlieferten Prozessverhandlungen glänzten die Compostellaner nicht nur durch hervorragende Rechtskenntnisse, sondern auch durch gute Vorbereitung, durch Ordnung und Verfügbarkeit der urkundlichen Beweisgrundlagen.[58] Dass die zuvor so sorgsam gehüteten Dokumente zu unbekannter Zeit verlorengingen, wenn nicht gar mutwillig zerstört wurden, überrascht daher und zeigt einmal mehr, wie sehr wir von Überlieferungszufällen abhängig sind.

Ebenso groß wie die geographische Streuung ist auch die typologische Bandbreite der Überlieferung[59], obwohl einige Dokumentengattungen, so etwa Klagelibelle oder Prokuratorenvollmachten für das 12. Jahrhundert noch nicht überliefert sind und sich erst für das 13. Jahrhundert erhalten haben. Grundsätzlich sind päpstliche Schreiben, Kommissorien, Delegations- und Exekutionsmandate aufgrund ihres rechtssetzenden Charakters deutlich häufiger überliefert als jene Schriftstücke, die unmittelbar aus der Tätigkeit von delegierten Richtern oder beteiligter Streitparteien hervorgingen, obwohl natürlich auch hier Unterschiede festzustellen sind. So sind rechtsrelevante Stücke wie Urteilsmitteilungen oder Exekutionsanweisungen, aber auch Prokuratoren-vollmachten für das 13. Jahrhundert zahlreich. Ebenso sind, insbesondere bei größeren und langwierigeren Prozessen, die vor wechselnden Richtergremien behandelt wurden, vielfach auch Protokolle von Zeugenvernehmungen und Verhandlungsgängen überliefert. Die größere Seltenheit gerade der nichtpäpstlichen und nicht rechstrelevanten Schriftstücke mit aktenartigem Charakter, die wohl zumeist nach Prozessende vernichtet, wiederverwendet wurden oder auf sonstige Weise verlorengegangen sein dürften, ist um so bedauerlicher, als diese häufig einen ungleich höheren Quellenwert besitzen und nicht selten wertvolle Informationen, nicht nur zu Streitinhalten, sondern gelegentlich auch zu Organisation und konkreten Abläufen von Ver-

58 FLEISCH: Sacerdotium (wie Anm. 6) S. 50–58.

59 Vgl. die Typologie bei MÜLLER: Päpstliche Delegationsgerichtsbarkeit (wie Anm. 2) S. 48–70.

handlungsgängen und Protokollpraxis überliefern können.[60] Auch in ihren äußeren Merkmalen sind Prozessdokumente nicht selten auffällig. Neben die klassische Pergamenturkunde bei Urteilsverkündungen und andere kürzere Texte treten gattungsbedingte Formen, die zwar nicht neu waren, aber im herkömmlichen iberischen Urkundenmaterial jener Zeit doch weniger häufig zu finden sind, so etwa *rotuli* und *libelli*[61], Dokumente die aufgrund ihres Umfanges in Form von Pergamentrollen oder -heften niedergeschrieben wurden. Hinzu scheint aber auch die Verwendung von Papier in Ergänzung des sonst üblichen Pergaments getreten zu sein[62], da dies natürlich erheblich billiger war als Pergament und sich daher besonders gut als Schriftträger für Gebrauchsschriftgut eignete.

Hinsichtlich des historischen Quellenwerts verbergen sich insbesondere in Protokollen von Verhandlungsgängen und Zeugenvernehmungen nicht selten

---

60 Zum Quellenwert von Prozessakten anhand spätmittelalterlicher Kanonisationsprozesse vgl. die Arbeiten von Christian KRÖTZL: Vulgariter sibi exposito. Zu Übersetzung und Sprachbeherrschung im Spätmittelalter am Beispiel von Kanonisationsprozessen, in: Das Mittelalter. Perspektiven mediävistischer Forschung, Zeitschrift des Mediävistenverbandes, 1997, S. 111–118; DERS.: Prokuratoren, Notare und Dolmetscher. Zu Gestaltung und Ablauf der Zeugeneinvernahmen bei spätmittelalterlichen Kanonisationsprozessen, in: Hagiographica 5 (1998) S. 119–140; DERS.: Zu Prozeßführung, Zeugeneinvernahmen und Kontext bei spätmittelalterlichen Kanonisationsprozessen, in: Hagiographie im Kontext: Wirkungsweisen und Möglichkeiten historischer Auswertung, hg. von Dieter R. BAUER/Klaus HERBERS, Stuttgart 2000, S. 85–95; DERS.: Fama sanctitatis. Die Akten der spätmittelalterlichen Kanonisationsprozesse als Quelle zu Kommunikation und Informationsvermittlung in der mittelalterlichen Gesellschaft, in: Procès de Canonisation au Moyen Âge. Aspects juridiques et religieux, publ. par Gabor KLANICZAY, Rom 2004, S. 223–244; DERS.: Sexaginta vel circa. Zur Wahrnehmung von Alter in hagiographischen Quellen des Spätmittelalters, in: Alterskulturen des Mittelalters und der frühen Neuzeit. Internationaler Kongress, Krems an der Donau, 16. bis 18. Oktober 2006, hg. von Elisabeth VAVRA, Wien 2008, S. 109–116. Zum mittelalterlichen Kanonisationsverfahren allgemein: André VAUCHEZ: La Sainteté en Occident aux derniers siècles du Moyen Age. D'après les procès de canonisation et les documents hagiographiques, Rom 1988; WETZSTEIN: Heilige vor Gericht (wie Anm. 1).

61 Beispielhaft genannt seien Dokumente aus dem Streit um die Bischofsnachfolge in Viseu, den der dortige Kantor Pedro Peres in den 1250er Jahren vor päpstliche Gerichte zog: Lissabon, Instituto dos Arquivos Nacionais/Torre do Tombo (IANTT), Sé de Viseu, rolos 2–4 (*rotuli*); maço 8, doc. 28 (Prozesslibell von 1258); vgl. zum Kontext FLEISCH: Sacerdotium (wie Anm. 6) S. 273, 279f.

62 Unter vielen Tausenden von Dokumenten, die ich in portugiesischen und spanischen Archiven einsehen konnte, bin ich jedoch nur auf ein einziges Prozessdokument des 13. Jahrhunderts aus Papier gestoßen. Es handelt sich dabei um das Fragment einer Papierrolle, die um die Mitte des 13. Jahrhunderts in Coimbra entstand: Lissabon, Instituto dos Arquivos Nacionais/Torre do Tombo (IANTT), Sé de Coimbra, II.ª incorp., maço 10, doc. 504.

bedeutsame Informationen.[63] Diese sind unter anderem für die Geschichte der römisch-iberischen Beziehungen von großer Wichtigkeit, denn vielfach sind es solche Dokumente, die im Original verlorene Papsturkunden überliefern oder über die Anwesenheit und Aktivitäten von päpstlichen Legaten und Gesandten wie auch über Kurienreisen der Parteien berichten.[64] Darüber hinaus finden sich oft noch andere wertvolle Informationen, die in dieser Form in anderen Quellengattungen kaum überliefert sind. So enthalten Zeugenaussagen von Streitigkeiten, die Kathedralkirchen involvierten, nicht selten chronologische Angaben zur Abfolge von Pontifikatszeiten und Vakanzen, die zur Klärung der Kontinuität von Rechtsansprüchen benötigt wurden. Angesichts des Fehlens zeitgenössischer iberischer Bistumschroniken sind solche Angaben von besonders hohem Wert, zumal dort, wo Sterbedaten der Prälaten nicht eindeutig durch nekrologische Überlieferungen gesichert oder die genaue Dauer von Vakanzen nicht geklärt ist. Die chronologische Abfolge der Erzbischöfe von Santiago de Compostela im 12. Jahrhundert etwa ist nur durch in Braga überlieferte Zeugenvernehmungen aus dem Suffraganstreit zwischen Santiago de Compostela und Braga zu rekonstruieren.[65] Ebenso hilfreich sind entsprechende Zeugenaussagen für die Bischofs-Chronologien in Coimbra und Porto.[66] Darüber hinaus finden sich gelegentlich Informationen über Hintergründe von Bischofswahlen, häufiger auch Angaben zu Konsekrationen, Palliumsverleihungen, Konzilsbesuchen, Romreisen, Exilszeiten, Abwesenheitsdauern oder körperlichen und geistigen Beeinträchtigungen der Oberhirten.[67] Im Fall des Erzbischofs João Peculiar (1138–1175) von Braga erfahren wir auf diese Weise auch, dass der mächtige Prälat über Jahre hinweg auf dem Krankenbett lag und daher weder aktiv die Geschicke seiner Erzdiözese noch der zuvor von ihm weitgehend kontrollierten portugiesischen Landeskirche lenken konnte.[68] Ähnlich verhielt es sich mit dem Pontifikat des Oberhirten von Coimbra, Pedro Soares (1192–1232), der einer Zeugenaussage zufolge über sechs Jahre hinweg nicht

---

63 Es versteht sich dabei von selbst, dass solchen Informationen grundsätzlich kritisch begegnet werden muss, da sich Zeugen nicht selten in ihren Aussagen irren, nicht nur hinsichtlich ihres eigenen Alters, vgl. dazu etwa KRÖTZL: Sexaginta (wie Anm. 60). Von fehlerhaften Erinnerungen abgesehen, dürften gezielte Falschaussagen keineswegs unüblich gewesen sein, vgl. BRANCO: Memory and truth (wie Anm. 41).

64 So etwa im Fall des römischen Subdiakons Johannes, Vicedominus von Brescia und des Magisters Johannes von Bergamo, die 1186 im päpstlichen Auftrag auf der Iberischen Halbinsel erschienen, um den Streit zwischen Braga und Compostela zu untersuchen, FLEISCH: Rom (wie Anm. 20) S. 178–180.

65 Richard FLETCHER: The Archbishops of Santiago de Compostela between 1140 and 1173: A new Chronology, in: Compostellanum 17 (1972) S. 45–61.

66 Lissabon, Instituto dos Arquivos Nacionais/Torre do Tombo (IANTT), Sé de Coimbra, I.ª incorp, maço 20, doc. 28; Porto, Arquivo Distrital (ADP), Livros dos Originais, XXXII (1688B), Pergamentrolle des 13. Jahrhunderts.

67 Wie Anm. 44, 65 und 66.

68 COSTA/FERNANDES MARQUES: Bulário Português (wie Anm. 44) S. 414f., Nr. 220.

sane mentis, sondern *furiosus* gewesen sei.[69] Von hohem Quellenwert sind auch Aussagen, die über die zu wenig bekannten Bürgerkriegszustände in Portugal unter dem *rex inutilis* Sancho II. berichten.[70] Des weiteren enthalten Zeugenvernehmungen in aller Regel wichtige personenkundliche Daten zu den Lebensstationen der aussagenden Zeugen, die neben den obligatorischen Angaben zu ihrem Alter und Stand gelegentlich auch über ihre Reisen an die Kurie, Wallfahrten nach Santiago und Jerusalem oder auch über etwaige Studienaufenthalte im Ausland berichten.[71] Ein besonders interessanter Prozessrotulus, der hier abschließend noch erwähnt werden soll, entstand 1201 im Zuge eines langwierigen Streitfalls zwischen dem Bischof von Coimbra und dem Augustinerchorherrenstift Santa Cruz de Coimbra. Die Streitsache war bereits zuvor vor dem königlichen Gericht verhandelt worden, bevor sich der Bischof von Coimbra in der Sache an den Papst wandte, der sie seinerseits an delegierte Richter verwies. Da der Streit nun sowohl vor dem königlichen als auch vor dem päpstlichen Gericht anhängig war, kam das päpstliche delegierte Richtergremium überein, den Prozess unter dem Vorsitz des portugiesischen Königs Sancho I. (1185–1211) zu verhandeln. Sancho I., dem kaum klar gewesen sein durfte, was dies konkret bedeutete, ließ sich hierauf ein, zog sich aber angesichts der langatmigen gelehrten Allegationen der Rechtsvertreter bald schon indigniert aus dem Prozessgeschehen zurück.[72] Die Besonderheit dieses Dokuments liegt weniger in seinem Rechtsinhalt oder in den gebotenen Detailinformationen, als vielmehr in der Lebendigkeit der Schilderungen, die uns in sehr plastischer Weise die königliche Reaktion auf die ihm unverständlichen, gelehrten Ausführungen vor Augen führen, und deutlich werden lassen, wie

69 Lissabon, Instituto dos Arquivos Nacionais/Torre do Tombo (IANTT), Sé de Coimbra, I.ª incorp, maço 20, doc. 28.

70 Lissabon, Instituto dos Arquivos Nacionais/Torre do Tombo (IANTT), Sé de Coimbra, I.ª incorp, maço 20, doc. 28; doc. 29; Porto, Arquivo Distrital (ADP), Livros dos Originais, XXXII (1688B), Pergamentrolle des 13. Jahrhunderts, Porto, Arquivo Distrital (ADP), Cartório da Mitra, caixa 1867, doc. 8, u. a.

71 Im Rahmen des angesprochenen Zeugenverhörs aus dem Primatsstreit zwischen Toledo und Braga berichtet der Bragaer Kanoniker João Peres, dass er sieben oder acht Jahre *absens in scholis* war, während von Dekan Godinho Peres von Braga, zu erfahren ist, dass er sich in der Vergangenheit – studienhalber? – in Bologna aufgehalten hatte, von wo er nach Rom gezogen war, COSTA/FERNANDES MARQUES: Bulário Português (wie Anm. 44) S. 392, 399, Nr. 220. Aus den Allegationen, die der königliche Prokurator 1237 im Rechtsstreit mit dem Bischof Pedro Salvadores gegen den Bischof vorbrachte, geht hervor, dass dieser, der wohl mit dem Kanonisten Petrus Hispanus Portugalensis zu identifizieren ist, vgl. FLEISCH: Sacerdotium (wie Anm. 6) S. 127–132, sich zwei Jahrzehnte zuvor in Bologna aufgehalten hatte, wo er einen Bragaer Kleriker verfolgt haben soll: *Item quia Bononie percussit Iohannem Martini Dentom clericum qui nunc est canonicus Bracharensis et quod hoc fuit XX anni sunt elapsi.*

72 COSTA/FERNANDES MARQUES: Bulário Português (wie Anm. 44) S. 163–180, Nr. 87; zum Kontext des Streitfalls vgl. FLEISCH: Sacerdotium (wie Anm. 6) S. 31–35.

vielgestaltig die Barrieren waren, die das vordringende römisch-kanonische Recht zu überwinden hatte.

Abstract

Lawsuits and written culture – The reception of roman-canon law in western Iberia

The reception of the roman-canon law procedure, which was developed in the 12th century by the Papacy and canon law schools, took place rather quickly in large parts of Europe during the 12th and 13th centuries, exerting heavy influence on local jurisdiction, administration and written culture. Due to the reconquista, the succesive restauration of bishoprics and the erection of new dioceses, the ecclesiastical situation of the Iberian Peninsula during the 12th century was marked by rivalries and conflicts, and, therefore was especially receptive for the advantages of roman-canon law. There were two basic lines of transmission of the learned law. On the one hand, the heavy influence exerted by french clergymen who governed several castilian and leonese dioceses until the middle of the 12th century and apparently kept close contacts to the cultural centres of France. On the other hand, close personal contacts to the Roman curia were fundamental. In Castile the first traces of contacts with the learned law were connected with personal relationships to Rome. Eyecatching are the relations between the chancellor of Castile, Cardinal and jurist Pere de Cardona, the canonist Cardinal Raymond des Arènes, and the papal legate Jacinto. The three of them seem to have been involved in the foundational process of the University of Palencia. She had quite probably an important role in the spreading of roman-canon law in Castile and the neighbouring kingdoms of León and Portugal during the last two decades of the 12th century. Although no university was founded in León or Portugal, the impact of canon law grew remarkably at about the same time. The fact that most of the known canonists originated from Santiago de Compostela and Braga allows to establish a connection with the very important lawsuit conducted by the two archbishoprics about the suffragan dioceses of the vanished ancient metropolitan see Mérida. That conflict left several records of crucial importance for the history of roman-canon in western Iberia.

The cases between the metropolitan sees of Compostela, Braga and Toledo are just examples, though doubtless, the most important ones, of a whole pleiad of lawsuits conducted by iberian churches since the 1180s. Under the pontificate of Innocent III the number of cases still increased and during the 13th the rules of roman-canon law were well known and applied in most of the major iberian churches.

«Historia Compostellana» und «Liber Sancti Jacobi» – Die Überlieferung päpstlicher Schreiben zwischen historiographischer Propaganda und pragmatischer Schriftlichkeit im 12. Jahrhundert

KLAUS HERBERS

1. Kompilator oder Buchhalter – Göttlicher Auftrag und irdische Verteidigung

„Ich freilich habe um diesen Kodex zahllose Ängste durchlitten. Als Schüler hatte ich schon ab frühester Kindheit den Apostel geliebt. Als ich darauf vierzehn Jahre lang fremde Länder und Provinzen durchreiste, schrieb ich alles, was ich über ihn geschrieben fand, auf kleinen, schlichten und groben Zetteln eifrig auf, um später all dies in einem Bande zusammenzufassen, damit die Verehrer des hl. Jacobus die Texte vereint finden könnten, die als Lesungen für Festtage erforderlich sind. Welch wunderbares Glück! Ich fiel unter die Räuber, wurde all meiner Habe beraubt, aber der Kodex verblieb mir. Ins Gefängnis wurde ich geworfen, all meines Vermögens beraubt, nur der Kodex blieb mir erhalten. Oft sank ich in tiefe Meeresfluten und war dem Ertrinken nahe, aber mit mir tauchte der Kodex wohlbehalten und trocken wieder auf. Ein Haus, in dem ich wohnte, brannte nieder, all mein Besitz verbrannte, aber der Kodex entkam unverbrannt mit mir. So begann ich darüber nachzudenken, ob nicht dieser Kodex, den ich mit eigener Hand zu sammeln mich mühte, Gott wohlgefällig sein würde.“[1]

So bekennt freimütig Papst Calixt II. (1119–1124), der angebliche Autor eines Sammelwerkes. Ein Zitat aus einer zweiten, etwa zeitgleichen Schrift sei hinzugefügt:

„Diego, von Gottes Gnaden Erzbischof des Sitzes von Compostela, befahl (*iussit*) dieses Buch zu verfassen und im Schatz (*in thesauro*) des heiligen Jakobus zu hinterlegen, damit, wenn irgendjemand in ihm lesen wolle, er dies tun und

1 Lateinisch: Liber Sancti Jacobi. Codex Calixtinus, ed. Klaus HERBERS/Manuel SANTOS NOIA, Santiago de Compostela 1998, S. 7, die deutsche Übersetzung folgt: Libellus Sancti Jacobi. Ins Deutsche übertragen und kommentiert von Hans-Wilhelm KLEIN (†) und Klaus HERBERS, Tübingen 1997 (Jakobus-Studien, 8) S. 15f. Der Beitrag entspricht im Wesentlichen der Vortragsfassung, konnte aber nicht zuletzt aufgrund verschiedener Diskussionsvoten erweitert und präzisiert werden.

wissen möge, wie viel Ehren, wie viele Erbschaften, Auszeichnungen und Würden der Erzbischof selbst für seine Kirche erwarb und wie viele Verfolgungen und Gefahren er von tyrannischen Mächten bei der Verteidigung seiner Kirche erlitt. Und nachdem er gelesen und alles gewürdigt hat, möge er (der Leser) das Buch an seinen Platz zurückstellen. Dort soll es immer bleiben, und niemand raube es oder nehme es aus Furcht vor irgendeinem Betrug oder aus irgendwelchem Neid weg."[2]

Soweit zwei kurze, übersetzte Auszüge aus dem Compostellaner Milieu in der Mitte des 12. Jahrhunderts; damit knüpft der vorliegende Beitrag an die Bemerkungen von Fernando López Alsina zu den Tumbos von Santiago an.[3] Das erste Zitat stammt aus dem Einleitungsbrief, den angeblich Papst Calixt II. (1119–1124) für den «Liber Sancti Jacobi» verfasst haben soll, das zweite war der Anfang der Bistumsgeschichte, der «Historia Compostellana». Beide Sammlungen wurden in der ersten Hälfte bzw. in der Mitte des 12. Jahrhunderts geschrieben oder zusammengestellt. Die beiden Passagen ließen sich weiter vergleichen: Im ersten Fall ist es der rastlos für die Ehre des Apostels Jakobus und seines Kultes sammelnde und schreibende Papst Calixt II., im zweiten der Erzbischof, der die Rechtstitel für seine Kirche zusammenstellen ließ und dabei indirekt verdeutlicht, wie sehr es dabei auch um die eigenen, persönlichen Erfolge geht, die es durch die entsprechenden Vorsichtsmaßnahmen zu sichern gelte.

Die Päpste, um die es in diesem Band vorrangig geht, spielten in solchen Sammlungen eine unterschiedliche Rolle: Das Jakobsbuch – schon von Joseph Bédier als Propagandaschrift für den Jakobuskult bezeichnet[4]– nutzte mehrfach

---

2 Lateinisch: Historia Compostellana, ed. Emma FALQUE REY, Brepols 1988 (Corpus Christianorum, Continuatio Mediaevalis, 70), S. 3.

3 Vgl. in diesem Band S. 137–170.

4 Joseph BEDIER: Les légendes épiques. Recherche sur la formation des Chansons de Geste, 4 Bde., Paris 1912, ^{3}1929 (Neudr. 1966), Bd. 3, bes. S. 88–113. Zu neueren Einschätzungen vgl. vor allem Klaus HERBERS: Der Jakobuskult des 12. Jahrhunderts und der „Liber Sancti Jacobi". Studien über das Verhältnis zwischen Religion und Gesellschaft im Hohen Mittelalter, Wiesbaden 1984 (Historische Forschungen, 7), bes. S. 33–47; Manuel C. DÍAZ Y DÍAZ (en colaboración con María A. GARCÍA PIÑEIRO y Pilar DE ORO TRIGO): El Códice Calixtino de la catedral de Santiago. Estudio codicológico y de contenido, Santiago de Compostela 1988 (Monografías de Compostellanum, 2); André MOISAN: Le livre de Saint-Jacques ou Codex Calixtinus de Compostelle: étude critique et littéraire, Genève 1992 (Nouvelle bibliothèque du moyen âge, 21). Diskutiert wird vor allem auch die Frage einer Zusammenstellung in Frankreich oder Compostela, vgl. das Résumé von Klaus HERBERS: Liber Sancti Jacobi, in: LMA 5 (1991), Sp. 1948; danach vor allem die Beiträge in: El Pseudo-Turpin. Lazo entre el Culto Jacobeo y el Culto de Carlomagno. Actas del VI Congreso Internacional de Estudios Jacobeos, ed. Klaus HERBERS, Santiago de Compostela 2003; Bernard GICQUEL: La légende de Compostelle. Le Livre de Saint Jacques, Paris 2003; Francisco MÁRQUEZ VILLANUEVA: Santiago: trayectoria de un mito, Barcelona 2004;

päpstliche Legitimation: für das gesamte Werk, aber auch für einzelne Teile oder Kapitel, schließlich durch die Einfügung einzelner päpstlicher Briefe und Urkunden. Die «Historia Compostellana» fügt hingegen Papsturkunden und -briefe zugunsten der von Diego Gelmírez vertretenen Institution ein.[5]

Es sind also schon auf den ersten Blick zwei unterschiedliche Formen von Schriftgut, über die ich ursprünglich vergleichend referieren wollte. Da ich aber zur «Historia Compostellana» schon in meiner Einführung Stellung bezogen habe und die wahrlich nicht unbekannte «Historia Compostellana» als eine einzigartige Fundgrube und zugleich dorniges Arbeitsfeld für die Papsturkundenforschung bekannt ist, bleibe ich bei meinen Bemerkungen zur «Historia Compostellana» kürzer und konzentriere mich stärker auf den «Liber Sancti Jacobi», auch um die sich hieraus ergebenden, nicht ganz unproblematischen Regesten von Santiago de Compostela weiter ergänzen zu können.

2. Die «Historia Compostellana» – empfängerbezogene Papsturkunden?

Ludwig Vones hat die «Historia Compostellana» treffend als „Chartularchronik" bezeichnet, die neben Translations-, Fundations- und Mirakelberichten auch die Gesta der Bischöfe und die Texte von zahlreichen Urkunden, besonders Papsturkunden – insgesamt 89 – enthalte.[6] Ziel war unter anderem die Sicherung der mühsam erstrittenen Vorrechte, jedoch schreckten die Autoren nicht davor zurück, durch Verformungen in der Erzählung, durch Verfälschungen und Auslassungen den Rechtszustand – insbesondere wie er seit 1124 mit den Metropolitanrechten bestand – weiter zu untermauern oder gar zu erweitern. Die «Historia Compostellana» bietet mit zahlreichen Urkunden und Berichten zu Papstkontakten das Grundgerüst der Regesten für die Kirchenprovinz Compostela, wie dies schon vor gut 30 Jahren von Odilo Engels und Ludwig Vones konzipiert und durch die Untersuchung von Ludwig Vones vorbereitet worden war, und wie dies in den letzten Jahren von Ingo Fleisch und in bescheidenerem Maße von mir umgesetzt worden ist.

Die in der «Historia Compostellana» aufgenommenen Urkunden sind nur in wenigen Fällen anderweitig überliefert, aber dort, wo dies der Fall ist, wer-

zusammenfassend Klaus HERBERS: Jakobsweg. Geschichte und Kultur einer Pilgerfahrt, München 2006, ^{2}2007, S. 41f. und S. 58–61.

5 Außer der in Anm. 2 zitierten Edition vgl. neben zahlreichen Einzelstudien vor allem die beiden grundlegenden Werke von Ludwig VONES: Die „Historia Compostellana" und die Kirchenpolitik des nordwestspanischen Raumes 1070–1130, Köln/Wien 1980 (Kölner Historische Abhandlungen, 29); Fernando LÓPEZ ALSINA: La ciudad de Santiago de Compostela en la Alta Edad Media, Santiago de Compostela 1988 (Centro de Estudios Jacobeos, Museo Nacional de las Peregrinaciones).

6 Vgl. diese zugespitzte Formulierung bei Ludwig VONES: Historia Compostellana, in: LMA 5 (1991), Sp. 42.

den mehr als einmal Veränderungen oder Zuspitzungen deutlich: Das Privileg, mit dem Santiago die Erzbischofswürde von Mérida auf Zeit erhielt (JL 6823), zeigt im Textbestand des Tumbo B deutliche Abweichungen, über die schon viel geschrieben worden ist. Die Änderungen betreffen unter anderem die Nennung der Suffragane – in der «Historia Compostellana» erscheint neben Salamanca und Coimbra weiterhin Ávila – sowie eine Klausel, die expressis verbis darauf verwies, dass Compostela nur bis zur Wiedereroberung Méridas Metropolitanrechte wahrnehmen dürfe. In der Nennung der Suffragane und bezüglich der vorläufigen Übertragung weichen die Überlieferungen voneinander ab.[7]

Das Beispiel, dem andere hinzugefügt werden könnten, möge hervorheben, an welchem Ort diese Bistumsgeschichte im Reigen der Überlieferungsformen angesiedelt werden sollte. Mehrere Autoren haben gewirkt, unabhängig davon, wie sicher jedem einzelnen genaue Passagen zugewiesen werden können, hier differieren die Ansichten von Vones und López Alsina.[8] Abgefasst wurde sie sukzessive, wie der Prolog zum dritten Buch sagt, so gilt das erste der Bischofs-, die beiden anderen Bücher (II und III) der Erzbischofszeit. Das erste Buch entstand etwa zwischen 1107 und 1113, das zweite zwischen 1120 und 1124, das dritte Buch danach, teilweise vielleicht auch erst nach dem Tod Diegos 1140. Die Autoren nennen die «Historia Compostellana» ein „Registrum", das zunächst vom Thesaurar begonnen und angelegt wurde. Während anfangs die Dokumente im Vordergrund stehen, wurden wohl von einem zweiten Autor die narrativen Passagen immer ausführlicher gestaltet. Deshalb kann man die drei Teile insgesamt als eine Kombination von Gesta und Registrum ansehen.

Damit unterscheidet sich die «Historia Compostellana» deutlich von einem Chartular – wie die vorgestellten Tumbos – obwohl die Entstehung ebenso von den Urkunden her bestimmt war. Stärker als in Chartularen scheinen je-

---

7 JL 6823; vgl. zur portugiesischen Überlieferung bereits Carl ERDMANN: Papsturkunden in Portugal, Berlin 1927 (Abhandlungen der Gesellschaft der Wissenschaften zu Göttingen, Philologisch-Historische Klasse 20,3), S. 73, Anm. 1; weiterhin grundlegend: Ludwig VONES: Historia Compostellana (wie Anm. 5) S. 382–395; Klaus HERBERS: Santiago de Compostela zur Zeit von Bischof und Erzbischof Diego Gelmírez (1098/99–1140), in: Zeitschrift für Kirchengeschichte 98 (1987) S. 89–102, bes. S. 98 (auch zu JL 7160). Edition der Urkunde nach der Historia Compostellana: FALQUE REY (wie Anm. 2) S. 254f., nach dem Tumbo B: Tumbo B de la Catedral de Santiago. Estudio y edición de María Teresa GONZÁLEZ BALASCH, Santiago de Compostela 2004, Nr. 321, S. 602–605. Die Arenga *Omnipotentis dispositione mutantur tempora et transferuntur regna* übernimmt hier bei FALQUE REY nicht identifizierte Zitate aus dem Buch Daniel (2, 21), vgl. zu dieser Bibelstelle mehrfach Alfons BECKER: Papst Urban II. (1088–1099). Teil. 1: Herkunft und kirchliche Laufbahn. Der Papst und die lateinische Christenheit, Stuttgart 1964 (Schriften der MGH 19/I), S. 227–254, S. 249 mit Hinweis auf JL 5450 und JL 5710.

8 VONES: Historia Compostellana (wie Anm. 5) S. 41–75 und LÓPEZ ALSINA (wie Anm. 5) bes. S. 48–93.

doch die inserierten Urkunden eines Werkes wie der «Historia Compostellana» einer Darstellungsabsicht des Gesamtwerkes bzw. einzelner Teile unterworfen gewesen zu sein. Die Abfassung des frühen «Liber pontificalis», die teilweise wohl im Vestiarium geschah, aber auch andere Bischofsgesta könnten als Parallele angeführt werden.[9] Deshalb sollte im Vergleich mit den weiteren Beiträgen dieses Bandes gefragt werden, wie einzigartig die Stellung der «Historia Compostellana» unter den Quellencorpora im Hochmittelalter wirklich war.[10]

3. Papstbriefe im «Liber Sancti Jacobi» – Authentizität und Aktualisierung

Diese Bemerkungen mögen zur zweiten Sammlung überleiten, dem «Liber Sancti Jacobi», der als ganzes Werk päpstliche Autorität besitzen soll. Bücher mit päpstlicher Legitimation zu versehen, war im 12. Jahrhundert schon geläufig, gab es doch bis zu dieser Zeit eine stattliche Zahl schreibender Päpste. Dennoch scheinen die im «Liber Sancti Jacobi» enthaltenen Papsturkunden bzw. -briefe von ganz besonderer Eigenart zu sein. Ihre kurze Untersuchung kann zugleich einen Baustein für weitere Regesten zur «Iberia Pontificia» liefern. Im Wesentlichen handelt es sich um vier Schreiben (eventuell bis zu acht, je nachdem, ob man die Prologe zum zweiten, dritten und fünften Buch sowie ein Papst Calixt II. zugeschriebenes Kapitel über die Jakobsfeste einbezieht oder nicht):[11]

- der bereits kurz zitierte Einleitungsbrief zum Gesamtwerk (JL † 7108)

9 Vgl. hierzu Klaus HERBERS: Leo IV. und das Papsttum in der Mitte des 9. Jahrhunderts – Möglichkeiten und Grenzen päpstlicher Herrschaft in der späten Karolingerzeit, Stuttgart 1996 (Päpste und Papsttum, 27), S. 12–17; DERS.: Agir et écrire: Les actes des papes du IXe siècle et le Liber pontificalis, in: Liber, Gesta, histoire. Écrire l'histoire des évêques et des papes de l'Antiquité au XXIe siècle, publ. par François BOUGARD/ Michel SOT, Turnhout 2009, S. 109–126 sowie die weiteren Beiträge in diesem Band.

10 Vgl. die vorige Anm. sowie weiterhin die Beiträge zu institutionenbezogener Geschichtsschreibung Michel SOT: Gesta episcoporum. Gesta abbatum, Turnhout 1981 (Typologie des sources du moyen âge occidental, 37); zu Deutschland: Dirk SCHLOCHTERMEYER: Bistumschroniken des Hochmittelalters. Die politische Instrumentalisierung von Geschichtsschreibung, Paderborn u. a. 1998.

11 Vgl. die Passagen in der in Anm. 1 angegebenen Edition: HERBERS/SANTOS NOIA: Liber, S. 7f., S. 188f., S. 228f. und S. 268. Der Brief Leos (JL † 4328) ist nach mehreren Handschriften von Manuel C. DÍAZ Y DÍAZ: Epístola Leonis Pape de Translatione Sancti Iacobi in Galleciam, in: Compostellanum 43 (1998) S. 565–568 ediert worden. Die vier anderen Vorworte bzw. Kapitel finden sich auf den Seiten: 159, 185, 235; das Kapitel zu den Jakobsfesten S. 189f.; Die Zahl wäre noch größer, würde man die dem Papst zugeschriebenen Predigten des ersten Buches (liturgischer Teil) oder einzelner Kapitel hinzuziehen.

- der Brief eines Papstes/ Bischofs Leo zur Legitimation der Translation der Apostelgebeine (JL † 4328)
- der Brief Calixts II. zur Verbreitung eines Reconquista-Aufrufes (JL † 7111)
- der Brief Papst Innozenz' II. im Anhang (JL † 8286)

Da der Brief zum Gesamtwerk und die Legitimation eines Papstes oder Bischofs Leo zur Translation der Gebeine Regestenbearbeiter und Editoren vor ganz besondere Probleme stellen, möchte ich mich für diesen Beitrag damit begnügen, die beiden bei Jaffé-Löwenfeld mit Nr. † 7111 und † 8286 bezeichneten Stücke näher zu untersuchen.[12]

3.1. Papst Calixt II. zum Kreuzzug

JL † 7111 findet sich am Ende der «Historia Turpini», die darüber berichtet, dass angeblich Karl der Große nach seinen Kämpfen gegen die Mauren die Apostelkirche von Compostela privilegiert habe. Zunächst zum Inhalt: Das Schreiben macht in den Anfangspassagen deutlich, welche Gräueltaten die Sarazenen in Spanien den christlichen Brüdern, sowohl Klerikern wie Laien, bereitet hätten; Tötung, Verschleppung, Gefangenschaft werden genannt. Deshalb könne auch nicht weiter ausgeführt werden, wie viele Märtyrer an diversen genannten Orten lägen. Es wird zur Fahrt nach Spanien ermuntert, um die Sarazenen zu bekämpfen. Himmlischer Lohn sei gewiss. Verwiesen wird auf Karls Vorbild und auf ein Konzil Erzbischof Turpins in Reims, auf dem den Teilnehmern die Vergebung aller Sünden versprochen worden sei, wie dies in den Gesta beschrieben werde. Dies hätten anschließend alle Päpste bestätigt, bis hin zu Urban (II.) auf dem Konzil von Clermont, in der Anwesenheit von etwa 100 Bischöfen, wie dies die «Jerusalemer Geschichte» berichte. Dann folgt der dispositive Teil: Alle Kreuzesgezeichneten, die gebeichtet und Buße akzeptiert hätten, dürften mit der Gemeinschaft der Märtyrer und der Krone des Martyriums rechnen. Es folgt eine Vorschrift zum Aufruf in den Kirchen gegen entsprechenden himmlischen Lohn, auch solle der Brief abgeschrieben, verbreitet und gepredigt werden. Am Ende finden sich ein dreifaches „Fiat", eine Datierung, die auf das Laterankonzil und die Anwesenheit von 100 Bischöfen verweist sowie der Aufruf, diesen Text von Ostern bis zum Fest Johann Baptist (24. Juni) nach dem Evangelium zu verlesen.

Das Schreiben wurde schon bei Jaffé-Löwenfeld mit einem Fälschungskreuz versehen. Zur Interpretation knüpfe ich an einige frühere Überlegungen an.[13] Zunächst fällt auf, dass der Brief nur im Zusammenhang mit dem vierten Buch des «Liber Sancti Jacobi», der «Historia Turpini», überliefert wird, jedoch nur in bestimmten Überlieferungsgruppen, so findet er sich zum Beispiel in

12 Vgl. den jeweiligen Wortlaut im Anhang.

13 HERBERS: Jakobuskult (wie Anm. 4) S. 67f. und S. 147–150.

den seit Adalbert Hämel als Aachener Gruppe bezeichneten Handschriften nicht.[14]

Der Duktus des Briefes, der an alle Gläubigen gerichtet ist, weist eine deutliche Zweiteilung auf. Im ersten Teil versucht der Verfasser an Ereignisse anzuknüpfen, die in der «Historia Turpini» über den Zug Karls des Großen erzählt wurden. Allerdings werden Karls Züge mit einem *fertur* eingeführt; über ein Konzil Turpins in Reims, auf dem schon im 8. Jahrhundert der Sündennachlass für den Spanienzug beschlossen worden sein soll, wird noch nicht einmal in der «Historia Turpini» berichtet. Außerdem dürfte auch die Idee des Märtyrertums, die in dem Brief aufscheint, insgesamt stärker für die Züge ins Heilige Land, weniger für Spanien als Argument verwendet worden sein, wie vergleichende Studien deutlich gemacht haben.[15]

Die weiteren Passagen beziehen sich auf Papst Urban II., das Konzil von Clermont und die «Historia Iherosolimitana» (gemeint ist wohl entweder das Werk Fulchers oder wahrscheinlicher Robert des Mönches, weil dieser letztgenannte die Greueltaten der Muslime in ganz besonderer Weise hervorhebt[16]). Allerdings bleibt auffällig, dass von den erhaltenen Berichten über Urbans Rede ein Bezug zu Spanien nur in der Überlieferung des Wilhelm von Malmesbury nachzuweisen ist.[17]

Für den dann folgenden dispositiven Teil ist angeführt worden, hier werde der Kanon 10 des Ersten Laterankonzils von 1123 aufgegriffen, zumal die Datierung auf ein Konzil zu verweisen scheine. Der Kanon nennt in der Tat neben Jerusalem auch Spanien als Kreuzzugsziel und verweist in etwas anderer Form auf das Osterfest, bietet aber keine deutlichen wörtlichen Übereinstim-

---

14 Adalbert HÄMEL: Überlieferung und Bedeutung des Liber Sancti Jacobi und des Pseudo-Turpin, München 1950, (Sitzungsberichte der Bayerischen Akademie der Wissenschaften, Philologisch-Historische Klasse 2), S. 29–34, S. 30 (Hämel nennt den Brief nach dem Incipit: *Crebro*-Kapitel).

15 Vgl. allgemein zum Martyrium bereits Carl ERDMANN: Die Entstehung des Kreuzzuggedankens, Stuttgart 1935, S. 317 u. ö. Die Diskussion zur Bedeutung des Martyriums im Zusammenhang mit dem Ersten Kreuzzug hält noch an, vgl. differierende Ansichten bei Herbert E. J. COWDREY: Martyrdom and the First Crusade, in: Crusade and Settlement, ed. by Peter W. EDBURY, Cardiff 1985, S. 46–56; Jonathan RILEY-SMITH: Death on the first crusade, in: The End of Strife, ed. by David M. LOADES, Edinburgh 1984, S. 14–31 und DERS.: The First Crusade and the Idea of Crusading, London 1986, S. 144–152; Jean FLORI: Mort et martyre des guerriers vers 1100. L'exemple de la première croisade, in: Cahiers de Civilisation Médievale 34 (1991) S. 121–139 (Neudr. in DERS.: Croisade et chevalerie. XIe–XIIe siècles, Paris/Brüssel 1998, S. 83–108); vgl. zu den Negativbelegen auf der Iberischen Halbinsel HERBERS: Jakobuskult (wie Anm. 4) S. 150 mit Anm. 279.

16 Fulcher von Chartres: Fulcheri Carnotensis historia Hierosolymitana, hg. von Heinrich HAGENMEYER, Heidelberg 1913; Robert von Reims: Historia Iherosolimitana, in: Recueil des Historiens des Croisades, Historiens Occidentaux, Bd. 3, Paris 1866, S. 727–882.

17 Vgl. HERBERS: Jakobuskult (wie Anm. 4) S. 67 mit Anm. 51.

mungen.[18] Auffälliger ist die Ähnlichkeit mit JL 7116 an Ollegarius von Tarragona (*Pastoralis officii*), denn hier wird Kreuzfahrern in Spanien der gleiche Lohn wie den Jerusalemfahrern versprochen.[19] Noch weiter führt es, den Aufruf des Erzbischofs Diego von einem Provinzialkonzil von Compostela 1125 einzubeziehen[20], denn in diesem Schreiben finden sich einige, wenn auch wenige wörtliche Übereinstimmungen, zum Beispiel zur Fürsprache von Petrus, Paulus und Jakobus. Vor allem wird aber auch hier dezidiert die Verbreitung des Aufrufes angeregt.[21]

Schließlich ist auf einen weiteren Punkt aufmerksam zu machen: Ein von Innozenz II. nach Spanien geschickter Legat lud wohl 1138/39 zum zweiten Laterankonzil nach Rom ein, das in der Fastenzeit an *Letare Ierusalem* stattfinden solle.[22] Diese Zeitangabe war also für das zweite Laterankonzil in Compostela bekannt, obwohl auch das erste Laterankonzil im fraglichen Zeitraum stattfand.

---

18 Vgl. Conciliorum Oecumenicorum Decreta, hg. von Guiseppe ALBERIGO/Perikle P. JOANNOU/Claudio LEONARDI/Paolo PRODI, Freiburg i. Br. 1962, ^{3}1973, S. 167f. Mit Übersetzung jetzt auch: Dekrete der Ökumenischen Konzilien, Band 2: Konzilien des Mittelalters. Vom ersten Laterankonzil (1123) bis zum fünften Laterankonzil (1512–1517), hg. von Josef WOHLMUTH, Paderborn u. a. 2000, S. 191f. Auf die Anklänge weist z. B. André DE MANDACH: Naissance et développement de la chanson de Geste en Europe, Bd. 1: La geste de Charlemagne et de Roland, Paris/Genf 1961, S. 86 hin.

19 JL 7116, La documentación pontificia hasta Inocencio III (965–1216), ed. Demetrio MANSILLA REOYO, Rom 1955 (Monumenta Hispaniae Vaticana. Sección Registros, 1), S. 79f. Nr. 62 (nach römischer Überlieferung); vgl. zur weiteren handschriftlichen Überlieferung Paul KEHR: Papsturkunden in Spanien. Vorarbeiten zur Hispania Pontificia I. Katalanien, Berlin 1926 (Neudr. Göttingen 1970), (Abhandlungen der Gesellschaft der Wissenschaften zu Göttingen, Philologisch-Historische Klasse 18,2), S. 90 und S. 204.

20 FALQUE REY (wie Anm. 2) S. 378ff.; zum Konzil: Jaime Justo FERNÁNDEZ: Die Konzilien von Compostela 1120–1563, Paderborn u. a. 2002 (Konziliengeschichte Reihe A), S. 51–55, der auf S. 54 tabellarisch die Zusammenhänge dieses Konzilsbeschlusses mit JL 7116 und dem Kanon 10 des ersten Laterankonzils verdeutlicht, aber den Brief aus der «Historia Turpini» nicht berücksichtigt; vgl. auch GICQUEL (wie Anm. 4) S. 726f.

21 FALQUE REY: (wie Anm. 2) S. 380: *Quicumque Sancte Ecclesie prelati sunt, cum hanc cartam uiderint, eam in Dei obsequium et suorum peccatorum remissionem regibus, comitibus, ceterisque principibus, militibus quoque et peditibus uiua uoce predicare, laudare et exponere summa cum sollicitudine studeant.*

22 FALQUE REY (wie Anm. 2) S. 530; vgl. zur Legation: Gerhard SÄBEKOW: Die päpstlichen Legationen nach Spanien und Portugal bis zum Ausgang des XII. Jahrhunderts, Diss. Berlin 1931, S. 44f.; Antonio GARCÍA Y GARCÍA: Concilios y sínodos en el ordinamento jurídico del reino de León, in: El reino de León en la alta edad media, Bd. 1, Cortes, Concilios y Fueros, Lyon 1988 (Fuentes y estudios de Historia Leonesa, 48), S. 353–494, S. 434f.; es ist wohl keine eigene Urkunde überliefert, vgl. Stefan WEIß: Die Urkunden der päpstlichen Legaten von Leo IX. bis Coelestin III.: (1049–1198), Köln/Weimar/Wien 1995 (Forschungen zur Kaiser- und Papstgeschichte des Mittelalters, Beihefte zu J. F. Böhmer, Regesta Imperii, 13), S. 141.

Die Beobachtungen dürften verdeutlichen, dass am Fälschungskreuz festzuhalten ist. Jedoch kann man über die Einordnung bei Jaffé hinaus vermuten, dass der dort chronologisch nicht genauer eingeordnete Brief mit einer gewissen Plausibilität als auf den 25. März 1123 gefälscht angesehen werden kann, denn auf diesen Tag fiel der Sonntag *Laetare* im Jahre 1123 und in diesem Zeitraum tagte auch das erste Laterankonzil vom 18.–27. März 1123 in Rom.[23] Die zeitliche Nähe zum Schreiben JL 7116, das am 2. April (ohne Jahresangabe) ausgestellt worden war, könnte so gegeben sein. Wie auch immer Bestimmungen anderer Papsturkunden oder Konzilskanones aufgegriffen sein mögen, die Nähe zur «Historia Compostellana» ist ebenso auffällig wie die Anpassung an die «Historia Turpini», denn in diesem Teil des Jakobusbuches findet sich vor allem die Idee des Martyriums, die gleichzeitig geläufige Vorstellungen des Kreuzzugs, weniger der spanischen Reconquista thematisiert.

3.2 Überbringung, Authentizität und Aktualität, das Schreiben Papst Innozenz' II.

Der zweite zu behandelnde Brief (JL † 8286) soll von Innozenz II. stammen und findet sich am Schluss der Kompilation, im Anhang auf folio 221r, auf der Rückseite dieses Blattes steht ein auf 1139 datiertes Mirakel, bevor einige weitere Folien von anderer Hand folgen. Der Brief richtet sich an alle Söhne der Kirche, nennt den angeblich von Papst Calixt zuerst zusammengestellten (*editum*) Codex, den ein Poiteviner Aymericus von Parthenay, der auch Oliverus de Iscani nach einer *villa* der Magdalenenkirche von Vézelay genannt werde, zusammen mit seiner Frau Gerberga dem hl. Jakobus in Galicien für ihr Seelenheil überbracht habe. Der Papst beglaubigte die Qualität des Buches und erklärt, dass es zu den kirchlichen Codices und als echt und wertvoll zählen solle; Innozenz bedroht schließlich diejenigen mit dem Anathem, welche die Überbringer auf dem Jakobsweg (*in itinere sancti Iacobi*) belästigen oder später den Codex entwenden oder unterschlagen sollten. Es folgt dann die Unterschrift des Kanzlers und weiterer sieben Kardinäle.

Auch hier ist zunächst zu vermerken, dass der Brief nur im Rahmen des «Liber Sancti Jacobi» überliefert ist, andere (scheinbar) unabhängige Handschriften gehen wohl auch letztlich auf den «Liber Sancti Jacobi» zurück.[24] Inhaltlich stehen die Überbringer des Codex' nach Compostela im Mittelpunkt. Der genannte Aymericus ist wohl mit der auf der vorhergehenden Folie als Autor eines Stückes als *Aimericus Picaudi Presbiter de Partiniaco* bezeichneten Person identisch. Auch die Gegend von Vézelay ist im Kontext der Kompila-

23 Vgl. zum Konzil außer den oben angegebenen Werken auch Beate SCHILLING: Guido von Vienne – Papst Calixt II., Hannover 1998 (MGH Schriften, 45), S. 583: Datierung auf den 18.–27. März.

24 Hier wird der Regestenband zu Compostela weitere Klarheit verschaffen. Vgl. zum Brief schon HERBERS: Jakobuskult (wie Anm. 4) S. 38, S. 63–66.

tion weiter wichtig, denn auf fol. 221v steht ein Mirakel, das Abt Alberich von Vézelay und zugleich Kardinalbischof von Ostia, zum Jahr 1139 aufgezeichnet haben soll. Schwierig zu interpretieren ist die Passage, die Aymericus und Oliverus gleichsetzt. Laut einer These von René Louis[25] seien beide identisch, denn Aymericus sei Kaplan einer Jakobskirche bei Vézelay gewesen und habe dort den Namen Olivier d'Asquins getragen. Allerdings bleibt dann die Frage, was eine *sotia* bei einem Priester zu suchen habe, deshalb wurde das *qui* teilweise auch zu *quem etiam* emendiert.[26]

Ich lasse die zahlreichen Überlegungen hier fort, die sich an den Namen Aymericus als Verfasser, Kompilator oder nur Überbringer des Jakobsbuches geknüpft haben.[27] Auch sind die Beziehungen von Vézelay zu Compostela mehrfach unterstrichen worden.[28] Zu diskutieren sind aber die Kardinalsunterschriften, die keinesfalls erfunden zu sein scheinen. Selbst in der Compostellaner Handschrift ist der Versuch erkennbar, durch die verschiedenen „E"-Majuskeln und andere Merkmale die individuelle Unterzeichnung wiederzugeben, was beim letzten Namen – wohl von anderer Hand – am auffälligsten ist.

---

25 René LOUIS: [ohne Titel], in: Bulletin de la Societé Nationale des Antiquaires de France 1948/49, S. 80–97 (mit Edition des Innozenzbriefes); HERBERS: Jakobuskult (wie Anm. 4) S. 36 (weitere Literatur); MOISAN (wie Anm. 4) S. 71–82, der den Innozenzbrief als ein „faux magistral" (S. 72) wertet, Aimeric und Olivier aber wie Louis als identisch ansieht; anders GICQUEL (wie Anm. 4) S. 144f. und S. 731–734.

26 Vgl. außer der vorigen Anm. den Text bei HERBERS/SANTOS: Liber (wie Anm. 1) S. 268 Anm. 22.

27 Vgl. hierzu zusammenfassend die in Anm. 25 angeführten Werke und die dort zitierte Literatur.

28 So auch aus musikhistorischer Sicht, vgl. z. B. Michel HUGLO: Les pièces notées du Codex Calixtinus, in: The Codex Calixtinus and the shrine of St. James, ed. by John WILLIAMS/Alison STONES, Tübingen 1992 (Jakobus-Studien, 3), S. 105–124, bes. S. 106f. und S. 111. Die Nennung Wilhelms von Aquitanien im Pilgerführer und einige Kapitel deuten jedoch darauf, Aymericus eher dem Poitou zuzuordnen, deshalb nehmen manche Interpreten in den Jahren um 1139 eine Reise in die Gegend von Vézelay an; vgl. die Lit. in Anm. 25.

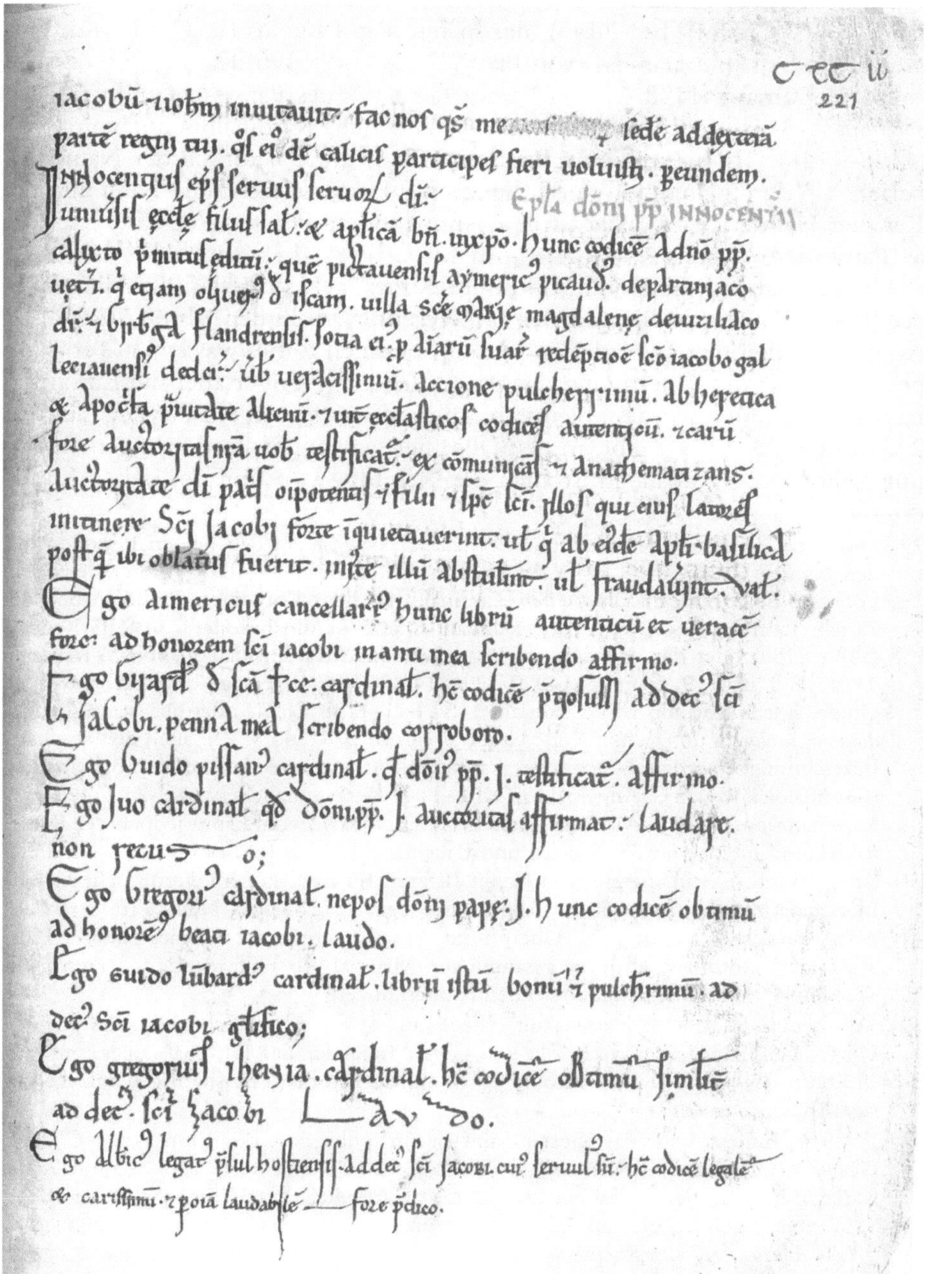

Abb. 1: Cod. Calixtinus fol. 221r

Nach dem Kanzler Haimerich (Aymericus) stehen dort folgende Namen: Gerhard von S. Croce (1123–1144), der spätere Papst Lucius II., Guido, Kardinal von S. Cosmas und Damian (von Pisa) (1132–1149); Ivo, Kardinal von S. Lorenzo in Damaso (1138–1142); Gregor (als *nepos* des Papstes), Guido *indignus sacerdos* (1134–1143); Gregor Ihenia (?); Alberich, Kardinalbischof von Ostia (1138–1148).[29] In einer echten Papsturkunde gehörte natürlich der Name Alberichs als Kardinalbischof an die Spitze der Liste, während die Nennung des Kanzlers Haimerich an erster Stelle eher auf andere Formen der Überlieferung als Papstbriefe verweist.

Blickt man auf die Kombination der Amtsträger, so treffen sich die Amtszeiten von Kanzler und Kardinälen im Wesentlichen in den Jahren 1139–1141 (wenn man den hier favorisierten Identifizierungen folgt), was einen Terminus post quem für die Anfertigung des Briefes liefert.[30] Woher aber die Kardinalsnamen genommen wurden, bleibt unsicher, wenn es auch ein Privileg (auf den 26. April 1139 datiert) gibt, in dem alle hier genannten Kardinäle gemeinsam unterschreiben.[31] Auffallend ist auch die Nennung von fünf der sieben Kardi-

29 Die oben gebotene Identifizierung der Kardinäle wirft bei den beiden Personen mit den Namen Guido und Gregor Fragen auf, weil auch andere Kardinäle gemeint sein könnten. So kämen für die beiden Kardinäle mit dem Vornamen Guido, neben der Zuschreibung zu SS. Cosmas und Damian, Guido Kardinalpriester von S. Grisogono (1140–1158) oder der ebenfalls aus Pisa stammende Kardinaldiakon von S. Maria in Trastevere (bzw. S. Calixt) 1140 IV 29–1146 XII 27 in Frage. Denkbar sind noch Guido, Kardinaldiakon von S. Adrian (1134 I 11–1138 VI 21) oder der stets als *S.R.E diaconus cardinalis* unterschreibende Guido (1140 III 27–1145 V 12); auch die rätselhafte Bezeichnung Gregors als *nepos* des Papstes bietet mehrere Auflösungsmöglichkeiten (Kardinaldiakon von S. Angelo 1137 XI 1–1140 X 27, möglicherweise seit 1140 IV 29 Kardinalpriester von S. Maria in Trastevere/S. Calixt?), wohl kaum jedoch der Kardinaldiakon Gregor von SS. Sergius und Bacchus (1123 IV 16–1145 VI 17). Da dieser letztgenannte Gregor bereits von Calixt II. zum Kardinal kreiert wurde, scheint eine Identifizierung Gregors von S. Angelo mit dem angeblichen Neffen Innozenz' II. wahrscheinlicher zu sein. Die Überprüfungen erfolgten in der Arbeitsstelle der Pius-Stiftung in Göttingen am dort gesammelten Material, für Hilfe danke ich Herrn Dr. W. Könighaus (vgl. auch die folgenden Anmerkungen).

30 Vgl. bereits HERBERS: Jakobuskult (wie Anm. 4) S. 66 mit Schaubild, das auf den Untersuchungen von Barbara ZENKER: Die Mitglieder des Kardinalskollegiums von 1130 bis 1159 (phil. Diss. Würzburg 1964) aufbaut; zu den Präzisierungen vgl. die vorige Anmerkung.

31 JL 8016, Innozenz für das Kloster Saint-Bertin, publ. par [Benjamin Edme Charles] GUÉRARD: Cartulaire de l'abbaye de Saint-Bertin, Paris 1840, S. 310–313 Nr. 7; die Kardinalsliste nur bei Daniel HAIGNERÉ: Les chartes de Saint-Bertin I (St-Omer 1886), S. 72: mit folgenden Namen vor der Datierung: *† Ego Conradus, Sabinensis episcopus ss. † Ego Albericus, Hostiensis episcopus ss. † Ego Theodewinus, S. Rufine episcopus ss. † Ego Gregorius diaconus cardinalis SS. Sergii et Bachi ss. † Ego Otto, diaconus cardinalis S. Georgii ad velum aureum ss. † Ego Guido, diaconus cardinalis SS. Cosme et Damiani iuxta templum Romuli ss. † Ego Gerardus, presbyter cardinalis tituli S. Crucis in Jerusalem ss. † Ego Anselmus, presbyter cardinalis tituli S. Laurentii in Lucina ss. † Ego Litofredus, presbyter cardinalis titulo Vestine ss. † Ego Lucas, presbyter cardinalis tit. SS. Johannis et Pauli ss. † Ego*

näle bei einer unter dem Vorsitz Papst Innozenz' II. stattfindenden Sitzung.[32] Sicher weichen die Formulierungen im Brief des Jakobsbuches von der üblichen Form der Unterzeichnung ab, weil alle den Codex anderweitig auf verschiedene Art und Weise loben und legitimieren. Auffällig ist aber, dass der zuletzt unterzeichnende Kardinal, Alberich von Ostia, der vielfach als Legat – sogar bis Antiochia – unterwegs war, bis 1138 als Abt von Vézelay fungierte und anschließend im «Liber Sancti Jacobi» auf folio 221v als Autor eines Mirakels erscheint.[33] Im Jahre 1140 scheint er im Heiligen Land nachgewiesen zu sein.[34] Zumindest wurde die päpstliche Autorität hier sehr bewusst durch Personennamen und deren Wechselbezüge unterstützt, nicht zuletzt deshalb sind sogar Ursprünge des Jakobsbuches wiederholt in Vézelay gesucht worden.[35] Zugleich rückt der Name Alberichs die vermeintliche Abfassung in die Nähe des Zweiten Laterankonzils.

Beide päpstlichen Schriftstücke standen somit für Propaganda und Authentizität. Sie machen nicht nur Reconquista-Vorstellungen deutlich, sondern aktualisieren mit dem Innozenzbrief die päpstliche Autorschaft des gesamten Jakobsbuches. Wenn es auch in diesen – und in weiteren nicht untersuchten Papstschreiben – um Jakobus und Compostela ging, so waren die Papstbriefe an alle Christen gerichtet und bereiten damit für die Lokalisierung in einer «Iberia Pontificia» Einordnungsschwierigkeiten.

4. Gesta und Sammelwerke: Struktur und Probleme

Beide Quellencorpora – sowohl die Compostellaner Bistumsgeschichte als auch das Jakobsbuch – bieten Material, das nicht unbesehen akzeptiert werden sollte. Dominierte in der «Historia Compostellana» die Tendenz, die Vorteile

---

Martinus, presbyter cardinalis tit. S. Stephani in monte Celio ss. † Ego Guido, S. R. E. indignus sacerdos ss. † Ego Azo, presbyter cardinalis titulo S. Anastasie ss. † Ego Scantius, presbyter cardinalis titulo S. Sabine ss. † Ego Ivo, presbyter cardinalis S. Laurentii titulo Damasi ss. † Ego Crisogonus, presbyter cardinalis tit. S. Praxedis ss. † Ego Gregorius, diaconus cardinalis S. Angeli ss. † Ego Hubaldus, diaconus cardinalis S. Adriani.

32 *Cardinales igitur Aymericus cancellarius, Gerardus sancte Crucis, Yvo sancti Laurentii, Guido Pisanus, Gregorius Centu et alii pociores sepe confabulabantur*, vgl. Ernst MÜLLER: Der Bericht des Abtes Hariulf von Oudenburg über seine Prozeßverhandlungen an der römischen Kurie im Jahre 1141, in: Neues Archiv 48 (1930) S. 97–115, hier S. 104; vgl. weiterhin Werner MALECZEK: Das Kardinalskollegium unter Innocenz II. und Anaklet II., in: Analecta Historiae Pontificiae 19 (1981) S. 27–78, hier S. 67.

33 Vgl. zu Alberichs beiden Legationen 1138 und 1144–1145: WEIS (wie Anm. 22) S. 133–140.

34 Vgl. z. B. den Bericht, den Rudolf HIESTAND: Papsturkunden für Kirchen im Heiligen Lande, Göttingen 1985 (Abhandlungen der Akademie der Wissenschaften zu Göttingen, Philosophisch-Historische Klasse, Dritte Folge 136), S. 160–164, Nr. 46 auf November–Dezember 1140 datiert.

35 Vgl. Anm. 25 sowie HERBERS/KLEIN: Libellus (wie Anm. 1) S. 109f. Anm. 54.

der eigenen Institution deutlicher zu konturieren, so erscheint im «Liber Sancti Jacobi» die Legitimation des Buches wichtiger. Nur die «Historia Compostellana» kann Nähe zu den vorgestellten Registern aufweisen, sie verzeichnet Eingänge und Ausgänge, sie weist aber ebenso, wie die von Uta-Renate Blumenthal vorgestellten päpstlichen Gesta und weitere auch im europäischen Mittelalter häufigen «Gesta episcoporum» zugleich eine stark institutionenbezogene Ausrichtung auf. Beide Sammlungen sind zudem wegen dieser Tendenzen noch vorsichtiger als Chartulare zu behandeln. Ohne zu berücksichtigen, wie es zur Aufnahme einzelner Stücke in den Gesamtzusammenhang kam, bleibt eine Aufbereitung für die anstehenden Regestenwerke in den Ansätzen stecken. Das betrifft auch die Zuordnung: Gehören die zuletzt genannten Papstschreiben überhaupt zu einer «Iberia Pontificia», nicht vielleicht eher zur 'Italia' und den römischen Konzilsbeschlüssen oder gar zur 'Gallia', wo die Überbringer des Buches aufgebrochen sein sollen? Vieles scheint für die 'Iberia' zu sprechen, wenngleich gerade diese Art von päpstlicher Schriftlichkeit verdeutlicht, wo die Grenzen eines regional bezogenen Papsturkundenwerkes liegen, das mit Nebenregesten und anderen Hilfen und Verweisstrukturen die Komplexität deutlich machen muss.

Die Tendenz, die Fiktionalität oder die Fälschung der päpstlichen Schriften in diesen Sammlungen zeigen aber nicht die Interessen der jeweiligen Institution oder der Verfasser und Kompilatoren, sondern sie dokumentieren zugleich – wie Sammelwerke mit Widmungsbriefen überhaupt – in welchem Maße die päpstliche Autorität gesucht wurde und damit das Gewicht Roms im *orbis christianus* in dieser Zeit zunahm.

Vor dem Hintergrund dieser Darstellungsperspektiven sind die beiden Sammlungen sicher am besten im ersten Bereich des Sammelbandes zu Propaganda und Legitimation aufgehoben, denn sie geben den Blick auf pragmatische Schriftlichkeit nur bedingt frei, berücksichtigt man, dass die Fassungen der «Historia Compostellana» und des «Liber Sancti Jacobi» in Streitigkeiten eher selten benutzt wurden. Wie die verschiedenen Zitate verdeutlicht haben, sollten beide Bücher nicht geraubt oder verändert werden. In dieser Form unantastbare, fast kanonisierte Schriften stehen aber immer schon am Ende eines Prozesses von Erinnerung, Mündlichkeit und Niederschrift, deren Nutzung und Nutzungsmöglichkeiten weitgehend vorgegeben waren. In dieser Hinsicht dürften sich beide Sammlungen von weiteren in diesem Band vorgestellten Chartularen unterscheiden.

Anhang 1: Brief Calixts II. zum Kreuzzug in Spanien

JL † 7111; Arch. Cat. Santiago, Codex Calixtinus fol. 191r–v – HERBERS/SANTOS (ed.): Liber (wie Anm. 1), S. 228.

INCIPIT ESPISTOLA BEATI CALIXTI PAPE DE ITINERE YSPANIE, OMNIBUS UBIQUE PROPALANDA

Calixtus episcopus, servus servorum Dei, dilectis in Christo fratribus, episcopis ceterisque sancte ecclesie personis, omnibusque Christianis, tam presentibus quam futuris, universaliter salutem et apostolicam benedictionem. Crebro, dilectissimi, quanta mala, quantasque calamitates et angustias Sarraceni in Yspania fratribus nostris christianis inferre ausi sunt, audistis. Quot ecclesias, quot castra et hora devastaverunt, quotque Christianos, scilicet monacos, clericos et laicos, aut gladio perimerunt, aut in horis barbaris et longinquis sub captivitatis dominio vendiderunt, aut diversis catenis ligatos tenuerunt, aut variis tormentis angustiaverunt, nullus est qui enarrare queat. Quot sanctorum martirum, episcoporum scilicet abbatum et sacerdotum, ceterorumque Christianorum, corpora iuxta urbem Osquam, et in Campo Laudabile, et in Campo Letorie, ceterisque mediis finibus Christianorum Sarracenorumque, ubi bella fuere, inhumata requiescunt, nullo sermone fas est explicari. Milia super milia iacent. Idcirco dilectio vestra, filioli mei, queso, intelligat quanta auctoritas sit ire ad Yspanias causa expugnandi Sarracenos, quantaque mercede qui illuc libenter perrexerint, remunerabuntur. Fertur namque quod Karolus Magnus, Galliorum rex famosissimus, magis pre ceteris regibus itinera yspanica innumeris laboribus gentes perfidas expugnando disposuit, et beatus Turpinus archiepiscopus remensis, consocius eius, coadunato tocius Gallie et Lotharingie omnium episcoporum concilio apud Remis, urbem Galliorum, a vinculis omnium peccatorum suorum cunctos qui in Yspania ad expugnandum gentem perfidam, et ad augmentum [*lege*: augmentandum] christianitatem, captivosque christianos ad liberandum, et ad accipiendum ibi pro divino amore martirium, tunc ierunt et post ituri erant, ut in gestis eius scribitur, divina auctoritate corroboratus relaxavit. Hoc idem omnes apostolici qui postea usque ad nostrum tempus fuere, corroboraverunt, testante beato Urbano papa, illustri viro, qui in concilio Claromontis, regionis Gallie, adstantibus circiter C. episcopis, hoc idem asseruit, quando ytinera iherosolimitana disposuit, ut codex iherosolimitane ystorie refert. Hoc idem et nos corroboramus et affirmamus, ut omnes qui aut in Yspania, aut in iherosolimitanis horis ad expugnandum gentem perfidam, ut superius diximus, elevato signo dominice crucis in humeris perrexerint, ex parte Dei et sanctorum apostolorum Petri et Pauli et Iacobi, omniumque sanctorum, et nostra benedictione apostolica ab omnibus peccatis de quibus sacerdotibus suis confessi et penitentes fuerint, absolvantur et benedicantur, et in celestibus regnis una cum sanctis martiribus qui ab inicio christianitatis usque ad finem seculi martirii palmam ibi acceperunt vel accepturi sunt, coronari mereantur. Numquam profecto fuit tanta necessitas olim illuc ire sicuti est hodie. Quapropter rogantes universaliter precepimus, ut omnes episcopi et prelati in sinodis et conciliis suis et ecclesiarum dedicacionibus hoc super cetera apostolica mandata precipue annunciare non desinant, presbiteris suis etiam exortantes, ut in ecclesiis suis gentibus laicis renuncient. Quod si libenter fecerint, mercede parili pergencium illuc remunerentur in celis. Et quicumque hanc epistolam transcriptam de loco ad locum, vel de ecclesia ad ecclesiam perlataverit, omnibusque palam predicaverit, perhenni gloria remuneretur. Igitur hec annunciantibus huc et pergentibus illuc, sit pax continua, decus et leticia, expugnancium victoria, fortitudo et vita prolixa, salus et gloria. Quod ipse prestare dignetur, Ihesus Christus Dominus noster, cuius regnum et imperium sine fine permanet, in secula seculorum, Amen. Fiat, Fiat, Fiat.

Data Laterani, Letare Iherusalem, adstantibus C. episcopis in concilio.

A Pascha usque ad festum sancti Iohannis Babtiste ista epistola per unumquemque diem dominicum omnibus ecclesiis, audientibus laicis, post Evangelium saltim legatur et exponatur. Manum misericordie sue magne huius codicis scriptori et lectori clementer porrigat Ihesus Christus Dominus noster, qui cum Patre et Spiritu Sancto vivit et regnat, Deus per infinita secula seculorum. Amen.

Anhang 2: Brief Innozenz' II. (1139–1141)

JL † 8286, Arch. Cat. Santiago, Codex Calixtinus fol. 221r – HERBERS/SANTOS (ed.): Liber (wie Anm. 1), S. 268.

EPISTOLA DOMNI PAPE INNOCENTII.

Innocentius episcopus, servus servorum Dei, universis ecclesie filiis salutem et apostolicam benedictionem in Christo. Hunc codicem a domino papa Calixto primitus editum, quem Pictavensis Aymericus Picaudus de Partiniaco veteri, qui etiam Oliverus de Iscani, villa sancte Marie Magdalene de Viziliaco, dicitur, et Girberga Flandrensis sotia eius, pro animarum suarum redemptione sancto Iacobo Gallecianensi dederunt, verbis veracissimum, accione pulcherrimum, ab heretica et apocrifa pravitate alienum, et inter ecclesiasticos codices autenticum et carum fore auctoritas nostra vobis testificatur, excommunicans et anathematizans auctoritate Dei Patris omnipotentis et Filii et Spiritus Sancti illos qui eius latores in itinere sancti Iacobi forte inquietaverint, vel qui ab eiusdem apostoli basilica, postquam ibi oblatus fuerit, iniuste illum abstulerint vel fraudaverint. Valete.

Ego Aimericus cancellarius hunc librum autenticum et veracem fore ad honorem sancti Iacobi manu mea scribendo affirmo.

Ego Girardus de sancta Cruce cardinalis hunc codicem pretiosum ad decus sancti Iacobi penna mea scribendo corroboro.

Ego Guido Pissanus cardinalis quod dominus papa I(nnocentius) testificatur affirmo.

Ego Ivo cardinalis quod domni pape I(nnocentii) auctoritas affirmat laudare non recuso.

Ego Gregorius cardinalis nepos domni pape I(nnocentii) hunc codicem obtimum ad honorem beati Iacobi laudo.

Ego Guido Lumbardus cardinalis librum istum bonum et pulcherrimum ad decus sancti Iacobi glorifico.

Ego Gregorius Ihenia cardinalis hunc codicem obtimum similiter ad decus sancti Iacobi laudo.

Ego Albericus legatus presul Hostiensis ad decus sancti Iacobi, cuius servulus sum, hunc codicem legalem et carissimum et per omnia laudabilem fore predico.

Regest für Iberia Pontificia:

Innocentius (II.) universis ecclesiae filiis notificat, quod codicem a domino papa Calixto primitus editum, quem Pictavensis Aymericus Picaudus de Partiniaco veteri, qui etiam Oliverus de Iscani, villa sancte Marie Magdalene de Viziliaco, dicitur, et Girberga Flandrensis sotia eius, pro animarum suarum redemptione sancto Iacobo Gallecianensi dederunt, inter ecclesiasticos codices autenticum et carum fore testificatur. - Hunc codicem a domino papa ... Subscripserunt Aimericus cancell. et 7 cardinales.

Abstract

«Historia Compostellana» and «Liber Sancti Jacobi» – The Tradition of Papal Letters between Historiographic Propaganda and Pragmatic Writing in the 12th Century

The article presents two prefaces of the «Historia Compostellana» and the «Liber Sancti Jacobi», both compiled in the beginning or middle of the 12th century. After the introduction section II (Die «Historia Compostellana» – empfängerbezogene Papsturkunden) deals with the «Historia Compostellana» and the kind of transmission of papal letters, especially the different forms of JL 6863 (Iberia pont. Compostela No. 87), transmitted in the «Historia Compostellana» and the Tumbo B of Compostella. The third, and most important section (Papstbriefe im «Liber Sancti Jacobi» – Authentizität und Aktualisierung) deals with the papal letters in the «Liber Sancti Jacobi», especially JL † 7111 and JL † 8286.

In conclusion both corpora offer material, which should not be accepted without caution. In the «Historia Compostellana» a tendency is to be noticed that outlines the clear advantages of its own institution whereas in the «Liber Sancti Jacobi» justification for the compilation itself is much more important. The «Historia Compostellana» sticks close to the papal registers but shows like other papal Gesta a strong link to the institution where it was compiled. Both collections ought to be handled with even more care than cartularies. Preparing the Regesta stops in the beginning without noting how single pieces were added into the compilation. But are these papal letters really part of an «Iberia Pontificia», not of rather than an 'Italia' Pontificia or a 'Gallia' Pontificia? Tendency, fiction or the falsification of papal writings indicate not only the interests of each institution, author and compilator, but show even stronger how much papal authority was valued and how Rome's importance had grown. Keeping these perspectives in mind the two collections seem well located in the first part of our conference dealing with propaganda and justification rather than in the part concerning pragmatic writing. This form of untouchable, nearly canonical writings marks the end of the process of recollection, oral history and writing down; the ways in which it could be used were already largely fixed. In this point both collections probably differ from the other cartularies which will be presented in this book.

Los Tumbos de Santiago de Compostela y las relaciones con el Pontificado

FERNANDO LÓPEZ ALSINA

La importancia de los cartularios para la transmisión de la documentación pontificia anterior a Inocencio III se pone especialmente de manifiesto en el caso de la Iglesia de Santiago de Compostela. Ninguna de las 104 cartas papales, anteriores a 1198 que se custodian en el archivo catedralicio es original, ni se ha transmitido por copia singular. Todas nos han llegado a través de las copias realizadas en compilaciones de diversa naturaleza, si exceptuamos una carta pontificia de Alejandro III que, por lo demás, resulta ser una falsificación bajomedieval.[1] La pérdida de los originales es irreparable, pero al menos nos quedan las copias asentadas en los cartularios. Esta vía de transmisión es, en sí misma, una fuente de información extraordinariamente rica, porque nos descubre aspiraciones concretas de la institución que planifica la compilación en un momento dado y la ejecuta en una copia sistemática a través de un cartulario.

En el ejemplo compostelano trataremos de mostrar hasta qué punto la fijación de una memoria, en tiempos de Diego Gelmírez, determinó la combinación legitimadora característica de narración, compilación documental y aparato iconográfico, especialmente en lo que toca a la relación de la Iglesia de Santiago y el Pontificado. El objeto de este estudio es analizar las circunstancias en que la Catedral de Santiago procedió a elaborar sus compilaciones y los criterios empleados para seleccionar las cartas pontificias que habían de integrarse en ellas. En lo que concierne a las cartas anteriores a Inocencio III las compilaciones que hemos de considerar son cinco. La primera es la Historia Compostelana, que, como veremos, descompondremos, a su vez, en tres sub-

1 Nos referiremos a las cartas papales según el número que les da, cuando es el caso, Philippus JAFFÈ: Regesta Pontificum Romanorum, 2 vols., Graz 1956. Reimp. de Regesta Pontificum Romanorum ab condita ecclesia usque ad annum post Christum natum MCXCVIII, ed. Philippus JAFFÉ. Editionem secundam correctam et auctam auspiciis Gulielmi Wattenbach professoris Berolinensis. Curaverunt Samuel LOEWENFELD/Ferdinand KALTENBRUNNER/Paul EWALD Tomus primus (A S. Petro ad a. MCXLIII). Tomus secundus (Ab a. MCXLIII ad a. MCXCVIII) Lipsiae 1888–1895. Esta carta en concreto no figura en la obra. Antonio LÓPEZ FERREIRO: Historia de la Santa A. M. Iglesia de Santiago IV, Santiago 1901, pp. 138–142. Cf. Bernard SCHIMMELPFENNIG: Die Anfänge des Heiligen Jahres von Santiago de Compostela im Mittelalter, en: Journal of Medieval History 4 (1978) pp. 285–303.

compilaciones sucesivas; la segunda es el denominado Tumbo A y sus sucesivas ampliaciones; la tercera, un cartulario perdido, elaborado a mediados del siglo XIII; la cuarta, el llamado Tumbillo de Concordias y, la quinta, el Tumbo B, compilado en 1326.

1. Las compilaciones promovidas por el obispo Diego Gelmírez: la Historia Compostelana del tesorero Munio Alfonso, la Historia del maestro Giraldo y el Tumbo A

Nuestro conocimiento de la Historia Compostelana ha avanzado considerablemente gracias a la edición crítica de Emma Falque[2] y a su traducción al castellano, enriquecida con comentarios y observaciones que complementan la edición latina.[3] La publicación de la edición crítica marca un antes y un después en la investigación y proporciona una sólida base para pronunciarse con mayor conocimiento sobre cuestiones puntuales controvertidas. Para nuestro objetivo resulta imprescindible tener en cuenta las fases de su elaboración y los materiales que fueron compilados en cada una de ellas.[4] Por su naturaleza de crónica-cartulario[5], presenta con gran proliferación de detalles la narración de las relaciones de la sede compostelana con el Papa y la curia y con los legados pontificios, lo que hace que, además del interés que tienen las cartas copiadas, tengan suma importancia las informaciones y ciertos detalles sobre las circunstancias en las que las cartas fueron expedidas, cuestiones que normalmente es imposible conocer cuando se trata de cartas originales. Desarrollaré la propuesta sobre las dos primeras fases de redacción: la primera en los años 1109–10 y la segunda en 1122–23.

2 Historia Compostellana, ed. Emma FALQUE REY, Turnhout 1988 (Corpvs Christianorvm. Continuatio Mediaeualis, LXX). Esta obra y la traducción al castellano citada en la nota siguiente comparten la misma división interna en libros y capítulos, aunque, lógicamente, no coincida la paginación. Las citas remiten siempre a la capitulación común y a las páginas en esta edición crítica.

3 Historia Compostellana, traducción y comentario de Emma FALQUE REY, Madrid 1994.

4 Los fundamentos de esta división tripartita en Fernando LÓPEZ ALSINA: La ciudad de Santiago de Compostela en la Alta Edad Media, Santiago de Compostela 1988, pp. 46–93.

5 Ludwig VONES: Die 'Historia Compostellana' und die Kirchenpolitik des nordwestspanischen Raumes 1070–1130. Ein Beitrag zur Geschichte der Beziehungen zwischen Spanien und dem Papsttum zu Beginn des 12. Jahrhunderts, Köln/Wien 1980 (Kölner Historische Abhandlungen, Bd. 29), pp. 27–40.

1.1 La Historia Compostelana de Munio Alfonso de los años 1109–10

En torno a la fecha de la muerte del rey Alfonso VI, Diego Gelmírez encargó al tesorero Munio Alfonso que escribiese una historia de la sede compostelana, desde los más remotos orígenes de la dispersión apostólica hasta el momento presente. El resultado se plasmó en una obra que hoy podemos identificar como los capítulos 1–45 de la Historia Compostelana y que combina su propio relato con la inserción íntegra de una pieza narrativa del arcediano Hugo[6] y la copia, prácticamente literal, de un total de treinta y cinco escrituras. Quizá, por ello, la función de Munio Alfonso pueda definirse con más propiedad en términos de autor-compilador, tanto por lo que se refiere a la parte narrativa, como a la documental, porque no sólo compila documentos, sino también la pieza narrativa de Hugo.

El primero de los documentos transcritos sugiere con nitidez uno de los rasgos fundamentales de la obra. Se trata de la carta de Urbano II del año 1095, en que confiere a la Iglesia de Santiago el carácter episcopal que, hasta ese momento, había tenido la sede de Iria, la declara exenta de metropolitano y la sujeta directamente a Roma, reservándose el papa la consagración de sus obispos.[7] La carta papal ponía fin a la inseguridad jurídica de la sede compostelana, a cuyo frente estaba entonces Dalmacio, un monje cluniacense. La sede se integra así, estrechísimamente vinculada a Roma, en el nuevo marco de la Iglesia hispánica, tras el despliegue de la reforma gregoriana y el refuerzo consiguiente de las atribuciones papales.

La Iglesia compostelana había gozado de una singular protección regia, desde que Alfonso II fundara la Iglesia de Santiago e instalara en ella al obispo Teodomiro de Iria. El tesoro de la catedral era particularmente rico en cartas regias y en documentos de diverso tipo, que acreditaban los cuantiosos bienes y derechos de una rica iglesia episcopal. Tampoco faltaban las cartas papales anteriores al año 1095, raras durante el reinado de Fernando I, pero más frecuentes después, en los últimos años del episcopado de Cresconio y sus sucesores, Gudesteo, Diego Peláez y Pedro de Cardeña. Ninguna de estas cartas, ni siquiera las pontificias, merecieron ser incorporadas a la nueva historia de la sede.[8] La Historia de Munio Alfonso quiere ser, ante todo, la historia de una sede apostólica occidental, que alberga el sepulcro del apóstol Santiago el Mayor, plenamente integrada en el nuevo esquema de relaciones promovido por Roma, y meta de una concurrida peregrinación de gentes ultra-pirenaicas, aunque este aspecto no se toca en el relato.

---

6 Es el relato de la visita a Braga, FALQUE REY: Historia Compostellana (como nota 2) vol. I, 15, pp. 32–36.

7 FALQUE REY: Historia Compostellana (como nota 2) vol. I, 5.2, pp. 18–20 (JL 5942).

8 La obra de Munio Alfonso desarrolla el *Chronicon Iriense*, con mayor amplitud de miras y la novedad de reproducir documentos. Cf. Manuel Rubén GARCÍA ÁLVAREZ: El Cronicón Iriense, en: Memorial Histórico Español 50 (1963) pp. 1–240.

Aún cuando los contenidos temáticos son más amplios, el eje principal lo constituye esta faceta. Nos lo certifica la masiva presencia de documentos pontificios: treinta cartas papales – una de Urbano II y veintinueve de Pascual II[9] –. Los cinco documentos restantes son todos de carácter eclesiástico: una carta del legado Bernardo de Toledo, la promesa de Diego Gelmírez de obediencia a Roma y el juramento de obediencia de los canónigos de la catedral, del abad de Xubia y del clero y pueblo de varios arciprestazgos.[10] Nótese que no hay ni un solo diploma regio. Munio Alfonso describe la actividad de Diego Gelmírez como obispo y señor de la Iglesia de Santiago en los más diversos campos y menciona diversas donaciones del rey, de la familia regia, de condes y de otras personas, pero no estima necesario trasladar ninguna de estas escrituras.

El deseo de subrayar las relaciones de la Iglesia de Santiago con Roma se aborda también mediante el relato de la presencia de Dalmacio en el concilio de Clermont, convocado por Urbano II, y los detalles de los dos viajes de Gelmírez a Roma. En el primero, cuando todavía no era obispo, fue ordenado subdiácono por el papa y en el segundo, con motivo de la recepción del palio, Munio Alfonso pone de manifiesto que era la primera vez que un obispo de Santiago visitaba al papa en Roma. Además hay un visible prurito por detallar el estrecho contacto de Compostela con Roma, puesto que son puntualmente mencionadas hasta nueve embajadas de clérigos compostelanos, normalmente dos en cada ocasión, que viajan a la curia pontificia, para materializar la fidelidad de la iglesia compostelana para con la romana y gestionar asuntos diversos. El propio Munio Alfonso viajó como legado en tres ocasiones – en 1101, 1102 y 1105 –, circunstancia que debió ser un factor decisivo para que Gelmírez encargase la redacción y compilación de la obra a un clérigo que había viajado repetidamente a la curia. Es sintomático, y característico de Munio Alfonso, que no mencione ningún detalle de aportaciones económicas enviadas a la curia romana a través de estas embajadas, a diferencia de lo que harán los continuadores de la obra.

---

9 Las veintinueve cartas papales son las siguientes: la de Urbano II en FALQUE REY: Historia Compostellana (como nota 2) vol. I, 5.2, pp. 18–20 (JL 5601). Las veintiocho de Pascual II en FALQUE REY: Historia Compostellana (como nota 2) vol. I, 7.2, pp. 21–22 (JL 5810), 7.3, pp. 22–23 (JL 5811), 8.2, p. 23 (JL 5822), 9.2, pp. 24–25 (JL 5839), 9.4, pp. 25–26 (JL 5840), 9.3, p. 25 (JL 5860), 10.2, p. 26 (JL 5861), 10.3, p. 27 (JL 5862), 39, pp. 77–78 (JL 5863), 12, pp. 28–29 (JL 5880), 13, pp. 29–30 (JL 5881), 40, p. 78 (5882), 41, p. 79 (JL 5901), 14.2, pp. 30–31 (JL 5942), 34.4, p. 66 (JL 5943), 43.3, pp. 81–82 (JL 5944), 34.6, pp. 66–67 (JL 5950), 17.2, pp. 41–42 (JL 5986), 42, pp. 79–80 (JL 5987), 43.1, p. 80 (JL 6001), 43.2, pp. 80–81 (JL 6027), 44, p. 82 (JL 6042), 34.8, pp. 67–68 (JL 6043), 35.1, p. 69 (JL 6087), 45, p. 83 (JL 6208), 36(.2), pp. 74–76 (JL 6264), 37.1, p. 76 (JL 6265) y 37.3, pp. 76–77 (JL 6266). A estas hay que añadir FALQUE REY: Historia Compostellana (como nota 2) vol. I, 38, p. 77, que es un fragmento de una carta de Pascual II, no registrada en JL.

10 Estos cinco documentos se hallan en FALQUE REY: Historia Compostellana (como nota 2) vol. I, 34.2, p. 65, 17.3, 20.5, p. 48, 35.3, pp. 69–70 y 35.4–9, pp. 70–74.

Desde el punto de vista de la documentación pontificia y de las relaciones con Roma, esta primera redacción de la crónica cartulario, escrita por un responsable del archivo catedralicio, incorpora un material muy interesante, que arroja luz sobre ciertas gestiones realizadas en Roma por la Iglesia compostelana, para asegurarse la posesión de todas las cartas papales de su interés. Se trata de la temprana evidencia del uso del registro de Pascual II, para hacerse con copias de las cartas de interés para Compostela. El capítulo HC I, 38 no puede ser otra cosa que un fragmento de una carta de Pascual II.[11] En efecto, quien se expresa en primera persona declara haber instituido los cardenales de la iglesia compostelana. La carta incompleta de Pascual II constituye el prólogo de un pequeño libro. El papa afirma que se han copiado diversas cartas papales, que él mismo expidió para la iglesia de Santiago, a raíz de otras tantas súplicas de la iglesia compostelana, que habían llegado a Roma, en momentos diferentes, antes de la muerte de Alfonso VI, ocurrida a finales de junio de 1109. A este preámbulo le siguen, en efecto, nueve cartas de Pascual II. Es seguro que, muerto Alfonso VI, Gelmírez y los clérigos compostelanos solicitaron de Pascual II un libro con el traslado de diversas cartas papales de interés para Compostela. Se mencionan en el prólogo cartas sobre la confirmación de los cardenales, la investidura del monasterio de Cinis, sobre matrimonios incestuosos y la participación en la cruzada de Jerusalén, pero las doce cartas que siguen tocan bastantes más asuntos. Tenemos aquí una muestra muy temprana de cómo, a petición de los clérigos de Gelmírez, se acudió al registro de Pascual II para extraer las cartas de interés para Compostela.

El acontecimiento más reciente que narra Munio Alfonso es el envío de emisarios a Roma, inmediatamente después del 5 de marzo de 1110, que parten en busca de la carta papal de 21 de abril de 1110, que se transcribe a continuación. Podemos, pues, establecer que Munio había finalizado su obra hacia junio de 1110. Eso sí, el librito de Pascual II, con las doce cartas papales extraídas de su registro, fue reproducido en ese momento final, como colofón y broche de su obra. Desde el punto de vista de la importancia que se atribuye a las relaciones de Santiago con Roma, es revelador que la Historia de Munio Alfonso se inicie con una narración, que remonta el origen de la sede a los tiempos apostólicos, y que finalice en 1110, con el traslado de catorce documentos de Pascual II, sin que, por ejemplo, el autor se haya sentido obligado a consignar la muerte del rey Alfonso VI. El papel que se atribuye a Roma oscurece el de la monarquía.

---

11 FALQUE REY: Historia Compostellana (como nota 2) vol I, 38, p. 77: *Confirmatio cardinalium et ceterorum. Litteras denique quas de confirmations uestrorum cardinalium, quos Deo iuuante ad decus uestre ecclesie i n e c c l e s i a s t a t u i m u s, et de inuestitura Ciniensis monasterii, de illis etiam, qui in incesto coniugio filias suas astringent et de aliis diuersiis negotiis in unum colligere non incongruum d u x i m u s, quia ante mortem regis nos eas suscepisse meminimus. Sed antequam ad alia transeamus, de militibus, qui causa Iherosolimitane uisitationis loca uestra Maurorum incursionibus deuastanda relinquebant, sicut litteras prius suscepimus, sic eas non inmerito in serie libri preponimus.*

El objetivo final de la crónica cartulario es mostrar la profunda renovación que supuso la plena asunción de los ideales de reforma propuestos por los papas. De ahí la estructura bipartita del relato, cuyo gozne son las *Verba avctoris*.[12] Fue el propio obispo Gelmírez quien impuso la estructura bipartita a la historia de la sede: una primera parte, entendida como los hechos de sus predecesores, y una segunda dedicada a sus éxitos en el desempeño del cargo para utilidad de su iglesia. Ahora bien, el corte cronológico, que separa las dos partes de la crónica, se sitúa en el año 1093, cuando Gelmírez fue nombrado administrador de la sede, lo que permite pasar todo el pontificado de Dalmacio a la segunda parte de la obra. Se oponen así los dos períodos. El segundo se inaugura realmente con la incardinación de la sede compostelana en su madre, la iglesia romana. Sobre el primer período se concentran las valoraciones negativas. En el segundo, en cambio, una energía renovadora impulsa la acción de gobierno de Dalmacio y, sobre todo, la de Diego Gelmírez.

La fórmula crónica-cartulario es, pues, un recurso esencial, muy eficaz, subordinado al objetivo final de la obra. Si la primera parte es mera crónica, la segunda se convierte en crónica-cartulario para incorporar las cartas papales. Se muestra así una gradación bien elocuente. A una primera serie de obispos, desde Andrés de Iria en el siglo VI hasta el abad Pedro de Cardeña, le sucede la figura de Dalmacio, el primer obispo propiamente compostelano, gracias a la carta de Urbano II, el primero también que asiste a un concilio general presidido por el papa y el primero que gobierna la sede directamente sometida a Roma y, por tanto, en cierta medida, menos dependiente del primado Bernardo de Toledo. La sede apostólica compostelana, reconocida como tal por Roma, adquiere un relieve propio en la estructura provincial de la iglesia hispánica que Roma quería organizar. Dalmacio pretendió sin éxito la concesión del palio y quizá también la dignidad metropolitana, que en 1095 aún no se le había reconocido a Braga.

Tras la figura de Dalmacio, la narración de los hechos de Diego Gelmírez profundiza en la importancia de la relación con Roma para la eficacia de la renovación: el clérigo Gelmírez viaja a Roma y es ordenado subdiácono por Pascual II; como electo es el primer obispo compostelano que es ordenado por el papa o su delegado; como obispo es el primer prelado que acude a Roma; obtiene el palio de Pascual II y se convierte en una potencial columna de la acción pontificia en la Península: *fidelis ero sancto Petro Sancteque Apostolice Romane Ecclesie et domino Pape P. eiusque successoribus* (...). *Papatum Romanum et regalia sancti Petri adiutor ero ad retinendum et defendendum* (...). *Vocatus ad sinodum ueniam, nisi prepeditus neccesitate. Legatum Apostolice Sedis* (...) *honorifice tractabo. Apostolorum limina singulis triennis aut per me aut per meum nuntium uisitabo* (...).[13]

Si Gelmírez dio las instrucciones, debemos entender que Munio Alfonso las cumplió a plena satisfacción de su prelado, pues, en último término, el autor

---

12 FALQUE REY: Historia Compostellana (como nota 2) vol. I, 3.3, p. 17.
13 FALQUE REY: Historia Compostellana (como nota 2) vol. I, 17.3, p. 43.

de esta presentación de cómo entender el oficio episcopal en los nuevos tiempos, fue promovido a la cátedra mindoniense en 1112.[14]

La primera compilación documental realizada en Santiago está marcada por este contexto pontificio y romano, observación que resulta clave para entender el carácter que tendrán otras empresas compilatorias posteriores. De no ser por su índole de crónica-cartulario y por el elemento narrativo que la acompaña, no podríamos percibir con tanta claridad ni los objetivos del cartulario ni la naturaleza de las relaciones con Roma. La conciencia de los nuevos tiempos y de la trascendencia que se le atribuye a la autoridad pontificia no hace sino reforzar la propia autoridad del pontificado. La relación con Roma, plenamente operativa y eficaz en Compostela desde 1095 y visible en 1109 en la iniciativa de coleccionar documentos, es la misma que por las mismas fechas se aprecia en Sahagún, León y Oviedo y en sus respectivos cartularios.

El monasterio de Sahagún, que había sido recibido bajo la tutela de la sede apostólica por Gregorio VII en 1083, elabora su primer cartulario en diciembre de 1110 y da un puesto de honor al privilegio pontificio, al copiarlo en el f. 2r–2v.[15] En el mismo sentido, la nueva relación con Roma, materializada en la exención de metropolitano concedida por Pascual II a las sedes de León en 1104 y Oviedo en 1105 (JL 6039), debió jugar un papel semejante, como desencadenante de la elaboración del «Liber Testamentorum» hacia 1115 y del Tumbo Legionense en la década siguiente.[16] En el «Liber Testamentorum» no falta, además, la imagen de la *traditio* del privilegio de Pascual II al maestro Ivo[17] y en el Tumbo Legionense el privilegio de exención se traslada en el f. 1r–1v.[18]

El cartulario selecciona los materiales documentales de mayor alcance o trascendencia. En cambio la primera Historia Compostelana opera con un criterio mucho menos restrictivo, hasta el punto de que su compilación se asemeja más a un registro. El contraste entre registro y cartulario se aprecia al comparar la compilación de Munio Alfonso con la del Tumbo B. De las treinta cartas papales copiadas por el tesorero, sólo cinco se consideraron lo suficien-

---

14 Véase Richard FLETCHER: The Episcopate in the Kingdom of León in the Twelfth Century, Oxford 1978 (Oxford Historical Monographs), pp. 62–63.

15 Propone el 15 de diciembre de 1110 como fecha *post quem* para la elaboración del Becerro Marta HERRERO: Colección diplomática del monasterio de Sahagún (857–1300), II: 1000–1073, ed. Becerro Marta HERRERO, León 1988, pp. XXXIV–XXV. El documento de Gregorio VII, que se conserva también en original: Colección diplomática del monasterio de Sahagún (857–1300), III: 1074–1109, ed. Becerro Marta HERRERO, León 1988, pp. 102–104, nº 809 (JL 5263).

16 José María FERNÁNDEZ CATÓN: El «Tumbo Legionense». Notas sobre su origen, redacción, estructura, contenido y utilización, en: Actas del IV Congreso Internacional de Latim Medieval Hispânico (Lisboa, 12–15 de Outubro de 2005), Lisboa 2006, pp. 415–434.

17 Véase María Josefa SANZ FUENTES en este mismo volumen, pp. 219–232.

18 Se conserva también el original: Colección documental del archivo de la Catedral de León (775–1230), IV: 1032–1109, ed. José Manuel RUIZ ASENCIO, León 1989, pp. 643–644, n. 1317 (JL 6058).

temente importantes en 1326, como para entrar en la compilación de documentos regios y pontificios, que había de asentarse en el Tumbo B. Esas cinco cartas fueron presentadas a los dos notarios encargados de autorizar los traslados. Se trata del privilegio de exención de Urbano II de 1095 (JL 5601) y de cuatro cartas de Pascual II: la confirmación general de los derechos de la Iglesia de Santiago de 1101 (JL 5880), la concesión de palio de 1105 (JL 5986), la confirmación de la institución de los siete cardenales presbíteros de 1108 (JL 6208) y una confirmación general de bienes y derechos de 1110 (JL 6264).[19] De no ser por el registro de Munio Alfonso se habrían perdido las veinticinco cartas restantes.

1.2 La Historia Compostelana del maestro Giraldo de los años 1122–23

El trabajo de Giraldo, como autor-compilador, está condicionado en buena medida por el de su predecesor. Imita la técnica de la crónica-cartulario y continúa la obra, procurando ocultar el punto donde cambia la autoría. En su relato predomina la organización argumental año a año, tan distinta de la empleada por Munio Alfonso. Cuando la explicación de un determinado punto lo requiere, Giraldo no duda en retroceder en el tiempo todo lo necesario, lo que en ocasiones viene a completar o matizar el relato de Munio Alfonso sobre el mismo acontecimiento.

Su actividad arranca en el actual capítulo HC I, 46, con una referencia a la muerte del rey Alfonso VI en 1109, y la exposición de ciertas previsiones sucesorias a favor del joven Alfonso Raimúndez, negociadas dos años antes. Téngase en cuenta que Giraldo escribe en 1122–23, cuando ya se ha clarificado el futuro político de Alfonso VII y han pasado los momentos más difíciles de la incertidumbre, que se abrió con la muerte de Alfonso VI y se prolongó durante la segunda década del siglo XII. La iniciativa procede de nuevo de Diego Gelmírez y el desencadenante es el paso dado por Calixto II en 1120 en la exaltación de la sede compostelana y el nuevo estatus de arzobispo y legado pontificio para las provincias de Braga y Mérida de su titular, que reducían a muy poco el contenido real de la primacía de Bernardo de Toledo. Cuanto más se acerca al final de la obra, a Giraldo le falta lógicamente la perspectiva cronológica con la que pudo narrar los primeros acontecimientos. En cualquier caso, suyos son los capítulos HC II, 59 y 61 y, probablemente también el 60, y la parte inicial del 62, que está escrita en vida de la reina Urraca. A partir de este punto del HC II, 62, empieza la actividad del tercer y último autor.

19 La primera transcrita por descuido en dos lugares diferentes, cfr. Tumbo B de la Catedral de Santiago. Estudio y edición: Introducción histórica de Javier Rey Souto, ed. María T. GONZÁLEZ BALASCH, Santiago 2004, pp. 560–562, n. 289; 586–587, n. 310; y las otras cuatro en pp. 592–595, n. 316; 525–527, n. 280; 619–620, n. 329; y 576–579, n. 304.

A diferencia de Munio Alfonso, que se remonta a los más lejanos orígenes de la sede, Giraldo se ocupa de la historia de los quince últimos años, que inevitablemente se confunde con los hechos de un solo prelado. Al yuxtaponerse la obra de Munio Alfonso y la de Giraldo, el conjunto final cambia de naturaleza y parece una amplísima narración de *Gesta* de Diego Gelmírez, precedida de una breve introducción, a modo de historia previa de la sede desde los tiempos apostólicos. Dada la extensión que alcanzó la obra, se abandonó el plan inicial, reflejado en lo que en su momento fue un prólogo (HC II, 61), y Giraldo dividió el conjunto en dos libros, reservando el segundo para los hechos relativos al arzobispado, si bien lo inicia en 1118, año de la muerte de Pascual II. Este cambió de plan, justifica la elaboración de sendos prólogos para los Libros I y II.

Desde el punto de vista de la concepción de la obra de Giraldo, se advierten cambios significativos en la relación con Roma respecto a Munio Alfonso. Aquel impacto inicial que causó la recepción de la reforma eclesiástica, en la generación de clérigos peninsulares a la que pertenecía Munio Alfonso, ha pasado en 1122 a un segundo plano, aunque quizá también influya en ello el hecho de que Giraldo es un franco, natural de Beauvais. En Giraldo ya no cabe el recurso a establecer el contraste comparativo entre Gelmírez y sus predecesores, sino que, como narrador, se tiene que limitar a su acción de gobierno y, en ella, la interacción con Roma ya no es la gran novedad. Este cambio se aprecia nítidamente en la composición del material de su cartulario, tanto en el número de cartas papales transcritas, como en la mención de las embajadas a Roma.

El peso de las cartas papales se reduce. De los sesenta y un documentos que traslada Giraldo, únicamente veintiséis son cartas papales: seis de Pascual II, dos de Gelasio II y dieciocho de Calixto II.[20] Giraldo, que interpreta el gobierno de Gelmírez entre 1109 y 1123 desde una perspectiva diferente a la de Munio Alfonso, amplia la tipología de los documentos incorporados a su cartulario,

---

20 Las seis de Pascual II en FALQUE REY: Historia Compostellana (como nota 2) vol. I, 47, p. 86 (JL 6279), 89, p. 146 (JL 6350), 99, pp. 163–164 (JL 6384), 101.3, p. 171 (JL 6397), 106, pp. 179–180 (JL 6462) y 105.2, p. 179 (JL 6466). Las dos de Gelasio II en FALQUE REY: Historia Compostellana (como nota 2) vol. II, 3.5, pp. 225–226 (JL 6645) y 7.2, pp. 232–233 (JL 6661).
Las dieciocho de Calixto II en FALQUE REY: Historia Compostellana (como nota 2) vol. II, 9, p. 237 (JL 6683), 12.1, pp. 241–242 (JL 6711), 16.2, pp. 254–255 (JL 6823), 18.1, pp. 257–258 (JL 6824), 18.2, p. 258 (JL 6825), 17, p. 257 (JL 6827), 31.2, pp. 276–277 (JL 6828), 27, pp. 269–270 (JL 6877), 43, p. 294 (JL 6911), 58, pp. 334–335 (JL 6912), 44.4, p. 297 (JL 6920), 48.1, pp. 299–300 (JL 6926), 48.2, pp. 300–301 (JL 6927), 48.3, p. 301 (JL 6928), 48.4, p. 302 (JL 6929), 48.5, pp. 302–303 (JL 6930), 58, pp. 334–335 (JL 6988) y 60, p. 339 (JL 7020).

dando entrada por primera vez a documentos regios.[21] Los documentos papales pierden el predominio casi absoluto que tenían en Munio Alfonso.

Por otro lado, el envío de clérigos compostelanos a Roma parecía en Munio Alfonso una novedad extraordinaria, digna de puntual memoria. Sin embargo, la pluma de Giraldo lo pasa al plano de lo ordinario. Por muchas que fuesen las dificultades internas del reino leonés, es improbable que en 1109 Diego Gelmírez haya dejado de enviar sus clérigos ante Pascual II con la frecuencia similar de los primeros años de su pontificado y, sin embargo, Giraldo menciona una única legación para todo el período 1109–1118: el envío del obispo Hugo de Oporto y del clérigo Lorenzo en 1115.[22] Probablemente da cuenta de esta embajada, y no de otras, por la trascendencia del cometido. En esta ocasión, explica Giraldo, Gelmírez trataba de 'elevar a su iglesia', sin duda a costa de Braga, en el momento en que el arzobispo Mauricio había sido suspendido de su oficio. Es decir, para Giraldo los contactos ordinarios tienen menos interés. El envío de legados ante Pascual II es digno de mención, como ocurre también más adelante ante Gelasio o Calixto II, cuando se trata de cuestiones que afectan al estatuto de la sede compostelana y que suponen el traslado de grandes cantidades de dinero. En alguna de ellas participaría el propio Giraldo. Por consiguiente, no debemos concluir que, si entre 1100 y 1110 Gelmírez envió a Pascual II no menos de nueve embajadas y recibió al menos veintinueve cartas papales, entre 1110 y 1118 esas cifras se redujeron a una y seis, respectivamente. La diferencia sólo es imputable a los criterios diversos con los que se escribieron, por dos autores diferentes, la primera y la segunda parte de la Historia Compostelana y se compilaron sus materiales documentales.

Es más, en el período narrado por Giraldo la naturaleza de la relación de Compostela con Roma se ha hecho más intensa y compleja. Gelmírez había establecido estrechos contactos con algunos cardenales romanos; los legados llegan a Santiago con mayor frecuencia y el propio Gelmírez representa a Roma como legado pontificio. Todo ello influye en la narración y, especialmente, en el cartulario. Giraldo transcribe cinco cartas del cardenal legado Bosón[23], cuatro del legado Bernardo de Toledo[24], ocho en las que Gelmírez consta como legado[25], tres cartas del cardenal Deusdedit[26] y una del cardenal Juan de Gaeta.[27]

21 Sobre el patronato de Santiago sobre el reino en el siglo XII, véase Klaus HERBERS: Política y veneración de santos en la Península Ibérica. Desarrollo del Santiago político, Pontevedra ²2006, pp. 72–83.

22 FALQUE REY: Historia Compostellana (como nota 2) vol. I, 105.1, p. 178.

23 Las cinco cartas del cardenal Bosón: FALQUE REY: Historia Compostellana (como nota 2) vol. II, 32, p. 277, 34.3, pp. 279–280, 41, p. 286, 42.5, p. 291 y 45, p. 297.

24 Las cuatro del legado Bernardo de Toledo: FALQUE REY: Historia Compostellana (como nota 2) vol. I, 92.2, p. 152, 98.1, p. 162, 99, p. 163 y 101.1, p. 169.

25 Además de tres cartas que le dirigen cardenales romanos ya reseñadas, se incorporan dos del abad Poncio de Cluny (FALQUE REY: Historia Compostellana [como nota 2] vol. II, 34.1, pp. 278–279 y 44.2, pp. 295–296); una de la reina Urraca (FALQUE REY: His-

El cotejo de la compilación de cartas pontificias hecha por Giraldo con la del Tumbo B vuelve a ser revelador. Sólo dos de las veinticuatro cartas anteriores a marzo de 1123 fueron consideradas lo suficientemente relevantes, como para ser incorporadas al Tumbo B en 1326: la dispensa de 1115 de Pascual II a Gelmírez de asistir a concilios provinciales, a causa de la perturbación del reino[28] y el traslado temporal de la dignidad metropolitana de Mérida por Calixto II en 1120.[29]

En la Historia Compostelana se manipuló el carácter temporal de la concesión y el número de sufragáneas afectadas, al mismo tiempo que se falsificaba una carta de confirmación de la legacía por Calixto II de marzo de 1123. Gracias a la compilación del Tumbo B podemos aclarar estos aspectos, por otra parte, muy relevantes para identificar el tránsito de la segunda a la tercera y última parte de la crónica-cartulario.

El 27 de febrero de 1120 Calixto II concedió a Gelmírez el traslado temporal de Mérida, con la mención expresa de las dos únicas sufragáneas – Salamanca y Coimbra –, que en ese momento contaban con obispo propio[30] y la legacía sobre las provincias de Braga y Mérida.[31] El traslado de Mérida tenía carácter temporal, en tanto en cuanto la ciudad permaneciese bajo dominio musulmán.

La concesión de la legacía recaía sobre el arzobispado de Braga y sus cinco sufragáneas – Mondoñedo, Lugo, Tui, Ourense y Astorga –, sobre las sedes de Salamanca y Coimbra, sufragáneas de Mérida, y sobre el resto de las antiguas sufragáneas emeritenses, que pudiese restaurar Gelmírez o sus sucesores, mientras no lo fuese la propia Mérida. Pero Gelmírez encontró serias resistencias,

---

toria Compostellana [como nota 2] vol. II, 49.3, pp. 306–307) y otra del obispo Nuño y los canónigos de Mondoñedo (FALQUE REY: Historia Compostellana [como nota 2] vol. II, 56.2, pp. 330–333).

26 Las tres del cardenal Deusdedit: FALQUE REY: Historia Compostellana (como nota 2) vol. II, 33, pp. 277–278, 44.1, p. 295 y 44.3, p. 297.

27 La carta del cardenal Juan de Gaeta: FALQUE REY: Historia Compostellana (como nota 2) vol. I, 101.4, pp. 171–172.

28 FALQUE REY: Historia Compostellana (como nota 2) vol. I, 105.2, p. 179 (JL 5466), trasladada también al Tumbo B, ed. GONZÁLEZ BALASCH: Tumbo B (como nota 19) pp. 623–625, n. 334, lo que resulta comprensible en los turbulentos tiempos del arzobispo Berenguel de Landoria.

29 El carácter temporal del traslado debería reflejarse en la carta copiada en FALQUE REY: Historia Compostellana (como nota 2) vol. II, 16.2, pp. 254–256 (JL 6823), como ocurre en Tumbo B, ed. GONZÁLEZ BALASCH: Tumbo B (como nota 19) pp. 602–605, n. 321.

30 La copia en el Tumbo B y su rúbrica subrayan la concesión *ad tempus*, omitida en HC II, 16.2, donde, además, se añade Ávila como tercera sufragánea de Mérida. Véase VONES (como nota 5) pp. 380–386, y Klaus HERBERS, Santiago de Compostela zur Zeit von Bischof und Erzbischof Diego Gelmírez (1098/99–1140), en: Zeitschrift für Kirchengeschichte 98 (1987) pp. 89–102.

31 FALQUE REY: Historia Compostellana (como nota 2) vol. II, 18.2, p. 258 (JL 6825).

tanto por parte de Bernardo de Toledo, como de Pelayo de Braga, y de los obispos concernidos.[32] Es más, en julio de 1121, Gelmírez, todo un legado pontificio, fue brevemente encarcelado por la reina Urraca.

Giraldo escribió la continuación de la Historia Compostelana en los últimos meses de 1122 y en los primeros de 1123, cuando Gelmírez buscaba sin éxito que Calixto II confirmase la legacía y diese carácter perpetuo al traslado de Mérida. En estas circunstancias se falsificó una supuesta confirmación de la legacía por parte de Calixto II, a la que se dio fecha 6 de marzo de 1123, y la carta se copió en la Historia Compostelana.[33]

Pasado el otoño de 1123, Gelmírez envió a Roma a Pedro Fulcón y Pedro Elías.[34] Esta vez los legados tuvieron éxito. Regresaron a Compostela, en diciembre de 1123 o quizá a comienzos de 1124, con dos cartas de Calixto II. La primera, de 29 de noviembre de 1123, confirmaba, por fin, la legacía (JL 7085). Pero para dar perpetuidad al traslado de Mérida, el papa utilizó un procedimiento verdaderamente excepcional: confió a los legados una segunda carta[35], a la que le faltaban las cláusulas finales, pero es evidente que fue entregada a los legados compostelanos en la misma ocasión que la otra, es decir, en San Fabiano a 29 de noviembre de 1123. Según narraron a Gelmírez sus legados, el papa enviaba un 'borrador', que debía ser examinado en Santiago, con el compromiso de que el pontífice expediría el documento definitivo, con las modificaciones que se le propusiesen desde Compostela. En el borrador se afirma el carácter perpetuo del traslado, pero no constan expresamente los sufragáneos de Mérida, ni se afirma que la consagración del arzobispo de Santiago compete exclusivamente a la iglesia de Roma.

Gelmírez y sus colaboradores examinaron el 'borrador' y concluyeron que debería incorporar dos puntos: el primero, la especificación de las sufragáneas, con una indicación, expresa y nominal, de las tres que ya contaban con obispo y otra, genérica, del resto de las antiguas sufragáneas, mediante la inclusión del texto siguiente: *Salamanticensis, Auilensis, Colimbriensis et ceteri qui olim eiusdem Emerite subiecti fuisse noscuntur*; y el segundo, la afirmación de que el arzobispo de Santiago debía ser consagrado por el papa *cuius consecratio ad Romanam tantum spectat ecclesiam*. Efectivamente, la carta que expidió Calixto II el 23 de junio de 1124 incorpora las modificaciones que habían sido propuestas desde Compostela.[36]

Tras el éxito que suponía la carta de 23 junio de 1124, se decidió manipular la carta de Calixto II de 1120, que Giraldo había asentado en la Historia

32 Sobre el ejercicio de la legacía por Gelmírez, véase VONES (como nota 5) pp. 428–442.

33 FALQUE REY: Historia Compostellana (como nota 2) vol. II, 60, p. 339 (JL 7020). VONES (como nota 5) pp. 445–451, señaló muy acertadamente los rasgos que revelan la falsificación.

34 FALQUE REY: Historia Compostellana (como nota 2) vol. II, 63.1–4, pp. 347–349.

35 Transcrita en FALQUE REY: Historia Compostellana (como nota 2) vol. II, 63.4, pp. 348–349.

36 FALQUE REY: Historia Compostellana (como nota 2) vol. II, 64.7, pp. 355–356.

Compostelana. Se alteró el texto, de manera que pareciese que la concesión de 1120 se ajustaba ya a lo que realmente se había concedido en 1124. A las dos sufragáneas se añadió la tercera – Ávila – y se suprimió la referencia al carácter temporal del traslado. Así la redacción original que decía *duabus Colimbria uidelicet et Salamantica* fue sustituida por *tribus, Colimbria uidelicet et Salamantica atque Auila* y se eliminó la frase *donec, disponente Deo, Emeritana civitas christiano potentatui restituta, cardinalem meruerit antistitem obtinere.*

La manipulación no se pudo hacer antes de que llegase a Compostela la carta de Calixto II de 23 de junio de 1124, es decir, antes de avanzado el año 1124. Todo indica que Giraldo había acabado su obra hacia marzo de 1123 y que, por tanto, ya no era posible, como hubiese sido lo normal, ampliar la obra y completarla con el relato de estos últimos acontecimientos de 1124, tan decisivos para la sede compostelana. El hecho de que se haya optado por manipular la concesión de 1120 indica que quizá Giraldo no estaba en Compostela o quizá ya había fallecido.

En cualquier caso, es muy verosímil que Giraldo ni siquiera haya llegado a tener conocimiento de los hechos ocurridos después de la segunda mitad del año 1123. De haber estado en Compostela, no hubiera sido necesario introducir en la Historia Compostelana la carta falsa sobre la confirmación de la legacía de marzo de 1123. A finales de 1124 debió parecer muy inoportuno no dar cuenta de una novedad tan relevante. Dejar la Historia Compostelana, tal cual la acababa de finalizar Giraldo, suponía permitir que quedase históricamente desfasada. Por eso se decidió manipular la carta de Calixto II de 1120, dejándonos una pista complementaria para afirmar que la actividad de Giraldo había finalizado hacia marzo de 1123. Se excluiría de su pluma el capítulo HC II, 62, que narra hechos ocurridos a finales de 1124, pero podría incluirse la falsa carta de confirmación de la legacía (HC II, 60).

No se ha reparado lo suficiente en el hecho de que la gran trascendencia del traslado de Mérida por Calixto II en 1120 para la sede compostelana tuvo su correlato en el tratamiento decorativo del códice. Si la parte escrita por Munio Alfonso presentaba como única imagen, la escena de la *inventio*, que daba rango apostólico a la sede compostelana, debido a la presencia del cuerpo del apóstol Santiago, Giraldo quiso decorar esta carta de Calixto II con una vistosa reproducción de la rota pontificia, que figuraba en el original. Ninguna otra carta pontificia había merecido este tratamiento en la Historia Compostelana.[37] La finalidad es más que evidente. La representación de la *inventio*, único elemento decorativo de la primera parte, queda así confirmada y ratificada por la fuerza del signo pontificio. El mismo Gelmírez había adaptado precozmente, dentro del período narrado por Giraldo de 1109–1123, la rota pontificia de Pascual II como signo episcopal para sus propias cartas.[38]

---

37 FALQUE REY: Historia Compostellana (como nota 2) p. XXXIII.

38 Sobre el signo rodado de Gelmírez, que adopta el lema de Pascual II, véase Anton EITEL: Rota und Rueda, en: Archiv für Urkundenforschung 6 (1914) pp. 299–336.

En el folio 69r del manuscrito de Salamanca una imagen, a modo de letra P[39], interrumpe el texto y ocupa parte de la columna. En el interior de la parte superior de la letra se puede leer: (Rota: en la leyenda:) + *Firmamentum est Dominus timentibus evm.* (Y en los cuadrantes de la rota:) *Sanctus Petrus // Sanctus Pavlus // Calixtus papa IIus.* (A la derecha de la rota:) *Ego Calixtus catolice ecclesie episcopus subscripsi.* (Y a modo de rasgo vertical de la letra P:) *Bene Valete.*

Gracias al traslado realizado en el Tumbo B y a la precisa descripción, hecha por los notarios que lo autorizan, podemos comprobar que Giraldo omitió las tres columnas con las suscripciones de siete cardenales. No es ésta la única ocasión en la que podemos comprobar la tendencia de la Historia Compostelana a aligerar el texto de las cartas papales.

Hasta después de la muerte de Gelmírez, acaecida en 1140, la Historia Compostelana permaneció tal como había dejado Giraldo en 1123, con la excepción del retoque hecho en el año 1124 sobre la concesión de 1120. El tercer y último autor, que escribe después de la muerte de Gelmírez, continuó la obra de Giraldo. A su pluma se debe probablemente el HC II, 62 y todas las suculentas explicaciones sobre la embajada a Roma de 1123 (HC II, 63). El capítulo II, 64 apoda a Gelmírez 'el compostelano', una de las características del último autor. Como hiciera en su momento Giraldo, este tercer autor también se remonta en el tiempo todo lo que estima necesario, para explicar los acontecimientos de la última etapa del episcopado de Gelmírez, lo que difumina el cambio de autoría y refuerza el deseado sentido unitario de la obra.

1.3 El Tumbo A, dispuesto por el tesorero Bernardo en 1129

A la gran novedad de la intensa relación de la Iglesia de Santiago con el renovado poder universal del pontificado, de la que deja sobrada constancia Munio Alfonso en 1110, le sucede en 1123 una postura más equilibrada, expresada en la obra de Giraldo, que reconoce y valora también el papel y la autoridad de la monarquía en aquellos asuntos que afectan a las iglesias del reino. Esta nueva perspectiva se abría paso a medida que se iban encauzando las dificultades internas del reino leonés, que reforzaban la figura del joven Alfonso VII, y una vez que, en septiembre de 1122, el emperador Enrique V y Calixto II suscribieron el así llamado concordato de Worms.

Gelmírez no se contentaba con la legacía. Aspiraba a la primacía hispánica e incluso al estatuto de patriarcado, concesiones que sólo podían venir de Roma, pero que no convenía solicitar sin el respaldo regio. Calixto II, tío de Alfonso Raimúndez, promocionaba a una iglesia de Santiago, a cuyo arzobispo le pedía, a su vez, apoyo para su sobrino. Al morir el papa, en diciembre de 1124, la situación varió radicalmente.

39 Véase la reproducción en FALQUE REY: Historia Compostellana (como nota 2) p. 256. Las frases que contiene faltan en la edición crítica.

Honorio II no confirmó la legacía. Alfonso VII reinaba en exclusiva desde la muerte de su madre Urraca, en marzo de 1126. Alfonso había sido bautizado y, todavía niño, coronado rey de León por Diego Gelmírez en la catedral de Santiago. Era el momento de renovar la estrecha alianza de la sede compostelana con la institución regia y reivindicar la autoridad del monarca cristiano sobre la iglesia de su reino. Cuando en noviembre de 1127 Alfonso VII acudió a Santiago, Diego Gelmírez lo nombró canónigo, obtuvo la promesa de que su cuerpo sería sepultado en Compostela, instituyó un aniversario por el alma del rey y consiguió que Alfonso VII lo nombrase canciller y capellán regio. Fue en ese momento cuando se concibió la idea de elaborar un cartulario compostelano, un «Liber Testamentorum» organizado en cinco libros, según la condición de los otorgantes de los diplomas, que se iniciaría con el libro de los reyes y las personas regias.[40] En el proyecto no estaba previsto compilar la documentación pontificia, lo cual es completamente lógico, dado que la Historia Compostelana, plenamente actualizada en 1123, cuatro años antes, cumplía con creces este cometido.

Todo apunta a que el gran cartulario compostelano no se llevó a cabo, al menos en los términos en que había sido concebido. No ha quedado ninguna huella de la existencia de ese «Liber Testamentorum». En cambio, sí se materializó una colección de documentos regios, desde Alfonso II hasta 1127, a la que se añadió un proemio, datado en 1129, que recuerda el papel del tesorero Bernardo en la empresa, que habría que entender como colofón, escrito quizá ca. 1134. Los documentos se agrupan según el otorgante y a cada serie le precede una efigie del donante.[41]

En el cartulario figura, al igual que en la Historia de Munio Alfonso, la misma representación de la *inventio* de los sepulcros por el obispo Teodemiro con los cuerpos de Santiago y de sus discípulos Teodoro y Atanasio, hallazgo ahora refrendado por la voluntad y autoridad regia. Para Diego Gelmírez había sido prioritario el reconocimiento de la presencia sepulcral por Urbano II en 1095. En 1129 convenía mostrar, con toda su fuerza, que habían sido los reyes cristianos desde el siglo IX, los que habían organizado y fundado la iglesia de Santiago, sin intervención pontificia alguna. Pero, eso sí, esa imagen concreta de la *inventio*, clave para el fundamento de la apostolicidad de la sede compostelana, no hubiera sido posible antes de que Pascual II en 1105 mencionase, y aceptase, el traslado del cuerpo de Santiago a Compostela, sancionando la nueva identidad de los discípulos de Santiago, que habían traído su cuerpo, y el número de aquellos que habían sido enterrados junto al sepulcro apostólico.

---

40 Véase Tumbo A. Índice de los privilegios reales, que contiene este libro intitulado de la letra A. Original conservado en la Biblioteca de la Catedral de Santiago, ed. Manuel C. DÍAZ Y DÍAZ/Fernando LÓPEZ ALSINA/Rocío SÁNCHEZ AMEIJEIRAS, Madrid 2008 (Colección Scriptorium, 31).

41 Rocío SÁNCHEZ AMEIJEIRAS: Sobre las modalidades y funciones de las imágenes en el Tumbo A, en: DÍAZ Y DÍAZ/LÓPEZ ALSINA/SÁNCHEZ AMEIJEIRAS: Tumbo A (como nota 40) pp. 143–216.

Con semejante mutación se había cumplido la exigencia planteada por Gregorio VII de restituir a los siete varones apostólicos su condición de agentes romanos, no jacobeos.[42]

2. La Compostelana y el Tumbo A como empresas institucionales de la sede compostelana

Tras la muerte de Gelmírez, la Historia Compostelana y el Tumbo A dejaron de ser empeños personales del arzobispo y se asumieron como empresas de la sede compostelana, lo que supuso la ampliación de la Historia Compostelana, con la narración de la última etapa del gobierno de Diego Gelmírez hasta el año 1139, y la continuación de la compilación de documentos regios, en diversas etapas, hasta Alfonso X.

Un autor anónimo, quizá el canónigo y cardenal compostelano Pedro Marcio, prosiguió la Historia Compostelana con pautas similares a las de Giraldo. En su estado actual, la crónica-cartulario se detiene en los acontecimientos del año 1139, aunque parece improbable que no rematase con la muerte de Gelmírez, ocurrida a principios del año 1140. Desde 1124 no había habido ninguno de los deseados cambios de estatuto de la sede compostelana, que pudiese desencadenar la necesidad de retomar la narración de los *Gesta archiepiscopi*. Téngase en cuenta que, desde 1124, cualquier lector de la Historia Compostelana entendía que la sede de Mérida había sido trasladada a perpetuidad, aunque este carácter perpetuo apareciese como una interpolación hecha en el privilegio de 1120.

Al morir Calixto II, Gelmírez perdió la legacía sobre Braga y Mérida. Ningún papa se la confirmó. La aspiración de Gelmírez a la primacía hispánica fue expresamente rechazada por Honorio II en 1129.[43] Si este tercer autor completó la crónica de los Hechos de Diego Gelmírez, se debió a que, finalmente, a la sede compostelana le pareció útil y oportuno completar el registro a modo de crónica-cartulario. A diferencia de sus dos predecesores, que escribían en vida del prelado, sin saber lo que el futuro podría deparar a las aspiraciones de Gelmírez, el anónimo continuador, que finaliza la obra, posee una perspec-

---

42 La postura de Gregorio VII explica muchos de los cambios operados en Compostela sobre los fundamentos de la apostolicidad de la sede. Véase Fernando LÓPEZ ALSINA: La posición de la Iglesia de Santiago en el siglo XII a través del Códice Calixtino, en: El Códice Calixtino y la música de su tiempo (Actas del simposio organizado por la Fundación Pedro Barrié de la Maza en A Coruña y Santiago de Compostela, 20–23 de septiembre de 1999), ed. José LÓPEZ -CALO/Carlos VILLANUEVA, A Coruña 2001, pp. 23–42.

43 FALQUE REY: Historia Compostellana (como nota 2) vol. III, 10.2, pp. 435–436 (JL 7382).

tiva global sobre la vida completa del biografiado y sabe cuál fue el desenlace final.

En el cartulario de esta tercera fase se copiaron ochenta y dos documentos. De ellos cincuenta y uno expresan, de forma diversa, la relación de la sede compostelana con Roma, aunque las cartas papales son sólo veintiocho: cinco de Calixto II, dos de Anacleto II, siete de Honorio II y catorce de Inocencio II.[44] Se transcribió, además, una carta del clero y pueblo de Roma;[45] dos de los cardenales legados Deusdedit y Guido;[46] ocho cartas escritas por los cardenales Aimerico, Deusdedit, Humberto y Guido y dos de Gelmírez al cardenal Deusdedit, una de ellas como legado;[47] tres de los arzobispos de Toledo Bernardo y Raimundo, en su calidad de legados o primados[48], y, todavía, siete cartas de Gelmírez en las que figura como legado.[49]

---

44 Las cinco de Calixto II en FALQUE REY: Historia Compostellana (como nota 2) vol. II, 63.2, pp. 347–348 (JL 7085), 63.4, pp. 348–349, 64.7, pp. 355–356 (JL 7160), 67.1, pp. 362–362 (JL 7161) y 67.4, p. 363 (JL 7162). Las dos de Anacleto II en FALQUE REY: Historia Compostellana (como nota 2) vol. III, 23.2, pp. 454–455 (JL 8374) y 38.3, pp. 488–489 (JL 8426). Las siete de Honorio II en FALQUE REY: Historia Compostellana (como nota 2) vol. II, 79, pp. 381–382 (JL 7208), 83.2, pp. 391–392 (JL 7236), 83.3, p. 392 (JL 7237), 84.3, pp. 394–395 (JL 7274); III, 10.5, p. 437 (JL 7381), 10.2, pp. 435–436 (JL 7382) y 10.3, p. 436 (JL 7383). Las catorce cartas de Inocencio II en FALQUE REY: Historia Compostellana (como nota 2) vol. III, 22.2, pp. 452–453 (JL 7415), 22.1, p. 452 (JL 7416), 22.3, p. 453 (JL 7417), 21.2, p. 451 (JL 7418), 21.3, pp. 451–452 (JL 7419), 25.2, pp. 461–462 (JL 7449), 25.3, pp. 462–463 (JL 7450), 27.2, p. 465 (JL 7475), 30.1, pp. 468–469 (JL 7610), 30.2, p. 469 (JL 7611), 38.2, pp. 487–488 (JL 7653), 42, pp. 498–499 (JL 7665), 45.1, p. 503 (JL 7735) y 50.1, p. 518 (JL 7831).

45 En FALQUE REY: Historia Compostellana (como nota 2) vol. III, 23.3, pp. 455–458.

46 La carta del cardenal legado Deusdedit: FALQUE REY: Historia Compostellana (como nota 2) vol. II, 70.2, pp. 368–369; y la carta del cardenal legado Guido: FALQUE REY: Historia Compostellana (como nota 2) vol. III, 45.2, p. 504.

47 Las cuatro cartas del cardenal Aimerico: FALQUE REY: Historia Compostellana (como nota 2) vol. II, 83.(4), p. 392; III, 5.2, p. 426, 27.3, p. 465, 50.2, pp. 518–519. Las dos cartas del cardenal Deusdedit: HC, ed. FALQUE REY: Historia Compostellana (como nota 2) vol. II, 74.1, p. 374, 76.1, p. 376. La carta del cardenal Humberto: FALQUE REY: Historia Compostellana (como nota 2) vol. III, 27.4, p. 466. Y la carta del cardenal Guido: FALQUE REY: Historia Compostellana (como nota 2) vol. III, 50.3, p. 519. La carta de Gelmírez al cardenal Deusdedit en FALQUE REY: Historia Compostellana (como nota 2) vol. II, 74.2, pp. 374–375, y al cardenal legado Deusdedit: en FALQUE REY: Historia Compostellana (como nota 2) vol. II, 76.2, pp. 376–377.

48 Una del legado Bernardo de Toledo: FALQUE REY: Historia Compostellana (como nota 2) vol. II, 66.1–2, pp. 358–360; Dos del primado y legado Raimundo de Toledo: FALQUE REY: Historia Compostellana (como nota 2) vol. III, 7.3, pp. 429–430 y III, 43.3, pp. 500–501.

49 Las siete cartas escritas por Gelmírez, o a él dirigidas, como legado romano, son de los años 1123–1125: FALQUE REY: Historia Compostellana (como nota 2) vol. II, 66.3–5, pp. 360–363, 68.2, pp. 365–366, 71.1, pp. 369–370, 73.2, p. 372, 73.3, pp. 372–373, 78, pp. 378–380 y 94, pp. 416–417.

Siguiendo la tónica marcada por el maestro Giraldo, se copiaron también nueve cartas reales y otras veintidós sobre diversos asuntos de interés para la historia de la sede. Es de destacar que, en la parte narrativa, se cuida mucho la descripción de la actividad del arzobispo en la curia regia, síntoma del nuevo papel que la monarquía tenía para Gelmírez, como había reflejado el Tumbo A en 1129. Tras la muerte de Alfonso VI en 1109, la situación política había quedado marcada por la incertidumbre y las divisiones entre partidarios de Urraca, Alfonso I de Aragón y Alfonso Raimúndez. El gobierno exclusivo de Alfonso VII desde 1126, permite a Gelmírez buscar una posición preeminente en la curia regia, en calidad de canciller y capellán, haciendo valer repetidamente el hecho de que el obispo había bautizado, ungido rey y, en 1124, armado caballero ante el altar de Santiago a Alfonso VII. Si en la obra de Munio Alfonso el peso de la relación con Roma es determinante, en Pedro Marcio la importancia de esta otra faceta de la actividad de Gelmírez permite paliar el atasco de las negociaciones con Roma.

Desde el punto de vista de la naturaleza de la compilación, no hay notables diferencias entre Giraldo y Pedro Marcio, que en ningún momento da pista alguna sobre el cambio de autor y procura mantener la ficción de la continuidad. Incluso las noticias sobre los clérigos compostelanos enviados al papa tienen un tratamiento más similar al de Giraldo, que al de Munio Alfonso. Se mencionan un total de dieciséis embajadas para el período 1123 y 1139 y los nombres de muchos de los clérigos enviados a la curia pontificia. El autor, que es un clérigo de la iglesia compostelana, a diferencia de Munio Alfonso y del maestro Giraldo, no parece haber participado en estas embajadas. Como Giraldo, informa puntualmente de unas ayudas económicas, que hemos de interpretar en términos de una incipiente, pero efectiva, fiscalidad pontificia.

Gracias a la actividad de Pedro Marcio se han conservado numerosos materiales, entre los que figuran noticias muy relevantes sobre el cisma sobrevenido a la muerte de Honorio II, con la doble elección de Inocencio II y Anacleto II. De las veintiocho cartas papales, solamente dos se trasladaron al Tumbo B en 1326. Son dos cartas de Calixto II del año 1124. En la primera, traslada a perpetuidad la dignidad metropolitana de Mérida[50] y en la segunda manda al obispo Munio de Salamanca que obedezca a Gelmírez como a su metropolitano.[51] Ambas cartas tenían todavía plena vigencia en 1326. En cambio, no se traslada, por ejemplo, una carta similar dirigida en esas mismas fechas al obispo Gonzalo de Coimbra, para que obedeciese a su metropolitano.[52] Coimbra era en 1326 una ciudad del reino de Portugal. Ni, por supuesto, las referentes a la legacía sobre Braga y Mérida.

---

50 FALQUE REY: Historia Compostellana (como nota 2) vol. II, 64.7, pp. 355–356 (JL 7160).

51 FALQUE REY: Historia Compostellana (como nota 2) vol. II, 67.1, pp. 362–363 (JL 7161).

52 FALQUE REY: Historia Compostellana (como nota 2) vol. II, 67.4, p. 363 (JL 7162).

Como hiciera Giraldo, Pedro Marcio utiliza e imita el mismo recurso decorativo para llamar la atención sobre el documento pontificio más importante: la carta del traslado definitivo de Mérida. En el folio 90v del manuscrito de Salamanca[53], tras la datación, justo al comienzo de la 2ª columna, se reproduce la 'confirmación' del papa: *Ego Calistus catolice ecclesie episcopus confirmo*. Se dibuja la rota: (Rota: en la leyenda:) + *Firmamentvm est Dominvs timentibv evm*. (Y en los cuadrantes de la rota:) *Sanctus Petrus // Sanctus Pavlus // Calistus // papa IIus*. Y se cierra con el monograma: *Bene Valete*.

La presencia de este tercer elemento decorativo en la carta de 1124 es de gran relevancia. Pedro Marcio no podía ignorar la manipulación que en 1124 se había hecho en la carta de 1120, mediante la cual se daba carácter perpetuo al traslado de Mérida. La manipulación era tanto más llamativa por la aplicación del tratamiento decorativo que, con la rota y el monograma, destacaba la carta papal por encima de todas las demás copiadas en la Historia Compostelana. Sin embargo, le tocó a él explicar, con todo lujo de detalles, el gran éxito de la concesión de la perpetuidad del traslado, el 23 de junio de 1124, y el insólito procedimiento previo del envío a Compostela de un borrador del privilegio el año anterior. Pedro Marcio comprende que, aún cuando tuviese carácter temporal, el privilegio de Calixto II de 1120 tenía la relevancia que le había dado Giraldo. Pero el carácter perpetuo rayaba a mayor altura, de forma que el tratamiento decorativo final confirma la estructura tripartita de la obra, en la que cada autor subrayó con una imagen el elemento clave de cada una de las fases de la historia de la sede: la ratificación por Urbano II de la presencia sepulcral de Santiago en Compostela en 1095, la concesión de Calixto II del traslado temporal de Mérida en 1120 y la de su carácter definitivo en 1124.

El papel legitimador que la decoración de la Historia Compostelana reserva al papa Calixto II es el mismo que, poco antes de 1140, se le atribuye también en la otra gran compilación elaborada en Santiago, que conocemos como «Liber Sancti Iacobi». Historia Compostelana y Códice Calixtino comparten, cada una a su manera, una misma marca de origen.[54]

Con el Tumbo A ocurrió lo mismo que con la Historia Compostelana. Se convirtió en una empresa institucional. En el reinado de Fernando II de León, se actualizó la compilación. Se asentaron varias cartas de Alfonso VII y algunas del propio Fernando II. Pero ahora la imagen regia del monarca puede reflejar una novedad: el símbolo heráldico del reino, introducido recientemente en el

---

53 Reproducido por FALQUE REY: Historia Compostellana (como nota 2) p. 357, aunque el texto no figura en la edición crítica.

54 Sobre el Calixtino véase Klaus HERBERS: Der Jakobuskult des 12. Jahrhunderts und der „Liber Sancti Jacobi". Studien über das Verhältnis zwischen Religion und Gesellschaft im hohen Mittelalter, Wiesbaden 1984; Manuel C. DÍAZ Y DÍAZ: El Códice Calixtino de la Catedral de Santiago. Estudio codicológico y de contenido en colaboración con María Araceli García Piñeiro y Pilar del Oro Trigo, Santiago de Compostela 1988; Liber Sancti Jacobi. Codex Calixtinus, ed. Klaus HERBERS/Manuel SANTOS NOYA, Santiago de Compostela 1998.

signum, y la figura ecuestre del monarca incorporada a los sellos de los diplomas regios.[55] Estos mismos procedimientos se utilizaron para trasladar, con carácter bastante selectivo, documentación regia de Alfonso IX, Fernando III y, finalmente, un último y único documento de Alfonso X del año 1255, con las respectivas imágenes regias.

Las pautas marcadas por la Historia Compostelana y el Tumbo A perpetuaron la existencia de dos vías de transmisión diferentes para la documentación pontificia y la regia. La riquísima serie de documentos pontificios, compilada por iniciativa de Gelmírez, quedó interrumpida en 1140, mientras que la compilación de cartas reales pudo continuar hasta mediados del siglo XIII.

3. De las empresas del arzobispo Juan Arias a las de Berenguel de Landoria

3.1 El Libro de los Arzobispos de Juan Arias

Existe un marcado paralelismo entre Diego Gelmírez y Juan Arias (1238–1266), arzobispo que puso la primera piedra el 15 de mayo de 1258, para dotar a la sede de Santiago de una catedral gótica de nueva planta, que apenas pasó del tímido esbozo de los fundamentos de una nueva cabecera.[56] Arias se identificó con el legado de Gelmírez en su empeño por actualizar la memoria de la sede compostelana. En su pontificado se llevó a cabo una compilación de las piezas historiográficas escritas en Compostela en el manuscrito S, descrito por E. Falque.[57] Se copiaron en él: el «Chronicon Compostellanum», escrito en 1126;[58] una lista de arzobispos de Santiago, hasta el predecesor de Juan Arias; la Historia Compostelana y el «Chronicon Iriense», de finales del siglo XI. A través del mecanismo, bien simple, de elaborar la lista de los arzobispos de Santiago, la compilación enlaza a Juan Arias con Gelmírez, el primer arzobispo compostelano. Quizá haya habido un deseo, que no un intento, de emprender una obra narrativa más ambiciosa, una verdadera Historia de los arzobispos compostelanos, que continuase la Historia Compostelana. Si realmente hubo ese deseo, quedó tan frustrado como la catedral gótica. En este códice la miniatura de la invención ha sido actualizada, no sólo en los arcos apuntados, sino en

---

55 Véase Serafín MORALEJO ÁLVAREZ: La miniatura en los Tumbos A y B, en: Los Tumbos de Compostela, ed. Manuel C. DÍAZ Y DÍAZ/Fernando LÓPEZ ALSINA/Serafín MORALEJO ÁLVAREZ, Madrid 1985, pp. 43–62.

56 José Antonio PUENTE MÍGUEZ, La catedral gótica de Santiago de Compostela: un proyecto frustrado de D. Juan Arias, en: Compostellanum 30 (1985) pp. 245–269.

57 FALQUE REY: Historia Compostellana (como nota 2) p. XXXIV.

58 Ed. Emma FALQUE REY: Chronicon Compostellanum, en: Habis 14 (1983) pp. 73–83.

el báculo en tau que porta Teodomiro, signo de la apostolicidad de la sede compostelana.

La misma voluntad de Juan Arias de subrayar la línea que lo unía con el primer arzobispo de la sede Compostela, se manifiesta también en el plano de la compilación documental. Por una parte, se actualiza por última vez el Tumbo A, con la adición del documento de 1255 y la imagen de Alfonso X. El cartulario, ideado en 1129 por el primer arzobispo, queda así cerrado para siempre. Con esa conciencia de que se ha completado definitivamente la obra de Gelmírez, se procede a plasmar su contenido íntegro en un nuevo cartulario, el Tumbo Colorado, en el que se rectifica la posición de algún diploma para garantizar una correcta secuencia cronológica, ausente en el Tumbo A por 'impericia del compilador', según apostilla una nota marginal, añadida al cartulario en esta fase de revisión y copia. El Tumbo Colorado, hoy en paradero desconocido, se cerraba con una carta de Alfonso X del año 1263.[59] Tanto la Historia Compostelana, como el Tumbo A, quedan así revisados, completados y actualizados por el arzobispo Arias.

Las empresas de Gelmírez habían resuelto muy satisfactoriamente los dos planos que garantizaban los derechos y privilegios de la sede compostelana: los documentos pontificios y los documentos regios. Con su muerte en 1140, la compilación del material pontificio se había detenido. Si no se quiso, o no se pudo, actualizar la Historia Compostelana hasta 1265 y, simplemente, se elaboró una simple relación cronológica de los arzobispos, era preciso realizar una nueva compilación documental, que, por primera vez, integrase los privilegios regios y los pontificios. Juan Arias entendió que a él, como arzobispo, y a sus sucesores les convenía también tener a su disposición en el palacio arzobispal un cartulario propio, que acreditase los principales títulos y privilegios de la sede compostelana.

Conocemos el cartulario que daba respuesta a esta necesidad, actualmente en paradero desconocido, por noticias del siglo XVI, vinculadas a Ambrosio de Morales. Se hallaba entonces en el palacio arzobispal y se identificaba como el Libro que se entregaba a los arzobispos, cuando accedían a la dignidad arzobispal. Las descripciones del siglo XVI no dejan lugar a dudas de que este cartulario, ultimado por Juan Arias, contenía documentación pontificia y documentación regia. Ciertamente, parece muy lógico que los arzobispos dispusiesen de ambos tipos de documentos. Fue así como se superó la dicotomía vigente hasta entonces, que venía desde los tiempos de Gelmírez. Se hizo una compilación única, que combinaba, por primera vez, los documentos pontificios y los regios en series diferentes. Según se describe en el siglo XVI, contenía „copias de

59 Fernando LÓPEZ ALSINA, El Tumbo A y sus relaciones con otros cartularios contemporáneos del escritorio compostelano, en: DÍAZ Y DÍAZ/ LÓPEZ ALSINA/SÁNCHEZ AMEIJEIRAS: Tumbo A (como nota 40) pp. 47–141, esp. 115–125. Una interpretación bien diferente en José María FERNÁNDEZ CATÓN: El llamado Tumbo Colorado y otros códices de la Iglesia Compostelana. Ensayo de reconstrucción, León 1990.

todas las bulas de los summos pontifices muy antiguos, y assi mismo todos los priuilegios de los Reyes, concedidos a aquella santa iglesia".[60]

Lo que sabemos de este cartulario se reduce a unas cuantas notas, copiadas para, o publicadas por, Ambrosio de Morales, quien lo conoció a través de un informe exhaustivo, que le envió Alonso de Revenga desde el palacio arzobispal de Santiago. Es importante subrayar que Morales, que se declara partidario de trabajar con cartularios, más que con originales, tuvo su primer contacto con los documentos de procedencia compostelana a través de las copias del Libro de los Arzobispos, que le había mandado Alonso de Revenga. Sólo en un segundo momento conoció la serie de documentos copiados en los tumbos del tesoro de la catedral. Afortunadamente para nosotros, Morales utilizó en su Crónica los materiales procedentes de Libro de los Arzobispos. Afirma que en el cartulario arzobispal figuraba el diploma de los votos del rey Ramiro con fecha 834, que, como sabemos, no está en el Tumbo A, ni estaba en el Tumbo Colorado.[61] Salvo esta diferencia, la compilación de documentación regia del Libro de los Arzobispos parece coincidir con la conocida a través del Tumbo A. De hecho, el propio Morales afirma que en el Libros de los Arzobispos estaban todos los privilegios reales, de los que después tuvo conocimiento por las copias de los tumbos del tesoro de la catedral. La gran novedad del Libro de los Arzobispos la constituyen las cartas pontificias.

Como la Crónica se cierra con el reinado de Alfonso VI, no cabe esperar que encontremos en ella noticia de muchos documentos posteriores a 1109. De toda aquella documentación pontificia del Libro de los Arzobispos, que Morales llegó a conocer bien, menciona, exclusivamente cinco cartas papales, con relativa precisión de asunto y fecha:[62]

- Urbano II, 5-XII-1096: concesión de la exención y traslado de la sede.
- Pascual II, 30-XII-1102: confirmación de la exención.
- Pascual II, V-1103: concesión de los doce cardenales para el más digno ministerio del altar.
- Pascual II, X-1104: concesión del palio.
- Calixto II, 26-II-1120: traslado de la metrópoli de Mérida.

A pesar de ser tan parcial, esta información sobre la compilación de documentación pontificia, realizada por iniciativa del arzobispo Juan Arias en una fecha comprendida entre los años 1255 y 1266, nos descubre cuatro de sus características. La primera es su orden cronológico, que acreditaba la 'pericia' de los compiladores. En segundo lugar, su carácter rigurosamente selectivo: sólo pasan a la compilación cartas papales con plena vigencia para la sede. Recordemos

60 LÓPEZ ALSINA: El Tumbo A (como nota 59) pp. 47–141, esp. 125–134.
61 En Ambrosio de MORALES: La Corónica General de España IX, 7, t. IV, reed. Madrid 1791, p. 368.
62 MORALES (como nota 61) IX, 7, t. IV, pp. 385–387.

que para este mismo período, 1095–1120, la Historia Compostelana copia un total de cuarenta y dos cartas pontificias.

Una tercera característica es que la compilación se llevó a cabo a partir de los documentos originales. En efecto, a pesar de las diferencias de datación, es fácil identificar con precisión cuatro cartas: Urbano II, 1095-XII-5, sobre la exención (JL 5601); Pascual II, 1101-XII-31, confirmación general, incluida la exención (JL 5880); Pascual II, 1105-10-31, concesión del palio (JL 5986); y Calixto II, 1120-II-27, traslado de Mérida (JL 6823). Las diferencias de año, mes y día, según los casos, no pueden imputarse, sin más, a imprecisiones del Libro de los Arzobispos. Es mucho más verosímil achacárselas a quienes manejan su material. La quinta carta es la que suscita nuestro interés.

Por la Historia Compostelana conocemos tres cartas de Pascual II acerca de los cardenales compostelanos: HC I, 13, sin fecha (JL 5881); HC, I, 44, de 1106-X-24 (JL 6042) y HC I, 45, de 1108-X-30 (JL 6208).

No cabe ninguna duda de que el Libro de los Arzobispos trasladó la primera de las tres cartas. Las dos últimas quedan descartadas por estar expedidas en diciembre. En cambio, la primera figura sin fecha en HC I, 13, sin duda porque al trasladarla Munio Alfonso omitió la datación. Por la posición que ocupa, intercalada entre otras dos cartas de Pascual II – HC I, 12 de 31-XII-1101 (JL 5880) y la HC I, 14.2, de 1-V-1103 (JL 5942) –, cabría deducir que su fecha está comprendida entre las de ambas. Es decir, en mayo de 1103, o mejor aún, en mayo de 1102.

Así pues, es seguro que, de las tres cartas de Pascual II referentes a los cardenales, el autor del Libro de los Arzobispos no copió las dos últimas, ambas expedidas en octubre, sino que seleccionó la primera de ellas. La datación de año – 1102/3 – y mes – mayo –, no la pudo hallar en la Historia Compostelana y necesariamente tuvo que tomarla del documento original. Esta constatación es importante, además, para valorar la integridad textual de los documentos papales trasladados a la Historia Compostelana.

La cuarta característica es que esta compilación, promovida por Juan Arias, parece más reducida e incompleta que la realizada en 1326 con Berenguel de Landoria. En efecto, hemos visto más arriba que, para el período 1095–1120, el Tumbo B traslada no cinco documentos pontificios, sino siete. En 1255–1266, para el compilador del Libro de los Arzobispos no parece ser de interés la dispensa de asistir al concilio provincial a causa de la turbulencia del reino (por Pascual II en 1115, HC I, 105.2)[63], lo que podría comprenderse quizá por la relativa bonanza de los tiempos en relación con 1326. Prescinde también de la interesante confirmación general del año 1110 (HC I, 36).[64] Finalmente, es de advertir que de las tres cartas de Pascual II acerca de los cardenales, la más relevante no es la que traslada el Libro de los Arzobispos, sino la que traslada el Tumbo B.

63 Cf. en GONZÁLEZ BALASCH: Tumbo B (como nota 19) pp. 623–625, n. 334.

64 Cf. en GONZÁLEZ BALASCH: Tumbo B (como nota 19) pp. 576–579, n. 304.

En el estado actual de nuestro conocimiento de las fuentes, no podemos saber qué documentos pontificios del período 1120–1266 se trasladaron al Libro de los Arzobispos. Nos parece seguro que, de haber alguno del período 1120–1140, lo tendríamos también incorporado a la Historia Compostelana. Otra cosa son los períodos 1140–1198 y 1198–1266. Para el primero, el Tumbo B traslada un total de dieciocho cartas papales y veintiséis para el segundo período. Sería casi una casualidad que tratándose de dos compilaciones completamente independientes, hechas con unos setenta años de diferencia, la compilación de Juan Arias no incluyese algún documento diferente de la de de Landoria, como ocurre con el privilegio de los cardenales.

3.2 Las compilaciones de Berenguel de Landoria: el Tumbo B y la documentación pontificia

Entre Arias y Landoria hay que situar el llamado Tumbillo de Concordias. El documento más moderno de la compilación es de 1296. No consta que haya sido promovido institucionalmente. Por su cronología podría situarse en la órbita del arzobispo Rodrigo González (1286–1304). Se trata de un cartulario de formato reducido, en el que se transcriben 177 escrituras. Tiene un marcado carácter misceláneo, con presencia de documentos regios, pontificios y, como novedad, constituciones capitulares y otros documentos del cabildo. Los documentos pontificios son todos del siglo XIII, salvo una carta del papa Juan VIII del año 878 sobre sacrilegios.[65]

Las iniciativas de fray Berenguel de Landoria, arzobispo entre 1317 y 1330, tienen mayor trascendencia y se inspiran deliberadamente en las pautas marcadas en su momento por Diego Gelmírez, para exaltar la figura de Santiago Zebedeo y la sede compostelana, desde la que el apóstol actúa en defensa de los derechos de la iglesia y de sus prelados. Las compilaciones documentales son un aspecto particular, en una actividad de mayor aliento, que toca también a la Historia Compostelana y al «Liber Sancti Jacobi».

Por primera vez desde la conclusión de la Historia Compostelana, se vuelve a escribir una pieza historiográfica sobre un arzobispo de la sede.[66] Landoria, natural de Salmiech, diócesis de Rodez, era general de los dominicos

---

65 JL 3180. Véase Fernando LÓPEZ ALSINA: A propósito de una carta del Papa Juan VIII a los católicos de Hispania y de la Gotia, en: Experientia et sapientia: estudios dedicados a la memoria de Ángel Álvarez Gómez, ed. María Jesús VÁZQUEZ LOBEIRAS/Juan VÁZQUEZ SÁNCHEZ/César RAÑA DAFONTE, Santiago de Compostela 2007, pp. 259–272.

66 Los Hechos de Don Berenguel de Landoria han sido editados y estudiados en: Hechos de Don Berenguel de Landoria, Arzobispo de Santiago. Introducción, edición crítica y traducción, ed. Manuel C. DÍAZ Y DÍAZ/José GARCÍA ORO/Daría VILARIÑO PINTOS/María Virtudes PARDO GÓMEZ/Araceli GARCÍA PIÑEIRO/Pilar del ORO TRIGO, Santiago de Compostela 1983 (Monografías de la Universidad de Santiago de Compostela 91).

antes de ser nombrado arzobispo de Santiago. Nos interesa destacar que el objetivo de la obra no es tanto narrar la historia de su pontificado, cuanto mostrar hasta qué punto el apóstol continúa actuando después de muerto mediante los milagros que opera, en este caso, en beneficio de su iglesia, tema de largo recorrido en Compostela.[67] El último hecho narrado es de finales de diciembre de 1122, aunque Landoria murió siendo arzobispo de Santiago en el verano de 1330. El 25 de julio de 1322 Landoria absolvió a los ciudadanos que se habían opuesto a su entrada en la sede y a finales de mes celebró su primera misa solemne en el altar de la catedral. Le quedaban todavía casi ocho años de su arzobispado. Y, sin embargo, el autor despacha todo cuanto pudo haber ocurrido durante estos ocho años con unas frases genéricas: „muchas otras cosas, algunas sorprendentes e inauditas para la reforma del estado de todo el territorio de Galicia y para la salvaguarda de la justicia, que fue tanta en su tiempo como nunca lo había sido antes, hizo el mencionado santo varón".[68] La historia del arzobispo se organiza en dos grandes etapas: aquella en que prevalece la injusticia, finalmente vencida, y el período de la justicia, iniciado gracias a la intervención milagrosa del apóstol Santiago en 1322.

Para el autor del relato, lo que verdaderamente tiene que ser consignado por escrito, ha acabado en 1322, apenas cuatro años después de la llegada de Landoria a Galicia. La finalidad del relato es mostrar cómo el apóstol Santiago ha ayudado al arzobispo Landoria a liberar a la iglesia compostelana de manos profanas y hacer triunfar la justicia, mediante la recuperación de los derechos de la sede. Un tema, el de la intervención milagrosa del apóstol para favorecer a los arzobispos y a la sede, inaugurado ya por el maestro Giraldo en la Historia Compostelana.[69]

La principal oposición al ejercicio del señorío de la Iglesia de Santiago residía en los habitantes de la propia ciudad, que aspiraban a que el gobierno y la jurisdicción sobre la ciudad se ejerciesen directamente en nombre del rey, sin tener que pasar necesariamente por la instancia señorial intermedia de la iglesia

---

67 Esta tesis de Gregorio Magno no pasó inadvertida para los compiladores compostelanos del «Liber Sancti Jacobi», que la incluyeron en el Leccionario, hábilmente interpolada. Véase HERBERS/SANTOS NOYA: Liber Sancti Jacobi (como nota 53) p. 112: la *Festivitatem electionis* del 5 de enero se presenta como un comentario a la vocación de Santiago y Juan, según Mt 4, 21, en el que se combinan fragmentos de Jerónimo, Agustín y Gregorio Magno. El responsable de la combinación de estas homilías es el autor de las referencias a la doble solemnidad: elección y traslación de Santiago. Su aportación más reveladora es la interpolación al pasaje de la homilía 24 de Gregorio Magno sobre la pesca milagrosa según Jn 21, 1–4: los apóstoles continúan ejerciendo su acción apostólica después de muertos mediante los milagros. Este tipo de acción apostólica es especialmente interesante en Compostela, donde se ha sacrificado la misión hispánica de Santiago. La interpolación concreta apunta a que estos milagros se realizan junto a los sepulcros: *Ad eorum namque sepulcra … miracula fiunt.*

68 DÍAZ Y DÍAZ y otros: Hechos (como nota 66) p. 161.

69 Los milagros que muestran cómo Santiago protegía a Gelmírez en FALQUE REY: Historia Compostellana (como nota 2) vol. II, 50–54, pp. 307–326.

compostelana. El concejo compostelano había conseguido sustraerse al señorío de la Iglesia compostelana desde los últimos años del reinado de Alfonso X. Sin embargo, el 25 de julio de 1311 Fernando IV sentenció a favor del arzobispo Rodrigo de Padrón y le devolvió el señorío sobre la ciudad.[70] Aunque Clemente V confirmaba esta sentencia en julio de 1312[71], la muerte de Fernando IV, en septiembre de 1312, facilitó que continuase el pleno control de la ciudad por el concejo y el sector de la baja nobleza que lo tenía en sus manos.

Elegido arzobispo, Berenguel de Landoria se propuso recuperar el señorío de su iglesia. Obtuvo en la curia papal de Avignon una carta de Juan XXII de 1318 que confirmaba los derechos de la iglesia de Santiago.[72] El 1 de octubre el rey Alfonso XI mandó al concejo de Santiago que reconociese al arzobispo como a su señor.[73] El 12 de noviembre el arzobispo había llegado a Melide. La ciudad de Santiago se resistió a recibirlo como señor e izó el *vexillum regis Castelle*, en lugar del *vexillum sancti Iacobi*.

Landoria sólo pudo imponerse, casi dos años más tarde, tras el sangriento episodio del castillo de A Rocha, cuando el 16 de setiembre de 1320 fueron ejecutados los principales opositores. La muerte de los procuradores del concejo se interpretó por el círculo de Landoria como una venganza del propio apóstol Santiago, cuya intervención se había anunciado por una triple visión premonitoria: la primera, montado sobre un caballo blanco, con un escudo en su brazo izquierdo y una lanza en la mano derecha, suspendido en el aire sobre la torre más alta del castillo; la segunda, la noche inmediatamente anterior al *dies ire*, una bola de fuego atravesaba el cielo, caía y fulminaba la ciudad; y, el mismo día de la muerte sangrienta, se había visto al apóstol en la cima del castillo, golpeando con la espada desenvainada y limpiando, después, la sangre con el manto. Estos y otros signos demuestran para el autor del relato que la muerte de los traidores, les fue infligida con la ayuda divina y por la mediación del bienaventurado apóstol Santiago, a quien pareció bien purificar su basílica de las injurias recibidas y liberarla de las manos profanas de aquellos traidores.[74]

Este es el objetivo principal de la obra. Por eso su autor aborda la relación del apóstol Santiago con el arzobispo desde el primer momento, subrayando que recibió la carta de nombramiento arzobispal del papa Juan XXII precisa-

---

70 Ed. GONZÁLEZ BALASCH: Tumbo B (como nota 19) pp. 326–328, n. 163.

71 Ed. GONZÁLEZ BALASCH: Tumbo B (como nota 19) pp. 585–586, n. 309 y p. 590, n. 313.

72 Carta de 4 de junio de 1318, ed. GONZÁLEZ BALASCH: Tumbo B (como nota 19) p. 524, n. 279.

73 Ed. GONZÁLEZ BALASCH: Tumbo B (como nota 19) p. 509, n. 270.

74 DÍAZ Y DÍAZ y otros: Hechos (como nota 66) 65, pp. 132–134: *Alia namque multa indicia precesserunt, ex quibus proculdubio manifeste probatur mortem hominum proditorum fuisse eisdem inflictam diuinitus, uirtute beatissimi apostoli Jacobi operante cui placuit suam basilicam ab illatis opprobiis releuare et de prophanis proditorum hominum manibus liberare.*

mente el día 25 de julio de 1317.[75] Fue otro 25 de julio, del año 1322, cuando el arzobispo absolvió en la catedral a los ciudadanos que se habían opuesto a su entrada en la sede.[76] La fiesta principal de Santiago, en la que se concentraba la indulgencia plenaria antes de la celebración del Año Santo en el siglo XV, es el día elegido para levantar todas las censuras.[77]

La condensación iconográfica del argumento principal de la obra no deja lugar a duda. Se plasmó en la representación figurada en un bifolio añadido al Tumbo B, adición que viene a subrayar la relación de la pieza historiográfica con la compilación documental en la más antigua tradición gelmiriana. En la parte superior, el apóstol, sedente en el altar de su basílica compostelana y flanqueado por sus dos discípulos Teodoro y Atanasio, porta un báculo en tau. En el registro inferior, como certeramente interpretara Serafín Moralejo, se representa la escena de la Rocha, en la que el apóstol, a lomos de su caballo blanco, esgrime una espada ensangrentada en la mano derecha y con la izquierda sostiene el *vexillum sancti Jacobi*, bajo la leyenda *Iacobus, Christi miles.*[78]

La representación fue concebida como una ilustración de este episodio narrado en los Hechos. Texto e imagen se inscriben, de nuevo, en la línea que había inaugurado Gelmírez. Como hemos visto, entre los textos preparados hacia 1109 para solemnizar la liturgia de las fiestas de Santiago se había seleccionado un fragmento de la homilía de Gregorio Magno sobre cómo la acción en vida de los apóstoles mediante la palabra, la continuaban después de muertos mediante los milagros que realizaban. Texto al que, el interpolador compostelano añadió oportunamente „junto a sus sepulcros“, como leemos en el «Liber Sancti Jacobi».[79] Santiago actúa después de muerto, salva milagrosamente a Gelmírez de muchos peligros. La *inventio* presentada en la primera Compostelana y en el Tumbo A, en la que el sepulcro de Santiago aparece flanqueado por los dos de sus discípulos, Teodoro y Atanasio, clave en la obras de Gelmírez, da paso a finales del primer tercio del siglo XIV a la de un Santiago sedente, vivo en su basílica, flanqueado por sus dos discípulos, también vivos, que observan el milagro del registro inferior, gracias al cual por la acción del Apóstol, el *vexilum sancti Jacobi* volverá a ondear sobre los muros de la ciudad compostelana: la basílica había quedado purificada y liberada de las manos pro-

---

75 DÍAZ Y DÍAZ y otros: Hechos (como nota 66) 7, p. 86: *Existentesque in illis partibus ac insistens sibi inposito negocio in die sancti Iacobi a summo pontifice domno Iohanne prefato recepit litteras de eius electione in archiepiscopum Compostellanum.*

76 DÍAZ Y DÍAZ y otros: Hechos (como nota 66) 98, p. 158: *Quibus absolutis in festo sancti Iacobi sequenti primam sollempnem missam in altari sanctissimi apostoli cum deuocione nimia celebrauit.*

77 Fernando LÓPEZ ALSINA: Años Santos Romanos y Años Santos Compostelanos, en: Santiago, Roma y Jerusalén, ed. Paolo Caucci VON SAUCKEN, Santiago 1999 (Actas del III Congreso Internacional de Estudios Jacobeos, Santiago 14/16-IX-1997), pp. 213–242.

78 MORALEJO ÁLVAREZ: La miniatura (como nota 55) pp. 61–62.

79 Véase nota 67.

fanas de los traidores. La sede ha recuperado sus derechos y se abre el período en el que reina la justicia. De aquí a la compilación de los documentos que registran los privilegios y libertades no hay más que un paso.

Como ocurrió con el tercer autor de la Historia Compostelana, el relato sobre Berenguel de Landoria se escribe también después de la muerte del arzobispo y se incorpora al corpus historiográfico compostelano, cuya existencia constatamos en tiempo de Juan Arias. Como el «Chronicon Compostellano», el «Chronicon Iriense» y la última parte de la Historia Compostelana, esta tardía incorporación carece de título y de nombre de autor. Por si el simple hecho de esta incorporación a la colección no hablara por sí misma, se procedió a actualizar la nómina de arzobispos desde Juan Arias hasta la figura del arzobispo de Landoria.

Ciertos provenzalismos en los Hechos de Landoria apuntan a que su autor pudo ser Aimerico de Antejac.[80] La identificación del arzobispo y sus más íntimos colaboradores, llegados del sur de Francia, con las tradiciones de la iglesia compostelana se aprecia también en el interés mostrado por el Códice Calixtino, que se concreta en la facturación de tres copias del ejemplar compostelano, hoy en Salamanca, el Vaticano y la British Library, códices que, en ciertos momentos, muestran la capacidad de innovación figurativa respecto a su modelo.[81]

Como en los mejores tiempos gelmirianos, crónica y compilación documental vuelven a ir de la mano. Las compilaciones llevadas a cabo por fray Berenguel hay que encuadrarlas, sin lugar a duda, en este marco más amplio. No en vano el bifolio con la escena del castillo de la Rocha se incorporó finalmente al Tumbo B. Si el Tumbo A se abría con la miniatura de los tres sepulcros de Santiago, Teodoro y Atanasio, el Tumbo B, y los derechos y libertades que registra, se abre con la imagen de un apóstol, flanqueado por sus discípulos vivos, que actúa en defensa de su basílica compostelana, tal como narra la crónica.

Por indicación de fray Berenguel, se procedió a compilar documentos sueltos que se hallaban en el tesoro de la catedral. El resultado fue la confección de tres cartularios: el Tumbo B, el Tumbo C y el Libro de Constituciones. El encargado de la tarea fue Aimerico, natural de Antejac, lugar próximo a Montauban, nombrado tesorero en 1324. El objetivo del Tumbo B era compilar testamentos, donaciones y privilegios regios, junto con *privilegia et indulgencia*

---

80 Se trata de ciertos provenzalismos, según DÍAZ Y DÍAZ y otros: Hechos (como nota 66) p. 31.

81 Sobre estos tres códices véase Ángel SICART: Pintura medieval, la miniatura, Santiago de Compostela 1981, pp. 152–157; The Pilgrim's Guide to Santiago de Compostela. The Pilgrim's Guide: A Critical Edition, 1: The Manuscripts: Their Creation, Production and Reception, ed. by Alison STONES/Jeanne KROCHALIS/Paula GERSON/Annie SHAVER-CRANDELL; 2: The Text, trans. by Paula GERSON/Annie SHAVER-CRANDELL/Alison STONES/Jeanne KROCHALIS, ed. by Jeanne KROCHALIS/Alison STONES, London 1998, esp. I, pp. 109–120.

per romanos pontiffices graciosius et ob devocionem beatissimi apostoli Iacobi, cuius sacrosancte reliquie in ibi veraciter recondita esse noscuntur, indulta de sus originalibus transferentur et translata in uno corpore conprehenderentur.[82] Es decir, la misma combinación de documentación regia y pontificia, que había hecho Juan Arias, pero ahora el códice resultante estaba destinado al tesoro de la catedral, no al palacio arzobispal. El resto de los pergaminos sueltos debían trasladarse al Tumbo C, aunque por impericia o descuido se copiaron también documentos regios y pontificios.

Sobre la preparación de la compilación y el modo de plasmarla en el Tumbo B nos informa el Proemio, que pudiera ser obra del propio tesorero Aimerico, quien, por modestia, se expresaría en tercera persona. El prólogo, como los Gesta, parece escrito inmediatamente después de la muerte de Landoria, *tunc sancte sedis Compostellane presidentis*. Según el Proemio, por inspiración divina y movido por la utilidad y el honor de su iglesia, Aimerico compuso el libro con gran estudio y trabajo, lo compiló con gran diligencia y determinó que signasen las escrituras notarios públicos de la Iglesia de Santiago, para conferirles mayor firmeza, autoridad y estabilidad.

Efectivamente, a diferencia del Tumbo C, cada documento va seguido de una doble y extensa diligencia notarial. Un total de 333 escrituras llevan la doble diligencia.[83] Los notarios Andrés Pérez y Alfonso Yáñez describen cada una de las escrituras sueltas, que les han sido presentadas, tanto en contenido como en forma. Declaran haberlas visto, leído y examinado diligentemente y que la hicieron trasladar en su presencia, por mandato de los dos jueces ordinarios de Santiago, ante los numerosos testigos, que se mencionan individualmente, el día 27 de agosto de 1326, fecha que figura en los autos de todos estos 333 documentos. En un solo día no se pueden realizar tantos traslados. Entendemos, como es característico de tales mandatos judiciales, que el 27 de agosto los notarios acudieron a los jueces, presentaron el códice con los 333 traslados, convenientemente separados unos de otros, declararon haberlos hecho con todas las garantías requeridas y que los jueces interpusieron ese día su autoridad. Después se asentaron en los espacios en blanco previstos en el códice las correspondientes diligencias que siguen a cada documento copiado.

Antes de agosto de 1326, el tesorero Aimerico había examinado el archivo catedralicio y, con gran estudio y trabajo, había ido identificando uno a uno los documentos regios y pontificios que debían ser trasladados. Con toda probabilidad, el análisis preciso del contenido de las cartas seleccionadas determinó la redacción de la rúbrica que lo sintetiza y que se plasmó siempre antes del traslado correspondiente. Aimerico no quiso esperar al final de la operación de selección para dar un determinado orden a la compilación. Le debió parecer suficiente discriminarlos en las tres grandes series de regios, pontificios y privados. Por eso, a medida que encontraba una escritura que debía pasar a la com-

82 Según el Proemio, ed. GONZÁLEZ BALASCH: Tumbo B (como nota 19) p. 57.
83 Véase GONZÁLEZ BALASCH: Tumbo B (como nota 19) p. 42.

pilación, se la entregaba a los notarios para que la asentasen. Esta forma de trabajar explica la falta de un principio organizativo más definido de los documentos en el interior de las tres series. Los notarios, por su parte, mandaban escribir las cartas en el códice, a medida que el tesorero las iba seleccionando.

Los notarios los habían visto, leído y examinado y los habían hecho trasladar en su presencia. El Proemio sostiene que el cartulario se empezó precisamente el 27 de agosto de 1326. Ahora bien, como sabemos que el prólogo no se escribió antes de 1330, podemos tener la certeza de que la fecha, que propone como comienzo del cartulario, es la del mandato judicial interpuesto. Es evidente que, como afirma el propio Proemio, los trabajos sobre el libro se habían iniciado antes, probablemente cuando Aimerico fue nombrado tesorero, o muy poco tiempo después.

El Proemio menciona a los dos *scriptores* que trasladaron las escrituras, con toda certeza amanuenses de los notarios: García Pérez y el presbítero Alfonso Pérez. La reproducción de los signos regios y de las rótulas papales fue obra de Alfonso Pérez, quizá una tercera persona, distinta del *scriptor* homónimo. En agosto de 1326 el libro había cobrado su estructura básica, compuesta por 29 cuadernos.[84] Cuando todavía carecía de prólogo y de índice, se le dio el título que figura en el folio 1r: *In hoc libro continentur privilegia sancte Compostellane ecclesie [quod] fecit fieri domnus Aymericus de Anteiaco thesaurarius compostellanus.*

En muy sintomático que, bien entrado el siglo XIV, los documentos regios, transcritos en primer lugar, interesen mucho más que las cartas papales, que, además, se trasladan en número mucho menor, consecuencia de aplicarles un criterio muy restrictivo. De las 333 escrituras que Aimerico seleccionó, para que se asentasen en el códice, únicamente 58 eran documentos pontificios. En realidad eran 55, puesto que, por error, tres cartas papales se trasladaron dos veces: la carta de Urbano II, una de Inocencio IV y una de Clemente V. Las 27 cartas anteriores a Inocencio III, copiadas sin ningún orden, son: 1 de Urbano II[85], 5 de Pascual II[86], 3 de Calixto II[87], 1 de Eugenio III[88], 2 de Anastasio

84 Respecto a la forma actual, la estructura original carecía de los dos primeros cuadernos – el bifolio inicial y el quinión con el Proemio y el índice – y del bifolio con la numeración 61–62. La composición actual está descrita en GONZÁLEZ BALASCH: Tumbo B (como nota 19) pp. 33–38.

85 La de Urbano II: GONZÁLEZ BALASCH: Tumbo B (como nota 19) pp. 560–562, n. 289; pp. 586–587, n. 310 (JL 5601).

86 Las cinco de Pascual II: GONZÁLEZ BALASCH: Tumbo B (como nota 19) pp. 592–595, n. 316 (JL 5880); pp. 525–527, n. 280 (JL 5986); pp. 619–620, n. 329 (JL 6208); pp. 576–579, n. 304 (JL 6264); pp. 623–625, n. 334 (JL 6466).

87 Las tres de Calixto II: GONZÁLEZ BALASCH: Tumbo B (como nota 19) pp. 602–605, n. 321 (JL 6823); pp. 557–560, n. 288 (JL 7160); p. 591, n. 314 (JL 7161).

88 La de Eugenio III, sin referencia JL: GONZÁLEZ BALASCH: Tumbo B (como nota 19), pp. 595–596, n. 317.

IV[89], 9 de Alejandro III[90], 2 de Lucio III[91], 4 de Celestino III[92]. Las 28 restantes son de Inocencio III a Juan XXII.[93]

La serie de cartas papales está mínimamente individualizada en los últimos cuadernos del códice. La anuncia un sucinto epígrafe, que quiere marcar la transición con la serie de documentos regios: *Sancti Spiritus adsit nobis gratia. Amen.* Sin embargo, el primer documento papal comienza poco dignamente, en la mitad de un cuaderno, en el folio 224r. Por error se había trasladado, fuera de lugar, en el folio 186r, una carta de Gregorio IX. Incluso en este sector, que debía de estar reservado a las cartas papales, reina el desorden, como demuestra el hecho de que se trasladasen quince escrituras no pontificias, que señalo, entre paréntesis y en cursiva, en la secuencia siguiente: 14+*(2)*+5 +*(1)*+13+*(2)*+23+*(3)*+1+*(7)*.

Después de escribir los autos de traslado de agosto de 1326, los 29 cuadernos presentaban todavía muchos espacios en blanco. El tesorero Aimerico los aprovechó para realizar nuevos traslados hasta febrero de 1330. En los espacios en blanco se copiaron otras once escrituras más, con el mismo procedimiento del traslado notarial. Alguna de ellas expedida antes de agosto de 1326, lo que refuerza la idea de una falta de planificación rigurosa. Otras habían sido expedidas después de agosto de 1326. De hecho, a lo largo del siglo XIV, se siguieron trasladando al códice muchos documentos posteriores a 1330. Con auto de traslado de 3 de octubre de 1326, se asentaron cuatro 4 cartas de Alfonso XI, datadas en diversos días de julio y agosto de ese año; otras cuatro, con auto de traslado de 8 de agosto de 1328. El 16 de agosto de 1328 se asentó una carta de Alfonso IV de Portugal de ese mismo año y, finalmente, con auto de 14 de febrero de 1330, dos nuevas cartas, una de las cuales era del Papa Juan XXII, con fecha 17 de setiembre de 1328. Esta carta de Juan XXII, que se asentó en un espacio en blanco existente en el folio 188v, está reflejada en el índice del cartulario. Es la escritura más reciente de todas las incluidas en el índice, lo que indica que éste se hizo necesariamente después del 14 de febrero del año 1330.

---

89 Las dos de Anastasio IV, sin referencia JL: GONZÁLEZ BALASCH: Tumbo B (como nota 19) pp. 628–629, n. 339; pp. 612–615, n. 324.

90 Las 9 de Alejandro III: GONZÁLEZ BALASCH: Tumbo B (como nota 19) pp. 527–531, n. 281 (JL 14403); pp. 539–541, n. 283; pp. 543–549, n. 285; pp. 555–557, n. 287; p. 571, n. 299; p. 584, n. 307; p. 598, n. 319; pp. 610–612, n. 323.

91 Las dos de Lucio III: GONZÁLEZ BALASCH: Tumbo B (como nota 19) pp. 541–542, n. 284; pp. 570–571, n. 298.

92 Las cuatro de Celestino III: GONZÁLEZ BALASCH: Tumbo B (como nota 19) pp. 567–568, n. 295; pp. 573–574, n. 301; p. 585, n. 308; p. 597, n. 318.

93 8 de Inocencio III; 3 de Honorio III; 2 de Gregorio IX; 1 del legado Juan de Santa Sabina; 6 de Inocencio IV; 4 de Alejandro IV; 1 de Gregorio X; 2 de Clemente V y 1 de Juan XXII. Véase José Ignacio Fernández DE VIANA Y VIEITES/María Teresa GONZÁLEZ BALASCH: La documentación pontificia del Tumbo B de la Catedral de Santiago, Cuadernos de Estudios Medievales y Ciencias y Técnicas Historiográficas 7 (1992) pp. 359–396.

Otra muestra del poco interés relativo por la documentación pontificia es el tratamiento que se le da en el índice. En él se reflejan, razonablemente bien, los documentos de la serie regia, que se hallan asentados entre los folios 1 y 224 del cartulario. No ocurre lo mismo con la serie pontificia que le sigue, porque sólo da cuenta de diez cartas papales. Omite una de las diez cartas trasladadas en los folios 224–234 del códice. Ignora las doce siguientes, asentadas en los folios 236–246. Entre las cartas pontificias que el índice pasa por alto, hay documentos tan relevantes como la exención de Urbano II y el traslado perpetuo de Mérida por Calixto II. Tras registrar la carta de Celestino III sobre el Voto de Santiago, se da por concluido el índice.

El tesorero Aimerico había previsto que las escrituras privadas se trasladasen al Tumbo C. Sin embargo, entre los más de 1.186 documentos de este cartulario se hallan otras ocho cartas papales, que fueron expedidas por Alejandro III, Celestino III, Inocencio III, el legado Juan de Santa Sabina, Gregorio IX, Inocencio IV, Alejandro IV y Juan XXII.[94] Cinco ya se habían copiado en el Tumbo B[95], lo que sugiere una cierta descoordinación. En cambio, las otras tres no figuran en el Tumbo B: la de Inocencio III sobre el Voto de Oporto[96], la de Gregorio IX sobre la iglesia de Santo Tomé de Correlhã (Portugal)[97] y la de Alejandro IV sobre el voto de Sevilla y de Badajoz[98]. La presencia de estas cartas en el Tumbo C corrobora lo que ya sabemos sobre los criterios con los que se compiló el Tumbo B. Las tres cartas papales son otras tantas comisiones a jueces delegados y, por su propia tipología, se excluyen de los privilegios de la sede compostelana y, en consecuencia, también de la compilación plasmada en el Tumbo B.

El poco interés que el Tumbo B muestra por la documentación pontificia no puede deberse a la falta de ejemplares sueltos en el archivo catedralicio hacia en 1326. Es evidente que había muchos más documentos pontificios, pero simplemente no se estimó necesario trasladarlos al cartulario. Esta valoración no es sino el anuncio de lo que acabaría ocurriendo con estas cartas pontificias: su total desaparición.

La singularidad de que se trasladasen notarialmente, nos da, además, la rara oportunidad de conocer parte de sus rasgos materiales. Por otra parte, los notarios trasladaban fielmente lo que se les presentaba, no enjuician la posible falsedad o interpolación. Por ello resulta especialmente revelador el cotejo, cuando

---

94 Sobre el Tumbo C, véase Fernando LÓPEZ ALSINA: Los Tumbos de Compostela. Tipologías de los manuscritos y fuentes documentales, en: DÍAZ Y DÍAZ/LÓPEZ ALSINA/MORALEJO ÁLVAREZ: Los Tumbos (como nota 55) pp. 36–37.

95 De ellas, las dos anteriores a 1198 relativas al pago del Voto de Santiago, de Alejandro III (Tumbo C, fol. 284r = Tumbo B, ed. GONZÁLEZ BALASCH: Tumbo B (como nota 19) p. 584, n. 307) y de Celestino III (Tumbo C, fol. 276v–277r = Tumbo B, ed. GONZÁLEZ BALASCH: Tumbo B [como nota 19] pp. 573–574, n. 301).

96 Archivo Catedral de Santiago (= ACS). Tumbo C, fol. 169v, repetida en fol. 172r.

97 ACS. Tumbo C, fol. 177r.

98 ACS. Tumbo C, fol. 84r–84v.

es posible, del traslado notarial con las copias de la Historia Compostelana, como puso de relieve, en su momento, L. Vones.

Como conclusión podemos establecer que en la catedral compostelana la documentación de las relaciones de la Iglesia de Santiago con el Papado ha quedado directamente condicionada por la fijación de la memoria histórica de la sede, tal como la propuso Diego Gelmírez, que resultó decisiva no sólo para la transmisión de las cartas papales anteriores al año 1198, sino para la manera en que éstas se transmitieron. Las compilaciones promovidas por los arzobispos Juan Arias y Berenguel de Landoria se inscriben deliberadamente en la línea marcada por su ilustre predecesor, de manera que ninguna de sus compilaciones documentales se concibe sin el aparato historiográfico que las complementa.

En el origen, el impacto de la reforma gregoriana resultó determinante para la fijación de la memoria. Provocó la aparición en Compostela de un primer esbozo historiográfico, que es el «Chronicon Iriense», escrito poco antes de 1095, cuando aún no había ninguna carta papal que poder copiar, porque Roma aún no había reconocido el sepulcro apostólico de Galicia. En esta pequeña pieza, la historia de la sede de Iria-Compostela empieza en siglo VI y en ningún momento da cabida a los temas de la misión hispánica de Santiago o del traslado de su cuerpo a Occidente, sobre los que Gregorio VII había lanzado una severa advertencia. Sólo una tímida referencia a la *inventio* en el siglo IX, significativamente antedatada al tiempo de Carlomagno. Pero las primeras concesiones de Urbano II y de Pascual II lo transformaron todo. La nueva memoria, propuesta por Gelmírez, puede remontarse a los más tempranos tiempos de la dispersión apostólica y, aunque sacrifica la misión hispánica de Santiago, recupera el tema de la *translatio*. Urbano II había reconocido el sepulcro compostelano y Pascual II, en 1105, aceptaba la tesis del traslado del cuerpo. El estatuto que la sede tenía desde el siglo IX había dependido hasta entonces exclusivamente de decisiones regias. Ahora el estatuto dependía, más que nunca, de las pontificias, por eso en la compilación de la primera Historia Compostelana de 1110 el peso de las cartas papales es abrumador. Sin embargo, entrado el siglo XIV, cuando la autoridad de la monarquía ha vuelto a ganar terreno a la autoridad pontificia, el peso de las cartas regias vuelve a ser superior al de las papales.

La pérdida de todos los documentos pontificios originales anteriores a 1198, destinados a la sede compostelana, es irreemplazable. Las compilaciones realizadas en los diversos momentos señalados, si bien salvaron una parte del material, siempre muy pequeña, facilitaron, paradójicamente, la desaparición definitiva del resto. Las ciento cuatro cartas papales saben a muy poco, pero al menos su compilación, por lo revelador del criterio de selección, por la forma en que se organiza el material seleccionado y por haber ido acompañada siempre de un rico complemento historiográfico, constituye en sí misma una fuente de extraordinario interés.

Abstract

The Collections of Santiago de Compostela and the Relations to the Pontificate

The relations of the church of Santiago with the Papacy were very sporadic until the last third of the eleventh century. In 1094 the Cluniac Dalmacio was appointed to the see. Urban II consolidated the bishopric in Compostela and declared it directly subject to Rome and free from any metropolitan. Royal support had been the dominant feature for Santiago since the ninth century. Now Compostela looked for a close relationship with the Papacy, in order to achieve a primatial position in the Hispanic church. From the early-twelfth-century documentary compilations, promoted by Diego Gelmírez, until those of the fourteenth century, we appreciate an unequal attention to papal letters.

The novelty of papal support is relevant in the first compilation made in around 1110: out of the 36 copied documents, 30 are papal letters: one from Urban II and 29 from Paschal II. However, in the compilations of c. 1123 and c. 1144 the transcribed material is much more diverse and no longer dominated by papal letters: only 26 of 61 documents are papal letters in the compilation of c. 1123; and 28 papal letters and 23 letters from members of the Roman Curia, of a total of 82 documents, appear in the compilation of c. 1144. However, in order to obtain the elevation of the see, Compostela also relied on the authority of the king. From 1129 until the mid-thirteenth century the church of Compostela compiled only royal documents in its two cartularies ("tumbos"). Only in around 1265 did Archbishop Juan Arias sponsor a (now lost) cartulary, including for the first time papal documents and royal charters.

Finally, for Achbishop Berenguel of Landoria and his Tumbo B, compiled c. 1330, royal charters were more interesting than papal letters: 278 royal charters vs. 55 papal letters.

Gelmírez, Arias and Landoria combined documentary compilation with the elaboration of narratives. Thanks to them, 104 papal letters prior to 1198 have survived. There is no other older exemplar of any of these letters in the Archive of the Cathedral, except for the false Regis aeterni of Alexander III.

Transmisión y Eficacia de la Documentación Pontificia Medieval en las Diócesis de la Extremadura Castellano-Leonesa

José Luis Martín Martín

1. Introducción

Nuestra aportación a esta reunión científica consiste en estudiar los sistemas de relación escrita entre la Curia Pontificia y las iglesias locales en un espacio limitado, el que corresponde a cuatro diócesis castellanas, a lo largo de los siglos XII y XIII.

Pretendemos analizar los vínculos que se establecieron entre la máxima autoridad eclesiástica del mundo cristiano y unas sedes episcopales recién restauradas y en vías de consolidación, tras la crisis provocada por la invasión musulmana, y separadas de Roma por miles de kilómetros. El Papado tenía interés por estas diócesis, que constituían una avanzadilla contra el Islam, y correspondían a un territorio en expansión, y los prelados necesitaban el apoyo del prestigio pontificio pues sufrían numerosos problemas de diverso tipo: de relaciones con la monarquía, de tensiones con los nobles y laicos de sus diócesis, de articulación jerárquica interna, de pleitos por los cargos y rentas eclesiásticos, de carácter doctrinal, dudas sobre temas de disciplina, etc.

La base de este trabajo la constituye la documentación que los papas dirigieron a instituciones, prelados y laicos de las diócesis de Ávila, Ciudad Rodrigo, Salamanca y Segovia, o que se ha conservado en sus archivos por diversas circunstancias históricas.

Se trata de cuatro diócesis vecinas que presentan una cierta homogeneidad tanto desde el punto de vista geográfico como histórico, aunque con algunos matices: todas ellas tenían antecedentes en la época romana o visigoda y todas quedaron abandonadas durante largos siglos con motivo de la invasión musulmana, por encontrarse al Sur del río Duero.

La restauración de esas diócesis se produjo a comienzos del siglo XII, salvo en el caso de Ciudad Rodrigo, cuyo territorio correspondió primero a Salamanca, de la que se desgajó hacia 1162 por iniciativa del monarca leonés Fernando II, que deseaba asegurar la zona, fronteriza con Portugal, con una población importante.[1] Para ello se fundó una sede episcopal, que se justificó atribuyéndole como antecedente la de Caliabria, aunque la ubicación de esta última es discutida. Poco después, en 1175, el papa Alejandro III aprobó oficialmente la nueva sede, aunque ya por entonces ese obispado tenía prelado reconocido por el arzobispo de Santiago e incluso por el propio obispo de Salamanca.

En todo caso, esos territorios e iban siendo ocupandos lentamente desde comienzos del siglo XII, momento en que se establecieron en ellos las primeras estructuras eclesiásticas después de la conquista, por lo que se les puede atribuir unos orígenes bastante similares, lo que justifica que comencemos en esa fecha nuestro trabajo.

Por lo que se refiere al momento final, lo fijamos en el año 1300 de manera convencional, pues hasta esa fecha llega la documentación publicada de los archivos de las catedrales de Ávila, Salamanca y Segovia, y eso nos permite tener una visión amplia de la evolución de las relaciones entre esas sedes y la Curia Pontificia. La documentación medieval del archivo de Ciudad Rodrigo se ha perdido casi totalmente, aunque algún historiador consultó en el pasado y transmitió diversos documentos que parecen fiables.

La mayoría de los documentos pontificios conocidos en la actualidad que se refieren a esas diócesis proceden, sin embargo, de los fondos que se conservan en el Archivo Vaticano, que incorporo y analizo junto con los que se conservan en las diócesis citadas. Como es bien sabido, hasta el presente se ha publicado la documentación referente a España de los pontífices que gobernaron la Iglesia romana hasta el año 1280, más la de Bonifacio VIII (1294–1303), por lo que nuestros conocimientos de las dos últimas décadas del siglo XIII son bastante más deficientes, pero me ha parecido oportuno incorporarlas pues las líneas de comportamiento ya por entonces estaban bien trazadas y resultan claras.

Junto a la delimitación espacial y cronológica ha sido preciso establecer unos criterios a la hora de seleccionar la documentación a estudiar. Los criterios que se han tenido en cuenta para incluir y considerar los documentos pontificios han sido los siguientes:

1. Sólo se cuantifican y estudian en este caso los documentos en cuya intitulación aparece un pontífice, lo que implica que se prescinde de los emitidos por cardenales, legados u otras autoridades eclesiásticas.
2. Se incluyen, además de los procedentes del Archivo Vaticano, todos los que se han conservado físicamente en alguna de las citadas catedrales, y

1 Sobre los orígenes de la sede de Ciudad Rodrigo y la restauración de la de Salamanca, Richard A. FLETCHER: The Episcopate in the Kingdom of Leon in the Twelfth Century, Oxford 1978, pp. 34–37 y pp. 37–42, respectivamente; Julio GONZÁLEZ: Repoblación de la 'Extremadura' leonesa, en: Hispania III (1943) pp. 195–273; José Luis SÁNCHEZ IGLESIAS: Salamanca y su alfoz en la Edad Media (siglos XII y XIII), Salamanca 2003, entre otros.

entre ellos se comprenden los que pasaron al Archivo Histórico Nacional en el siglo XIX con motivo de la desamortización.
3. Se requiere para considerarlos que se conserve el texto original o que se conozca por alguna copia que resulte fiable, por lo que no se incluyen los casos en que sólo se ha transmitido un simple resumen.
4. Que se refieran a autoridades o personas de las diócesis citadas de manera directa, por lo que se excluyen las simples alusiones a miembros de estas iglesias que no afectan a cuestiones de gobierno, a su economía, a temas de culto, etc.; por ej., no se consideran cuando citan a clérigos o fieles de esas diócesis que sólo aparecen como testigos.

A pesar de ese esfuerzo de precisión soy consciente de que siempre se encuentran casos dudosos. También de que cuando se ha procurado cuantificar, y reflejar los datos en gráficos, no se puede pretender más que una simple estimación, o una manifestación de tendencias, pero nunca se puede asegurar que se trate de datos concluyentes, pues faltan por publicar documentos de bastantes instituciones y todavía se están descubriendo algunas colecciones importantes; por ej., en el archivo del Seminario de Ávila se ha encontrado recientemente una rica serie de documentos, incluidas algunas 'bulas', (y en este trabajo utilizo la palabra 'bula' en su sentido más amplio, y menos técnico, para referirme a cualquier documentos pontificio), de la abadía de Burgohondo que está previsto publicar en breve.[2]

1. Características de la documentación

A lo largo de los siglos XII y XIII los pontífices remitieron un total de más de 384 documentos que afectaron de distinta manera a personas o instituciones de este territorio. Se trata de una cantidad considerable de cartas, mucho más elevada de la que imaginábamos en principio, sobre todo si se tiene en cuenta que se trata de zonas bastante marginales, de unas diócesis de carácter medio – e incluso pobre en el caso de Ciudad Rodrigo –, y carentes de instituciones de relieve, si se excluye la Universidad de Salamanca que, por otro lado, entonces todavía se encontraba en proceso de consolidación.

Desde luego, la importancia de esta documentación es muy dispar, ya que lo mismo comprende escritos de trascendencia para el gobierno de un territorio amplio, o se refiere a cuestiones de alta política, que se limita a temas muy puntuales, con repercusiones que apenas superan el ámbito privado.

También su reparto a lo largo de los dos siglos es muy desigual, pues de todo el primer cuarto del período, es decir, de los primeros 50 años del siglo XII,

2 Debemos esta información a José Antonio CALVO GÓMEZ, que ha utilizado parte de esa documentación en su Tesis de Doctorado titulada: Clérigos regulares en Ávila. El Monasterio de Santa María de Burgohondo (siglos XII–XVI), Salamanca 2008 (inédita).

no se conocen más que 6 documentos pontificios, debidos por igual a las cancillerías de los papas Calixto II, Inocencio II y Eugenio III. Esta escasez se debe relacionar con la circunstancia de que todavía las diócesis se encontraban en una fase de formación; es verdad que se han podido perder numerosos diplomas, por descuido, por falta de medios o de encargados de su conservación, pero resulta llamativo que tampoco se encuentran copias en el Archivo Vaticano, lo que quiere decir que se expidieron pocas. La misma temática de esos 6 documentos pontificios insiste en la explicación dada, pues todos están dedicados exclusivamente a señalar términos, parroquias o jurisdicciones de los prelados, es decir, a fijar una infraestructura diocesana que era todavía muy insegura.

Algo más rica en cantidad y en diversidad temática resulta la segunda mitad del siglo XII, ya que se conserva medio centenar de 'bulas', es decir, que se envió al menos una por año. En esa época destacó la actividad de la cancillería de Alejandro III, que remitió más de la mitad de los documentos, pero quizá sea más importante subrayar la pujanza y el cambio de sistema de gobierno que impulsó Inocencio III, pues en sólo dos años de su pontificado envió 8 'bulas', lo que significa un porcentaje mucho más elevado que el de cualquiera de sus predecesores. Por lo demás, los papas de este período pasaron a implicarse en temas de muy distinta naturaleza: continuaban los litigios por límites, propiedades y jurisdicciones, pero intervenían activamente también en el nombramiento de prelados, en asuntos de disciplina, en los relativos al gobierno interno de los cabildos, en concesión de indulgencias, en la regulación del diezmo y en otras cuestiones económicas.

En los primeros cincuenta años del siglo XIII se intensificaron considerablemente las relaciones entre la Curia Pontificia y estas diócesis castellanas, si consideramos como principal indicador de tales vínculos la documentación conservada. Los papas enviaron entonces más de 160 'bulas', lo que quiere decir que se triplicó la intensidad de la correspondencia con relación al período inmediatamente anterior. Seguramente ese incremento tiene bastante que ver con las grandes empresas militares que protagonizaron entonces los monarcas de León y de Castilla[3], con la personalidad del rey Fernando III y su intervención en asuntos eclesiásticos, o con el desarrollo de las estructuras diocesanas y de otras instituciones eclesiásticas.[4]

En la segunda mitad de siglo XIII se mantuvo el número de documentos pontificios conocidos, dirigidos a la Península Ibérica, aunque, como ya se indicó, la información sobre las dos últimas décadas de esa centuria está consi-

---

3 Antonio GARCÍA Y GARCÍA: Inocencio III y los problemas peninsulares, en: IDEM: Iglesia, sociedad y derecho, Salamanca 2000, p. 220; reproducido también en: Estudos en homenagen a Joaquim M. da Silva, Porto 1999, pp. 723–779.

4 Sobre la intensidad de los vínculos entre Fernando III y el Pontificado, los libros clásicos de Demetrio MANSILLA REOYO: Iglesia castellano-leonesa y Curia Romana en los tiempos del rey San Fernando, Madrid 1945; o de Peter LINEHAN: The Spanish Church and the Papacy in the thirteenth century, Cambridge 1971 (Versión castellana: IDEM: La Iglesia española y el Papado en el siglo XIII, Salamanca 1975).

derablemente limitada por la escasez de publicaciones sistemáticas dedicadas a la actividad de las cancillerías de los pontífices que rigieron entonces la Iglesia, dado que, para esos últimos 20 años, nos hemos tenido que basar, fundamentalmente, en los archivos de las catedrales de Ávila, Ciudad Rodrigo, Segovia y Salamanca, así como de la Universidad de esta última ciudad, más la colección de documentos de Bonifacio VIII.[5] Aun así, hemos llegado a contabilizar otros 160 documentos pontificios, lo que nos permite estimar que se debió incrementar el nivel de relaciones epistolares con relación a la que se observa en el período anterior.

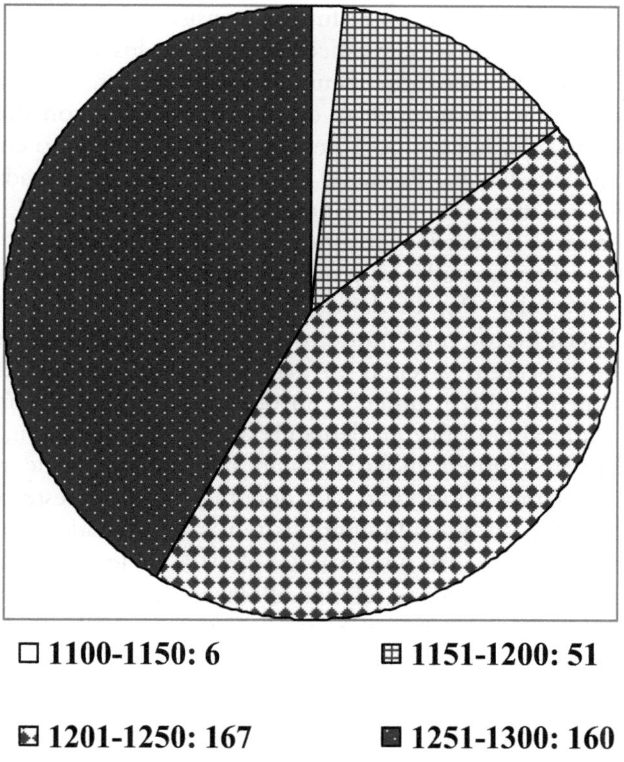

Ilustración 1: Distribución temporal de los documentos enviados por los pontífices a las diócesis de la Extremadura castellana

5 Tampoco se han publicado las colecciones documentales de tres pontificados, los de Inocencio V, Adriano V y Juan XXI, que se desarrollaron entre 1276 y 1277 aunque, debido a su corta duración, que apenas supera el año y tres meses entre los tres, es probable que las 'bulas' que pudieron dirigir a estas diócesis tengan escasa repercusión estadística.

Los grandes pontífices de ese período, sobre todo Inocencio IV, y también su sucesor Alejandro IV, se preocuparon por ordenar el sistema de beneficios de estas diócesis, pues habían crecido de una manera considerable, pero de forma bastante anárquica, y de organizar los cabildos de las catedrales, que también habían incrementado el número de miembros pero con un reparto desequilibrado en cuanto a funciones y remuneración. Esas intenciones pronto quedaron anuladas porque la propia Curia Pontificia se dedicó a utilizar las prebendas de las diócesis castellanas para gratificar a clérigos afines, para premiar a los familiares de cardenales y prelados, fomentando el nepotismo y otros defectos que, en teoría, rechazaban. Una de esas prácticas, que trasciende esta época y creará numerosos problemas en el futuro, consiste en permitir la compatibilidad de oficios y beneficios eclesiásticos, incluso de los vinculados a la cura de almas, todo ello amparado por documentos pontificios. A título de ejemplo: Inocencio IV gratificó a su capellán, el maestro Esteban, con varias canonjías y beneficios en las archidiócesis de Toledo y Santiago, así como en las diócesis de Ávila, Salamanca, Oviedo, Palencia, Orense, o en otras situadas fuera de los dominios de los monarcas castellanoleoneses[6]; Alejandro IV, por su parte, apoyó al maestro Bernardo Hispano, deán de Lisboa, para que recibiera, además de la prebenda citada, las rentas del arcedianato de León y de un beneficio en Compostela.[7] Por lo demás, las intervenciones de los pontífices en materia beneficial fueron muy numerosas[8], y no siempre positivas. En efecto, la concentración de cargos y rentas en manos de privilegiados perjudicaba a los clérigos con menos apoyos quienes, en ocasiones, tras largos años de servicio, tenían que acudir al pontífice en demanda de una simple ración, como hizo un diácono de León a quien apoyó Urbano IV para que se le reconociera un beneficio tras 20 años de servicio.[9] La documentación de este papa constituye buena prueba del peso que adquirían los temas relacionados con las prebendas en las preocupaciones de la Curia, ya que el 40 % de los diplomas del pontifice a las diócesis que estudiamos se referían al asunto de los beneficios.

Claro que esto no significa que los pontífices se olvidaran de otros problemas para centrarse en las rentas eclesiásticas, lo que nos lleva a plantear el tema de los destinatarios de la documentación pontificia referida a estos territorios y a lo largo de los dos siglos que ahora nos ocupan.

Desde este punto de vista los destinatarios más frecuentes fueron los obispos, destacando los de Salamanca y Segovia, con más de 40 'bulas' cada uno,

---

6 Augusto QUINTANA PRIETO: La documentación pontificia de Inocencio IV (1243–1254), Roma 1987, doc. nº 869; Ángel BARRIOS GARCÍA: Documentos de la catedral de Ávila (Siglos XII–XIII), Ávila 2004, doc. nº 86.

7 Ildefonso RODRÍGUEZ DE LAMA: La documentación pontificia de Alejandro IV (1254–1261), Roma 1976, doc. nº 42.

8 En el caso de Inocencio IV ver QUINTANA PRIETO: Inocencio IV (como nota 6) docs. nos. 454, 458, 770, 838, 848, 850, 870.

9 Ildefonso RODRÍGUEZ DE LAMA: La documentación pontificia de Urbano IV (1261–1264), Roma 1981, doc. nº 121.

mientras que los de Ávila recibieron apenas la mitad y de los de Ciudad Rodrigo se conoce una correspondencia con los pontífices puramente testimonial. Desde luego, hubo otros muchos prelados que recibieron notificaciones y disposiciones referentes a cuestiones de las diócesis castellanas citadas, sobre todo los metropolitanos de Santiago y de Toledo, a quienes los papas comunicaban instrucciones de carácter general, para que fueran observadas en todas las sedes sufragáneas; pero desde la Curia Pontificia también se dirigieron a los titulares de otras sedes de la Península Ibérica, para que intervinieran en algunos problemas surgidos en las diócesis que nos ocupan.

Es sabido que la Curia Pontificia mantuvo en esta época una correspondencia intensa con los monarcas castellano-leoneses, pero los asuntos tratados en las cartas cruzadas entre papas y reyes sobrepasaban, con frecuencia el ámbito diocesano, aunque luego tuvieran repercusiones en él. De todos modos, se conservan al menos 17 diplomas que los papas dirigieron a los reyes de la Corona de Castilla y que se refieren a temas relacionados con las diócesis de la Extremadura castellana, algunos de los cuales se conservan en estos archivos, por lo que forman parte de la documentación que ahora nos ocupa.

Tras los obispos, y en ocasiones conjuntamente con ellos, los papas se dirigieron con frecuencia a los canónigos, bien como colectivo o a algunos de sus miembros individualmente. De nuevo fueron los prebendados de Salamanca y Segovia los que recibieron un mayor número de 'bulas', mientras que los de Ávila y Ciudad Rodrigo conservan menos correspondencia pontificia.

Todo esto demuestra que se había producido ya la consolidación del sistema diocesano, que los pontífices consideraban a los obispos sus interlocutores en cada una de las circunscripciones, aunque para algunos problemas acudieran a las más diversas instancias. El resto de las instituciones, aunque estén presentes, ocupan un carácter secundario.

En efecto, no parece que los papas mostraran mucho interés por los monasterios de la región, en parte porque el fenómeno monástico no arraigó en los territorios situados al Sur del Duero, ya que la colonización avanzó en esta zona cuando los grandes movimientos cluniacense y cisterciense empezaban a declinar. La falta de vigor de estos cenobios y la escasez de recursos dificultarían que enviaran procuradores a la Curia y, como consecuencia, que recibieran privilegios de los pontífices. Pero la escasa presencia de documentos dirigidos a las abadías también puede deberse a un problema historiográfico: como los monasterios de la zona carecen de relieve, los historiadores apenas si se han ocupado de ellos hasta la actualidad, y es posible que todavía aparezcan documentos nuevos destinados a los monjes.

Tampoco las órdenes mendicantes dieron mucho trabajo a los notarios pontificios, en este caso a causa de que los conventos habían sido fundados muy recientemente. Como consecuencia, el apoyo pontificio a los conventos comienza a manifestarse en el pontificado de Gregorio IX[10] y se refuerza con Inocencio IV[11], aunque está muy limitado al convento dominico y a las clarisas, ambos de Salamanca.

Los papas también se dirigían de manera general a los fieles, cuando concedían indulgencias a quienes acudieran a determinados templos con carácter penitencial o para celebrar determinadas festividades; así lo hicieron Alejandro III con los peregrinos a Santiago[12]; o Inocencio IV con los que visitaran la catedral de Segovia.[13] Aunque el motivo más común por el que los pontífices se dirigían al clero y al pueblo era para comunicarles el nombramiento de un nuevo prelado, algo de lo que nos ocuparemos más adelante.

En fin, la Curia Pontificia envió documentos a diversas instituciones, como la Universidad de Salamanca, órdenes militares como hospitalarios y santiaguistas, al infante Enrique, hijo de Fernando III[14], y a otros particulares de más difícil identificación.[15]

2. La transmisión, recepción y conservación de las bulas

En general, los papas respondían con estos documentos a las solicitudes de instituciones y personas individuales que reclamaban su apoyo para consolidar determinados derechos, para que se les concedieran nuevos privilegios o para que se resolvieran pleitos y problemas en que se veían implicadas. En este sentido era muy importante la labor desarrollada por los procuradores de los prelados y de los cabildos ante la Curia. Pero los papas también intervenían por

10 Santiago DOMÍNGUEZ SÁNCHEZ: Documentos de Gregorio IX (1227–1241) referentes a España, León 2004, doc. nº 683.

11 QUINTANA PRIETO: Inocencio IV (como nota 6) nos. 50, 58, 63, 64, 65, 173, 232, etc.

12 Antonio LÓPEZ FERREIRO: Historia de la Santa A. M. Iglesia de Santiago de Compostela IV, Santiago 1901, IV, pp. 138–142; BARRIOS GARCÍA: Documentos (como nota 6) nº 19.

13 QUINTANA PRIETO: Inocencio IV (como nota 6) nº 644; Luis Miguel VILLAR GARCÍA: Documentación medieval de la catedral de Segovia (1115–1300), Salamanca 1990, nos. 161, p. 178 y p. 221; Santiago DOMÍNGUEZ SÁNCHEZ: Documentos de Clemente IV (1265–1268) referentes a España, León 1996, nº 72.

14 Clemente IV y Gregorio X lo consideraban vinculado al ataque sufrido por el obispo de Silves y otras dos dignidades en la Toscana, DOMÍNGUEZ SÁNCHEZ: Clemente IV (como nota 13) nos. 166 y 182 y Santiago DOMÍNGUEZ SÁNCHEZ: Documentos de Gregorio X (1272–1276) referentes a España, León 1997, nos. 4, 17, 46.

15 Alejandro IV autorizó a un noble de Medina del Campo llamado Rodrigo a contraer matrimonio con una consanguínea para evitar conflictos familiares: RODRÍGUEZ DE LAMA: Alejandro IV (como nota 7) nº 101, mientras que Bonifacio VIII lo permitía entre Fernando Blas y María Velázquez, vecinos de Ávila, parientes en cuarto grado, Santiago DOMÍNGUEZ SÁNCHEZ: Documentos de Bonifacio VIII (1294–1303) referentes a España, León 2006, doc. 519.

iniciativa propia para marcar determinadas pautas de actuación, para hacer uso de sus atribuciones o, simplemente, para dejar constancia de su autoridad sobre los temas más diversos.

Cuando se trataba de una solicitud o reclamación procedente del exterior, nos encontramos con un proceso que, en cierto modo, se fue formalizando y en el que se solía seguir distintos pasos: la elaboración de una súplica que copiaba un escribiente privado, la exposición ante el pontífice de la petición, la deliberación y la decisión verbal que formulaba el papa y que luego recogía por escrito un notario de la Curia, la revisión del diploma, la fijación del sello y su expedición, después de haber abonado las tasas correspondientes.[16] Los diplomas pontificios hacen alusión, con frecuencia, a esta súplica, y el prof. S. Domínguez ha detallado la existencia de diversos modelos y los motivos de sus variantes.

Conseguido el documento pontificio, o enviado de manera autónoma por la cancillería, todo hace suponer que, de inmediato, adquiría gran valor para el destinatario, honrado por haber logrado relación con la más alta jerarquía de la Iglesia. En este caso sí que parece evidente que el documento se convertía en „monumento“[17], en un bien a conservar por la alta consideración del emisor y por el propio prestigio que aportaba a quien lo obtenía. El diploma adquiría un significado extraordinariamente elevado tanto por lo que decía como por su procedencia, y, seguramente, ese valor resultaba incrementado por los signos y elementos con que dotaba la cancillería pontificia a sus documentos, especialmente los sellos de plomo con la efigie de San Pedro y San Pablo, y con el nombre del pontífice en el reverso.

Como consecuencia, las 'bulas' se conservaban cuidadosamente y por eso se encuentran todavía en los archivos de las principales instituciones eclesiásticas. Además, se suelen conservar los originales o, al menos entre los documentos pontificios conservados en los archivos de las catedrales de la Extremadura castellanoleonesa, parecen predominar claramente los diplomas pontificios originales, y hay relativamente pocas copias, aunque sería recomendable realizar un estudio pormenorizado que lo confirmara.

Sin embargo, el análisis de la colección de documentos pontificios de las diócesis de la Extremadura leonesa permite advertir inmediatamente algunas peculiaridades de difícil explicación. Es lo que sucede con el hecho de que conocemos esta documentación, en buena medida, gracias a la copia conservada por la entidad que la emitió, la Curia Pontificia, y, en menor medida, por las instituciones y personas que las recibieron. En efecto, sólo el 40 %, aproxi-

---

16 Este procedimiento ha sido descrito por DOMÍNGUEZ SÁNCHEZ: Clemente IV (como nota 13) pp. 24–34; DOMÍNGUEZ SÁNCHEZ: Gregorio X (como nota 14) pp. 24–32; Santiago DOMÍNGUEZ SÁNCHEZ: Documentos de Nicolás III (1277–1280) referentes a España, León 1999, pp. 32–46, entre otros.

17 A este aspecto de los diplomas medievales han hecho referencia Jacques LE GOFF/Jean-Claude SCHMITT: L'Histoire médiévale, en: Cahiers de Civilisation médiévale 39 (1996) pp. 9–25.

madamente, de los 384 documentos pontificios que hemos contabilizado se encuentran en archivos de la Península Ibérica y, previsiblemente, el porcentaje sería inferior si se conocieran las copias del Archivo Vaticano correspondientes a los papas que todavía no han sido estudiados.

Además, llama también la atención el hecho de que son relativamente escasos los diplomas que se encuentran duplicados, es decir, que el original conservado por el destinatario tenga su correspondiente copia de emisión. Apenas en una docena de casos se puede contrastar el original localizado en un archivo de la Península con su copia en los Registros Vaticanos. Claro que hasta Inocencio III no parece generalizada la costumbre por parte de la Curia de llevar un control de la documentación emitida[18], y que a lo largo del siglo XIII era frecuente que bastantes documentos fueran expedidos sin registrar[19], pero ¿cómo es que resulta tan escasa la coincidencia? Tampoco es habitual que se conozcan copias de las bulas dirigidas a varias instituciones o personas, caso en que cada una de ellas debería haber recibido el ejemplar correspondiente. ¿Por qué sucede esto y qué significa?

Parece evidente que se ha producido una pérdida bastante elevada de documentación que, en ocasiones, pudo deberse al mismo traslado desde el lugar donde residiera la Curia en cada caso hasta su destino; S. Domínguez ha señalado que, de los 138 diplomas registrados en el Vaticano y emitidos por Nicolás III que publica, „sólo hay tres cuyos originales se conserven".[20] Quizá para evitar ese riesgo, de sobra conocido en la época, algunos pontífices insistieron y mandaron varios documentos para tratar el mismo asunto.[21]

Pero sucedería, con frecuencia, que los obispos, dignidades, canónigos o abades consideraban que muchas de esas disposiciones les afectaban a título individual, y mantendrían las „bulas" en su poder; luego, los destinatarios se desplazarían hacia nuevos beneficios y con ellos se dispersaría esta documenta-

---

18 „Los registros conservados anteriormente a Inocencio III son una excepción", según Demetrio MANSILLA REOYO: La documentación pontificia hasta Inocencio III, Roma 1955, XII.

19 „No todos los documentos expedidos por la cancillería papal se registraban, ni siquiera los más importantes", según MANSILLA REOYO: Inocencio III (como nota 18), XI, quien también advierte que, desde la reforma de la cancillería que dirigió este pontífice, se incrementaron los registros tanto por iniciativa de la misma cancillería como de los destinatarios. Ver también DOMÍNGUEZ SÁNCHEZ: Nicolás III (como nota 16) p. 46.

20 DOMÍNGUEZ SÁNCHEZ: Nicolás III (como nota 16) p. 133.

21 Así, por ej., Alejandro III escribió dos cartas ejecutorias al clero y pueblo de Salamanca para comunicarles la consagración de Pedro como obispo, con muy pocos días de diferencia, José Luis MARTÍN MARTÍN/Luis Miguel VILLAR GARCÍA/Florencio MARCOS RODRÍGUEZ/Marciano SÁNCHEZ RODRÍGUEZ: Documentos de los archivos catedralicio y diocesano de Salamanca (siglos XII–XIII), Salamanca 1977, nos. 44 y 48. Del mismo modo, Honorio III envió dos escritos al rey Fernando III de Castilla con la misma fecha, el 3 de abril de 1225, para que permitiera al obispo electo de Segovia ejercer como tal, Demetrio MANSILLA REOYO: La documentación pontificia de Honorio III (1216–1227), Roma 1965, nos. 548 y 549.

ción. De este modo, sólo pasarían a los archivos los diplomas que presentaran un claro carácter institucional.

En todo caso, los documentos pontificios se dirigían o afectaban a personas que lograban prebendas en otros lugares, a veces, lo que explica que estos documentos muestren en la actualidad una dispersión considerable. A pesar de ello, la mayoría se puede localizar ahora en las catedrales de Salamanca, Segovia o Ávila, o en el Archivo Histórico Nacional, donde se centralizó la documentación de algunas de las instituciones que sufrieron la desamortización. También se conservan algunas copias en grandes depósitos estatales, como la Biblioteca Nacional o la Biblioteca de la Real Academia de la Historia, ambas de Madrid.

Otras instituciones de esas diócesis que han conservado algunos diplomas pontificios son las Clarisas de Salamanca, que dependieron directamente de los pontífices por concesión de Inocencio IV[22], pero que ya antes habían recibido privilegios de Gregorio IX, y luego disfrutarían de la protección de Urbano IV, Clemente IV, Gregorio X, Nicolás III, Nicolás IV y Bonifacio VIII.[23] También conservan documentación pontificia de esta época la Universidad de Salamanca, que la recibió de Alejandro IV y de Bonifacio VIII, así como la poderosa cofradía o universidad de los clérigos de Cuéllar, en la diócesis de Segovia.

Fuera del territorio de estas diócesis se han localizado otros documentos que les afectaban de alguna manera: la Colegiata de San Isidoro de León tiene documentos de Honorio III, que intervino en una disputa por la iglesia salmantina de Santa María de la Vega[24], así como de Gregorio IX y de Nicolás III, que implicaron a diversos prelados, entre los que se encontraba el de Salamanca, en la defensa de los bienes y derechos del monasterio.[25] Otros se encuentran en la catedral de Zamora, pues Gregorio IX, Clemente IV y Nicolás III ordenaron la intervención de varios de sus prelados en conflictos que afectaban a la vecina diócesis.[26] Hay también algún caso aislado de documentos en archivos de Astorga, de Palencia, de Cádiz, de Córdoba, de Murcia o de Toledo. Incluso alguna de las 'bulas' se encuentra en Portugal, en el Arquivo da Torre do Tombo, a causa de que Gregorio IX designó a dos dignidades de Zamora y al chantre de Salamanca para que resolvieran un conflicto entre la canónica de Guimarães y el cabildo de Braga.[27] Y es previsible que, con la am-

22 QUINTANA PRIETO: Inocencio IV (como nota 6) nº 173.

23 Ángel RIESCO TERRERO: Datos para la historia del Real Convento de Clarisas de Salamanca, León 1977, p. 11.

24 MANSILLA REOYO: Honorio III (como nota 21) nº 394.

25 DOMÍNGUEZ SÁNCHEZ: Gregorio IX (como nota 10) nº 315; DOMÍNGUEZ SÁNCHEZ: Nicolás III (como nota 16) nº 49.

26 DOMÍNGUEZ SÁNCHEZ: Gregorio IX (como nota 10) nº 144; DOMÍNGUEZ SÁNCHEZ: Clemente IV (como nota 13) nos. 12 y 95; DOMÍNGUEZ SÁNCHEZ: Nicolás III (como nota 16) nos. 45 y 144.

27 DOMÍNGUEZ SÁNCHEZ: Gregorio IX (como nota 10) nº 529.

pliación de las investigaciones, aparezcan documentos pontificios referidos a estas diócesis en otros archivos.

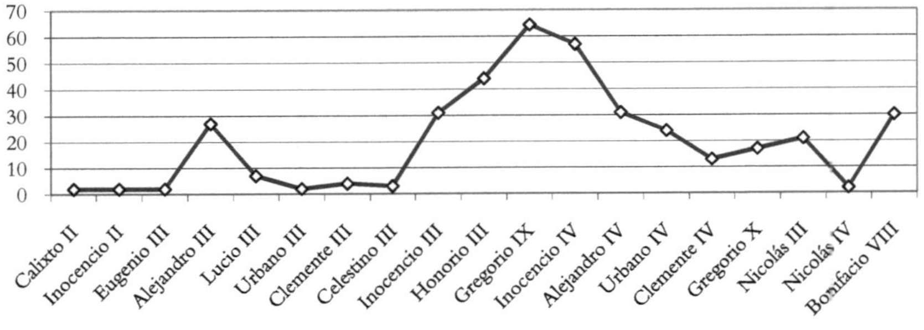

Ilustración 2: Diplomas dirigidos a estas sedes, por pontificados

3. Repercusiones de las disposiciones pontificias

La correspondencia papal con estas diócesis castellanas se aplicó a un abanico de temas extraordinariamente amplio, pues abarca lo mismo aspectos de tipo económico que político, a cuestiones de carácter jurisdiccional que a las de índole moral. En todo caso, conviene advertir que ahora prescindiremos de los problemas que se refieren al mapa eclesiástico, a la distribución de diócesis sufragáneas entre metrópolis, a la delimitación de los territorios diocesanos o a la adscripción de parroquias, porque son asuntos que ya he tratado con anterioridad.[28]

Llama la atención, en primer lugar, que algunos prelados de estos territorios se vieran implicados, por decisión pontificia, en conflictos de carácter internacional y de relevancia política. En efecto, Gregorio IX solicitó ayuda a los prelados castellanos para resolver sus problemas con el emperador Federico II en Tierra Santa lo que, seguramente, resultaba muy lejano para estas diócesis.[29] Más próximo les resultaría el enfrentamiento surgido entre la Iglesia portuguesa, unida a otros grupos sociales, y el monarca Sancho II, pues el papa recurrió a varios prelados castellanos, en concreto al obispo de Palencia y a dos arcedianos, a quienes nombró jueces eclesiásticos para que investigaran la ocupación de bienes de la Iglesia por parte del rey, y prosiguió con la designación del obispo de Salamanca y del deán y maestrescuela de Zamora para que se encargaran de que se cumpliera la sentencia de excomunión impuesta al monarca,

28 José Luis MARTÍN MARTÍN: Estructuras eclesiásticas en espacios fronterizos de la Península Ibérica medieval, en: Grenzräume und Grenzüberschreitungen im Vergleich. Der Osten und der Westen des mittelalterlichen Lateineuropa, hg. von Klaus HERBERS/Nikolas JASPERT, Berlin 2007 (Europa im Mittelalter 7), pp. 403–432.

29 DOMÍNGUEZ SÁNCHEZ: Gregorio IX (como nota 10) nos. 116 y 117.

salvo que devolviera esas propiedades.[30] Una intervención de estas características podía debilitar la imagen del rey, producir un desgaste de su prestigio, pero era difícil que tuviera unos resultados inmediatos. En efecto, el conflicto aparece documentado ya en 1227 y el nombramiento del prelado salmantino se produjo en 1235, pero el problema persistía en 1238, cuando el pontífice escribió a los obispos portugueses y a otros miembros de la jerarquía eclesiástica de ese país, mandándoles que respetaran las sentencias canónicas impuestas[31]; y todavía heredó el pleito Inocencio IV hasta concluir con la deposición del monarca, tras declararlo *rex inutilis*, en 1245.[32] Pero los problemas por los bienes eclesiásticos de la diócesis de Oporto sobrevivieron al papa y al rey, ya que persistían en 1254, cuando Inocencio reiteró el nombramiento de jueces eclesiásticos para que lo resolvieran.[33]

Más tarde algún clérigo de la zona se vio envuelto, de nuevo, en asuntos lejanos, aunque al menos, en este caso, eran de carácter más claramente eclesiástico: Bonifacio VIII encargó al tesorero de la catedral de Salamanca, italiano de origen, que apoyara al arzobispo de Bourges para que pudiera visitar la diócesis mediante procuradores, y también que interviniera en la colación de un cargo en Italia.[34]

Tampoco fueron fáciles las relaciones del pontificado con el monarca castellano Fernando III, pues intervenía muy activamente en asuntos del clero. Por cierto, la documentación de la Curia transmite una imagen del rey bastante distinta de la que se forjó posteriormente, en el proceso de canonización que tuvo lugar en el siglo XVII, ya que, en el pequeño territorio que ahora contemplamos, se detecta primero el enfrentamiento entre Honorio III y el rey porque éste exigía a los canónigos de Segovia unos tributos sin ninguna justificación, por lo que el papa le ordenó que desistiera de tales exigencias.[35] Pero el conflicto que envenenó las relaciones entre el monarca y el pontífice fue la oposición del primero a permitir que el obispo electo de Segovia, Bernardo, tomara posesión de su sede pues, mientras tanto, la hacienda real disfrutaba de

---

30 DOMÍNGUEZ SÁNCHEZ: Gregorio IX (como nota 10) nº 499. Sobre el conjunto del problema puede verse ibid., p. 23

31 Según DOMÍNGUEZ SÁNCHEZ „Se podría decir que Sancho II fue para Gregorio IX el problema más grave, la auténtica pesadilla, que tuvo afrontar en la Península Ibérica", Gregorio IX (como nota 10) p. 23, ver también nº 722.

32 Un estudio reciente del reinado de Sancho II, en el que se detallan los conflictos que acabaron con su deposición, y la intervención de la Curia Pontificia, en José Manuel VARANDAS: „Bonus rex" ou „rex inutilis". As periferias e o centro. Redes de poder no reinado de D. Sancho II (1223–1248), Tesis doctoral, Universidade de Lisboa 2003.

33 QUINTANA PRIETO: Inocencio IV (como nota 6) nº 1012.

34 DOMÍNGUEZ SÁNCHEZ: Bonifacio VIII (como nota 15) nos. 634 y 640.

35 *Serenitatem tuam rogandam duximus et monendam, quatinus pro reverentia divina et nostra taliter ab exactionibus prefatis desistas, quod ecclesia ipsa per te non doleat se gravatam, qui gravamina debes depellere ab eadem, nec tu Deum videaris ofendere libertatis ecclesiastice zelatorem.* MANSILLA REOYO: Honorio III (como nota 21) nº 436.

los bienes y rentas episcopales[36]; Linehan califica la actuación del monarca en las rentas del episcopado de Segovia como saqueo.[37] El papa intervino en numerosas ocasiones sobre este tema, con escritos directos al rey y también ordenando a otros obispos castellanos que apoyaran al prelado[38], pero con tan poco éxito que concluyó su pontificado sin conseguir el objetivo de ver al electo en su sede, de manera que la diócesis de Segovia se mantuvo sin prelado al menos dos años, y el conflicto fue heredado por el papa siguiente, Gregorio IX.[39] Mientras tanto, el interés de Fernando III por las rentas eclesiásticas se fue consolidando, hasta llegar a usurpar la tercia de la fábrica de las iglesias.[40]

Sin embargo, el propio rey castellano tendría que acudir tanto al papa Gregorio como al obispo Bernardo de Segovia cuando quiso incorporar los territorios del reino de León a su Corona, en la pugna que tenía con sus hermanas Sancha y Dulce. Los contendientes decidieron garantizar el cumplimiento del acuerdo entre los hermanos encomendando su supervisión al pontífice, y para ello le enviaron el texto de la concordia.[41] En el contexto de ese acuerdo Fernando III mandó al prelado Bernardo y a su colega de Astorga a la Curia, para conseguir la cesión del castillo de Castrotorafe, colocado bajo la autoridad del papa y entregado por éste a la orden de Santiago; la fortaleza en cuestión constituía entonces un foco de resistencia al monarca, hasta que pudo lograr la cesión por parte del pontífice.[42]

La documentación informa también de otros conflictos entre la jerarquía eclesiástica y laicos de estas diócesis que aconsejaron en determinados momentos la intervención del papa. Los más importantes parecen centrados en tres tipos de temas: la defensa del fuero eclesiástico, la devolución de bienes y rentas ocupados por usurpadores y los problemas relacionados con el pago del diezmo, según se analiza brevemente a continuación.

Las autoridades diocesanas controlaban con firmeza el respeto del fuero eclesiástico por parte de los laicos, es decir, velaban para que los clérigos que hubieran cometido un delito fueran juzgados por tribunales eclesiásticos, recha-

---

36 *Consentire noluiste electioni predicte, set eumdem electum post electionem et confirmationem ipsius coegisti episcopatum Segobiensem exire ac bona eiusdem episcopatus, quasi voluntas pro ratione tibi fuerit, occupasti.* MANSILLA REOYO: Honorio III (como nota 21) nos. 549 y 548.

37 LINEHAN: The Spanish Church (como nota 4) p. 9.

38 MANSILLA REOYO: Honorio III (como nota 21) nos. 554, 600, 618, 639; VILLAR GARCÍA: Segovia (como nota 13) docs. 120, 121.

39 DOMÍNGUEZ SÁNCHEZ: Gregorio IX (como nota 10) nº 7; VILLAR GARCÍA: Segovia (como nota 13) nº 124.

40 DOMÍNGUEZ SÁNCHEZ: Gregorio IX (como nota 10) nº 50.

41 El tratado se conoce gracias a la copia que se conserva en el Archivo Vaticano, Julio GONZÁLEZ: Reinado y diplomas de Fernando III, II Diplomas (1218–1232), Córdoba 1983, nº 270.

42 GONZÁLEZ: Fernando III (como nota 41) pp. 259–262; DOMÍNGUEZ SÁNCHEZ: Gregorio IX (como nota 10) nº 363.

zando la intervención de oficiales ajenos y, más aún, que particulares tomaran la justicia por su mano frente a miembros del clero. Cuando algunas personas o colectivos de laicos no respetaban la jurisdicción propia del clero solía intervenir inmediatamente el prelado para imponer las sanciones canónicas correspondientes, pero, en ocasiones, si el delito era especialmente grave, acudían a la Curia Pontificia para lograr un castigo más contundente y disuasorio. Por ese motivo tenemos información de algunas actuaciones especialmente violentas, como el incendio provocado en una iglesia en Medina que causó la muerte a unas 300 personas[43], o la mutilación y asesinato de un sacerdote acusado injustamente de relación carnal con una mujer de su propia familia.[44]

En ocasiones, sin embargo, la intervención pontificia no parece corresponder a un atropello tan evidente y de resultados personales tan lamentables, sino a un malestar de miembros del clero que consideraban que determinados colectivos laicos limitaban sus libertades y el ejercicio de la jurisdicción.[45] Hay ocasiones en que se hace referencia a ingerencias de laicos prepotentes, a presiones para que los clérigos acudieran a los tribunales ordinarios para resolver sus pleitos, sin respetar el fuero propio.[46] En otros casos la queja queda bastante difusa, pues se alude a molestias que se repetían con cierta frecuencia, a la perturbación de libertades y derechos por parte de un conjunto de vecinos.[47]

La intervención de la Curia se produjo también, con frecuencia, por cuestiones de tipo económico, como era la usurpación de bienes de las iglesias o por la requisa de rentas eclesiásticas. En el primer sentido nos encontramos con denuncias como las que se produjeron por la ocupación de la villa de Alcacerén por vecinos de Olmedo en 1233, a pesar de que había sido donada a la iglesia casi un siglo antes por una hermana de Alfonso VII y confirmada después por Sancho III.[48] Parece que de las usurpaciones no se libraban ni las órdenes militares; al menos diversos pontífices, como Gregorio IX y Bonifacio

---

43 *Ipsi qui exterius erant, diabolico furore succensi, ecclesiam cum trecentis hominibus concremarunt.* MARTÍN MARTÍN/VILLAR GARCÍA/MARCOS RODRÍGUEZ/SÁNCHEZ RODRÍGUEZ: Documentos de Salamanca (como nota 21) nº 51.

44 MARTÍN MARTÍN/VILLAR GARCÍA/MARCOS RODRÍGUEZ/SÁNCHEZ RODRÍGUEZ: Documentos de Salamanca (como nota 21) nº 39.

45 QUINTANA PRIETO: Inocencio IV (como nota 6) nº 627; MARTÍN MARTÍN/VILLAR GARCÍA/MARCOS RODRÍGUEZ/SÁNCHEZ RODRÍGUEZ: Documentos de Salamanca (como nota 21) nº 233.

46 *Clerum suum adeo aggravant et molestant per potentiam laicalem, quod cum violenta temeritate compellunt coram seculari iudice litigare.* BARRIOS GARCÍA: Documentos (como nota 6) nº 50.

47 *Cives salamantinos super iurisdictionibus et libertatibus ac iuribus suis multipliciter perturbare presumunt.* QUINTANA PRIETO: Inocencio IV (como nota 6) nº 627. MARTÍN MARTÍN/VILLAR GARCÍA/MARCOS RODRÍGUEZ/SÁNCHEZ RODRÍGUEZ: Documentos de Salamanca (como nota 21) nº 233.

48 VILLAR GARCÍA: Segovia (como nota 13) nos. 32 y 57; DOMÍNGUEZ SÁNCHEZ: Gregorio IX (como nota 10) nº 276.

VIII, enviaron diplomas para proteger bienes de los freires de Alcántara, así como de los hospitalarios que, al parecer, se encontraban amenazados.[49]

Otros problemas se detectan en Ávila, sobre todo a finales del siglo XII, cuando acudieron ante el pontífice representantes tanto de las autoridades eclesiásticas como de la población laica para exponer sus quejas. El clero denunciaba que algunos seglares dificultaban el cumplimiento de las últimas voluntades de los difuntos en lo referente a la entrega de patrimonio a la Iglesia, o que se entrometían en designar clérigos para los beneficios o, a la inversa, en desplazarlos sin autorización del prelado, o de relacionarse con excomulgados y de intervenir en asuntos de sacramentos. Pero también los laicos manifestaron su descontento porque el obispo exigía que las mujeres presentaran su ofrenda ante el celebrante o porque imponía sanciones canónicas que sólo levantaba cuando le pagaban la correspondiente multa, entre otras ofensas.[50]

Lucio III debió considerar el conflicto de notable entidad, a juzgar por las personas designadas como jueces eclesiásticos: los arzobispos de Toledo y de Santiago, así como el obispo de Segovia. Estos dieron su sentencia en Valladolid pocos meses más tarde, procurando recuperar las normas canónicas y las tradiciones razonables de la región, y sus decisiones fueron confirmadas más tarde por el siguiente pontífice, Urbano III.[51] Pero no parece que esas intervenciones de las autoridades eclesiásticas acabaran con los enfrentamientos, pues se detecta otro brote de la crisis casi un cuarto de siglo más tarde.[52]

Uno de los asuntos que se revela como más conflictivo entre las autoridades eclesiásticas y la población de estas diócesis es el referente al pago del diezmo. Se trata de un tema complejo ya que informa sobre él documentación de orígenes y tipología diversa, por lo que resulta imposible tratarlo aquí en profundidad y me limitaré a señalar algunos rasgos que se observan directamente en los diplomas pontificios.

En la segunda mitad del siglo XII todavía se estaba extendiendo la obligación de diezmar en los territorios de la Extremadura Castellanoleonesa, a medida que se establecían y consolidaban aldeas. Por eso los aspectos que primero se documentan son los referentes a la dependencia diocesana de esos poblados, con la atribución de los correspondientes derechos diezmales, y a la delimitación de los obispados.[53] También en esos mismos años se presenta la justificación de la obligación del pago, que el papa Alejandro III atribuye directamente

49 Colección diplomática medieval de la Orden de Alcántara (1157?–1494), ed. Bonifacio Palacios Martín, Madrid, 2000, nos. 163, 164 y 165; Domínguez Sánchez: Gregorio IX (como nota 10) nos. 740, 741, 742; Domínguez Sánchez: Bonifacio VIII (como nota 15) nº 597.

50 Barrios García: Documentos (como nota 6) nos. 28 y, sobre todo, 29.

51 Barrios García: Documentos (como nota 6) nos. 30 y 31.

52 Barrios García: Documentos (como nota 6) nº 50.

53 Un pleito entre las diócesis de Salamanca y Zamora en 1163 *super decimis de Ledesma cum terminis suis*, en Martín Martín/Villar García/Marcos Rodríguez/Sánchez Rodríguez: Documentos de Salamanca (como nota 21) nº 42.

a la misma Divinidad[54], la extensión a la décima parte precisa de las especies ganaderas y de todos los frutos de la tierra o la exigencia, incluso, a los fieles de otras religiones, como los musulmanes, justificada en este caso para evitar la práctica detectada entre algunos cristianos que arrendaban sus propiedades a los moros con la intención de evadirse del pago del tributo.[55]

En concreto, algunos pontífices, como Lucio III, parecen haber impulsado una campaña de generalización del diezmo en las diócesis de Ávila y Salamanca entre 1182 y 1185. En primer lugar, ordenó el pago del diezmo de las cosechas, en la misma especie recolectada, a los caballeros y pueblo de Ávila, Arévalo y Olmedo, como exigencia de la justicia divina y obligación canónica.[56] Debieron tener éxito esas gestiones, porque años más tarde el mismo papa encargó al obispo y arcediano de Ávila que obligaran al pago en la diócesis de Salamanca, donde *plerique parrochianorum suorum, preceptum dominicum postponentes, quo decimas de laboribus et iustis acquisitionibus ecclesiis suis Dominus censuit persolvendas … pro magna parte retinere presumunt.*[57]

La importancia económica de los ingresos diezmales generó numerosos conflictos a otros niveles, incluso entre distintas instituciones, entre clérigos a título particular y entre eclesiásticos y determinadas comunidades de religiosos, que se disputaban el cobro de esos derechos. Los enfrentamientos más frecuentes en este sentido se detectan entre prelados y cabildos, entre los obispos y las clerecías locales o entre cabildos y clero de las aldeas.[58] De estos pleitos ni siquiera se veían libres los arzobispos o las poderosas órdenes militares[59], de modo que el tema de la distribución del diezmo constituía uno de los aspectos más conflictivos para las instituciones eclesiásticas medievales.

---

54 *Quoniam decimationes ab ipso Domino institute noscuntur, sunt ab hominibus quasi quoddam debitum exigende et ecclesiis Dei ac personis earum fideliter exsolvende inde*, BARRIOS GARCÍA: Documentos (como nota 6) nº 11.

55 *Domini predictorum hortorum et molendinorum ipsa tradunt sarracenis in grave detrimentum ecclesiarum et preiudicium excolenda, qui nolunt ecclesiis, sicut olim christiani solebant, freti potentia et favore illorum, a quibus excolenda traduntur, decimas exhibere*, MANSILLA REOYO: Inocencio III (como nota 18); BARRIOS GARCÍA: Documentos (como nota 6) nº 46.

56 BARRIOS GARCÍA: Documentos (como nota 6) nº 21.

57 MARTÍN MARTÍN/VILLAR GARCÍA/MARCOS RODRÍGUEZ/SÁNCHEZ RODRÍGUEZ (como nota 21) nº 83.

58 Aquí la documentación pontificia informa de pleitos entre el obispo de Salamanca y la clerecía de Medina, MARTÍN MARTÍN/VILLAR GARCÍA/MARCOS RODRÍGUEZ/SÁNCHEZ RODRÍGUEZ: Documentos de Salamanca (como nota 21) nº 131; entre el cabildo de Salamanca y clérigos y laicos de Ciudad Rodrigo, ibid., nº 310; entre los clérigos de Medina y unos monasterios, ibid. 129, o de los clérigos de Valbuena contra un convento premonstratense, en RODRÍGUEZ DE LAMA: Alejandro IV (como nota 7) nº 382.

59 DOMÍNGUEZ SÁNCHEZ: Gregorio IX (como nota 10) nº 609; PALACIOS MARTÍN: Colección diplomática (como nota 49) nº 152.

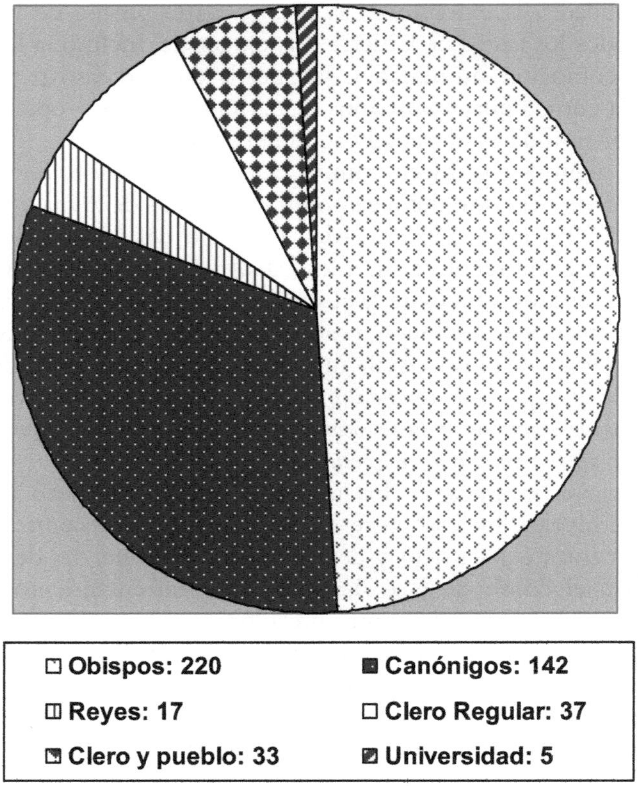

Ilustración 3: Destinatarios de la Documentación Pontificia.

4. La eficacia de la documentación pontificia

Esta documentación pontificia resulta, por tanto, de gran valor para el historiador por la cantidad de temas que toca, por la variedad de instituciones y personas afectadas por sus disposiciones y porque indica el ritmo de las conexiones entre el papado y unas diócesis castellanas, todo lo cual puede reflejar de manera bastante fiel las grandes tendencias de las relaciones entre los pontífices y las sedes de la Península Ibérica y de su evolución en estos siglos.

Pero todavía debemos analizar al menos otro aspecto fundamental: el de la eficacia de esas disposiciones pues, con frecuencia, existe una considerable distancia entre las normas y los comportamientos concretos, y más si se tiene en cuenta que esos documentos se redactaron, con frecuencia, en un contexto de choque de intereses, desde lugares muy lejanos dedonde se producía el problema. Claro que la eficacia y resultados de estas intervenciones variaron mucho según el tipo de asuntos o según el acierto con que fueron enfocados. Como consecuencia, en la Curia advirtieron muy pronto la importancia de disponer de buena información, para tomar la decisión adecuada, y para eso resultaba fundamental el nombramiento de pesquisidores y jueces. La intervención de estos personajes es habitual, en el caso de estas diócesis castellanas, desde el pontificado de Alejandro III.[60]

Sin duda, las decisiones de los pontífices tenían una repercusión notable, y por eso las iglesias locales enviaban con gran frecuencia procuradores a la Curia para conseguir sentencias coincidentes con sus intereses. Desde otro punto de vista, conocemos la eficacia de los preceptos de los papas porque han quedado plasmados en hechos bien documentados posteriormente, y que se refieren a asuntos tan dispares como las delimitaciones entre diócesis o la composición de los cabildos.

En este último sentido se puede asegurar que las constituciones redactadas por el cardenal Gil y aprobadas por Inocencio IV constituyeron la referencia fundamental durante el resto de la Edad Media para los cabildos de Ávila y Salamanca, así como para otros que, al margen de las diócesis que ahora estudiamos, también recibieron normas parecidas.[61] En ellas se regularon con detalle aspectos tan relevantes como el número de beneficiados que debería haber en cada una de ellas, las competencias y obligaciones que tenían encomendadas, los criterios de selección, la jerarquización interna y el sistema de promoción o las rentas que correspondían a cada una de las dignidades, canónigos o racioneros. Y, como consecuencia de esto último, se elaboraron entonces relaciones bastante completas y fiables de las iglesias que existían en las diócesis de Ávila, Salamanca y Segovia, con datos sobre los diezmos que se recaudaban en cada uno de los poblados.[62]

Del mismo modo, también ha quedado constancia de la participación de los pontífices en la designación de prelados, aunque la norma canónica atribuía esta competencia a los cabildos. Los papas suelen justificar esa intervención

---

60 MARTÍN MARTÍN/VILLAR GARCÍA/MARCOS RODRÍGUEZ/SÁNCHEZ RODRÍGUEZ: Documentos de Salamanca (como nota 21) nos. 38 y 42.

61 Inocencio IV también otorgó constituciones para los cabildos de Calahorra y Burgos; con anterioridad Honorio III había aprobado en 1224 las de la iglesia de León y, bien fuera por la influencia de esos textos o por la intervención de otros prelados, entonces también se reguló el funcionamiento de las catedrales de Astorga, Palencia, Plasencia o Segovia. Vid. MANSILLA REOYO: Iglesia castellano-leonesa (como nota 4), p. 194; José Manuel NIETO SORIA: El intervencionismo pontificio sobre la Iglesia conquense en el siglo XIII, en: Hispania 45 (1985) pp. 33–58; Jorge DÍAZ IBÁÑEZ: Pontificado e iglesias locales en Castilla. El caso del obispado de Cuenca (siglos XII–XV), en: Anthologica Annua 44 (1997) pp. 381–483.

62 Estas informaciones constituyeron la base de los estudios de Ángel Barrios sobre el poblamiento de la zona, y de otros muchos trabajos particulares: Ángel BARRIOS GARCÍA/Alberto MARTÍN EXPÓSITO: Demografía medieval: modelos de poblamiento en la Extremadura castellana a mediados del siglo XIII, en: Studia Historica. Historia Medieval 1 (1983) pp. 113–148.

como consecuencia del retraso de los canónigos en hacer la propuesta, demora que perjudicaba la vida diocesana, o a causa de las discrepancias internas de los capitulares, disputas que llegaban a alterar la vida diocesana, lo que hacía recomendable la mediación de una instancia superior. En nuestro caso queda constancia de los nombramientos de Esteban como obispo de Ávila por Gregorio IX[63]; de los obispos Pedro por Alejandro III, Pelayo por Gregorio IX, y de Nuño por Nicolás III, estos tres para la diócesis de Salamanca[64]; además, el último pontífice también se ocupó de designar, personalmente, a Rodrigo como prelado de Segovia.[65] Bonifacio VIII, por su parte, designó a Antonio como obispo de Ciudad Rodrigo y a Pascasio, arcediano de Olmedo, entonces de la diócesis de Ávila, como prelado de la sede de Cuenca.[66]

Resulta interesante advertir que la comunicación pontificia de estos nombramientos solía realizarse mediante un procedimiento bastante regular: los papas enviaban, habitualmente, la notificación a diversas personas y colectivos que podían facilitar su toma de posesión y el desempeño de sus funciones. Por eso se conservan, con frecuencia, las comunicaciones al cabildo, al rey, al clero y pueblo de la ciudad y de la diócesis, así como a los vasallos de la iglesia y, en los dos nombramientos realizados tanto por Nicolás III como por Bonifacio VIII, la comunicación al nuevo prelado lleva la misma fecha que las enviadas a las restantes autoridades.

Con carácter general, se ha constatado una progresiva intervención de los pontífices en la elección de los obispos durante el siglo XIII[67], lo que, si se une al interés de los monarcas por controlar este selecto grupo, cuyos miembros, los prelados, solían actuar como asesores y colaboradores de la monarquía, conduce a una disminución importante de la influencia de los cabildos, los electores regulares según las disposiciones canónicas.

Sin embargo, es evidente que las disposiciones pontificias no siempre tenían eficacia ni conseguían sus objetivos. Este mismo aspecto que se acaba de señalar, la multiplicación de 'bulas' para comunicar el nombramiento de un prelado, indica que en la Curia tenían cierto temor a encontrarse algunas resistencias. Y ya se comentó antes el largo enfrentamiento entre el papa Honorio III y el rey Fernando III por la toma de posesión de Bernardo como nuevo obispo de Segovia, que mantuvo a la sede castellana durante varios años sin prelado, a pesar de las reiteradas advertencias del papa y de que en este caso se cree que la elección reunió todos los requisitos canónicos.[68]

---

63 DOMÍNGUEZ SÁNCHEZ: Gregorio IX (como nota 10) nos. 996 y 999.

64 MARTÍN MARTÍN/VILLAR GARCÍA/MARCOS RODRÍGUEZ/SÁNCHEZ RODRÍGUEZ: Documentos de Salamanca (como nota 21) nos. 44, 34, 47 y 48, todos referidos al obispo Pedro, mientras que Domínguez, nos. 18, 19 y 21, se ocupa de Pelayo y DOMÍNGUEZ SÁNCHEZ: Nicolás III (como nota 16) nos. 92 a 97, lo hace de Nuño.

65 DOMÍNGUEZ SÁNCHEZ: Nicolás III (como nota 16) nos. 92–97.

66 DOMÍNGUEZ SÁNCHEZ: Bonifacio VIII (como nota 15) nos. 447–452 y 582–587.

67 MANSILLA REOYO: Iglesia castellano-leonesa (como nota 4) p. 166.

68 MANSILLA REOYO: Iglesia castellano-leonesa (como nota 4) pp. 168–171.

Por eso se podría dudar de la eficacia de algunos de estos nombramientos, que sólo están documentados por fuentes pontificias. ¿Llegaría a tomar posesión el citado Nuño como obispo de Salamanca? Su nombre sí aparece en algún episcopologio[69], pero, a pesar de las diversas 'bulas' que comunican su designación, con fecha 5 de abril de 1278[70], no consta luego en ningún documento del archivo capitular y tampoco lo encuentro en la documentación real que he podido consultar, en la que, por el contrario, se atribuye a Salamanca la condición de *sede vacante* en los años siguientes.[71]

Hay otros asuntos en los que tampoco fue sencillo poner en práctica las disposiciones de los papas. Esto se advierte con claridad en temas económicos, como los relacionados con los diezmos ya que, a pesar de las „bulas" citadas, destinadas a justificar y a regular su pago, se comprueba la resistencia a su cumplimiento por reiterados documentos posteriores, algunos de ellos dirigidos a las diócesis de Ávila y Salamanca. En esta última, el obispo y el cabildo denunciaron ante Inocencio III que los laicos de Medina, una de las poblaciones más importantes de la diócesis, y algunas otras personas, retenían diezmos y primicias; algo similar ocurría décadas más tarde con vecinos de pequeñas poblaciones del Oeste salmantino.[72]

Similares causas se encuentran en la base del largo desencuentro, citado más arriba, entre los laicos de Ávila y sus autoridades eclesiásticas, ya que se documenta la intervención, para resolver este asunto, de tres papas (Lucio III, Urbano III e Inocencio III), de dos arzobispos (los de Toledo y Santiago), de dos obispos, los de Segovia y Zamora, además del deán y arcediano de esta última iglesia.[73]

Entre las decisiones económicas que obligaron a diversas intervenciones pontificias, lo que indica que los primeros documentos fueron ineficaces, se encuentra la relativa a la implantación del „voto de Santiago". Ese tema aparece en nuestra documentación en julio de 1199, fecha en que Inocencio III encomendó a los obispos de Salamanca y de Zamora que obligaran a su cumplimiento, pero se mantenía siete años más tarde, cuando ese mismo papa confirmaba las sentencias impuestas por los prelados citados pero advertía, poco después, que la cuantía a abonar podía variar según las costumbres de las poblaciones afectadas, lo que constituía un matiz importante.[74]

---

69 Florencio MARCOS RODRÍGUEZ: Salamanca, en: Diccionario de Historia Eclesiástica de España, IV, Madrid 1975.

70 DOMÍNGUEZ SÁNCHEZ: Nicolás III (como nota 16) nos. 29–34.

71 Manuel GONZÁLEZ JIMÉNEZ: Diplomatario andaluz de Alfonso X, Sevilla 1991, nº 439, de 26 de abril de 1278, indica que la sede salmantina se encontraba vacante, lo mismo que los documentos posteriores en que aparecen prelados confirmando, como los nos. 447, 450–455, 458, 462 y otros.

72 MARTÍN MARTÍN/VILLAR GARCÍA/MARCOS RODRÍGUEZ/SÁNCHEZ RODRÍGUEZ: Documentos de Salamanca (como nota 21) nos. 130, 309 y 310, respectivamente.

73 BARRIOS GARCÍA: Documentos (como nota 6) nos. 28, 29, 30, 31 y 50.

74 MANSILLA REOYO: Inocencio III (como nota 18) nos. 202, 213, 333 y 335.

En otros casos lo que se detecta es la escasa eficacia de las sanciones canónicas, quizá porque se estaba abusando de su empleo. Un ejemplo claro se documenta tras el asesinato del obispo de Silves y del deán y arcediano de Salamanca, así como de sus acompañantes, delito que se imputaba a unos gibelinos de la Toscana, amigos del infante Enrique, según denuncia de Clemente IV que amenazaba con sanciones canónicas en caso de que no se reparara el daño, en lo posible.[75] Unos meses más tarde ese mismo papa pronunció sentencia de excomunión contra las personas acusadas de haber cometido esos crímenes, pero eso no resolvió el problema que pasó a su sucesor, Gregorio X, quien confirmaba las sentencias cuatro años más tarde.[76] Todavía Gregorio X reiteró las sanciones y señaló un nuevo plazo que, una vez más, transcurrió sin efecto, por lo que otra vez volvió a ampliarlo.[77] Sólo entonces se interrumpe la correspondencia sobre ese conflicto, sin que sepamos cuál fue el resultado final.

Esta documentación informa sobre otros temas importantes que no se tratan aquí, pues superan con mucho las pretensiones de este trabajo. Por ejemplo, los que se refieren a los destinatarios más frecuentes de estos diplomas, los obispos y miembros del alto clero castellano, o todo lo relativo al sistema de beneficios.

En el primer aspecto, todavía no se ha realizado un estudio sobre el episcopado leonés del siglo XIII que completara el que realizó Fletcher hace ya tres décadas para el siglo anterior, y no hay nada similar para el reino de Castilla en todo el período. Y, en particular, sería interesante intentar seguir las actuaciones de los prelados en los asuntos encomendados por la Curia Pontificia a través de la documentación que se conservar en las catedrales correspondientes.

Hay también un porcentaje elevado de esta documentación pontificia que se refiere a la concesión de beneficios a miembros de la Curia y también a clérigos de muy distinto origen y cualificación. Se trata de un asunto sin duda interesante por su repercusión en las iglesias locales, pero también como sistema de remuneración de servidores del alto clero y de miembros de diversos organismos de la administración eclesiástica. Además, sirvió para establecer unos vínculos muy eficaces entre las instituciones clericales y las familias más influyentes de las respectivas poblaciones. Pero, al mismo tiempo, convirtió a numerosos eclesiásticos en simples gestores de rentas, ocupados de manera prioritaria en asegurar la toma de posesión del cargo y en el cobro de los derechos económicos correspondientes. Tiene, por tanto, implicaciones de muy diverso tipo y sería importante analizarlas a partir de la política seguida por los diversos pontífices.

He considerado, sin embargo, necesario aplazar estos estudios para otra ocasión pues considero que tienen entidad suficiente por sí mismos, y que un

75 DOMÍNGUEZ SÁNCHEZ: Clemente IV (como nota 13) nº 166.

76 DOMÍNGUEZ SÁNCHEZ: Clemente IV (como nota 13) nº 182; DOMÍNGUEZ SÁNCHEZ: Gregorio X (como nota 14) 4.

77 DOMÍNGUEZ SÁNCHEZ: Gregorio X (como nota 14) nos. 17 y 46.

análisis a fondo exige contrastar la documentación pontificia con la particular de los cabildos correspondientes, de la monarquía, de los concejos y de otras instituciones, lo que ampliaría en exceso este trabajo.

Abstract

The Transmission and Effectiveness of Papal Letters to the Churches of Medieval Castile

1. This contribution aims to assess the relations between the curia and four dioceses in the Castilian kingdom in the twelfth and thirteenth centuries. As evidence, we have used letters sent by the popes to the churches of Ávila, Ciudad Rodrigo, Salamanca, and Segovia, including letters still kept in the respective diocesan archives.

The papacy was interested in these dioceses because they had been recently restored, served as the advance guard on the border with Islam, and continued to expand the territories under papal authority. The bishops, on the other hand, frequently needed papal assistance in solving problems arising from their relationship with royal power, the nobility, or the lay populace in general. Furthermore, they sought advice about juridical issues, about the provisions and incomes of the church, including tithes, or in doctrinal matters.

The four dioceses are situated next to one another, and share a number of historical and geographical characteristics: they were all established in the Roman or Visigothic eras, abandoned for centuries after the Muslim invasion (they were all situated south of the river Duero), and were all restored at the beginning of the twelfth century, with the exception of Ciudad Rodrigo, where a bishop was installed in 1162 with the assistance of King Fernando I of León, who aimed to reinforce the Portuguese border with an important town.

2. Over the course of the twelfth and thirteenth centuries the papacy issued over 384 documents to these dioceses, covering many different topics. The chronological distribution of the documents is uneven: we know of only six documents from the first half of the twelfth century – two each issued by Calixtus II, Innocent II, and Eugene II. The material from the second half of the twelfth century is richer: around fifty papal letters. Many of them – around half – date from the pontificate of Alexander III, and under Innocent III written communication increased further in intensity.

The first half of the thirteenth century saw particularly close bonds between the curia and the four Castilian dioceses, probably as a result of the successful wars of conquest waged by the kings of León and Castile, as well as the personality of Fernando III and his control of Castilian ecclesiastical affairs, and the still ongoing development of diocesan structures and institutions. By the second half of the century, the number of papal documents issued for the Castilian dioceses decreased. It should, however, be noted that our knowledge of these decades remains patchy, and that the records of the period have only been partially published.

3. The content of the letters is further analysed below. They concern a number of subjects: sometimes international affairs, such as the removal of Pancho II from the throne of Portugal, sometimes disputes between archbishops, bishops, and other members of the clergy concerning financial, administrative, juridical, or ethical matters.

Finally, we have analysed the effectiveness of the papal provisions, as there are reasons to suspect that there was not always a direct relationship between papal prescription and actual behaviour. Admittedly, papal judgments were received respectfully, and could have significant effects – in fact, local churches often sent legal officials to the curia to lobby for a papal judgment in their favour. Nevertheless, many of the documents were issued in a confrontational spirit, aiming for argument as much as resolution. For this reason, we often find large number of documents concerning the same problem, and that many disputes lasted for a very long time, often handled by several consecutive popes.

Überlieferungsformen franko-römischer Kontakte: Zur Position der Papsturkunden in französischen Chartularen

HARALD MÜLLER

Eine Tagung über Kontakte des hochmittelalterlichen Papsttums in einzelnen Regionen zu veranstalten, ohne einen vergleichenden Blick auf Frankreich zu werfen, scheint kaum möglich.[1] Zu viele Verbindungsfäden spinnen sich zwischen der Kurie und den Kirchen der Gallia, bedingt nicht zuletzt durch die Frankreich-Aufenthalte, bisweilen Frankreich-Asyle bedrängter Päpste wie Innozenz' II. und besonders Alexanders III. Tausendfach haben sich solche Kontakte in Form von Urkunden niedergeschlagen, anhand derer das dichte Beziehungsnetz zwischen den Nachfolgern Petri und einzelnen Empfängern in Frankreich zu verfolgen ist. Diese Tatsache begründete Frankreichs Ruf als fille aînée der römischen Kirche, und sie ist in den Bänden der Editionsreihe „Papsturkunden in Frankreich“ sowie der nun zielstrebig voran schreitenden «Gallia Pontificia» im Detail ablesbar.[2]

Innerhalb der Sammel-, Editions- und Analysevorgänge, nicht nur im Umfeld des Göttinger Papsturkundenwerks, besitzen die Originale der Papsturkunden das größte Prestige. Dies ist nachvollziehbar, da die Kernfragen der Diplomatik und Paläographie – etwa das Eindringen päpstlicher Urkunden- und Schriftformen in lokale Kanzleien[3] – aber auch die Betrachtung der gra-

1 In den Text sind Anregungen aus Berlin, Göttingen, München, Mainz und Aachen eingeflossen, wo der Vortrag jeweils in modifizierter Form zur Diskussion gestellt wurde.

2 Zuletzt Rolf GROSSE: La fille aînée de l'Église: Frankreichs Kirche und die Kurie im 12. Jahrhundert, in: Römisches Zentrum und kirchliche Peripherie. Das universale Papsttum als Bezugspunkt der Kirchen von den Reformpäpsten bis zu Innozenz III., hg. von Jochen JOHRENDT/Harald MÜLLER, Berlin 2008 (Neue Abhandlungen der Akademie der Wissenschaften zu Göttingen, Philosophisch-Historische Klasse 2: Studien zu Papstgeschichte und Papsturkunden), S. 299–321, bes. S. 302 Anm. 15 und S. 304–306 mit Zahlen zur Urkundenüberlieferung französischer Empfänger und deren Erschließung. Dietrich LOHRMANN: Vingt-cinq ans de *Gallia Pontificia*. Note sur l'avancement des travaux (mai 2007), in: Revue historique de l'Église de France 94 (2008) S. 117–125.

3 Vgl. Olivier GUYOTJEANNIN: L'influence pontificale sur les actes épiscopaux français (Provinces ecclésiastiques Reims, Sens et Rouen, IXe–XIIe siècles), in: L'Eglise de

phischen Symbole oder der Siegel-Ikonographie nur durch Autopsie der äußeren Merkmale einer Antwort näher gebracht werden können. Nachzeichnungen aus der Hand der Zeitgenossen oder gelehrter Bearbeiter helfen hier kaum weiter, geschweige denn, dass in Kopie überlieferte Stücke eine annähernd vergleichbare Aura zu entfalten vermögen, wie sie auch heute noch von einem im Original erhaltenen feierlichen päpstlichen Privileg oder einem wohlkomponierten Herrscherdiplom ausgeht. Ungeachtet dessen bilden Abschriften das Hauptkontingent der Überlieferung. Einige kennzeichnende Schlaglichter dürften genügen: Das Archiv der französischen Abtei Corbie an der Somme weist knapp 25 % Originalurkunden auf, die Urkundensammlung der Bischöfe von Noyon 22 %, von den auf uns gekommenen Urkunden Friedrich Barbarossas sind immerhin 37 % im Original erhalten.[4] Bei den Papsturkunden dürfte die Original-Quote insgesamt deutlich geringer sein, bedenkt man allein die geringe Überlieferungschance der meisten Mandate, die für die Empfänger nach Erledigung des Sachverhalts schnell entbehrlich wurden. Für die an der juristischen Materie interessierten Sammler war vor allem der abstrakt-normative Inhalt der Mandate von Belang; sie fertigten Kopien und tradierten die päpstlichen Schreiben als Exzerpte in ihren Sammlungen.[5]

Vollends deutlich wird die enorme Bedeutung kopialer Überlieferung für unsere Kenntnis der Papsturkunden anhand der Gesamtverluste, die zum Beispiel während der französischen Revolution oder infolge der systematischen Vernichtung päpstlicher Originale auf Befehl Heinrichs VIII. in England eintraten. Walther Holtzmann hat in diesem Zusammenhang den Wert der Urkundenabschriften in Chartularen besonders hervorgehoben, denn der Ver-

---

France et la papauté (X^{e}–XIIIe siècle). Die französische Kirche und das Papsttum (10.–13. Jahrhundert). Actes du colloque historique franco-allemand [...] (Paris, 17–19 octobre 1990), publ. par Rolf GROSSE, Bonn 1993 (Studien und Dokumente zur Gallia Pontificia 1), S. 83–102.

4 Daten nach Olivier GUYOTJEANNIN/Jacques PYCKE/Benoît-Michel TOCK: Diplomatique médiévale, Turnhout 1993 (L'atelier du médiéviste 2), S. 319f.

5 Vgl. am Beispiel der Delegationsmandate Harald MÜLLER: Päpstliche Delegationsgerichtsbarkeit in der Normandie (12. und frühes 13. Jahrhundert), 2 Bde., Bonn 1997 (Studien und Dokumente zur Gallia Pontificia 4), Bd. 1, S. 48f.; DERS.: Die Urkunden der päpstlichen delegierten Richter. Methodische Probleme und erste Erkenntnisse am Beispiel der Normandie, in: Hundert Jahre Papsturkundenforschung. Bilanz – Methoden – Perspektiven. Akten eines Kolloquiums zum hundertjährigen Bestehen der Regesta Pontificum Romanorum vom 9.–11. Oktober 1996 in Göttingen, hg. von Rudolf HIESTAND, Göttingen 2003 (Abhandlungen der Akademie der Wissenschaften zu Göttingen, Philologisch-Historische Klasse 3, Folge 261), S. 351–371, S. 353f. Zur Überlieferung von Justizbriefen in juristischen Sammlungen DERS.: Gesandte mit beschränkter Handlungsvollmacht. Zu Struktur und Praxis päpstlich delegierter Gerichtsbarkeit, in: Aus der Frühzeit des europäischen Gesandtenwesens, hg. von Claudia MÄRTL/Claudia ZEY, Zürich 2008, S. 41–65, bes. S. 50f. und ausführlicher Lotte KÉRY: Dekretalenrecht zwischen Zentrum und Peripherie, in: Römisches Zentrum (wie Anm. 2) S. 19–45, besonders S. 20, 24, 32.

nichtungswille Heinrichs VIII. zielte auf die Originale, die seriellen Sicherungskopien in den mittelalterlichen Kodizes aber hatten seine Handlanger offenbar nicht auf der Rechnung – deshalb blieb die englische Papsturkunden-Ernte am Ende trotz allem ertragreich.[6] Richtet man den Blick noch einmal auf die Überlieferung insgesamt, so ergibt sich im Vergleich mit den eben genannten Original-Zahlen, dass für Corbie im Zeitraum von 998 bis 1196 fast 56 % der Urkunden aus Chartularen bekannt sind, für die Bischöfe von Noyon im Zeitraum von 1148 bis 1221 knapp 48 % und für Kaiser Friedrich I. Barbarossa (1152–1190) 46 %.[7] Grob bemessen schenken uns diese Abschriftensammlungen also die Hälfte aller Urkundentexte.

In einem Missverhältnis zu diesem quantitativen Befund steht indessen der Umgang der Gelehrten mit der kopialen Überlieferung im Allgemeinen und mit den Chartularen im Besonderen. Als Fundgrube anderweitig nicht erhaltener Texte sind sie hochwillkommen. Existiert aber ein Original, so wird die Abschrift zum nachrangigen Zeugnis, das dem Bearbeiter oft mehr Nachweispflicht als Erkenntnisgewinn beschert. Der Überlieferungsträger selbst ist in solchen Fällen nur insoweit von Interesse als er Aufschlüsse über die Entstehungszeit der betreffenden Kopie bereithält.[8] Mit der Erstellung des bestmöglichen Textes erlahmt in der editorischen Arbeit das Interesse am Chartular abrupt; überspitzt könnte man sagen: *carta edita, causa finita*!

Für den Editor und Diplomatiker ist diese Haltung aus arbeitsökonomischen Gründen geboten. Das regelrechte Ausschlachten der Kodizes führt aber dazu, dass den Chartularen kaum mehr ein Eigenwert als Quelle beigemessen wird. Die Abschriftensammlungen präsentieren sich obendrein in einer Vielfalt von Erscheinungsformen, die es erschweren, sie als Quellengattung präzise zu bestimmen. Weil sie nur sekundäre Überlieferungsformen transportieren, werden sie in den Handbüchern der Diplomatik kaum berührt. Harry Bresslau hob die variantenreiche Gestaltung der Kopialbücher zwar hervor, um dann aber schnell auf unsichere und unsaubere Kopisten zu sprechen zu kommen, vor Fälschungen zu warnen und schließlich auf den vermeintlich sichereren

---

6 Walther HOLTZMANN: Papsturkunden in England, Bd. 1: Archive und Bibliotheken in London, Berlin 1931 (Nachdruck Göttingen 1970) (Abhandlungen der Akademie der Wissenschaften zu Göttingen, Philosophisch-historische Klasse NF 25, 1), S. 10–13.

7 GUYOTJEANNIN/PYCKE/TOCK (wie Anm. 4) S. 319f. Hubert FLAMMARION: Une équipe des scribes au travail au XIIIe siécle: Le grand cartulaire du chapitre cathédral de Langres, in: Archiv für Diplomatik 28 (1982) S. 271–305, hier S. 297, errechnet für das Domkapitel in Langres einen Anteil der Überlieferung in Chartularen von 52,2 %, für die Abtei Molesme sogar von 66 %.

8 Vgl. Brigitte RESL: Vom Nutzen des Abschreibens. Überlegungen zu mittelalterlichen Chartularen, in: Vom Nutzen des Schreibens. Soziales Gedächtnis, Herrschaft und Besitz im Mittelalter, hg. von Walter POHL/Paul HEROLD, Wien 2002 (Akademie der Wissensschaften in Wien, Philosophisch-Historische Klasse, Denkschriften 306), S. 205–222, besonders S. 205, 214. Sie argumentiert gegen eine weit verbreitete, geradezu archäologische Betrachtung der Chartulare als tote Textspeicher.

Boden der Traditionsbücher zu gelangen.[9] Ähnlich Raoul van Caenegem und François-Louis Ganshof in ihrer „Quellenkunde des westeuropäischen Mittelalters“, die zwar die Bedeutung der Chartulare als Überlieferungsträger betonen, diese durch den Hinweis auf Fälschungen und Textkorruptionen aber sogleich relativieren.[10] Erst die in den 1990er Jahren von französischen Historikern erarbeitete „Diplomatique médiévale“ dringt tiefer in die Materie ein. Ihr zufolge bezeichnet ‘Chartular’ jede in ihrem Inneren organisierte Abschrift urkundlicher Dokumente, die zum Zweck der Sicherung oder einfacheren Konsultation der Stücke vom Empfänger angelegt oder in Auftrag gegeben wird. Diese planvolle Initiative des Urkundenempfängers grenzt die Chartulare von fortlaufend geführten zeitgenössischen Registern ebenso ab wie von Urkundenbüchern, in denen Gelehrte die Materialien zur Geschichte einer Institution oder Region aus unterschiedlichen Quellen zusammentrugen.[11] Die „Diplomatique médiévale“ gibt dem Leser schließlich sogar ein detailliertes Fragenraster zur besseren Erschließung der Chartulare an die Hand und dokumentiert damit den gegenüber Bresslau deutlich differenzierten methodischen Umgang mit diesen Sammlungen; enorme Fortschritte wurden hier vor allem in den letzten drei Jahrzehnten erzielt.[12] Wegweisend in der Erforschung der Urkundensammlung als eigenem Quellentypus war und ist Frankreich. Es verfügt in seinen Archiven und Bibliotheken nicht nur über eine immens reiche Chartular-Überlieferung, sondern besitzt schon seit 1907 mit Henri Steins „Bibliographie générale des cartulaires français“ auch eine einzigartige Er-

---

9 Harry BRESSLAU: Handbuch der Urkundenlehre für Deutschland und Italien Bd. 1, Leipzig ²1912 (Nachdr. Berlin 1968), S. 94–99. Bei Bresslau überwiegt insgesamt die forensische Bedeutung der Urkunde, weshalb er vorrangig auf den Themenkomplex Echtheit und Beweiskraft eingeht. Vgl. auch Theo KÖLZER: *Codex libertatis*. Überlegungen zur Funktion des „Regestum Farfense“ und anderer Klosterchartulare, in: Atti del 9° congresso internazionale di studi sull’alto medioevo, Bd. 2, Spoleto 1983, S. 609–653, hier S. 633. RESL (wie Anm. 8) S. 207 bewertet ‘Chartular’ als unscharfen, aber verwendbaren Sammelbegriff.

10 Raoul Charles VAN CAENEGEM/François-Louis GANSHOF: Kurze Quellenkunde des westeuropäischen Mittelalters. Eine typologische, historische und bibliographische Einführung, Göttingen 1964, S. 71–73. Kaum verändert in der vor allem bibliographisch aktualisierten Neuausgabe: Raoul C. VAN CAENEGEM/François Louis GANSHOF: Introduction aux sources de l’histoire médiévale, nouvelle édition par Luc JOCQUÉ, traduit de l’anglais par Baudouin VAN DEN ABEELE, Turnhout 1997 (Corpus Christianorum. Continuatio medievalis), S. 111–129.

11 GUYOTJEANNIN/PYCKE/TOCK (wie Anm. 4) S. 277. Vgl. auch KÖLZER (wie Anm. 9) S. 623. Paul BERTRAND/Caroline BOURLET/Xavier HÉLARY: Vers une typologie des cartulaires médiévaux, in: Cartulaires méridionaux (wie Anm. 14) S. 7–20, besonders S. 8–10 zu den Problemen einer Definition, S. 14f. zur variantenreichen Terminologie.

12 GUYOTJEANNIN/PYCKE/TOCK (wie Anm. 4) S. 277–281.

schließungshilfe dieser Bestände; deren Neubearbeitung schreitet nun voran.[13] Zudem wirkte 1991 eine Tagung mit dem schlichten Titel „Les cartulaires" gleichermaßen als Bestandsaufnahme und Initialzündung neuen Forschungsinteresses. Ihre Beiträge griffen über traditionelle Interessen der Diplomatik und Kodikologie hinaus zu kulturhistorisch geleiteten Themen wie dem komplexen Schreibprozess, der Frage nach Chartularen als Klostergeschichten, Memorialzeugnissen oder Propagandaschriften sowie schließlich nach den Strategien ihrer inneren Ordnung.[14] Diese Table ronde hat Aufsätze und Monographien inspiriert, ihre Wirkung ist aber vor allem an der Durchführung aktueller französischer Urkundeneditionen abzulesen.[15]

Vor dem Hintergrund dieser Forschungsentwicklungen wird im Folgenden der Blick auf das Chartular als organisierte Textsammlung gelenkt.[16] Im Mittelpunkt stehen dabei die innere Struktur der Kopiare und die Frage, welche Erkenntnisse sich aus der Sortierung der Urkunden gewinnen lassen: Folgen Auswahl und Anordnung der Dokumente einem Plan? Erlaubt die Platzierung der Texte in der Handschrift Rückschlüsse auf den Wert der Stücke für den Empfänger? Kann schließlich die Urkundenfolge im Kodex als Indiz für Rang und Autorität der jeweiligen Aussteller gelesen werden?[17] Diese Fragen sind aufgrund des immensen und variantenreichen Materials in einer kurzen Sondierung nicht bündig zu beantworten, aber sie stecken den inhaltlichen Horizont der Betrachtung ab, in der Chartulare nicht als bloße Sicherungskopien

---

13 Vgl. dazu GUYOTJEANNIN/PYCKE/TOCK (wie Anm. 4) S. 364f. Isabelle VERITE: Les entreprises françaises de recensement des cartulaires (XVIIe–XXe siècles), in: Les cartulaires. Actes de la Table ronde organisée par l'École nationale des chartes et le G.D.R. 121 du C.N.R.S. (Paris, 5–7 décembre 1991), publ. par Olivier GUYOTJEANNIN/Laurent MORELLE/Michel PARISSE, Paris 1993 (Mémoires et documents de l'École des chartes 39), S. 179–213. Erste Früchte des neuen Unternehmens: Répertoire des Cartulaires français. Provinces ecclésiastiques d'Aix, Arles, Embrun, Vienne. Diocèse de Tarentaise, publ. par Isabelle VERITE, Paris 2003 (Documents, études et répertoires publiés par l'Institut de Recherches et d'Histoire des Textes 73).

14 GUYOTJEANNIN/MORELLE/PARISSE: Les cartulaires (wie Anm. 13). Schon durch die Wahl des Titels präsentiert sich als Folgepublikation: Les cartulaires méridionaux. Actes du colloque organisé à Béziers le 20 et 21 septembre 2002 [...], publ. par Daniel LE BLEVEC, Paris 2006 (Études et rencontres de l'École des chartes 19).

15 Dies gilt durchgängig für die im Folgenden herangezogenen jüngeren Ausgaben. Für den monographischen Sektor sei exemplarisch verwiesen auf Pierre CHASTANG: Lire, écrire, transcrire. Le travail des rédacteurs de cartulaires en Bas-Languedoc (XIe–XIIIe siècles), Paris 2001 (Le Congrès des Sociétés Historiques et Scientifiques, Histoire 2).

16 In dem Sinne schon RESL (wie Anm. 8), der es aber ausschließlich um die individuelle Leistung des Kompilators geht (S. 208). Die Frage nach Auswahl und Anordnung durch den Kopisten sind fester Bestandteil moderner Chartularforschung. Vgl. etwa Florian MAZEL: Cartulaires cathédraux, réforme de l'église et aristocratie: L'exemple des cartulaires d'Arles (v. 1093–1095) et d'Apt (v. 1122–1124), in: Cartulaires méridionaux (wie Anm. 14) S. 61–90, besonders S. 64–71, 74–80.

17 Einzig RESL (wie Anm. 8) S. 213, hebt die Bedeutung der Reihenfolge im Chartular explizit hervor, berührt unsere Fragestellung jedoch nicht.

der Archive verstanden werden sollen. Vielmehr wird versucht, eine Verbindung herzustellen zwischen Auswahl und Anordnung der Urkunden auf der einen sowie der Bedeutung der jeweiligen Urkundenaussteller für die sammelnde Institution auf der anderen Seite. In einer breiteren kirchengeschichtlichen Perspektive formuliert heißt dies: Kann die Position der Papsturkunden in den Abschriftenkonvoluten als Indiz dienen für die Autorität, die der römische Bischof im hochmittelalterlichen Frankreich genoss?

Dazu sind zunächst gängige Ordnungsprinzipien kurz vorzustellen, die in den Chartularen zu erkennen sind. Sie werden dann anhand einiger französischer Beispiele überprüft und im Hinblick auf die Frage nach der Sichtbarkeit päpstlicher Autorität interpretiert. Die Kontakte zwischen französischen Kirchen und dem Papsttum werden im Folgenden also weitgehend unter formalem Aspekt und etwas abseits der gewohnten Bahnen dieses klassischen Themas verfolgt.

1. Chartulare als geordnete Textsammlungen

Obwohl die Chartulare sich durch die Vielfalt ihrer Erscheinungsformen einer stringenten Systematisierung entziehen, lassen sich einige allgemeine Beobachtungen formulieren. Grundlegend ist, dass es sich fast immer um eine Auswahl von Abschriften handelt. Chartulare vermitteln ein selektives Urkundenpanorama – nicht nur im Hinblick auf die Papsturkunden.[18] Stets finden sich Stücke, die nachweislich im Archiv vorhanden waren, aber nicht ins Chartular übernommen wurden. Die Quote solcher Auslassungen liegt z. B. im Falle des Domkapitels von Langres bei 14 %, bei Saint Victor in Paris gar bei 29 %.[19] Diese Werte sind zu hoch, die Auslassungen zu signifikant, um bloße Nachlässigkeiten der Kopisten für die Lücken verantwortlich machen zu können. Was kopiert wurde und was nicht, dürfte wohl weniger dem Überlieferungszufall geschuldet sein als dem Überlieferungswillen des Kompilators.

18 GUYOTJEANNIN/PYCKE/TOCK (wie Anm. 4) S. 278, 280. Vgl. auch Ludwig FALKENSTEIN: Das Grand cartulaire der Abtei La Sauve Majeure und seine Papsturkunden, in: Francia 26/1 (1999) S. 155–183, besonders S. 161, 174: „... nur *membra disiecta* eines viel größeren Ganzen“. Falkenstein sieht die Ursache der Lücken hauptsächlich im Fehlen eines geordneten Archivs, den Gedanken bewusster Selektion formuliert er nicht.

19 Für Langres: FLAMMARION (wie Anm. 7) S. 298–300 zu 49 nicht ins Chartular kopierten Originalurkunden (= rund 14 %) und möglichen Gründen für die Auslassung. Der Autor geht von der Unaufmerksamkeit des Kopisten aus. Die Zahlen für Saint Victor bei Martin SCHOEBEL: Archiv und Besitz der Abtei Saint Viktor in Paris, Bonn 1991 (Pariser Historische Studien 31), S. 67.

Dieser – namentlich oft unbekannte – Architekt der Sammlung hinterließ seine Handschrift auch bei der Anordnung der ausgewählten Texte[20], für die sich drei Hauptprinzipien abzeichnen: chronologisch, topographisch oder nach einer Hierarchie der Aussteller.[21] Die zeitlich bestimmte Reihenfolge kommt dabei als Gesamtarrangement eher selten vor, sie ist meist der Binnengliederung untergeordneter Einheiten vorbehalten.[22] Die topographische Organisation des Materials besitzt Stärken im administrativen Gebrauch, also zur Handhabung von Rechten und Einkünften. Sie ist aber angesichts von Privilegienverleihungen und Privilegienbestätigungen, die sich in einem Text auf mehrere unterschiedliche Orte beziehen, schwerlich strikt durchzuhalten.[23] Deshalb stehen insbesondere etwa die bischöflichen *Pancartae* oft vorneweg, die den Empfängern Besitz und Rechte an zahlreichen Orten bestätigten.[24] Zudem

20 FLAMMARION (wie Anm. 7) S. 288: „Au préalable, il a bien fallu une conception unique, faute de quoi l'unité d'architecture du cartulaire n'aurait pas pu être maintenue." Vgl. auch RESL (wie Anm. 8) S. 212 und 222, die die Selbständigkeit der Kompilatoren betont. CHASTANG (wie Anm. 15) S. 173, zeigt für Aniane den Verzicht des Kopisten auf Übernahme der vorhandenen Papsturkunden zugunsten karolingischer Herrscherdiplome. Ebd., S. 183: strategische Auswahl der Stücke; ebd., S. 424: die Autorität des Ausstellers entscheidet über die Aufnahme in den und die Anordnung der Abschrift im Kodex.

21 Vgl. zum Folgenden David WALKER: The Organization of Material in Medieval Cartularies, in: The Study of Medieval records. Essays in Honour of Kathleen Major, ed. by Donald A. BULLOGH/Robin L. STOREY, Oxford 1971, S. 132–150, besonders S. 133–140. Teilweise gegen Walker polemisierend Jean-Philippe GENET: Cartulaires, registres et histoire: l'exemple anglais, in: Le metier d'historien au Moyen Âge. Etudes sur l'historiographie médiévale, publ. par Bernard GUENEE, Paris 1977, S. 95–138, hier S. 110. Constance Brittain BOUCHARD: Monastic Cartularies: Organizing Eternity, in: Charters, Cartularies, and Archives. The Preservation and Transmission of Documents in the Medieval West. Proceedings of a Colloquium of the Commission Internationale de Diplomatique, Princeton and New York, 16–18 September 1999, ed. by Adam J. KOSTO/Anders WINROTH, Toronto 2002 (Papers in medieval studies 17), S. 22–32. Bouchard betrachtet die Chartulare als weitgehend zeitlose Kompendien, die vor allem dem internen Wissen über den Besitz und die Wohltäter einer Kirche dienten.

22 Eine markante Ausnahme bietet z. B. der «Liber instrumentorum seu chronicorum» der italienischen Abtei Casauria, in dem 999 *instrumenta* chronologisch angeordnet und nach Abbatiaten gegliedert wurden. Vgl. Markus SPÄTH: Verflechtung von Erinnerung. Bildproduktion und Geschichtsschreibung im Kloster San Clemente a Casauria während des 12. Jahrhunderts, Berlin 2007 (Orbis mediaevalis 8), S. 68f. Die Streulage der Urkunden unterschiedlicher Aussteller wird auch in den tabellarischen Übersichten im Anhang deutlich (S. 266–269).

23 Komplett durchgehalten jedoch im 1241 fertig gestellten Chartular der Abtei Lézat südlich von Toulouse; vgl. Cartulaire de l'abbaye de Lézat, 2 Bde., publ. par Paul OURLIAC/Anne-Marie MAGNOU, Paris 1984–87 (Collection des documents inédits sur l'histoire de France, section d'histoire et de philologie, série in 8°, vol. 17–18).

24 Vgl. zu den *Pancartae*, die nicht selten als Vorform späterer Chartulare angesehen werden können, Michel PARISSE: Écriture et réécriture des chartes: les pancartes aux XIe et XIIe siècles, in: Pratiques de l'écrit documentaire au XIe siècle, publ. par Olivier

erlaubt die am Objekt orientierte Ordnung nach topographischen Betreffen kaum, den Rang eines Schenkers, Stifters oder Privilegiengewährers angemessen darzustellen und damit den Prestigewert seiner Urkunden zu dokumentieren. Wohl auch deshalb beobachtet man in Chartularen französischer Kirchen häufig eine Zweiteilung, die zuerst einen nach Ausstellern gegliederten Teil aufweist und erst danach eine Besitzübersicht in Urkundenform bietet. Diese Tatsache ist als deutlicher Hinweis auf die Grenzen eines uniformen Ordnungskonzepts zu verstehen. Die der topographischen Aufstellung vorangestellte 'Autoritäten-Sektion' hebt die Chartulare aus einer rein administrativen Funktionalität heraus. Neben der pragmatischen Sortierung nach Besitzungen wird bei dieser Anordnung der demonstrative, symbolische Wert betont, den selbst die Kopie einer Jahrhunderte alten Königs- oder Papsturkunde für die besitzende Kirche dem Anschein nach zu entfalten vermochte.

Aber auch die nach dem Ausstellerprinzip in Sektionen gebündelten Herrscher-, Papst- und Privaturkunden bedurften der Ordnung. Die in der Forschung gängige Formel lautet, dass sich die Kopisten in absteigender Folge am sozialen *ordo* orientierten, meist also Papsturkunden vor Herrscherurkunden platzierten, dann die Stücke der Bischöfe und der prominenten Laien.[25] Jede Regelbildung solcher Art wird jedoch mit dem Hinweis auf allfällige Inkonsequenzen in der Durchführung abgesichert. In der Tat gibt es viele Abweichungen; mitunter finden sich Herrscher- und Papsturkunden erst an nachgeordneter Stelle.[26] Die erhebliche Variationsbreite in der Architektur mittelalterlicher Chartulare anzuerkennen, muss jedoch nicht dazu führen, von Regellosigkeit zu sprechen. Vielmehr ist denkbar, dass die Kompilatoren ihre Texte nicht schematisch anordneten, sondern die Urkundengruppen der Sammlung unter Berücksichtigung des zeit- und ortsgebundenen Wertes der Urkundenaussteller für die jeweilige Kirche platzierten. Die Anordnung der Urkunden wäre dann ein Indikator für die spezifische Autorität, die der jeweilige Aussteller bei Anlage des Chartulars genoss.

2. Die Position der Papsturkunden in einigen französischen Chartularen

Seit dem Ende des 12. Jahrhunderts scheinen die Papsturkunden in den meisten Chartularen buchstäblich den ersten Rang zu behaupten, allen anderen Texten voranzustehen.[27] Konsequent durchgeführt ist diese Ordnung etwa im

GUYOTJEANNIN/Laurent MORELLE/Michel PARISSE (= BEC 155 [1997]), S. 247–265. – BOUCHARD (wie Anm. 21) S. 26f.

25 Vgl. die in Anm. 21 genannte Literatur.

26 Vgl. etwa unten bei Anm. 28 und 37.

27 Dietrich LOHRMANN: Évolution et organisation interne des cartulaires rhénans du Moyen Âge, in: Cartulaires (wie Anm. 13), S. 79–90, konstatiert S. 86 die Reihenfolge

zwischen 1229 und 1231 angelegten «Liber terrarum et possessionum» der 1156 im Massif Central gegründeten Kartause von Bonnefoy. Die Dominanz der Päpste in diesem Werk tritt durch den Vergleich mit den Königen noch deutlicher hervor, denn im gemischten Bestand der Schenkungen, die auf die Papsturkunden folgen, findet sich lediglich eine einzige Herrscherurkunde verzeichnet – des Königs von Aragón, während der französische König in der Urkundensammlung nur in einer Datierung begegnet.[28] Ähnlich präsentiert sich die Sammlung der um 1130 östlich von Soissons gegründeten Prämonstratenser-Abtei Saint Yved in Braine, ein in den 1220er Jahren zusammengestelltes, für Frankreich typisches cartulaire-censier, das im Chartularteil die Urkunden hierarchisch gliedert, im anschließenden Einkünfteverzeichnis dann topographisch sortiert ist. Der erste Abschnitt bietet nacheinander Papsturkunden, Urkunden der Bischöfe von Soissons, dann zwei Diplome Ludwigs VII., gefolgt von den Urkunden der Herren von Braine und der Grafen von Soissons. Weitere geistliche Aussteller, darunter auch vom Papst delegierte Richter, leiten zum Besitzteil des Chartulars über.[29] Für die Benediktinerabtei Saint Germain in Auxerre lassen sich vergleichbare Beobachtungen machen. Ihr Chartular wurde in der zweiten Hälfte des 13. Jahrhunderts kompiliert und diente, so das Vorwort, in erster Linie der leichteren Auffindung der Urkunden. Auch die Struktur der Sammlung ist im Prolog angekündigt. Sie folgt dem bereits erwähnten *ordo* mit den Papsturkunden an der Spitze, gefolgt von Dokumenten der Kaiser, Könige, Grafen, Bischöfe usw. Durchgehalten wird dieses Schema jedoch nur für die Papst- und die Königsurkunden, dann verschwimmt die geplante Ordnung und geht schließlich in eine topographisch orientierte Folge über, die aber nicht sklavisch nach den Domänen der Abtei untergliedert, sondern mitunter auch nach Rechtsinhalten sortiert ist. Bemerkenswert ist ferner, dass auch die als eigene Sektionen präsentierten Herrscher- und Papsturkunden intern nicht chronologisch, sondern thematisch geordnet sind. Auch hier wurden Dossiers etwa nach Rechtsbereichen gebildet, was die administrative Grundintention der Sammlung erneut durchscheinen lässt.[30]

Papsturkunden, dann Herrscherurkunden als „l'ordre le plus répandu à partir de XIIe–XIIIe siècle".

28 Cartulaire de la Chartreuse de Bonnefoy, publ. par Jean-Loup LEMAITRE, Paris 1990 (Documents, études et répertoires publiés par l'Institut de Recherches et d'Histoire des Textes 57), S. XX, 1–10 (Verzeichnis der Urkunden), S. 72f. Nr. 58 (Urkunde König Alfons' von Aragón).

29 Le chartrier de l'abbaye prémontrée de Saint-Yved de Braine, publ. par les élèves de l'École nationale des chartes sous la direction de Olivier GUYOTJEANNIN, Paris 2000 (Mémoires et documents de l'École des chartes 49), S. 59–81, bes. S. 59f., 65–67. Ebd., S. 435–437 eine Übersicht über die Ausstellergruppen in der Edition.

30 Vgl. dazu im Detail Noëlle DEFLOU-LECA: L'élaboration d'un cartulaire au XIIIe siècle: le cas de Saint-Germain d'Auxerre, in: Revue Mabillon n.s. 8 (= 69, 1997) S. 183–207, bes. S. 188–191, 195f.

Das 1227 niedergeschriebene Chartular der schwarzen Mönche von Saint Pierre in Préaux in der Normandie weist ebenfalls eine hierarchische Anordnung auf.[31] Beginnend mit einem Privileg Alexanders III. von 1179 werden insgesamt 204 Urkunden geboten, wobei auf die Papsturkunden interessanterweise eine Sektion mit Texten zu Rechtskonflikten folgt, die entweder vor päpstlichen Delegaten oder vor bischöflichen Gerichten beigelegt wurden; Urkunden weiterer kirchlicher Amtsträger schließen sich an. Erst nach allen geistlichen Ausstellern folgen die Laien, angeführt von einer großen Besitzbestätigung König Heinrichs II. von England. Doch die Kopiensammlung weist eine weitere Besonderheit auf. Das Chartular enthält einen in sich geschlossenen älteren Urkundenbestand, der weitgehend unverändert in die Handschrift kopiert wurde. Dies erlaubt eine diachrone Analyse der Kopiergewohnheiten einer Abtei bzw. ihres Skriptoriums.

Der kompakt integrierte ältere Urkundenbestand von Préaux geht im Kern auf eine Sammlung zurück, die in den ersten Jahrzehnten des 12. Jahrhunderts abgeschlossen wurde.[32] Sie folgt erkennbar einer groben topographischen Ordnung. An ihrer Spitze steht eine zusammenfassende, vom Herzog der Normandie gebilligte *Pancarta* des Onfroi de Vieilles aus dem Hause der Grafen von Meulan, der die von den Normannen zerstörte Abtei in der Diözese Lisieux gemeinsam mit Abt Gradulf von Fontenelle wiederbegründete. Es folgt eine bunte Mischung aus Transaktionen, auch der Äbte von Saint Pierre, mit insgesamt 200 Urkunden oder Notizen in einer zeitlichen Bandbreite von 1034 bis 1168. Nicht eine einzige Königs- oder Papsturkunde ist darunter, nur wenige Zeugnisse der normannischen Herzöge, kaum Dokumente der zuständigen Bischöfe. Die Sammlung ist weitestgehend auf lokale Wohltäter der Abtei und auf Rechtsgeschäfte orientiert.

Die zeitliche Zweigliedrigkeit des Chartulars, die in der Edition dankenswerterweise bewahrt wurde, offenbart unterschiedliche Ordnungsprinzipien in einem Haus. Während der ältere Teil vor allem Besitz im regionalen Umfeld dokumentiert und die Grafen von Meulan als Stifterfamilie durch Voranstellung ihrer Urkunden hervorhebt, verfuhr man bei der Neuanlage 1227 nach anderen Maßgaben. Nun standen der Papst und die Bischöfe der Region vorne. Damit entspricht die Ordnung des Chartulars jedoch nicht ganz den hierarchischen Schemata, die gemeinhin als Standard der Zeit betrachtet werden. Denn auf Papst- und Bischofsurkunden folgt eine Sektion über Konflikte, die vor geistlichen Gerichten verhandelt wurden. Auch dies kann als ein Hinweis

31 Le cartulaire de l'abbaye bénédictine de Saint-Pierre-de-Préaux (1034–1227), publ. par Dominique ROUET, Paris 2005 (Collection des documents inédits sur l'histoire de France, section d'histoire et de philologie des civilisations médiévales, série in 8°, vol. 34). Zur Anordnung der Urkunden in dem 1227 niedergeschriebenen Teil vgl. ebd., S. LXVI–LXX und die Übersicht ebd., S. 438–451.

32 ROUET (wie Anm. 31), S. LXXXIX–XCIV, eine chronologische Liste der Stücke in diesem „cartulaire primitif" (S. LXXXIX) ebd., S. 189–203. Der Herausgeber erkennt in dem älteren Teil historiographische Züge (S. XCIV, CXXXVI).

darauf verstanden werden, welchen Sachverhalten und Instanzen zur Zeit der Abfassung Bedeutung beigemessen wurde. Der französische König, immerhin seit 1204 Herr der Normandie, begegnet dagegen erst sehr spät im Kodex in Form einer Urkunde Ludwigs VIII. aus dem Jahr 1225.[33]

Ähnliche Beobachtungen wie für Préaux lassen sich für die Benediktinerabtei Molesme in der Diözese Langres machen. Auch hier liegen zwei Chartulare vor; diesmal indes zwei selbständig überlieferte Abschriftensammlungen, die im Abstand von einem Jahrhundert angefertigt wurden, nämlich um 1150 und dann nochmals um 1250, als die Mensenteilung zu einer Neudokumentation der Besitzungen und Rechte Anlass gab.[34] Das ältere der beiden Chartulare stellt Urbans II. Privileg von 1095 an den Beginn, das die Abtei zwar in den päpstlichen Schutz aufnahm, sie zugleich aber fest in die rechtlichen und administrativen Strukturen der Diözese Langres einband.[35] Dann erfolgt ein Rücksprung in die Zeit der Abteigründung, an die sich Schenkungsnotizen der Grafen von Champagne und der burgundischen Herzöge anschließen. In der weitgehend chronologischen Sammlung fehlen weitere Papsturkunden, obwohl das Kloster solche durchaus besaß.[36] Sie werden erst in der zweiten Kompilation verarbeitet, stehen dort aber keineswegs an der Spitze des Materials. In dieser Position finden sich vielmehr die – teils gefälschten – Urkunden der Bischöfe von Langres. Dahinter fächern sich die Texte nach Besitzungen auf: zuerst Molesme selbst, dann wichtige Seigneurien, die Besitzungen, die zur Kellnerei gehörten, zur Pitancerie usw. In dieser gegliederten Folge rangieren die Papsturkunden der Jahre 1095–1246 en bloc als Sektion sieben, nehmen unter den durchgezählten Texten die Urkundennummern 281 bis 301 ein. Auch diese Urkundengruppe ist wiederum nur ein Ausschnitt des gesamten Bestandes an Schriftstücken aus der päpstlichen Kanzlei. Weitere Papstur-

---

33 Der König macht im August 1225 den Tausch der klösterlichen Mühlen in Neufchâtel-en-Bray gegen eine Rente und Landbesitz bekannt; ROUET (wie Anm. 31) S. 409f. Nr. B 179. Der Herausgeber Dominique Rouet wertet die großen Zahl von Dokumenten der geistlichen Gerichtsbarkeit im Chartular als Indiz dafür, dass Konflikte mit Laien im 13. Jahrhundert abnahmen, während in den neuen Orden neue Gegner erwuchsen, derer man sich vor Papst und Bischöfen zu erwehren suchte; S. XCVI.

34 Cartulaires de l'abbaye de Molesme, ancien diocèse de Langres, 916–1250. Recueil des documents sur le nord de la Bourgogne et le midi de la Champagne, 2 Bde., publ. par Jacques LAURENT, Paris 1907–1911, Bd. 1, S. 7f., 20f. (Beschreibung), 27–31 (2. Chartular). Einen solchen Fall behandelt auch Monique ZERNER: L'abbaye de Saint-Victor de Marseille et ses cartulaires: retour aux manuscrits, in: Cartulaires méridionaux (wie Anm. 14) S. 163–216.

35 LAURENT (wie Anm. 34) Bd. 2, S. 3f. Nr. 1, 1095 IX 29 (JL 5596).

36 Vgl. Wilhelm WIEDERHOLD: Papsturkunden in Frankreich, Reiseberichte zur Gallia Pontificia, Bd. 1 (1906–1910), Città del Vaticano 1985 (Acta Romanorum Pontificum 7), S. 153f., der vor 1198 insgesamt 25 Papsturkunden verzeichnet. Eine mögliche Verärgerung der Mönche von Molesme über die Förderung von Cîteaux durch die Päpste kann die Vernachlässigung der kurialen Dokumente im Chartular kaum schlüssig erklären.

kunden wurden in der Kopiensammlung topographisch zugeordnet statt nach Ausstellergruppen – ein Umstand, der gerade bei Entscheidungen der päpstlichen Gerichtsbarkeit häufiger vorkommt.[37]

Der Vergleich der beiden Chartular-Konzepte aus Molesme zeigt die Papsturkunden in je unterschiedlicher Position und Rang. Um 1150 wurde der päpstliche Schutz durch die Urkunde Urbans II. am Beginn der Serie betont, dann aber hauptsächlich das Anwachsen von Besitz und Rechten des Klosters dokumentiert, an dem die lokalen und regionalen Gewalten den entscheidenden Anteil hatten; weitere Papsturkunden scheinen hierfür ohne Belang gewesen zu sein. Einhundert Jahre später stand ebenfalls die Besitzdokumentation im Vordergrund. Ihr Fundament waren die Bischöfe von Langres bzw. deren Urkunden. In dieser Aufstellung bilden die päpstlichen Privilegien ein Scharnier zwischen den unmittelbar auf das Kloster selbst bezogenen Partien und den Texten, die für die Priorate der Abtei Molesme in ihren jeweiligen Diözesen von Bedeutung waren.[38]

---

37 Außerhalb des 'Papsturkunden-Blocks' im Chartular findet sich z. B. ein Mandat Alexanders III., Veroli (1170) IV 10 (JL –) = LAURENT (wie Anm. 34) Bd. 2, S. 340 Nr. 233 (zu 1159–81, vgl. aber WIEDERHOLD [wie Anm. 36] S. 154), das im unmittelbaren Umfeld einer Privilegienbestätigung für Molesme (1170 IV 17, JL 11767) ausgestellt wurde. Ferner ebd., Bd. 2, S. 515f. Nr. 720 nochmalige Abschrift von JL 6458, 1115 V 25 nach einer Kopie des 13. Jahrhunderts mit Subskriptionen der Kardinäle. Für die Zeit Innocenz' III. fehlen etwa die Littera an die Mönche von Molesme, 1204 II 19 (Potthast 2130) mit dem Verbot, ohne Zustimmung von Abt und Kapitel Kredite aufzunehmen, sowie die Littera desselben von (1205) II 1 an Abt Galcher mit der Aufforderung, diejenigen seiner Mönche wegen Fälschung oder Erschleichung zu bestrafen, die päpstliche Schreiben vorweisen, in denen ihnen auf Lebenszeit Priorate übertragen werden; ediert in: Die Register Innocenz' III., 7. Band, 7. Pontifikatsjahr 1204/1205. Texte und Indices, unter der Leitung von Othmar HAGENDER, hg. von Andrea SOMMERLECHNER/Herwig WEIGL/Christoph EGGER/Rainer MURAUER, Wien 1997 (Publikationen des Historischen Instituts beim Österreichischen Kulturinstitut in Rom II.1.7), S. 379 Nr. 217 (Potthast 2409). Zur lückenhaften Aufnahme der Papsturkunden in dieses Chartular vgl. auch Jean Daniel MOREROD/Agostino PARAVICINI BAGLIANI: Molesme et ses possessions dans le diocèse de Lausanne: deux fausses lettres pontificales du XIIe siècles, in: Fälschungen im Mittelalter. Internationaler Kongreß der Monumenta Germaniae Historica München, 16.–19. September, Teil 3: Diplomatische Fälschungen (I), Hannover 1988 (MGH Schriften 33.3), S. 667–674, hier S. 667. In beiden Chartularen aus Molesme finden sich zahlreiche Urteile päpstlicher delegierter Richter; LAURENT (wie Anm. 34) Bd. 1, S. 45–47.

38 Sollte damit die Bedeutung der Papsturkunden für den gesamten Klosterverband hervorgehoben werden? So etwa im Chartular von Saint Nicaise in Reims, dem von späterer Hand 13 Urkunden Alexanders IV. vorangesetzt wurden, die nicht auf die Abtei selbst eingehen, sondern Regelungen für sämtliche Klöster der benediktinischen Ordensprovinz Reims enthalten. Cartulaire de Saint-Nicaise de Reims, publ. par Jeannine COSSE-DURLIN, Paris 1991 (Documents, études et répertoires publiés par l'Institut de Recherches et d'Histoire des Textes), S. 183–189 Nr. 1–13. Erst dann (Nr. 15) erfolgt der Rücksprung in die Zeit der Wiederbegründung des Klosters 1066. Papsturkunden durchziehen weiterhin den Band ohne jeden seriellen Charakter. Zur

Nicht eine einzige Papsturkunde enthält das 1175 angelegte Chartular der Abtei Saint Aubin in Angers, obwohl deren Archiv allein bis zum Pontifikat Hadrians IV. mindestens neun Stücke mit teils fundamentalen Rechtsverleihungen enthalten haben muss.[39] Dieses eklatante Missverhältnis zwischen Urkundenfonds und Chartular-Überlieferung ist weder mit dem Stichwort 'Überlieferungszufall' noch mit der Nachlässigkeit des Kopisten einleuchtend zu erklären. Weit plausibler scheint hier die Selektion des Archivbestandes durch den Kompilator. Zwar existierten in einigen Klöstern separate Bullarien, in denen ausschließlich Papsturkunden zusammengetragen wurden[40], die Gliederung der Handschrift aus Angers weist indessen einen so eindeutigen inhaltlichen Bezugsrahmen auf, der eine andere Erklärung nahe legt.

Die Abschriftensammlung beginnt mit den Urkunden der Grafen von Anjou, denen die Wiederbegründung der Abtei in Jahr 966 zu verdanken war. Es

---

Edition des Chartulars vgl. die umfassende Kritik von Ludwig FALKENSTEIN in: Francia 19/1 (1992) S. 310–314.

39 Urban II., Kontroverse mit Saint Trinité in Vendôme, 1092 XI 24 (JL 5470). DERS.: Schutz und Privilegienbestätigung, 1096 IV 14 (JL 5641); Paschalis II., Besitzbestätigung, 1101 X 20 (JL 5874). DERS.: Schutz- und Besitzbestätigung, 1107 VI 10 (JL 6156). DERS.: in einer Streitsache, 1112(?) II 15 (JL 6307). DERS.: Übertragung einer Kirche, 1115 V 25 (JL 6459); Eugen III. entscheidet einen Streit mit Saint Serge in Angers um drei Kirchen, 1152 XI 15 (JL 9613). DERS.: Schutz- und Besitzbestätigung, 1152 XI 15 (JL 9614). Vgl. auch den Archivbericht in Johannes RAMACKERS: Papsturkunden in Frankreich. N. F. 5: Touraine, Anjou, Maine und Bretagne, Göttingen 1956 (Abhandlungen der Akademie der Wissenschaften zu Göttingen, Philologisch-Historische Klasse, Folge 35), S. 31, der neben den Originalen von JL 5470 und 5641 eine originale Littera Hadrians IV. von (1156) I 29 (JL –) nachweist. Ebd., S. 42, 44 anderweitige Überlieferungen, u. a. im abhängigen Priorat Luché/Luchat. Die Edition einiger Stücke ebd., S. 94f. Nr. 30 (JL 6156), S. 162 Nr. 80 (JL 9613), S. 162–164 Nr. 81 (JL 9614), S. 176–178 Nr. 88 (Prozessbericht, 1155 Sommer), S. 179f. Nr. 90 (JL –, Urteil [1156] I 26), S. 205 Nr. 114 (1161, Legatenurkunde). Schon der Editor des Chartulars (vgl. Anm. 4) konfrontierte den Urkundenbestand der Handschrift mit seinen eigenen, weiter greifenden Recherchen und Urkundenfunden, die er im zweiten Band der Ausgabe vor dem Leser ausbreitete. In der Papsturkunden-Überlieferung für Saint Aubin klafft zwischen Hadrian IV. und Innocenz III. eine bemerkenswerte Lücke.

40 Vgl. Le premier cartulaire de l'abbaye cistercienne de Pontigny (XIIe–XIIIe siècles), publ. par Martine GARRIGUES, Paris 1981 (Collection des documents inédits sur l'histoire de France, section d'histoire et de philologie des civilisations médiévales, série in 8°, vol. 14), S. 10f.: „il est à remarquer que notre cartulaire ne contient aucune copie des ces bulles: sans doute existait-il un bullaire qui a disparu très tôt, car aucune mention n'en est faite par les divers copistes ou compilateurs des titres de Pontigny." Beispiele solcher Bullarien, die bisweilen auch als Archivauszüge zur Vorlage in Rom genutzt wurden, bei Laurent MORELLE: Par delà le vrai et le faux. Trois études critiques sur les premiers privilèges pontificaux reçus par l'abbaye de Saint-Bertin (1057–1107), in: L'acte pontifical et sa critique, publ. par Rolf GROSSE, Bonn 2007 (Studien und Dokumente zur Gallia Pontificia 5), S. 51–86, hier S. 77–79, 85 Anm. 92. Vgl. auch unten bei Anm. 57.

folgen Privilegien der fränkischen Könige bis zum 9. Jahrhundert, dann die Urkunden der Bischöfe von Angers, ehe ein Dossier mit Texten zur Abtswahl den Übergang zu topographisch sortiertem Material einleitet.[41] Hier fehlt nicht nur der Papst als Garant von Privilegien und Schutz gänzlich, hier wird auch der so verbindlich erscheinende *ordo* dadurch gesprengt, dass die Grafen von Anjou den Frankenherrschern inklusive Karl dem Großen vorgeordnet werden. Die Reverenz gegenüber der Stifterfamilie wird man als Grund hierfür geltend machen können[42], vielleicht aber auch die Einsicht, dass die Urkunden der lokalen Herren von höherem praktischem Wert für die Besitzsicherung waren als die Pergamente aus fränkischer Vorzeit. Auch waren die Nachfahren der Wohltäter am Ort wohl eher zum Eintreten für die Klosterinteressen zu bewegen als die französischen Könige, die in der Region allenfalls mittelbaren Einfluss besaßen.

3. Das Chartular als Galerie der Autoritäten?

Die als Stichproben zu verstehenden Beispiele lassen erkennen, dass Chartulare nur in seltenen Fällen ein vollständiges Abbild des Archivs bieten. Meist beruhen sie auf einer Auswahl der dort vorhandenen Schriftstücke. Im Gegensatz zu den Inventaren, die getreue Bestandslisten bieten, liegt den Chartularen eine Bewertung des Materials zugrunde, die für die Auswahl und Anordnung der Abschriften im Kodex verantwortlich ist. Über die Kriterien einer solchen Auswahl können wir nur spekulieren, doch dürften sie auf das Engste mit dem konkreten Zweck der Anlage eines Chartulars verbunden sein.[43] Eine administrativ orientierte Dokumentation der Besitzungen und Rechte, wie sie etwa im Falle von Molesme anlässlich der Mensenteilung zwischen Abt und Konvent benötigt wurde, maß offenbar den päpstlichen Privilegien und *Litterae*

---

41 Cartulaire de l'abbaye de Saint-Aubin d'Angers, publ. par le Comte de Bertrand DE BROUSSILLON avec une table des noms de personnes et de lieux par Eugène LELONG, Tome 1, Paris 1903. Zur ebenfalls geringen und eindeutig selektiven Zahl der kopierten Papsturkunden im Chartular der Abtei La Sauve Majeure vgl. FALKENSTEIN, Cartulaire (wie Anm. 18) S. 161f. (keine *Pancartae*, Privilegien fast nur mit Bezug auf Besitzungen der Priorate), S. 165f. (*Litterae cum serico* fehlen), S. 167f. (*Litterae cum filo canapis* fehlen, nur einige Urkunden delegierter Richter sind vorhanden). Ebd., S. 175–180 Nr. I: Edition eines Schutzprivilegs Alexanders III. mit umfangreichen Besitzbestätigungen von 1164 VI 11 (JL –), das im Chartular als Nr. 1102(!) eingereiht ist; es wird lediglich Bezug zu den Dependancen der Abtei hergestellt. Ebd., S. 180 Nr. II: *Littera cum serico* Alexanders III. von (1174) X 18 (JL –) mit Bestätigung u. a. der Abtwahlfreiheit, die im Chartular ebenfalls nicht überliefert ist.

42 Ähnliche Beobachtungen bei WALKER (wie Anm. 21) S. 136. GENET (wie Anm. 21) S. 102.

43 Vgl. FLAMMARION (wie Anm. 7) S. 297–300, mit Rekurs auf das von Jacques Stiennon entwickelte Ordnungsschema.

kaum direkten Wert für die Besitzaufteilung in und um Molesme bei; hier waren die Urkunden der Bischöfe von Langres entscheidend.[44] Wohl aber entfalteten päpstliche Schriftstücke ihren rechtlichen Nutzen, wenn es um den Zusammenhalt des weit gespannten Klosterverbandes ging, um Unterordnung und Rechtsabgrenzung gegenüber benachbarten geistlichen Instanzen.[45] Urteile päpstlicher Richter fanden bereitwillig Aufnahme, nicht aber, um zu Beginn des Chartulars die päpstliche Autorität zu dokumentieren, sondern um die Rechte am Ort des jeweiligen Konflikts nachzuweisen.

Molesme liefert mit seinem älteren, um 1150 kompilierten Chartular aber auch den Hinweis darauf, dass der juristische oder administrative Wert einer Urkunde nicht immer für deren Übernahme in die Sammlung Ausschlag gebend war. Die Aufnahme der Abtei in den apostolischen Schutz durch Papst Urban II. im Jahre 1095 wird man kaum als belastbaren Rechtstitel werten wollen. Das Privileg war vor allem von demonstrativem Wert, zumal die Abtei strikt in die Diözese Langres eingeordnet blieb und damit der Diözesanbischof die vorrangige Instanz in allen rechtlichen Belangen und Beschwernissen war. Die Tatsache aber, dass dieses Schutzprivileg der Handschrift vorangestellt wurde, während weitere päpstliche Urkunden, darunter ausführliche Rechts- und Besitzbestätigungen, völlig unbeachtet blieben, lässt den enormen Symbolwert des Urban-Privilegs umso deutlicher hervortreten. Es galt allem Anschein nach, die Gründung der Abtei von Beginn an auch mit der Autorität des römischen Bischofs zu verbinden und damit dem Kloster eine unverwechselbare Prägung zu geben; Folgeurkunden der päpstlichen Kanzlei zu kopieren, war hierfür unnötig, stand doch die Betonung der elementaren Tatsache im Vordergrund, nicht der Nachweis eines regelmäßig erneuerten Rombezugs.

Das Beispiel Molesme lehrt, Chartulare und die dort versammelten Urkunden nicht allein als nachschlagfähiges Kompendium klösterlicher Rechte zu betrachten. Insbesondere bei den frühen Exemplaren wäre obendrein grundsätzlich zu prüfen, ob ein Nachweis mittels Urkunden oder sogar durch deren bloße Kopien ohne eigene Beglaubigungsmittel juristische Verbindlichkeit hätte erlangen können. Im kanonischen Recht vollzog sich der Aufschwung des Urkundenbeweises erst in der zweiten Hälfte des 12. Jahrhunderts[46], und es

---

44 Die Bedeutung der Bischöfe wird auch durch die Tatsache der Fälschung mehrerer ihrer Urkunden für Molesme nochmals unterstrichen. Anders ging man bei der Mensenteilung in Agde um 1200 vor. Das seinerzeit angefertigte Kopiar des Domkapitels führt zuerst Papsturkunden und Synodalbeschlüsse auf, danach Herrscherdiplome. Man kann hier von einer rechtlich orientierten Texthierarchie sprechen; vgl. CHASTANG (wie Anm. 15) S. 307–324.

45 Vgl. oben Anm. 38.

46 Vgl. die unter X 2.19.2 in den *Liber Extra* aufgenommene Dekretale, mit der Alexander III. den Eid nur noch dort zulässt, wo andere Beweismittel fehlen. In dieselbe Richtung weist X 2.22.2 (Alexander III. an Bischof Roger von Worcester) zur Beweiskraft des *sigillum authenticum*. Vgl. insgesamt Winfried TRUSEN: Zur Urkundenlehre der mittelalterlichen Jurisprudenz, in: Recht und Schrift im Mittelalter, hg. von Pe-

erscheint nicht abwegig, die Chartulare vom fortschreitenden 13. Jahrhundert an aufgrund ihrer neuen technisch-administrativen Gewänder mit dieser Entwicklung ebenso in Verbindung zu bringen wie mit der Ausdifferenzierung des Geschäftsschriftgutes im Allgemeinen.[47]

Daneben darf man die historiographische Funktion der Urkundensammlungen nicht aus dem Blick verlieren. Ganz gleich ob man mit Patrick Geary die Nähe mancher Chartulare – insbesondere älterer Exemplare – zum Quellentypus der Gesta hervorheben mag oder den Begriff 'Chartular-Chronik' für angemessen hält[48], auch einige der hier erörterten Beispiele zeigen mehr Interesse an der textlichen Begleitung der Besitzgeschichte als an der Erstellung eines aussagefähigen Kompendiums der Besitzrechte. Molesme, Saint Aubin in Angers, aber auch die ältere Stufe des Chartulars von Préaux rücken ihre Gründer sowie die in der Region beheimateten Wohltäter in den Mittelpunkt und stellen so eine spezifische historische Identität des jeweiligen Hauses her.[49] Als Form der Gründungsnarratio dokumentieren bzw. demonstrieren sie die Beziehung zwischen den Urkundenausstellern und dem sammelnden Empfänger.

Mit Blick auf die Chartulare der Abtei Cluny ist ein solches Ensemble als Majestäten-Panorama bezeichnet worden, als Galerie der Mächtigen, deren Verbindung zum burgundischen Reformkloster durch Sammlung und Anordnung ihrer Urkunden bezeugt wird.[50] Der Gedanke bettet auch die Papstur-

---

ter CLASSEN, Sigmaringen 1977 (VuF 23), S. 197–219, wieder abgedruckt in DERS.: Gelehrtes Recht im Mittelalter und in der frühen Neuzeit, Goldbach 1997 (Bibliotheca eruditorum 23), S. 635*–657*. Auch in der Gestaltung der Abschriften lässt sich die Tendenz zur rechtlichen Präzisierung nachweisen. Gaben die älteren Urkundenkopien den Wortlaut oft ungenau wieder, so wurde die wortgetreue Kopie im Laufe des 12. Jahrhunderts zum Standard. Vgl. CHASTANG (wie Anm. 15) S. 147. Zur rechtlichen Verwertbarkeit der Chartulare vgl. KÖLZER (wie Anm. 9) S. 633–638 sowie unten Anm. 55.

47 Vgl. Hans PATZE: Neue Typen des Geschäftsschriftgutes im 14. Jahrhundert, in: Der deutsche Territorialstaat im 14. Jahrhundert, Bd. 1, hg. von DERS., Sigmaringen 1986 (VuF 13.1), S. 9–64, bes. S. 9, 36–47.

48 Patrick GEARY: Entre gestion et gesta, in: Cartulaires (wie Anm. 14), S. 13–24, bes. S. 13–16. Stephan MOLITOR: Das Traditionsbuch. Zur Forschungsgeschichte einer Quellengattung und zu einem Beispiel aus Südwestdeutschland, in: Archiv für Diplomatik 36 (1990) S. 61–92, zur Begriffskritik S. 78f.

49 GEARY (wie Anm. 48) S. 16, nennt mit Verwaltung, Schutz und Erinnerung drei grundlegende Motive für die Auswahl von Texten und deren Komposition zu einem Chartular. Die jeweilige Gewichtung dieser Motive ist variabel.

50 Sébastien BARRET: La mémoire et l'écrit: l'abbaye de Cluny et ses archives (X^{e}–XVIIIe siècle), Münster 2004 (Vita regularis 19), S. 119: „Mais en même temps, comment ne pas y voir une sorte de 'galerie' des puissants pieusement penches sur Cluny, en même temps qu'humblement soumis à l'*ecclesia* et à la congrégation des ses fidèles, dans laquelle ils tentent d'entrer par leur aumônes et leurs grâces?" Den symbolisch-demonstrativen Wert der Urkunden, der mitunter wichtiger war als der Textinhalt, weil die bloße Existenz der Urkunde den Empfänger sichtbar in ein Beziehungsge-

kunden in einen Kosmos von Autoritäten ein, der vom Standpunkt der Kompilatoren aus in den Urkundensammlungen jeweils neu entworfen wurde. In diesem Panorama besaßen auch solche Texte eine Funktion, deren unmittelbarer rechtlicher oder administrativer Wert eher gering zu veranschlagen ist, weil die Aussteller längst tot oder weit weg, die Inhalte unter Umständen unpräzise oder schlicht überholt waren.[51] Die Aufnahme solcher Texte ist also mit der rechtlichen oder durch militärische Präsenz begründeten *potestas* des Ausstellers allein nicht zu erklären; sie findet ihre Ursache in dessen schwieriger zu fassender *auctoritas*.[52] Ansehen und Bedeutung eines Urkundenausstellers konnten offensichtlich eine zeitliche und räumliche Reichweite entfalten, die über den Radius direkter politischer, militärischer oder juristischer Präsenz hinausreichte.

Die Autoritäten-Panoramen, die uns die untersuchten Chartulare anbieten, sind keineswegs statisch. Konstatiert man für die Wende zum 13. Jahrhundert insgesamt eine bevorzugte Stellung des römischen Bischofs bei der Ordnung von Urkundenabschriften[53], so ist doch ebenso festzuhalten, dass die Päpste sich diese Wertschätzung in rechtlicher Perspektive wie im Hinblick auf den Prestigewert ihrer Urkunden erst erarbeiten mussten. Dabei behinderten die räumliche Entfernung und fehlende Zwangsmittel vor allem eine wirksame rechtliche Geltendmachung päpstlicher Anordnungen und Verleihungen; aus

---

flecht einordnete, arbeitet präzise heraus Peter BRUN: Vom Sinn und Unsinn königlicher Privilegien – der Aargau um 1415, in: Wege zur Urkunde, Wege der Urkunde, Wege der Forschung. Beiträge zur europäischen Diplomatik des Mittelalters, hg. von Karel HRUZA/Paul HEROLD, Wien 2005 (Forschungen zur Kaiser- und Papstgeschichte des Mittelalters. Beihefte zu J. F. Böhmer, Regesta Imperii 24), S. 169–179. Der Gedanke des Sich-Einschreibens in die Gemeinschaft auch bei CHASTANG (wie Anm. 15) S. 118f. Deutlich auch KÖLZER (wie Anm. 9) S. 644: „Aus dieser Sicht rückt das Chartular in die Nähe eines Symbols, das zugleich ein gerüttelt Maß des eigenen Selbstverständnisses verkörperte ..." Vgl. auch GENET (wie Anm. 21) S. 101 und ZERNER (wie Anm. 34) S. 209. Ähnlich, aber den memorialen Charakter für die Besitzgeschichte betonend BOUCHARD (wie Anm. 21) S. 31: „A community of donors would be created whose names would be inscribed in the cartulary along with what they gave. A cartulary's purpose then should be seen as more commemorative than combative, less a legal brief than another form of *liber memorialis*."

51 'Dead wood' nennt Christopher R. CHENEY: England and the Roman Curia under Innocent III, in: JEH 18 (1967) S. 173–186, hier S. 184, die durch fortwährende mechanische Übernahme aus den Vorgängerurkunden im Laufe der Zeit realitätsfern gewordenen Inhalte päpstlicher Privilegien.

52 Komprimiert dazu Horst RABE: Art. Autorität, in: Geschichtliche Grundbegriffe. Historisches Lexikon zur politisch-sozialen Sprache in Deutschland, Bd. 1, hg. von Otto BRUNNER u. a., Stuttgart 1972, S. 382–406, bes. S. 382–389. Vgl. auch CHASTANG (wie Anm. 15) S. 125, der die Sektion des Chartulars mit Papst- bzw. Herrscherurkunden als historisch-autoritative Rahmensetzung betrachtet, die im Folgenden topographischen Teil rechtlich konkret ausgearbeitet wird.

53 Vgl. oben Anm. 27.

sich heraus wirkten die Urkunden der römischen Bischöfe nicht.[54] Im älteren Chartular von Saint Pierre de Préaux spielen Papsturkunden überhaupt keine Rolle. Die römischen Bischöfe tauchen nicht einmal am Horizont der normannischen Benediktiner auf, deren Autoritäten-Blick zunächst nur bis zu den Herzögen der Normandie reichte. In der rund 100 Jahre jüngeren Version wandelte sich diese Sicht. Nun setzten die Mönche die Papsturkunden wie selbstverständlich an die Spitze, um sich dann zunächst die kirchliche Hierarchie hinab zu tasten, wobei sie die besondere Rolle des Diözesanbischofs gebührend berücksichtigten. Die durchgehend bedeutende Position der Diözesane dürfte sich im Übrigen dadurch erklären, dass sie oft die Nächsten waren, die eine formlose Schenkung in eine authentische Urkunde verwandeln konnten, dass ihre Gerichtsbarkeit am Ort bereit stand und dass die meisten geistlichen Einrichtungen ohnehin der *potestas episcopi* unterworfen waren. Autorität und Instanz fielen hier in einer konkreten Weise zusammen, von der sich die Situation der Könige und Päpste mit ihrer oft nur nominellen Herrschaft deutlich unterschied. Die Umorientierung der Mönche von Préaux von den Gründern, Wohltätern und Herzögen zu den Päpsten setzt voraus, dass die römischen Bischöfe in der Zwischenzeit in den Gesichtskreis der Mönche getreten waren und ihre Urkunden zwischen dem frühen 12. und dem beginnenden 13. Jahrhundert für die Abtei einen nachhaltigen Bedeutungszuwachs erfahren hatten – ob konkret rechtlich oder eher symbolisch, wäre im Detail ebenso zu prüfen wie die Frage nach dem Wert einer Abschrift, die in den meisten Fällen aller rechtlichen wie magischen Symbole entbehrte.[55] In jedem Fall dürfte die Berücksichtigung der Papsturkunden im Chartular die Präsenz

54 Rudolf SCHIEFFER: Papsttum und mittelalterliche Welt, in: Hundert Jahre Papsturkundenforschung (wie Anm. 5), S. 373–390, hier S. 383. Laurent MORELLE: Les chartes dans la gestion des conflits (France du Nord, XIe–début XIIe siècle), in: Pratiques (wie Anm. 24), S. 267–298, hier S. 298, weist auf die zwingende Verbindung von Urkunde und Institutionen (insbesondere Gerichtsbarkeit) hin. Vgl. zur Problematik von Legitimitäts- und Sanktionsbereich der hochmittelalterlichen Päpste auch Jochen JOHRENDT/Harald MÜLLER: Zentrum und Peripherie. Prozesse des Austausches, der Durchdringung und der Zentralisierung in der lateinischen Kirche des hohen Mittelalters, in: Römisches Zentrum (wie Anm. 2), S. 1–16, bes., S. 11–13 (mit Literatur); im Hinblick auf die päpstliche Gerichtsbarkeit Harald MÜLLER: Entscheidung auf Nachfrage. Die delegierten Richter als Verbindungsglieder zwischen Kurie und Region sowie als Gradmesser päpstlicher Autorität, in: ebd., S. 109–131, bes. S. 130f.

55 Vgl. SCHIEFFER (wie Anm. 54) S. 389f. Jochen JOHRENDT: Papsttum und Landeskirchen im Spiegel der päpstlichen Urkunden (896–1049), Hannover 2004 (MGH Studien und Texte 33), S. 31–36. Zur Problematik der Beweiskraft GEARY (wie Anm. 48) S. 20 und die Diskussion des Beitrags S. 25f.; die Beweiskraft ablehnend KÖLZER (wie Anm. 9) S. 636; spätmittelalterliche Beispiele für die ersatzweise Heranziehung des Chartulars als Beweismittel vor Gericht bei GENET (wie Anm. 21) S. 106. Die generelle Unsicherheit der Forscher in dieser Frage betonend zuletzt MORELLE: Vrai et faux (wie Anm. 40) S. 84.

und Wertschätzung der fernen Aussteller im Bewusstsein des Kompilators widerspiegeln.

Zumindest in einigen Fällen ist eine gesteigerte Bedeutung der Papsturkunden erkennbar, und sie korrespondiert mit allgemeinen Beobachtungen zur Geschichte der franko-päpstlichen Kontakte. Im Jahr 1008 forderten französische Bischöfe in Gegenwart eines päpstlichen Legaten, ein zehn Jahre altes Privileg für die Abtei Fleury an der Loire ins Feuer zu werfen.[56] Demgegenüber wurde die älteste systematische Urkundensammlung der Abtei Saint Denis gezielt zur Vorlage auf einer Lateransynode Papst Alexanders II. im Jahre 1065 angefertigt, um sich der Übergriffe des Bischofs von Paris zu erwehren. Das Dossier enthielt Urkunden der Päpste sowie der merowingischen und fränkischen Könige, wobei insbesondere die Papsturkunden von den Mönchen zur Untermauerung der eigenen Ansprüche zuvor präzise interpoliert worden waren. Auf der Basis dieser Beweismittel erlangte der Abt von Saint Denis ein päpstliches Urteil, das jeglichen Anspruch bischöflicher *potestas* über das Kloster zurückwies. Die Fälschung der Papsturkunden war mit Blick auf das angestrebte päpstliche Urteil unternommen worden. Sie ist ein sicheres Indiz dafür, welch hohe, ja entscheidende Autorität dem römischen Bischof und den Schriftstücken seiner Vorgänger in dieser Phase des schwelenden Konfliktes beigemessen wurde. Dies spiegelt eine temporäre Verlagerung, zumindest jedoch eine Erweiterung des traditionellen Autoritätenspektrums wider. Denn als die Mönche sich an den Papst wandten, war das Königtum, mit dem die traditionsreiche Abtei über Jahrhunderte hinweg auf das Engste verbunden war, gerade nicht in der Lage, ihr wirkungsvoll zur Seite zu stehen. Der König selbst hatte nach vergeblichen eigenen Versuchen, eine Klärung der Situation herbeizuführen, einer Entscheidung des Streites durch Papst Alexander II. zugestimmt.

Dass in solchen Fällen situationsgebundener Neuorientierung die traditionellen Autoritäten nicht kurzerhand ausgetauscht wurden, zeigt sich zunächst daran, dass der französische König Philipp das päpstliche Urteil erst drei Jahre später auf Bitten des Papstes und des Abtes akzeptierte und der Abtei die seinerzeit vorgelegten Urkunden ebenso bestätigte wie deren Freiheit von jeglicher Intervention des Pariser Bischofs. Die Beharrungskraft gewohnter Bindungen verrät aber auch ein Blick auf den «Liber cartarum» der Abtei Saint Denis, der zwar von einer Hand des 13. Jahrhunderts stammt, der Rolf Große zufolge aber zumindest einen Kern aus der Spätzeit des 1151 verstorbenen

56 Der oft zitierte Fall u. a. bei Dietrich LOHRMANN: Kirchengut im nördlichen Frankreich. Besitz, Verfassung und Wirtschaft im Spiegel der Papstprivilegien des 11.–12. Jahrhunderts, Bonn 1983 (Pariser Historische Studien 20), S. 31. MORELLE, Chartes (wie Anm. 54) S. 286. JOHRENDT (wie Anm. 55) S. 30f. Zur Grundeinschätzung des päpstlichen Ansehens in Frankreich um die Wende zum 11. Jahrhundert und zu den darauf folgenden Entwicklungen zuletzt GROSSE: Fille aînée (wie Anm. 2) S. 299–302. Vgl. zu einer weiteren demonstrativen Verbrennung einer Papsturkunde SCHIEFFER (wie Anm. 54) S. 381f.

Abtes Suger aufweist. Die Urkundenfolge der seit 1102 als exemt anzusehenden Abtei beginnt darin mit dem *Constitutum Constantini*(!), lässt Kaiser- und Königsurkunden folgen und schiebt zwischen diese und die Serie der päpstlichen Privilegien von Zacharias bis zu Eugen III. auch noch das Testament Abt Sugers ein.[57] Es war oft ein gutes Stück des Weges, bis die Papsturkunden wie in den oben angeführten Beispielen den prominenten Platz auf den ersten Seiten eines Chartulars erreichen konnten. In den Chartularen von Saint Denis ist ihnen das offenbar nie gelungen.[58]

Deutlich geringere Umorientierungsprobleme scheinen dagegen die Niederlassungen der im 12. Jahrhundert neu etablierten Orden der Zisterzienser und Prämonstratenser gehabt zu haben. Sie verfügten selten über geschlossene Gründungsaustattungen aus adliger Hand, und da die Konsolidierung ihrer Rechte und Besitzungen meist in enger Anlehnung an das Papsttum erfolgte[59], konnte in den Chartularen dieser Klöster das Lob des römischen Bischofs den ersten Rang im Archivbestand beanspruchen, ohne in starke Konkurrenz mit dem Prestige der Gründerfamilien oder weltlicher Schutzmächte zu geraten.

Selbst eine Skizze solch bescheidenen Ausmaßes wie diese vermag deutlich zu machen, dass die Anordnung der Urkunden in den Chartularen des Hochmittelalters nicht in eine *ordo*-Schematik zu zwingen ist. Aus gutem Grund sind die bisherigen Versuche, die Baupläne der Abschriftensammlungen zu systematisieren, stets mit einer Fülle von Einschränkungen und Vorbehalten abgesichert worden.[60] Weder wurden Herrscher- und Papsturkunden vollzählig kopiert, noch nehmen sie stets die herausragenden Positionen im Chartular ein.

57 Vgl. zu dem gesamten Komplex Rolf GROSSE: Remarques sur les cartulaires de Saint-Denis aux XIIIe et XIVe siècles, in: Cartulaires (wie Anm. 13), S. 279–289, bes. S. 279f. (Dossier 1065), S. 282–284 («Liber cartarum»). DERS.: Papsturkunden in Frankreich. N. F. 9. Band: Diözese Paris II, Göttingen 1998 (Abhandlungen der Akademie der Wissenschaften zu Göttingen, Philologisch-Historische Klasse, Folge 225), S. 52 Nr. 1 und 3. DERS.: Saint-Denis zwischen Adel und König. Die Zeit vor Suger (1053–1122), Stuttgart 2002 (Beihefte der Francia 57), S. 61–70. DERS.: Frühe Papsturkunden und Exemtion des Klosters Saint-Denis (7.–12. Jh.), in: Hundert Jahre Papsturkundenforschung (wie Anm. 5), S. 167–188, hier S. 180–187.

58 Vgl. GROSSE Remarques (wie Anm. 57) S. 284–288 zum Cartulaire blanc des 13. Jahrhunderts, das die Papsturkunden im zweiten Band bündelt. Zahlreiche Königs- und Kaiserurkunden stehen schon deshalb am Beginn dieses Chartulars, weil sie die Grundausstattung von Saint Denis in rein topographischer Hinsicht enthalten. GROSSE: Papsturkunden (wie Anm. 57) S. 52f.

59 Vgl. Hubertus SEIBERT: Autorität und Funktion. Das Papsttum und die neuen religiösen Bewegungen in Mönch- und Kanonikertum, in: Das Papsttum in der Welt des 12. Jahrhunderts, hg. v. Ernst-Dieter HEHL/Ingrid Heike RINGEL/Hubertus SEIBERT, Stuttgart 2002 (Mittelalter-Forschungen 6), S. 207–241. Ludwig FALKENSTEIN: La papauté et les abbayes françaises aux XIe et XIIe siècles. Exemption et protection apostolique, Paris 1997 (Bibliothèque de l'Ècole des Hautes Études, sciences historiques et philologiques 336), S. 208–216.

60 Vgl. oben bei Anm. 21.

Die Selektion der Texte dürfte von mehreren Faktoren abhängig sein; in jedem Fall auch von der aktuellen geographisch-politischen Lage des jeweiligen Klosters – in der Île-de-France herrschten andere Bedingungen als in Südfrankreich, in der Normandie oder in der Champagne. Beeinflusst sein könnte sie auch von speziellen Bindungen der kirchlichen Institute an Herrscher oder Päpste – Königskloster versus exemte Abtei? Nur ein breiter angelegter Vergleich könnte diese Fragen klären. Dass jedoch vom ausgehenden 12. Jahrhundert an die Papsturkunden in zahlreichen neu angelegten Abschriftensammlungen an der Spitze des dargebotenen Materials zu finden sind, unterstreicht die Bedeutung, welche die päpstlichen Schriftstücke für die Empfänger besaßen und damit zugleich die Fernwirkung päpstlicher Autorität in dieser Zeit. Umso aufschlussreicher ist der (notwendigerweise exemplarische) Blick auf die vorgängigen Entwicklungen. Denn er zeigt nicht nur verschiedene parallele Formen der Chartular-Architektur, sondern lässt in einigen Fällen auch den Wandel der Prinzipien deutlich erkennen. Die planvolle Auswahl und Anordnung der Kopien im Sinne einer zum Kodex geronnenen Weltsicht, einer „vision du monde“[61], zu lesen, in der die Urkundenaussteller als Autoritäten gruppiert sind, – Propaganda inklusive! – verspricht Aufschluss über die Reichweiten rechtlicher *potestas* und auf Prestige gestützter *auctoritas*. Auch ist die Umprägung des Autoritäten-Horizonts dabei abzulesen. Die Chartulare von Angers mit ihrem Wechsel vom regionalen, auf die Stifter orientierten Bezug zum 'international' bedeutenden Papsttum geben hierfür ein besonders eindrucksvolles Beispiel.[62] An solche Veränderungen lässt sich verfolgen, welche rechtliche Kraft und welches Prestige den Papsturkunden jeweils beigemessen wurde und welcher Rang demzufolge den Päpsten in diesen Ordnungsvorstellungen zukam. Dem universalen Autoritätsanspruch, den die römischen Bischöfe von der Mitte des 11. Jahrhunderts an lautstark vortrugen, könnte hieraus ein differenziertes Echo erwachsen.

---

61 FLAMMARION (wie Anm. 7) S. 298: „ …vision du monde que pouvait avoir un chanoine du début du XIIIème siècle.“ Der Reflex einer Weltordnung, in der das Spirituelle über das Weltliche dominiert, aber auch „reflet de l'idéologie pontificale dont Innocent III s'est fait le champion au début du XIIIème siècle.“

62 Vgl. auch ZERNER (wie Anm. 34). Sie demonstriert, dass Kaiser und Päpste die Hauptakteure des Grand Cartulaire der Abtei Saint-Victor in Marseille vom Beginn der 1080er Jahre sind, die durch Voranstellung ihrer Urkunden herausgehoben wurden (S. 165f., 184). Im Petit Cartulaire, das um die Mitte des 13. Jahrhunderts entstand, waren die Kaiser aus dieser Position ausgeschieden. Auf eine verkürzte, stark selektive und zum Teil erheblich interpolierte Auswahl von Texten aus der Frühzeit der Abtei folgten nun fünf Kapitel mit Papsturkunden, ehe die Textsammlung zum Klosterleben und zu den zeitgenössischen Besitzungen von Saint-Victor übergeht (S. 177–183). Zerner bettet diesen Wechsel der Autoritäten in die historische Situation zur Zeit der Abfassung des Petit Cartulaire ein: „Vers 1250, au moment où le cartulaire est rédigé, la commune de Marseille vit ses derniers moments d'indépendence, la Provence et en train de passer dans l'orbite capétienne, enfin Rome triomphe, tandis que l'Empire a perdu son chef“ (S. 178).

Abstract

The Popes Seen from France. Some Reflections on the Position of Papal Documents in French Cartularies

A large number of papal privileges and letters have been transmitted in cartularies. These have always been intensely exploited by historians in search for medieval charters. In most cases, they have been regarded as a treasury to be plundered, not as independent sources themselves. But in the last two decades medieval compilations came into the scope of cultural studies.

This paper focuses on the position of papal charters in cartularies. Due to the observation, that the compiler selected deliberately texts from an archive, the organization of documents in the cartulary should not be a fortuitous result. To integrate a charter into a collection by copying it gives a specific value to the document, in the eye of the recipient, too. This may cast light on the very authority of persons or institutions that had issued the copied document. Analyzing the arrangement of texts in cartularies may reveal an impression of the ancient compiler's cosmos of authorities. In order to rediscover such an arrangement we have to examine the place of papal documents in the entire cartulary and their relation to the charters of kings and bishops.

France seems to be ideal for such a study, because contacts between popes and French churches were firmly established before the high time of cartularies in the 11th-13th centuries. Papal privileges are often of minor significance in older compilations, but they gain a prominent position in later ones, which may indicate a change of perspective.

The first example dealt with in this article shows how perspectives were changing. While the Benedictine monks of Saint Germain in Auxerre in their cartularies concentrated exclusively on regional authorities at the beginning of the twelfth century, the compilation of the same Benedictine house has a broader scope about hundred years later, when popes and their privileges figure prominently in the cartulary. In a second example two cartularies from Molesme, located in the diocese of Langres, are compared. In the older one a papal privilege is placed prominently, but we see a clear focus on the documentation of the abbey's properties in both collections. Local bishops and regional laymen were the highest authorities from this perspective, whereas documents of the distant popes are mostly of symbolic value. Even the later cartulary gives lesser significance to papal privileges than to Episcopal ones. As a third striking example Saint Aubin in Angers is mentioned in the article. There all papal privileges existing in its archive were banned from its cartulary of 1175.

Taken into consideration the various uses of papal documents in medieval cartularies, "position" means more than mere localisation of single copies within a codex. We are used to say that the popes enforced claims of their universal authority from the mid of the eleventh century onwards. The very architecture of medieval cartularies and the position of papal documents within might reveal an impression of the place contemporaries gave to papal authority represented by privileges and letters of the Roman bishops.

Documentos Pontificios en el *Liber Testamentorum Ecclesie Ovetensis*

Mª JOSEFA SANZ FUENTES

En el primer tercio del siglo XII, en un momento clave para la supervivencia de la diócesis de Oviedo, ante la amenaza de las sedes de Compostela y Toledo que comenzaban a destacar entre todas las demás, desde la catedral ovetense e impulsado por Pelayo, arcediano primero de la misma, posteriormente auxiliar del obispo Martín I, a quien sustituye durante sus ausencias de la diócesis, y finalmente obispo titular, se procede a redactar y ejecutar la confección de uno de los cartularios más singulares no solo de la historia de la Diplomática hispana sino también de todo el occidente coetáneo: el «Liber Testamentorum Ecclesie Ovetensis», conocido también, a lo largo de la Edad Media como «Libro Gótico».

Creado para ser presentado ante el sumo pontífice con el fin de evitar que la diócesis fuese convertida en sufragánea de una de las recientes archidiócesis, concretamente de la de Toledo, y así poder seguir manteniendo su estatus de diócesis exenta, sometida directamente a la autoridad pontificia, el cartulario se plantea, tal y como lo describe en el siglo XVI el humanista Ambrosio de Morales, cuando, enviado por Felipe II, visita la catedral ovetense, y de manera más especial su riquísima biblioteca, como un libro en el cual se copiaron los documentos de los reyes y de los pontífices por los que se dotaba y consolidaba la diócesis ovetense.[1]

Su singularidad proviene del modo en el que ha sido ejecutado, con una solemnidad desmesurada, al crearse para su escrituración una caligrafía pseudocancilleresca, imitativa en parte de la escritura visigótica cursiva, propia de la época de los documentos en él copiados, e inventada para este caso muy probablemente por el propio Pelayo[2], y sobre todo por la presencia de unas impresionantes miniaturas que, por una parte, en el caso de los documentos procedentes de la monarquía asturiana, dan entrada a todos y cada uno de los

---

1 Ambrosio de MORALES: Viage de Ambrosio de Morales, por orden del rey don Phelipe II a los reynos de León y Galicia y Principado de Asturias. Para reconocer las Reliquias de Santos, Sepulcros Reales y Libros manuscritos de las Cathedrales y monasterios. Dale a la luz, con la vida del autor y con su retrato el Rev. P. Maestro fr. Henrique FLÓREZ, Madrid 1765 (reimp. Oviedo 1977), pp. 93–98, esp. p. 95.

2 Mª Josefa SANZ FUENTES: Estudio paleográfico, en: EADEM et al.: Liber Testamentorum Ecclesiae Ovetensis, Barcelona 1995, pp. 103–127.

cuadernillos, dedicados de forma singular cada a uno de los monarcas de la misma, con una miniatura – tapiz, y que por otra intentan reflejar asimismo las características físicas de los documentos en él copiados, que han sido en muchos casos sometidos a una refacción que los convierte en falsos diplomáticos pero que han sido acompañados por los signos de otorgantes y confirmantes de cada uno de ellos.[3]

En el caso que nos ocupa de forma especial, los documentos pontificios, son cuatro los copiados en el «Liber».

De los dos más cercanos al momento de redacción del mismo, los privilegios de Urbano II y de Pascual II, poco hay que decir, si no es la perfecta transcripción en el «Liber» de los originales que de los mismos se conservaban en el archivo catedralicio, así como también la minuciosa copia de los elementos figurados presentes en ellos, como son la *rota* y el *bene valete*. Ambos documentos resultan de excepcional importancia para la diócesis ya que por el primero de ellos Urbano II (1099, abril, 4. Letrán) confirma a la iglesia de Oviedo sus derechos y propiedades[4], de ahí que tal vez como crítica a que solo se ocupara del poderío territorial de la diócesis sea representado en la miniatura que acompaña al documento tocado con un gorro propio de los señores territoriales y no de un papa, mientras que por el segundo Pascual II (1102, septiembre, 30, Civita Castellana) confirma a Pelayo, obispo de Oviedo, la libertad de no depender de ninguna otra diócesis metropolitana[5]. (fig. 1+2)

3 Joaquín Yarza Luaces: Las Miniaturas del Libro de los Testamentos, en: Liber Testamentorum, ed. de Sanz Fuentes et al. (como nota 2) pp. 145–230.

4 Santos A. García Larragueta: Colección de documentos de la catedral de Oviedo, Oviedo 1962, p. 116, pp. 310–311.

5 García Larragueta (como nota 4) pp. 329–330.

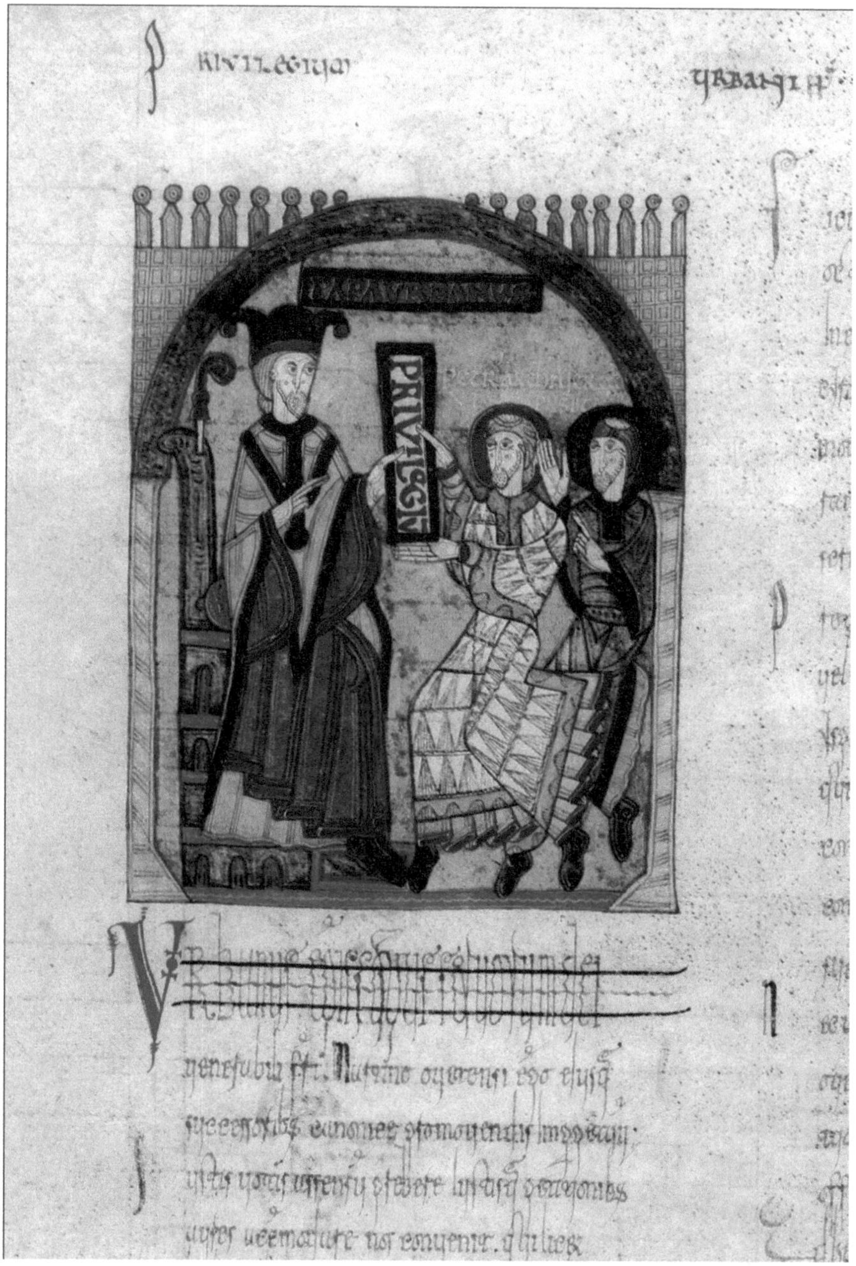

fig. 1

fig. 2

Pero muchos más interrogantes han planteado y siguen planteando las dos denominadas epístolas enviadas por un papa Juan a un rey Alfonso cuyas cronologías no son posibles, si se pretende, como se hace en el cartulario, que ambas fueron dirigidas a Alfonso II el Casto en los años 821 y 822 respectivamente (fig. 3), siendo en cambio, en opinión de la mayoría de los autores que las han estudiado, factible que el pontífice y el rey en cuestión fueran Juan VIII (872–882) y Alfonso III (866–910).

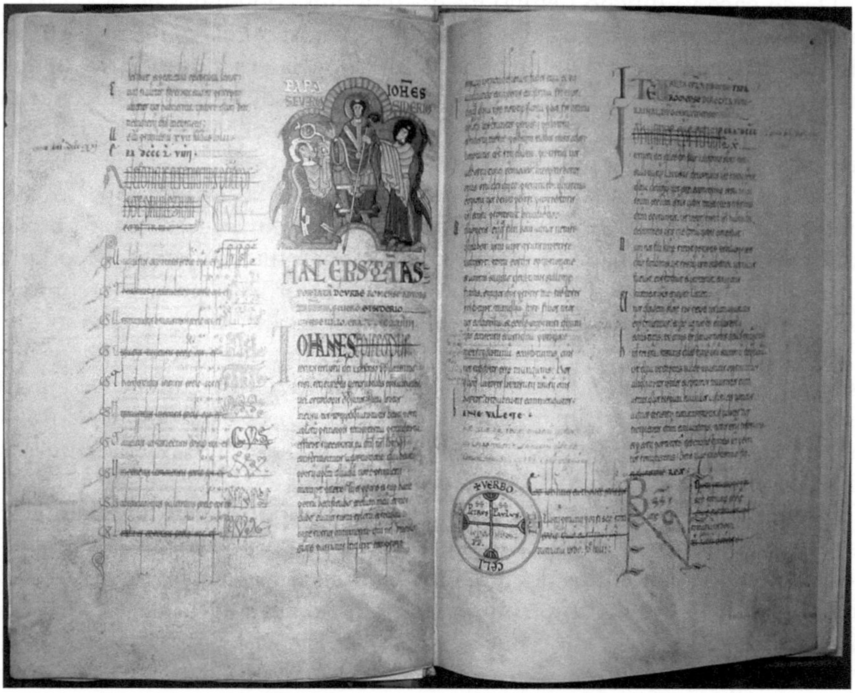

fig. 3

Estos dos documentos han sido ya objeto de numerosos estudios. Una primera aproximación a los mismos la realizó a principios de la década de los 60 del pasado siglo Floriano Cumbreño, señalando ya la inadmisibilidad de las dataciones propuestas y la presencia en unas sedicentes epístolas de los incongruentes elementos figurados de su validación propios de los privilegios más tardíos.[6] En el mismo año, García Larragueta las edita también, y, aunque no les dedica un estudio pormenorizado, hace referencia en nota a pie de página a su incorrecta datación, sugiriendo fecharlas en el año 876, al haber encontrado documentos similares con esta data en los „Regesta Pontificum" Jaffé e Ewald.[7]

6 Antonio Floriano Cumbreño: En torno a las bulas del Papa Juan VIII en la Catedral de Oviedo, en: Archivum 12 (1962) pp. 117–127.

7 García Larragueta (como nota 4) pp. 40–41 y p. 45.

En 1971 Fernández Conde lleva a cabo el primer estudio monográfico sobre el «Liber Testamentorum» dedicándole también un apartado al estudio de ambas bulas y a su carácter de falsos.[8] En 1995 se publica una edición facsímil del códice, y en dos de los estudios que la acompañan se hace referencia a ambas bulas analizando los elementos figurados de las mismas.[9] Y ya más recientemente vuelve a incidir sobre las mismas Deswarte en un breve estudio sobre el obispo Pelayo.[10]

Desde hace ya mucho tiempo los documentos contenidos en el «Liber Testamentorum» han sido calificados de falsos y el obispo Pelayo de falsario. Desde entonces hasta ahora la Diplomática como ciencia ha avanzado lo suficiente como para enfocar el estudio de los cartularios desde el punto de vista de la función para la que han sido hechos y desde el concepto que de documento auténtico se tenía en la época en la que fueron escritos.

No cabe duda alguna de que Pelayo manipuló las fórmulas de los documentos que incluyó en este cartulario: sustituyó las duras y escuetas fórmulas de los documentos salidos del entorno de la monarquía asturiana por otras más elaboradas y más acordes con el latín culto de su propia época[11] y refundió en uno solo varios documentos de un mismo monarca.[12] Al fin y al cabo Pelayo no está haciendo otra cosa que lo que pudo ver durante su estancia en el monasterio de Sahagún, donde se rehizo gran parte de la documentación perdida tras su destrucción por Almanzor utilizando, como el hará después en el «Liber», una falsa escrituta visigótica cursiva de aspecto arcaico, y redactándolos en cambio con fórmulas propias de la cronología en la que se están efectuando las refacciones.[13] Estamos entonces en este caso hablando no de una falsificación absoluta: hasta ahora no se ha podido demostrar con claridad la falsedad de unos contenidos que en los documentos de donaciones territoriales nunca fueron contestados por ningún otro propietario, sino tan solo hablar de una falsifi-

8 Francisco Javier FERNÁNDEZ CONDE: El Libro de los Testamentos de la Catedral de Oviedo, Roma 1971, pp. 127–128.

9 SANZ FUENTES et al. (como nota 2) vid. especialmente pp. 128–131 y pp. 221–222.

10 Thomas DESWARTE: ¿Una nueva metrópoli en Oviedo? Dos falsas bulas del obispo Pelayo (1098/1101–1130), en: La imagen del obispo hispano en la Edad Media, ed. de Martín AURELL/Ángeles GARCÍA DE LA BORBOLLA, Pamplona 2004, pp. 153–166.

11 A la manipulación de las fórmulas dedica parte de su trabajo ya citado FERNÁNDEZ CONDE (como nota 8) pp. 89–102.

12 Lo hace con los de su amigo y coetáneo Alfonso VI, lo cual nos lleva a concluir que tal hecho no era tenido por manipulación en el momento en el que se está redactando el manuscrito.

13 Luis ROMERA IRUELA: Refacciones documentales a fines del S. XI: el caso de Sahagún, en: Actas del VIII Coloquio del Comité Internacional de Paleografía Latina, Madrid 1990, pp. 185–201. José Antonio FERNÁNDEZ FLÓREZ/Marta HERRERO DE LA FUENTE: Libertades de los copistas en la confección de cartularios: el caso del Becerro Gótico de Sahagún, en: Scribi e colofoni. Le sottoscrizioni di copisti dalle origini all'avvento della stampa, ed. de Emma CONDELLO/Giuseppe DE GREGORIO, Spoleto 1995, pp. 301–320.

cación diplomática: sí se manipulan ampliamente las fórmulas de redacción de los documentos.

Pero en el caso de las bulas del papa Juan la falsificación es más importante ya que llega a afectar a su datación.

Clarísima es la manipulación formularia de ambos documentos al introducir los elementos de validación propios de los privilegios pontificios, inexistentes en la época en la que aparecen datadas e incluso en la época más tardía, en la que parece que efectivamente fueron emitidas. Para ello Pelayo se vale de la documentación existente en el archivo de la catedral ovetense, archivo que conocía en profundidad, porque entre otras cosas es muy probable que antes de alcanzar la dignidad episcopal hubiera sido notario del mismo, lo que le permitió adquirir la información que luego utilizó en gran parte en sus obras historiográficas[14] para dotarlas de tales elementos de solemnidad.

Muy probablemente no hizo falta en absoluto una estancia en Roma del obispo Pelayo, como expone Deswarte[15], para que pudiera conocer los usos de la cancillería pontificia. Lo único que hace es aplicar a la refacción de unos documentos antiguos lo más moderno que tiene delante de su vista, que son ni más ni menos que los elementos existentes en el privilegio de Pascual II, hecho que resulta aún mucho más convincente si tenemos en cuenta que ese privilegio de Pascual II es precisamente el que reconoce de una manera definitiva que la diócesis ovetense es y seguirá siendo diócesis exenta. Así convierte un posible privilegio original en papiro del papa Juan en algo mucho más comprensible a la vista de sus coetáneos, que no entenderían un privilegio pontificio sin rota, utilizada en los privilegios a partir del S. XI[16], y benevalete. Más aún cuando incluso consigue hacer visible también el único elemento de validación que no se puede transmitir mediante la escritura. Y es que las bulas coetáneas ya llevaban un tercer elemento de validación característico. Por ello Pelayo introduce en la miniatura que encabeza la trascripción de ambos documentos, en la que se representa al papa Juan y a los dos eclesiásticos que portaron la primera de ellas hasta Oviedo, identificados por sus nombres, Siderio y Severo (fig. 4), ese elemento: el sello.

Del documento que Juan entrega a Severo y que es calificado en la misma miniatura como privilegio, pende un sello. El miniaturista dibujó con todo esmero el tipo del sello, que no es otro que la representación iconográfica de San Pedro recibiendo de manos de Dios las llaves (fig. 5), tipo que, introducido por Víctor II, será utilizado a lo largo de la segunda mitad del siglo XI y que el

---

14 SANZ FUENTES et al. (como nota 2) pp. 140–141.

15 DESWARTE (como nota 10) p. 160.

16 Paulius RABIKAUSKAS: Diplomatica pontificia, 4ª ed., Roma 1980, p. 36. La rota más antigua conocida corresponde al pontificado de León IX y se data el año 1051 (Giulio BATTELLI: Acta Pontificum, Città del Vaticano 1965, lám. 5).

propio Pelayo pudo conocer de forma directa pendiente del privilegio de Urbano II.[17]

¿Cuál fue la base para la refacción de ambas bulas? Muy probablemente dos existentes de Juan VIII dirigidas a Alfonso III. Y Pelayo manipuló en este caso no solamente parte de sus fórmulas, ya identificadas por Floriano[18] y Fernández Conde[19] y recogidas por Deswarte[20], y los evidentes elementos de validación, sino que en este caso también manipuló la fecha.

Como anteriormente he indicado, ya existe un claro acuerdo en que las dos bulas originales sobre las que se basan las escritas en el «Liber» fueron expedidas en tiempos de Juan VIII y que su receptor no podía ser en absoluto Alfonso II, sino Alfonso III, coetáneo de este pontífice. Si tenemos en cuenta que es en el reinado de Alfonso III cuando se sitúa con certeza la transformación de la iglesia de San Salvador, fundada por Alfonso II, en iglesia catedral, cabecera por ello de diócesis[21], sería también normal que para ello Alfonso III buscara la confirmación pontificia, con la que estaría relacionado el primero de los dos documentos, mientras que el segundo no sería ni más ni menos que la petición de una contrapartida por parte del pontífice, como es la ayuda de unos hombres acostumbrados a lidiar contra los sarracenos para defender a una Roma amenazada en aquellos momentos por el mismo peligro.

17 RABIKAUSKAS: Diplomatica (como nota 16) pp. 52–53 y Thomas FRENZ: I documenti pontifici nel medioevo e nell'età moderna, Città del Vaticano 1989, pp. 48–49.

18 FLORIANO CUMBREÑO (como nota 6).

19 FERNÁNDEZ CONDE (como nota 8) pp. 127–128.

20 DESWARTE (como nota 10) pp. 156–157.

21 Miguel CALLEJA PUERTA: La etapa fundacional del obispado de Oviedo, en: Maravillas de la España medieval. Tesoro sagrado y monarquía. I: Estudios y catálogo, León 2001, pp. 215–217.

fig. 4

fig. 5

¿Por qué Pelayo traslada ambos documentos al reinado de Alfonso II? El «Liber Testamentorum» es mucho más que un simple cartulario, es decir que la copia en un solo volumen de los documentos que se hallaban en el tesoro de la catedral de Oviedo con el objeto de facilitar su manejo. Como bien dice Tock, la defensa de los privilegios de una institución religiosa no pasa solamente por una buena gestión de sus archivos, sino que requiere el desarrollo de una propaganda que afiance el prestigio de la institución.[22] Y durante el pontificado de

22 Benoît-Michel TOCK: Les textes non diplomatiques dans les cartulaires de la province de Reims, en: Les cartulaires. Actes de la table ronde (Paris, décembre 1991), publ. par Olivier GUYOTJEANNIN/Laurent MORELLE/Michel PARISSE, Paris 1993, p. 53.

Martín I y de Pelayo la fortaleza de la diócesis ovetense es puesta a prueba: Oviedo debe de ser defendida no sólo de ser declarada sufragánea de la emergente archidiócesis toledana sino que las diócesis de Lugo, Orense y Burgos comienzan a reclamar para sí tierras que hasta estos momentos habían pertenecido a San Salvador de Oviedo.[23] Por ello no es de extrañar que Pelayo quiera llevar el origen de la diócesis ovetense y su exención a los tiempos de Alfonso II, monarca muy conocido en aquellas fechas en las que la apertura del Arca Santa en el año 1075 había lanzado a toda Europa la noticia de que era este monarca quien la había hecho llegar hasta Oviedo desde el Monsacro y quien había construido un edificio para alojarla; y adorando el arca santa aparece representado en la miniatura que abre el «Liber Testamentorum» (fig.6).

Fue la defensa de los intereses de su diócesis la que le llevó a manipular las fechas de los documentos. No son por ello falsos absolutos. Es mucho más que probable que en el momento en que los rehizo tuviera ante sí los originales de Juan VIII, y el hecho de no poder cuadrar cronológicamente a Juan VIII con Alfonso II es lo que le impulsa a no incluir dentro de la rota con la que completa su refacción, copiada hasta en el más mínimo detalle de la que ornaba el privilegio de Pascual II, el numeral correspondiente al papa (fig. 7).

Son pues las epístolas del papa Juan dos más de las refacciones pelagianas hechas con el único objetivo de defender el prestigio de la diócesis ovetense.

---

23 SANZ FUENTES et al. (como nota 2).

fig. 6

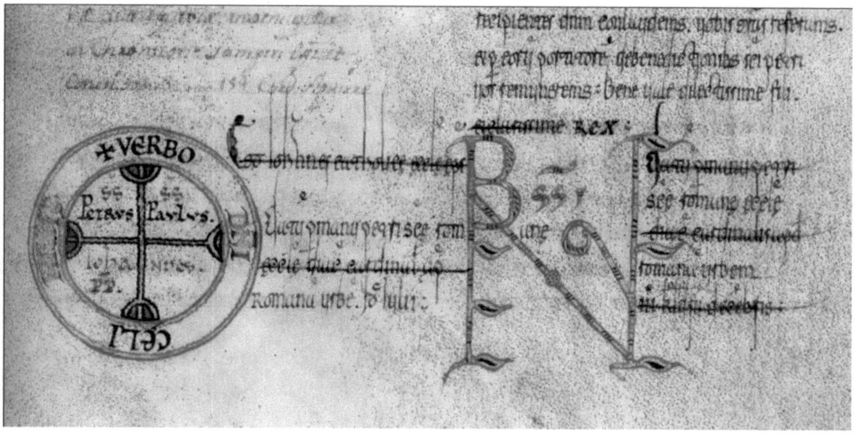

fig. 7a

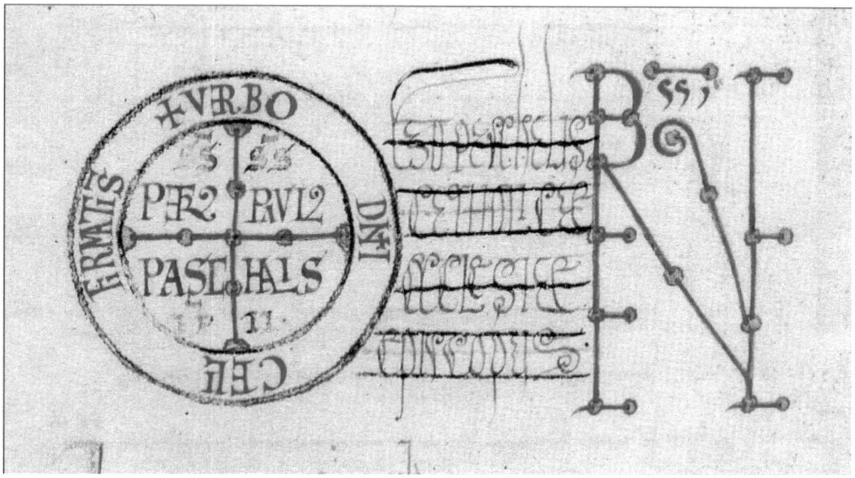

fig. 7b

Abstract

Papal Documents in the Liber Testamentorum Ecclesie Ovetensis

Diplomatic criticism applied to four pontifical documents copied in the cartulary *Liber Testamentorum Ecclesiae Ovetensis*. The analysis deals specially with the forgery of the so-called *corpus Pelagianum* established in the beginning of the twelfth century and focuses on the two oldest documents (Pope John VIII) and its reflect in the illumination of the book.

Schriftlichkeit in Katalonien: Karolingische Traditionen, fränkisch-kapetingische Modelle, päpstliche Einflüsse

LUDWIG VONES

Als der katalanische Arabist Julio Samsó in seinem Beitrag zum Internationalen Symposion über die Ursprünge Kataloniens von 1989 Stellung zur Bedeutung der arabischen für die Ausprägung der lateinischen Wissenskultur in Katalonien beziehen musste, stellte er fest, dass die mittelalterliche lateinische Wissenschaft im Kloster Ripoll während des 10. Jahrhunderts entstanden sei und lenkte dabei seinen Blick auf das Wirken und die Rezeptionsbereitschaft Gerberts von Aurillac und des Rivipullenser Abtes Oliba, der später noch Abt von Saint-Michel de Cuixa und Bischof von Vic werden sollte.[1] Bereits Philippe Wolff hatte in Anschluss an den bahnbrechenden Aufsatz von Lluis Nicolau d'Olwer über das Verhältnis Gerberts zur katalanischen Kultur in seiner Studie über das intellektuelle Erwachen Europas dem späteren Papst zwischen Alkuin und Abaelard eine eigene Epoche zugewiesen, in deren Kern zusätzlich zur Wissensvermittlung aus dem muslimischen Bereich die Rezeption karolingischer Traditionen zu beobachten sei.[2] In seiner grundlegenden Untersuchung über die Schulen und die Lehrtätigkeit im Hochmittelalter wiederum erweiterte Pierre Riché den Blick auf die Gelehrsamkeit im katalanischen Raum um die Gestalten des Abtes Arnulf von Ripoll, des Bischofs Hatto von Vic, des Mentors Gerberts, des Grafen-Bischofs Miro Bonfill von Girona, Olibas Onkel, und des Abtes Garin, Olibas Vorgänger in der Abtswürde von Cuixà.[3] Selbst aus der Sicht des 12. Jahrhunderts, da sich ein Bernhard von Clairvaux wie ein Zwerg auf den Schultern von Riesen fühlte, spielten die katalanischen Schulzentren des 10. Jahrhunderts bei der Ausformung jener 'Dritten karolin-

1 Julio SAMSÓ MOYA: Cultura científica àrab i cultura científica llatina a la Catalunya altmedieval: el monestir de Ripoll i el naixement de la ciència catalana, in: Symposium Internacional sobre els Orígens de Catalunya (segles VIII–XI), ed. Frederic UDINA MARTORELL, Vol. I, Barcelona 1991, S. 253–269. Vgl. auch die Beiträge in: La ciència en la historia dels Països Catalans, ed. Joan VERNET/Ramon PARES, Bd. I: Dels àrabs al Renaixement, Barcelona 2004.

2 Philippe WOLFF: Histoire de la pensée européenne. 1. L'éveil intellectuel de l'Europe, Paris 1971, S. 87–154; Lluis Nicolau D'OLWER: Gerbert (Silvestre II) i la cultura catalana del segle X, in: Estudis Universitaris Catalans 4 (1910) S. 332–358.

3 Pierre RICHE: Écoles et enseignement dans le Haut Moyen Âge, Paris 1989.

gischen Renaissance', die aus dem zerfallenden Karolingerreich wie ein Phönix aus der Asche emporstieg, eine entscheidende Rolle, da sie lateinische und arabische Kultur zusammen vermittelten, dabei jedoch dieselbe Kontinuität herstellen konnten wie die nördlichen Bildungszentren, die mit Orten wie Sankt-Gallen, Reichenau, Tegernsee, Regensburg, Chartres, Reims, Fleury, Lüttich, Bobbio, Canterbury, Winchester, Worcester, usw. verbunden sind.[4] Was bisher, über zahlreiche Einzelstudien zu Persönlichkeiten und Institutionen hinausgehend, als Grundlage für eine sichere Gesamtschau des katalanischen Bildungsraumes im Hochmittelalter fehlte, lieferte nun Michel Zimmermann mit seiner monumentalen kulturgeschichtlichen Untersuchung über 'Écrire et lire en Catalogne' für das 9. bis 12. Jahrhundert, die zum ersten Mal nicht nur Rückschlüsse auf die kontinuierlichen Entwicklungen seit der Karolingerzeit sondern auch auf die Aufnahme äußerer Einflüsse zulässt.[5] Es kann kein Zweifel daran bestehen, dass die erwähnte Kontinuität nach dem allmählichen Rückzug der karolingischen Herrschaftsgewalt aus Katalonien und Septimanien getragen wurde vom Grafenhaus von Barcelona und seinen verschiedenen Zweigen, wie sie sich im Laufe des ausgehenden 9. und 10. Jahrhunderts ausbildeten, und dass die karolingische Klosterkultur als zentralisierende Institution eines katalanischen Bildungsraumes ihre Fortsetzung fand in den Klostergründungen der Barceloneser Grafen, aber auch in der Wiederbelebung und Aufrechterhaltung der traditionellen Bischofssitze, die nun zwar aufgrund der weiter bestehenden Unterwerfung ihrer bisherigen Metropole Tarragona unter die maurischen Machthaber der septimanischen Metropole Narbonne angegliedert wurden, aber ihre kirchenpolitische und kulturelle Eigenständigkeit nicht zuletzt wegen ihrer engen Kontakte zum Grafenhaus, seinen Zweigen und den Klöstern errangen oder behielten.[6]

Die wichtigste Plattform für die ungebrochene Fortdauer kultureller Bindungen war die Schriftlichkeit, die im katalanischen Raum überaus ausgeprägt

4 Pierre RICHE/Jacques VERNET: Des nains sur des épaules de géants. Maîtres et élèves au Moyen Âge, Paris 2006. Vgl. auch die nun erneut, aber ohne Berücksichtigung aktueller Ergebnisse veröffentlichte zusammenfassende Untersuchung von Pierre RICHÉ: Les Grandeurs de l'an mille, Paris 2008 (ursprgl. 1999), zur 'troisième renaissance carolingienne' Ebd., S. 167ff. Eine Diskussion des karolingischen Bildungsbegriffes und der dahinterstehenden Vorstellungen liefert nun Philippe DEPREUX: Ambitions et limites des réformes culturelles à l'époque carolingienne, in: Revue Historique 623 (2002) S. 721–753.

5 Michel ZIMMERMANN: Écrire et lire en Catalogne (IXe–XIIe siècle), 2 Bde., Madrid 2003; einen Abriss seiner umfangreichen, mehr als 1400 Seiten starken Untersuchung veröffentlichte Michel ZIMMERMANN: Écrire en l'An Mil, in: Hommes et Sociétés dans l'Europe de l'An Mil, publ. par Pierre BONNASSIE/Pierre TOUBERT, Toulouse 2004, S. 351–378; vgl. auch Ebd.: Langue et lexicographie: L'apport des actes catalans, in: BECh 155 (1997) S. 185–205.

6 Vgl. dazu zukünftig mit weiterer Literatur Ludwig VONES: Bischofssitze als geistige Zentren eines katalanischen Kulturraumes im 10. Jahrhundert: Barcelona/Vic/Girona (im Druck).

war und selbst in den Zeiten des endenden 9. und 10. Jahrhunderts, als im übrigen Abendland nur überschaubare Mengen an Geschäftsschriftgut hervorgebracht wurden, mit der Ausfertigung von Privaturkunden und der Herstellung von weiteren Schriftmedien eine ungewöhnlich große Anzahl an Zeugnissen produzierte, darunter auch eine Reihe bedeutender Chartulare. Wenn auch in vielen Bereichen keine direkte Kontinuität zu westgotischen Grundlagen mehr herzustellen ist, da sich die einst gepflegte westgotische Schrift, anders als in den übrigen Regionen der Hispania, seit langem auf dem Rückzug befand, allerdings in manchen Handschriften des 8. bis 10. Jahrhunderts aus Ripoll im Gegensatz zur sonst gebräuchlichen karolingischen Minuskel noch die westgotisch-mozarabische Schrift und sogar in Marginalien arabische Schrift Verwendung fanden[7], zudem die Ablösung der westgotisch-mozarabischen Liturgie durch die fränkisch-römische im karolingisch dominierten Katalonien anders als im asturischen Reich zumindest nach außen hin verhältnismäßig reibungslos verlaufen war[8], so hatte doch das westgotische Recht formal seine Geltung behalten. Es diente als Scheidewand gegenüber der fränkischen Rechtsordnung, ohne allerdings die gewohnheitsrechtliche Ebene mit ihrem Rückgriff auf lokale Rechtsnormen wirklich beeinträchtigen zu können und ohne der Verbreitung von Handschriften der «Lex Visigothorum» bis ins 13. Jahrhundert hinein ein falsches Gewicht beilegen zu wollen.[9] In der formalen Anwendung westgotischen Rechts, selbst wenn es sich einzig in der Formel *Sicut lex Gothorum continet* widerspiegelte[10], lag aber der Zwang zur schriftlichen Niederlegung des Gerichtsurteils und konsequen-

---

7 Vgl. Uta LINDGREN: Die Spanische Mark zwischen Orient und Occident. Studien zur kulturellen Situation der Spanischen Mark im 10. Jahrhundert, in: Spanische Forschungen der Görresgesellschaft. Gesammelte Aufsätze zur Kulturgeschichte Spaniens 26 (1971) S. 151–200, hier S. 195ff.

8 Vgl. Ludwig VONES: La sustitución de la liturgia hispana por el rito romano en la Península Ibérica, in: Manuscritos litúrgico-musicales: De los orígines visigóticos a la transición franco-romana. Siglos X–XII, ed. Susana ZAPKE, San Sebastián 2007, S. 43–60.

9 Manuel C. DÍAZ Y DÍAZ: La Lex Visigothorum y sus manuscritos. Un ensayo de interpretación, in: Anuario de Historia del Derecho Español 46 (1976) S. 163–224; Michel ZIMMERMANN: L'usage du droit wisigothique en Catalogne du IXe au XIIe siècle. Approches d'une signification culturelle, in: Mélanges de la Casa Velázquez 9 (1973) S. 233–281.

10 Vgl. Roger COLLINS: 'Sicut lex Gothorum continet': law and charters in ninth- and tenth-century León and Catalonia, in: English Historical Review 100 (1985) S. 487–512, und DERS.: Visigothic Law and Regional Custom in Disputes in Early Medieval Spain, in: The Settlement of Disputes in Early Medieval Europe, ed. by Wendy DAVIES/Paul FOURACRE, Cambridge 1986, S. 86–100, sowie vor allem Antonio IGLESIA FERREIROS: La creación del derecho en Cataluña, in: Anuario de Historia del Derecho Español 47 (1977) S. 99–423. Zur Beurkundungspraxis in der katalanischen Frühzeit siehe Adam J. KOSTO: Laymen, Clerics, and Documentary Practices in the Early Middle Ages: The Example of Catalonia, in: Speculum 80 (2005) S. 44–74.

terweise der rechtserheblichen Übereinkünfte begründet, seien es Besitzübertragungen, Testamente, Eidesleistungen (*juraments*) oder einvernehmliche Abkommen unter Adligen oder der adligen Herrschaftsträger mit der Grafengewalt lehnrechtlicher Natur (*convenientiae*) – eine Praxis, die der Hochschätzung von Schriftlichkeit während der karolingischen Epoche seit Anfang des 9. Jahrhunderts entsprach und die bis zum Ende des 12. Jahrhunderts einen konstanten Anstieg der Urkundenproduktion als Ferment gesellschaftlicher Bindungsverhältnisse bedingte.[11] Diese gleich bleibende, ja sogar in Zeiten der Rechtsunsicherheit wie zum Ende der karolingischen Herrschaft steigende Bedeutung des schriftlichen Aktes hatte, wie Zimmermann zeigt, erhebliche Konsequenzen, da dadurch eine besondere Pflege der Schreibkunst im allgemeinen und der schriftlichen Ausfertigung von Rechtsdokumenten im besonderen bedingt wurde, die die Verbesserung, die Erhaltung und die Wiederherstellung des beschädigten oder durch Verluste lückenhaften Schriftgutes, die *reparatio scripturae*, zum Ziel hatte.[12] Dies erstreckte sich auch auf die ausführenden Organe der Schriftlichkeit, insbesondere auf die Schreiber, die gemeinhin Geistliche waren, wenn sich auch seit Beginn des 10. Jahrhunderts weltlich-laikale Schreiber finden, und zudem auf die Ausbildung von Notaren.[13]

Die Lebendigkeit der Schriftkultur zeigte sich nicht zum geringsten in der Fortentwicklung der lateinischen Urkundensprache, bei der die Ausformung einer eigenen, den veränderten Rechtsverhältnissen angepassten Begrifflichkeit zu beobachten ist, und in der Ausprägung einer spezifischen Schrift, die von den karolingischen Prämissen ausgeht. Bei der Formulierungskunst, die eben einer immer im Fluss befindlichen Rechtsebene entsprechen musste, trat zwangsläufig ein gewisses Maß an Kreativität hervor, durch eine Formelgebundenheit ergänzt, die auf eine gesicherte Rechtsgrundlage zurückverwies, im Formular von Ripoll ihren deutlichsten Ausdruck fand und sich vor allem in den zahlreichen Dedikationsurkunden der katalanischen Kirchen und Klöster, wie sie Ramon Ordeig i Mata in sieben Bänden bis zum Ende des 12. Jahrhunderts edierte, wieder findet.[14] Es scheint fast müßig zu betonen, dass das

---

11 Siehe Rosamond McKITTERICK: The Carolingians and the Written Word, Cambridge 1989, bes. S. 60ff. Zur Handhabung der Convenientiae siehe Pierre BONNASSIE: Feudal Conventions in Eleventh-Century Catalonia, in: DERS.: From Slavery to Feudalism in South-Western Europe, Cambridge 1991, S. 170–194, und nun v.a. Adam J. KOSTO: Making Agreements in Medieval Catalonia. Power, order, and the written word, 1000–1200, Cambridge 2001; sowie DERS.: Making and Keeping Agreements in Medieval Catalonia, 1000–1200, in: Medievalia 13 (1996–1997) S. 35–48, und DERS.: The „convenientiae" of the Catalan Counts in the Eleventh Century: A Diplomatic and Historical Analysis, in: Acta Historica et Archaeologica Mediaevalia 19 (1998) S. 191–228.

12 ZIMMERMANN: Écrire et lire (wie Anm. 5) Bd. I, S. 61–89.

13 ZIMMERMANN: Écrire et lire (wie Anm. 5) Bd. I, S. 113ff.

14 Ramon ORDEIG I MATA: Les dotalíes de les esglésies de Catalunya (Segles IX–XII), 4 Vols. en 7 Tomes, Vic 1993–2004. Vgl. DERS.: Inventari de les actes de consagració i

Ergebnis dieser unvergleichlichen Pflege der katalanischen Schriftkultur Tausende von Originalurkunden oder Kopien für das 10. und beginnende 11. Jahrhundert sind, wie sie in den bisher veröffentlichten Chartularen und in den zahlreichen Bänden der 'Catalunya Carolíngia' benutzt werden können, doch ist selbst der bereits Ende des 12. Jahrhunderts entstandene «Liber Feudorum Maior» mit seiner Sammlung aller lehnrechtlich relevanten Urkunden der Grafen von Barcelona und Cerdanya nicht ohne die Voraussetzungen früherer Epochen zu erklären, so dass allein die Edition der 'Pergamins de l'Arxiu Comtal de Barcelona' bis zum Ende des 11. Jahrhunderts, von Graf Ramon Borrell bis Graf Raimund Berengar I., drei umfangreiche Bände mit 963 Urkunden umfassen kann, wenn auch der Bestand an Originalurkunden der Grafen nicht übertrieben dargestellt werden sollte und von einem institutionalisierten gräflichen Archiv in Barcelona wohl noch nicht die Rede sein kann, eher von verschiedenen Schreibzentren, darunter Klöster wie vor allem Ripoll und Sant Joan de les Abadesses.[15] Ohne genaue Aussagen über die Zahl der Urkunden und Schriftstücke im katalanischen Raum machen zu können, da die Verluste nicht genau einzuschätzen sind, ist doch allein für das 9. und 10. Jahrhundert von 7000 Stücken, für das 11. Jahrhundert von der doppelten

---

dotació de les esglésies catalanes. I. Anys 833–950, in: Revista Catalana de Teología 4 (1979) S. 123–165; II. Anys 952–998, in: Revista Catalana de Teología 5 (1980) S. 153–180; III. Anys 1000–1050, in: Revista Catalana de Teología 8 (1983) S. 403–456; IV. Anys 1051–1100, in: Revista Catalana de Teología 9 (1984) S. 117–182; V. Anys 1101–1125, in: Revista Catalana de Teología 13 (1988) S. 387–430; VI. Anys 1126–1150, in: Revista Catalana de Teología 15 (1990) S. 181–201; VII. Anys 1151–1200, in: Revista Catalana de Teología 16 (1991) S. 349–382. Zum Formular von Ripoll siehe Michel ZIMMERMANN: Un formulaire du Xème siècle conservé à Ripoll, in: Faventia 4 (1982) S. 25–86, und DERS.: Écrire et lire (wie Anm. 5) Bd. I, S. 254ff., Bd. II, S. 1129–1132.

15 Els Pergamins de l'Arxiu Comtal de Barcelona de Ramon Borrell a Ramon Berenguer I, ed. Gaspar FELIU I MONTFORT/Josep M. SALRACH I MARÉS, 3 Vols., Barcelona 1999. Eine erste Bestandsaufnahme ist bereits Frederic UDINA MARTORELL: El Archivo Condal de Barcelona en los siglos IX–X. Estudio crítico de sus fondos, Barcelona 1951, zu verdanken, doch muss Carlos LÓPEZ RODRÍGUEZ: Orígenes del Archivo de la Corona de Aragón (en tiempos, Archivo Real de Barcelona), in: Hispania 67 (2007) S. 413–454, hier S. 415ff., mit seinen Einschränkungen auch für das 11. Jahrhundert berücksichtigt werden. Als Forschungsüberblick ist immer noch unentbehrlich: Joseph TRENCHS ÒDENA: El documento condal catalán: Estado actual de su estudio, in: Boletín de la Sociedad Castellonense de Cultura 58 (1982) S. 315–349; zu den Vorformen des späteren Archivo Real siehe außer LÓPEZ RODRÍGUEZ: Orígenes, bes. S. 416ff., noch Rafael CONDE: Reyes y Archivos en la Corona de Aragón. Siete siglos de reglementación y praxis archivística (siglos XII–XIX), Zaragoza 2008. Zur Bedeutung von Sant Joan de les Abadesses als Skriptorium und Ort der Urkundenausfertigung gerade in der katalanischen Frühzeit siehe Miquel DELS SANTS GROS: L'Arxiu del Monestir de Sant Joan de les Abadesses. Notícies històriques y regesta dels documents dels anys 995–1115, in: II Colloqui d'Història del Monaquisme Català, Vol. II, Abadía del Poblet 1974, S. 87–128.

Menge, als insbesondere die lange Regierungszeit Graf Raimund Berengars I. von 1038 bis 1077 ihre Auswirkungen zeigte, mit steigender Tendenz zum 12. Jahrhundert auszugehen, ein Jahrhundert, um dessen Mitte auch die erste Anlage umfangreicher fiskalischer Quellen festzustellen ist.[16] Lawrence McCrank schätzt bei seinem Überblick über die katalanische Urkundenproduktion, dass jene 2898 Pergamenturkunden, die für die Zeit vor 1200 als originale Einzelstücke erhalten geblieben sind, höchstens etwa 10% der tatsächlich ausgefertigten Instrumente darstellen und Pierre Bonnassie geht von insgesamt rund 15000 Dokumenten für denselben Zeitraum aus.[17] Es ist offensichtlich, dass die seit Beginn des 13. Jahrhunderts aufgrund administrativer Bedürfnisse entstandenen großen Chartulare in den Kathedralkapiteln der bedeutenden katalanischen Bistümer wie der «Liber Antiquitatum» von Barcelona mit seinen verschiedenen Redaktionen[18], das «Cartulari de Carlemany» und der «Liber viridis von Girona»[19], der «Liber dotationum von Vic»[20] und der «Dotaliorum ecclesie Urgellensis liber»[21], aber auch der bei der Zerstörung der Archive 1811 vernichtete und nur noch mit Einschränkungen aus Abschriften rekonstruierbare «Liber Antiquitatum» für Tarragona[22] nicht ohne solche Voraussetzungen an

16 Fiscal Accounts of Catalonia under the Early Count-Kings (1152–1213), ed. by Thomas N. BISSON, 2 Bde., Berkeley/Calif 1983.

17 Lawrence J. MCCRANK: Documenting Reconquest and Reform: The Growth of Archives in the Medieval Crown of Aragon, in: The American Archivist 56 (1993) S. 256–318, hier S. 269; Pierre BONNASSIE: La Catalogne du milieu du Xe à la fin du XIe siècle. Croissance et mutations d'une société, 2 Bde., Toulouse 1975–1976, Bd. 1, S. 107.

18 Diplomatari de la Catedral de Barcelona. Vol. I: Documents dels anys 844–1000, ed. Àngel FÀBREGA I GRAU, Barcelona 1995; Diplomatari de l'Arxiu Capitular de la Catedral de Barcelona. Segle XI, ed. Josep BAUCELLS I REIG/Àngel FÀBREGA I GRAU/Manuel RIU I RIU/Josep HERNANDO I DELGADO/Carme BATLLE I GALLART, 5 Bde., Barcelona 2006.

19 Cartoral dit de Carlemany, del bisbe de Girona (s. IX–XIV), ed. Josep Maria MARQUÈS, Vol. I–II, Barcelona 1993; Collecció diplomatic de la Seu de Girona (817–1100) ed. Ramon MARTÍ, Barcelona 1997.

20 Die Dokumentation des Kathedralarchivs von Vic findet sich nun bis zu Beginn des 12. Jahrhunderts ediert durch Eduard JUNYENT: Diplomatari de la catedral de Vic. Segles IX–X, Vol. I (Fasc. 1–5), ed. Eduard JUNYENT, Vic 1980–1996; und: Diplomatari de la catedral de Vic. Segle XI, Vol. II (Fasc. 1–4), ed. Ramon ORDEIG I MATA, Vic 2000–2007.

21 Paul F. KEHR: Papsturkunden in Spanien. Vorarbeiten zur Hispania Pontificia, I. Katalanien, I. Archivberichte, Berlin 1926, S. 168ff.

22 Vgl. zur Archivgeschichte von Tarragona KEHR (wie Anm. 21) S. 194ff.; MCCRANK: Documenting Reconquest (wie Anm. 17) S. 276, der die Vermutung äußert, der Tarraconenser «Liber Antiquitatum» sei noch um die Wende vom 19. zum 20. Jahrhundert erhalten gewesen und habe noch Emilio MORERA Y LLAURADÓ bei der Abfassung seiner 'Tarragona cristiana. Historia del arzobispado de Tarragona y del territorio de su provincial (Catalunya la Nueva)' (2 Bde., Tarragona 1897–1901) zur Verfügung gestanden, doch bereits KEHR (wie Anm. 21) S. 196ff., konnte die authen-

Schriftlichkeit in ihrer Reichhaltigkeit hätten zusammengestellt werden können. Selbst für den in den Pyrenäen gelegenen, aber gegen muslimische Angriffe gut geschützten Seo de Urgell ist bis zum Ende des 11. Jahrhunderts eine steigende Aktivität bei der Urkundenproduktion festzustellen, die zwischen 1030 und 1090 ihren Höhepunkt erreichte.[23]

Derartige Überlegungen gelten in gleichem Maße für die erhaltenen Chartulare der katalanischen Klöster, genannt seien für die Frühzeit vor allem das Chartular von Sant Cugat del Vallès[24], für die Epoche des 12. Jahrhunderts insbesondere die Zisterzen Santes Creus und Poblet[25], während der Großteil der Überlieferung des bedeutendsten Konvents, Santa María de Ripoll, leider im 19. Jahrhundert ebenfalls verloren gegangen ist, so dass wir nur noch durch die Tätigkeit der Archivare und Abschriften über die ursprünglichen Originalbestände und die Reichhaltigkeit der alten Chartulare, des «Libro verde» und des «Cartoral pequeño», informiert sind.[26] Gleichartige Vorbedingungen sind beim «Liber Feudorum Maior»[27] zu finden, der, mit ersten Urkundensammlungen wohl um 1178 begonnen, dann im Kern zwischen 1192 und 1194 vom

---

tischen Chartulare weder im Archiv der Mitra, der Kathedrale oder des Domkapitels auffinden und sah die Darstellung von Morera y Llauradó „auf gründlicher Durcharbeitung der noch erhaltenen urkundlichen Bestände gegründet" (S. 195).

23 McCrank: Documenting Reconquest (wie Anm. 17) S. 267, der sich auf die Berechnungen von Nathaniel Lane Taylor: The Will and Society in Medieval Catalonia and Languedoc, 800–1200, Diss. Harvard University, Cambridge, Mass. 1995 beruft. Zu den Beständen des Kathedralarchivs von Urgell siehe v.a. Cebrià Baraut: Les actes de consagracions d'esglésies del bisbat d'Urgell (segles IX–XII), in: Urgellia 1 (1978) S. 11–182; Ders.: Les Actes de consagrations d'esglesies de l'antic Bisbat d'Urgell (Segles IX–XII), La Seu d'Urgell 1986; Ders.: Els documents dels segles IX i X conservats a l'Arxiu Capitular de la Seu d'Urgell, in: Urgellia 2 (1979) S. 78–143; Ders.: Els documents, dels anys 1101–1150, de l'Arxiu Capitular de la Seu d'Urgell, in: Urgellia 9 (1988) S. 7–312; Ders.: Els documents, dels anys 1191–1200, de l'Arxiu Capitular de la Seu d'Urgell, in: Urgellia 11 (1992) S. 7–160; Ders.: Índexs dels documents de l'Arxiu Capitular de la Seu d'Urgell publicats en els volums IV–VIII d'Urgellia, in: Urgellia 9 (1988) S. 403–570.

24 El Cartulario del Monasterio de San Cugat del Vallés, ed. Jose Rius Serra, 4 Bde., Barcelona/Madrid 1945–1981.

25 El 'Llibre Blanch' de Santas Creus, ed. Federico Udina y Martorell: Barcelona 1947; Diplomatari del monestir de Santa Maria de Santes Creus (975–1225), ed. Joan Papell i Tardiu, 2 Bde., Barcelona 2005; Cartulari de Poblet. Edició del manuscrit de Tarragona [per J. Pons Marquès], Barcelona 1938; Diplomatari de Santa Maria de Poblet. Vol. I: Anys 960–1177, ed. Agustí Altisent, Barcelona 1993. Natürlich entwickelte sich auch in den im Laufe des 12. Jahrhunderts zurückeroberten Bischofssitzen bald eine reichhaltige Überlieferung. Als Beispiel mag Tortosa dienen: Diplomatari de la Catedral de Tortosa (1062–1193), ed. Antoni Virgili, Barcelona 1997.

26 Paul Fridolin Kehr: Papsturkunden in Spanien. Vorarbeiten zur Hispania Pontificia, Bd. 1: Katalonien, Berlin 1926.

27 Liber Feudorum Maior. Cartulario real que se conserva en el Archivo de la Corona de Aragón, ed. Francisco Miquell Rosell, 2 Bde., Barcelona 1945.

Barceloneser Notar Ramon de Caldes im Auftrag König Alfons II. von Aragón angelegt und später wahrscheinlich noch um einzelne Stücke ergänzt, vielleicht nicht vor 1196 oder gar 1199 abgeschlossen wurde[28], nachdem Alfons seinem Vater Raimund Berengar IV., der noch als Graf und Princeps die Herrschaft innegehabt hatte, als erster Grafen-König in der Regierung nachgefolgt war und sich nach der Entstehung der Krone einen genauen Überblick über seine Rechte verschaffen musste, in diesem Fall insbesondere in der Grafschaft Carcassonne.[29] Insgesamt enthielt der «Liber Feudorum Maior», dessen diplomatisches Grundlagenmaterial Ramon de Caldes bei seiner ersten Sichtung wahrscheinlich in ziemlich großer Unordnung vorgefunden hatte, denn er spricht im Prolog von *in ordinacione confusa*, 902 Urkunden, von denen 517 als Originaldiplome auf Pergament erhalten geblieben sind.[30] Die Grafen- und späteren Königsurkunden bildeten gemeinsam mit solchen kopialen Überlieferungen, zu denen im Laufe des 13. Jahrhunderts noch der «Liber feudorum formae minoris» als Versuch einer Fortsetzung und der «Liber feudorum Ceritanie» als Entsprechung für die Grafschaften Cerdanya und Roussillon, schließlich die Anlage von umfangreichen Registern für die späteren Könige hinzutraten und zunehmend Papier sich als kostengünstigerer Beschreibstoff bei der Registerführung durchsetzte[31], den Grundstock für das Kronarchiv von Barcelona, dessen Gründung als Archivo Real allerdings erst 1318 angesichts des Ausbaus der Verwaltung unter der Regierung Jakobs II. von Aragón anzusetzen ist[32], während die Gründungen des Archivo del Real de Valencia erst in das Jahr 1419 und eines königlichen Archivs in Zaragoza sogar in das Jahr 1461 fallen.[33]

Dieser Urkundendichte und Entwicklung des rechtserheblichen Geschäftsschriftguts im katalanischen Raum entspricht die Herstellung von Handschrif-

---

28 Thomas N. BISSON: Ramon de Caldes (c. 1135–1199): Dean of Barcelona and Royal Servant, in: DERS.: Medieval France and her Pyrenean Neighbours: Studies in Early Institutional History, London, S. 187–98 (ursprgl. in: Law, Church and Society: Essays in Honor of Stephan Kuttner, ed. by Kenneth PENNINGTON/Robert SOMERVILLE, Philadelphia, Pa. 1977, S. 281–92).

29 Adam J. KOSTO: The *Liber feudorum maior* of the Counts of Barcelona: The Cartulary as an Expression of Power, in: Journal of Medieval History 27 (2001) S. 1–22. Vgl. auch MCCRANK: Documenting Reconquest (wie Anm. 17) S. 281ff., der S. 303–318 eine gründliche Manuskriptbeschreibung anfügt.

30 LÓPEZ RODRÍGUEZ: Orígenes (wie Anm. 15) S. 426; das Zitat in: Liber Feudorum Maior, ed. MIQUEL ROSELL (wie Anm. 27) Bd. I, S. 1.

31 Robert I. BURNS: Diplomatarium of the Crusader Kingdom of Valencia: the Registered Charters of Its Conqueror, Jaume I, 1257–1276. Vol. I: Society and Documentation in Crusader Valencia, Princeton, N.J. 1985; MCCRANK: Documenting Reconquest (wie Anm. 17) S. 290ff.

32 LÓPEZ RODRÍGUEZ: Orígenes (wie Anm. 15); CONDE: Reyes (wie Anm. 15). Vgl. auch schon die wichtige, aber zu wenig beachtete Studie von MCCRANK: Documenting Reconquest (wie Anm. 17).

33 LÓPEZ RODRÍGUEZ: Orígenes (wie Anm. 15) S. 452f.

ten zur Ausstattung der Kloster- und Kathedralbibliotheken, deren überragende Bedeutung seit der karolingischen Bildungsreform als „Verwirklichung der norma rectitudinis“, der Ausrichtung der Bildungsziele am göttlichen Maß für alles Erschaffene, wie sie schon von Josef Fleckenstein aufgefasst wurde[34], mit ihrem Reformgedanken zu Sprache, Schrift und überkommenem antiken und theologischen Bildungsgut ebenso unangefochten war wie die Tradierung der *artes liberales*.[35] Mit ihren Klostergründungen, allen voran Santa María de Ripoll, der damit verbundenen materiellen Ausstattung und der Förderung weiterer Konvente wie Sant Cugat del Vallés oder den Montserrat-Konventen trat die führende Grafenfamilie unter der Ägide Wifreds el Pelós von Barcelona in die Fußstapfen der Karolinger und gab der katalanischen Gesellschaft unschätzbare kulturelle Impulse. Die dort angesiedelten Skriptorien und ihre Handschriftenproduktion führten in kurzer Zeit zum Aufbau umfangreicher und über Epochen hinweg sprunghaft wachsender Bibliotheken, die nicht nur durch ihren Beitrag zur Verbreitung literarischen Bildungsgutes die Grundvoraussetzungen für eine aufkeimende Gelehrsamkeit schufen, sondern auch den Bedürfnissen nach liturgischem und seelsorgerischem Schriftgut Rechnung trugen.[36] Dies galt in gewissem Maße für die Versorgung der Pfarreien, diente über Ausleihmöglichkeiten der Verbreitung der Handschriften, förderte aber auch den Buchbesitz von Klerikern und erweiterte natürlich insbesondere die Bibliotheken der Abteien selbst. Obwohl viele Bibliothekskataloge durch spätere Wirren verlorengegangen sind, können gemäß den Erhebungen von Rudolf Beer beispielsweise in Ripoll gegen Ende der Amtszeit des 979 gestorbenen Abtes Guidisclo 65 Handschriften, unter dem bis 1008 währenden Abbatiat Seniofreds bereits 121 Handschriften nachgewiesen werden.[37] Andererseits muss allerdings im Gegensatz zu den optimistischen Schätzungen von Beer und, ihm folgend, Riché sowie Zimmermann einschränkend hinzugefügt werden, dass der eigentliche Höhepunkt, das rapide Anwachsen der Produktion von Schriftträgern, eher im 11. Jahrhundert unter dem Abbatiat Olibas

34 Josef FLECKENSTEIN: Die Bildungsreform Karls des Grossen als Verwirklichung der norma rectitudinis, Bigge/Ruhr 1953. Vgl. auch schon Erna PATZELT: Die karolingische Renaissance. Beiträge zur Geschichte der Kultur des frühen Mittelalters, Wien 1924 (2. Aufl. Graz 1965).

35 Vgl. dazu Uta LINDGREN: Die Artes liberales in Antike und Mittelalter. Bildungs- und wissenschaftsgeschichtliche Entwicklungslinien, München 1992 (Algorismus, Heft 8); Brigitte ENGLISCH: Die Artes liberales im frühen Mittelalter (5.–9. Jahrhundert). Das Quadrivium und der Komputus als Indikatoren für Kontinuität und Erneuerung der exakten Wissenschaften zwischen Antike und Mittelalter, Stuttgart 1994 (Sudhofs Archiv Beiheft 33); Artes im Mittelalter, hg. von Ursula SCHÄFER, Berlin 1999 (Symposium des Mediävistenverbandes 7).

36 ZIMMERMANN: Écrire et lire (wie Anm. 5) Bd. I, S. 467ff.

37 Rudolf BEER: Die Handschriften des Klosters Santa Maria de Ripoll I–II, Wien 1907–1908 (Sitzungsbericht der Wiener Akademie der Wissenschaften Philosophisch-Historische Klasse, Bd. 155, Abh. 3, und Bd. 158, Abh. 2). Vgl. auch VONES: Bischofssitze (wie Anm. 6).

anzusetzen ist, für den der Bibliothekskatalog von 1047 die Zahl von 246 Büchern angibt.[38] An die Seite der Klöster als Bildungszentren und Bildungsvermittler traten im Laufe des 10. Jahrhunderts zunehmend die Bischofssitze mit ihren gleichfalls immer weiter ausgebauten Bibliotheken, von denen neben Barcelona speziell Vic und Urgell Erwähnung verdienen, ohne dass man hier aufgrund der Verluste und infolge des Fehlens authentischer Bibliothekskataloge über genauere Zahlen verfügen würde. Gleichwohl kann mit Sicherheit konstatiert werden, dass die Bibliothek von Ripoll im katalanischen Raum selbst schon im 10. Jahrhundert eine Ausnahmestellung einnahm, da selbst in den altehrwürdigen Klöstern von Montserrat und Sant Cugat genauso wie in den übrigen Konventen kaum Handschriften aus dieser Epoche nachzuweisen sind.[39]

Ebenso wie Julio Samsó aus der Aufnahme arabischer Elemente sieht Michel Zimmermann – vielleicht nicht in dem Ausmaß, das er annimmt – aus diesen noch in die Zeit ungebrochener karolingischer Herrschaft zurückreichenden christlichen Voraussetzungen die Grundlagen für einen eigenständigen katalanischen Kulturraum erwachsen, der seinerseits wiederum eine bemerkenswerte Ausstrahlungskraft in das übrige Abendland entwickeln sollte.[40] Dabei sind es abgesehen von der Rechtsebene weniger die einstigen westgotischen Einflüsse, die hier wirksam wurden, als vielmehr das Weiterleben antiker und spätantiker Bildungstraditionen, sei es durch die Vermittlung über Isidor von Sevilla, dessen Werke man kannte, sei es durch die unverstellte Rezeption lateinischer und griechischer Klassiker oder die Wahrnehmung der reinen Glaubenslehre durch das Studium der Patristik.[41] Dieser kulturellen Erneuerung aus traditionellen Wurzeln, die bis in die Karolingerzeit zurückreichten und die neben einer weitgehenden Vereinheitlichung der liturgischen Formen auch die Übernahme der Mönchs- und Kanonikerregeln mit sich brachten[42], sollte auf der politischen Ebene eine zunehmende Verselbständigung gegenüber der spürbar schwächer werdenden nunmehrigen westfränkischen Zentralgewalt entsprechen, die schließlich in einen latenten, jeden offenen Bruch vermeidenden Prozess der Scheidung der Grafen- von der untauglichen Königsgewalt mündete, ohne dass das Versagen der kapetingischen Herrscher bei der Gewährung wirksamen militärischen Schutzes gegenüber den maurischen

38 Eduard JUNYENT: La biblioteca de la Canònica de Vich en los siglos X–XI, in: Spanische Forschungen der Görresgesellschaft. Gesammelte Aufsätze zur Kulturgeschichte Spaniens 21 (1963) 136–145 (auch in: DERS.: Estudis d'Història i Art, Vic 2001, S. 161–170).

39 Vgl. VONES: Bischofssitze (wie Anm. 6).

40 ZIMMERMANN: Écrire et lire (wie Anm. 5) pass.

41 ZIMMERMANN: Écrire et lire (wie Anm. 5) pass.

42 Vgl. allg. Ursula VONES-LIEBENSTEIN: Saint-Ruf und Spanien. Studien zur Verbreitung und zum Wirken der Regularkanoniker von Saint-Ruf in Avignon auf der Iberischen Halbinsel (11. und 12. Jahrhundert), 2 Bde., Paris/Turnhout 1996 (Bibliotheca Victorina VI).

Angriffen aus dem Machtbereich des Kalifats von Córdoba heraus oder die Nichtleistung des Treueides durch den Barceloneser Grafen verfahrensrechtlich thematisiert worden wären, aber einen gravierenden Wandel in der Herrschaftsauffassung hervorbrachte und den Weg zur Unabhängigkeit ebnete.[43] Auf der schriftlichen Ebene wurde sogar zumindest formal das fränkisch-kapetingische Datierungsmodell beibehalten, gemäß dem in den Grafenurkunden weiterhin nach den Regierungsjahren der westfränkischen Könige gerechnet wurde, bis man diese Praxis 1180 nach der Konstituierung der Krone Aragón durch die Vereinigung des Grafenhauses von Barcelona mit dem Königshaus von Aragón durch die eindeutige Bestimmung eines Provinzialkonzils in Tarragona abschaffte.[44] Dies konnte allerdings nur mühsam verdecken, dass der mittlerweile fest etablierte katalanische Kulturraum sich gleichzeitig in einen unabhängigen politischen, von den verbliebenen Grafengewalten dominierten Raum verwandelt hatte, dessen kulturelle Erneuerung durch verfassungsrechtliche Vorgänge von höchster Bedeutung ergänzt wurde. Ohne dies hier näher ausführen zu können, sei auf die Wirksamkeit der Gottesfriedensbewegung, die herrschaftlich von einer Zentralgewalt vernachlässigten Gebieten die notwendige innere Friedensordnung zu geben suchte, und ihre Wandlung zu einem gewissermaßen landrechtlichen *pax-et-treuga*-Bündnis unter Führung des Grafen von Barcelona verwiesen, auf die Ablösung des Königsschutzes durch den Papstschutz, auf den Versuch der Grafen von Cerdanya-Besalú zur Errichtung einer unabhängigen Territorialherrschaft einschließlich der Konstituierung eines eigenen Bistums in Besalú.[45]

---

43 Odilo ENGELS: Schutzgedanke und Landesherrschaft im östlichen Pyrenäenraum (9.–13. Jahrhundert), Münster i. W. 1970, S. 77ff.; DERS.: Abhängigkeit und Unabhängigkeit der Spanischen Mark, in: Spanische Forschungen der Görresgesellschaft. Gesammelte Aufsätze zur Kulturgeschichte Spaniens 17 (1961) S. 10–56.

44 Vgl. dazu Michel ZIMMERMANN: La datació dels documents catalans del segle IX al XII: un itinerari polític, in: DERS.: En els orígens de Catalunya. Emancipació política i afirmació cultural, Barcelona 1989, S. 39–69, S. 177–191 (ursprgl. DERS.: La datation des documents catalans du IXe au XIIe siècle: un itinéraire politique, in: Annales du Midi 93 [1981]); DERS.: Écrire et lire (wie Anm. 5) Bd. I, S. 334ff.; José Antonio MARAVALL: Sobre el sistema de datación por los reyes francos en los diplomas catalanes, in: Revista de Archivos, Bibliotecas y Museos 60 (1954) S. 361–374, und anhand des konkreten Befundes der Barceloneser Überlieferung Àngel FÀBREGA I GRAU: Diplomatari de la Catedral de Barcelona, Vol. I: Documents dels anys 844–1000, Barcelona 1995, S. 46f., der feststellt: „Per la nostra part exposem que en l'any 1180, i més en concret a mitjan, es constata una interrupció dràstica i definitiva de la referència a l'any del regnat del rei francés (...)" (S. 47).

45 ENGELS: Schutzgedanke (wie Anm. 43) S. 127ff.; DERS.: Bischofsherrschaft und Adel in Südfrankreich und Katalonien während des Hochmittelalters, in: Die früh- und hochmittelalterliche Bischofserhebung im europäischen Vergleich, hg. von Franz-Reiner ERKENS, Köln/Weimar/Wien 1998, S. 259–285; Hartmut HOFFMANN: Gottesfriede und Treuga Dei, Stuttgart 1964; BONNASSIE: La Catalogne (wie Anm. 17); Ludwig VONES, Schismatische Zustände, Metropolitangewalt und Landeskirche. Der

In diesen Kulturraum, der sich offensichtlich in einer Phase tiefgreifenden politischen Umbruchs und gleichzeitigen steilen kulturellen Höhenflugs befand, kam im Jahr 967 mit dem aus Aquitanien stammenden Mönch Gerbert von Aurillac ein Mann, der nicht nur zu den führenden Gelehrten seines Zeitalters zählen, sondern auf dem Gipfel seiner Laufbahn unter dem Namen Silvester II. auch Papst werden sollte.[46] Eher zufällig war er gemäß dem Zeugnis seines späteren Biographen Richer von Saint-Remi[47] Graf Borrell von Barcelona begegnet, der auf dem Weg von seiner Heirat mit der Tochter des Grafen von Rouergue und Markgrafen der Gothia mit seinem Gefolge einen Umweg über Aurillac gemacht hatte, um dort das Grab des auch in Katalonien verehrten heiligen Stifters Gerald (Gerhard) zu besuchen, doch war der Zufall angesichts der bereits bestehenden Beziehungen nicht so groß, wie es scheint, denn die Öffnung Kataloniens in die nördlich des Pyrenäenkammes gelegenen Gebiete des westfränkischen Reiches hatte sich um 950 mit der päpstlichen Besitz- und Rechtsbestätigung sowie der Schutznahme für das zum katalanischen Raum hin orientierte Pyrenäenkloster Sant Miguel de Cuixà angekündigt und war in der Folgezeit immer stärker durch katalanische Gesandtschaften in den westfränkischen Norden sowie zahlreiche päpstliche Privilegien für katalanische Abteien gefestigt worden. Graf Borrell nahm Gerbert mit nach Barcelona und der bildungsbeflissene Aquitanier traf in Ripoll auf das Spitzenzentrum der katalanischen Klosterkultur, ohne dass hier später Spuren von ihm nachzuweisen gewesen wären, in Vic auf eines der unangefochtenen Zentren der Bistumskultur und in Barcelona auf einen Grafenhof, der sich allmählich als politisches Zentrum des nordöstlichen Pyrenäenraums herauszubilden begann und in dem zugleich das gräfliche Skriptorium den administrativen Mittelpunkt bildetete.[48] Seit 950 hatte Borrell nicht nur eine Vorstellung vom ottonischen Königshof erhalten, als er Gesandte Ottos des Großen an den Cordobeser Kalifen Abd-ar-Rahman III. beherbergt hatte, sondern auch selbst durch eigene Gesandtschaften rege Kontakte zum Kalifenhof geknüpft, der als bedeutendstes Kulturzentrum des westlichen Mittelmeerraumes gelten musste und von dem

---

Erzstuhl von Narbonne und die Machtstrukturen des katalanischen Raums von der Jahrtausendwende bis zur Mitte des 11. Jahrhunderts (im Druck).

46 Pierre RICHÉ: Gerbert d'Aurillac: pape de l'an Mil, Paris 1987, ^{3}2006.

47 Richer von Saint-Remi, Historiae, ed. Hartmut HOFFMANN (MGH SS XXXVIII), Hannover 2000, S. 191f. (III, 43).

48 Vgl. speziell zum Katalonienaufenthalt Gerberts Pierre RICHÉ: Gerbert d'Aurillac en Catalogne, in: Catalunya i França meridional a l'entorn de l'any Mil, Barcelona 1991, S. 374–377; Antoni PLADEVALL I FONT: Entorn de l'estada de Gerbert a Catalunya (967–970): l'existència de biblioteques privades perdudes, in: Actes del Congrès Internacional Gerbert d'Orlhac i el seu Temps: Catalunya i Europa a la Fi del Ir Mil·lenni, ed. Immaculada OLLICH I CASTANYER, Vic-Ripoll, 10–13 de Novembre de 1999, Vic 1999, S. 651–663; Ramon SARGATAL: Un monjo, de nom Gerbert, a Catalunya, in: La Bulla de Silvestre II al Monestir de Sant Cugat. Commemoració del Mil·lenari (1002–2002), Sant Cugat 2002, S. 51–53.

nun zahlreiche Schriften nach Katalonien gelangten, die dort wiederum vom Arabischen ins Lateinische, wahrscheinlich auch aus dem Griechischen und Hebräischen übersetzt wurden. Übersetzer und Sprachlehrer fand man unter den geflohenen 'Hispani', den gebildeten Sklaven und den verbliebenen Muslimen, wenn nicht Geistliche aufgrund ihrer Sprachkenntnisse selbst in der Lage waren, solche Aufgaben zu leisten, wie der Bischof Gotmar von Girona, der eine Abd-al-Hakam, dem Nachfolger Abd-ar-Rahmans, gewidmete Chronik der fränkisch-karolingischen Könige von Chlodwig bis zu Ludwig IV. Ultramarinus verfasste. Auffangbecken und Produktionsstätte für solche Übersetzungen, die vor allem astronomische, geometrische und arithmetische Werke zugänglich machten, war die Bibliothek des Klosters Ripoll mit ihrem angegliederten Skriptorium, dem von 948 bis 970 mit Arnulf ein Abt vorstand, unter dessen Leitung der entscheidende Ausbau des Konvents erfolgte. Die eigentliche Bezugsperson für Gerbert sollte jedoch Bischof Hatto von Vic sein, der seit 957 im Amt und selbst in den Wissenschaften, den *scientiae*, des Quadriviums gelehrt und ihr Förderer gewesen sein soll, wenn sich Pierre Riché auch allzu euphemistisch ausdrückt, indem er ihn gewissermaßen zum Leiter einer Domschule, einer „école de Vich", machen will[49], die sicher erst 996 und 1004 mit der Amtsbezeichnung eines *caput scolae* nachzuweisen ist, wie auch solche Ämter in Girona nicht vor 975, in Barcelona nicht vor 1005 und in Urgell nicht vor 1017 zu belegen sind.[50] Selbst die Verbindung Hattos, vor seinem Pontifikat Archidiakon in Girona, zu Bischof Gotmar von Girona, der wiederum einst in Begleitung des Hasdai ibn Shaprut eine Reise nach Córdoba unternommen hatte, können Vermutungen zu engeren kulturellen Beziehungen zum Al-Andalus und einer intensiveren Rezeption arabischen Wissens durch Gerbert über diese Schiene nicht über den Status von Hypothesen hinausbringen, obwohl neuere Ansätze den Einfluss eines Personenkreises um Gotmar, darunter auch Miro Bonfill, stärker bewerten wollen.[51] Unbestritten standen dem jungen Mönch aus Aquitanien in der Kathedrale von Vich mit ihrer vielleicht nicht erstrangigen, gleichwohl soliden und auf die Praxis ausgerichteten Bibliothek genügend Schriften als Bildungsgrundlage zur Verfügung. Allerdings enthalten die aus den Bibliothekslisten von 957 und 971 nachzuweisenden 53 bzw. 63 Titel keineswegs mathematische und astronomische, sondern vorwiegend theologische Schriften, die ja dem wirklichen Nutzungsbedarf wesentlich mehr entsprachen als komplizierte wissenschaftliche Werke, was auch in den anderen Bistumsbibliotheken der katalanischen Diö-

49 RICHÉ, Gerbert (wie Anm. 46) S. 26.

50 VONES: Bischofssitze (wie Anm. 6). Vgl. LINDGREN: Spanische Mark (wie Anm. 7).

51 Vgl. Marco ZUCCATO: Art. Gerbert of Aurillac, in: Medieval Science, Technology, and Medicine: an Encyclopedia, ed. by Thomas F. GLICK/Stephen John LIVESEY/Faith WALLIS, London 2005, S. 192–194, der sich auf Ergebnisse seiner noch ungedruckten Dissertation von Melbourne 2005 ('The Earliest Filtration of Arabic Science to the Latin World: Gerbert d'Aurillac and the case of Gotmar's Circle') stützt.

zesen der Fall gewesen zu sein scheint.[52] Da das Kloster Ripoll mit seiner Bibliothek allerdings nur etwa zwanzig Kilometer entfernt lag, konnte sich Gerbert dort ohne sonderliche Mühe Zugang zu solchen Werken verschaffen, wenn sie auch zu seiner Zeit in einer geringeren Anzahl vorhanden waren, als gerne postuliert. Überhaupt verweisen seine bekannten personalen Beziehungen ergänzend ins ca. 50 km entfernte Barcelona, wo er zumindest Kontakte zum Kathedralkanoniker Seniofred Llobet aufzunehmen suchte, der Arabischkenntnisse vorweisen konnte und seit 971 als Archidiakon sowie Vertrauensmann des Grafen Borrell nachweisbar ist, ohne dass eine direkte Bekanntschaft mit Gerbert zu belegen wäre.[53] Noch 984 sollte Gerbert, nun als gescheiterter Abt von Bobbio bei Erzbischof Adalbero von Reims, den *Lupitus Barchinonensis* bitten, ihm ein von diesem übersetztes Buch über die Astrologie zuzusenden, das man wohl, obgleich ein verführerischer Gedanke, nicht mit einem im berühmten, nun im Kronarchiv zu Barcelona aufbewahrten Codex 225 von Ripoll enthaltenen Werk identifizieren kann.[54] Seniofred Llobet gehörte wahrscheinlich zu einem kleinen Kreis von gelehrten Männern, zu denen Gerbert einst Kontakt gesucht hatte, ohne mit diesen in nähere Beziehungen getreten zu sein, wie sein Schreiben an Llobet vermuten lässt, und zu denen vielleicht auch ein vermutlich jüdischer Autor Joseph Sapiens gerechnet werden kann, dessen Werk 'De multiplicatione et divisione numerorum' er im gleichen Jahr für seinen 'pater' Erzbischof Adalbero von Reims anforderte.[55] In die sich zu dieser Zeit ausbreitende katalanische Bildungsszenerie geraten wir über die Persönlichkeit, bei der Gerbert um die Zusendung dieser *sententiae* einkam. Es handelte sich um den *Bonifilius Gerundensis episcopus*, womit der umstrittene Graf Miro Bonfill gemeint ist, der seit 971 als Nachfolger Arnulfs Bischof von Girona geworden war und Schwierigkeiten mit dieser Nachfolge innerhalb der katalanischen Kirche, aber aufgrund seiner unkanonischen Wahl auch beim Papst hatte. Zwar war Miro Bonfill als jüngster Sohn des Grafen Miro ursprünglich für die geistliche Laufbahn vorgesehen gewesen, doch hatte er nach dem Tod seiner älteren Brüder 965 selbst den Grafentitel übernommen und sollte es schließlich auch zuwege bringen, trotz aller Hindernisse eine Grafschaft und ein Bistum in Personalunion zu verwalten. Er stattete nicht nur in reichem Maße seine Bischofskirche und zahlreiche Klöster mit Besitz aus,

52 VONES: Bischofssitze (wie Anm. 6).

53 VONES: Bischofssitze (wie Anm. 6).

54 Gemma PUIGVERT I PLANAGUMÀ: Astronomia i astrologia al Monestir de Ripoll. Edició i estudi dels manuscrits científics astronomico-astrològics del Monestir de Santa Maria de Ripoll, Barcelona 2000, S. 50ff.; LINDGREN: Spanische Mark (wie Anm. 7) S. 174f.

55 Vgl. Ebd.: Diese mögliche, wenn auch in konkreten Fällen nur schwer nachzuweisende Nähe zu jüdischen Gelehrten lässt neuere Forschungen eine Verbindung vermuten zu einem 'jüdischen Verbindungskanal' für arabisches Wissen ins Abendland; vgl. Marco ZUCCATO: Gerbert of Aurillac and a Tenth-Century Jewish Channel for the Transmission of Arabic Science to the West, in: Speculum 80 (2005) S. 742–763.

sondern kann zudem als hochgebildeter Vertreter seiner Adelsschicht angesprochen werden, der wahrscheinlich außer Latein noch Griechisch und Arabisch beherrschte und von Graf Borrell wohl gerade wegen seiner Sprachkenntnisse 971 mit der Leitung einer Gesandtschaft nach Córdoba betraut wurde. Unter seiner Bischofsherrschaft erlebte sein Sitz Girona einen bemerkenswerten Aufschwung, der sich entsprechend seiner Förderung der *artes liberales* wohl auch darin manifestierte, dass dort eine Kathedralschule gegründet wurde. Dies hat ihm in der neueren Forschung den Ruf eines frühen 'mittelalterlichen Mäzenaten' eingetragen, mag er nun berechtigt sein oder nicht, ebenso wie seine bereits erwähnte Affinität zum ursprünglichen Kreis um Bischof Gotmar von Girona.[56] Unter den von ihm dotierten Klöstern befanden sich Ripoll, Sant Joan de les Abadesses, Sant Miquel de Cuixà, Sant Pere de Camprodon, Sant Pere de Rodes, Santa Maria d'Arles-sur-Tech, Sant Esteve de Banyoles, Sant Benet de Bages und Sant Llorenç prop Bagà, womit durch die Einbeziehung Cuixàs die Pyrenäengrenze nach Norden überschritten, Cerdanya und Roussillon zu neuen Schwerpunkten kultureller Blüte wurden und sich der Blick der Grafenfamilie verstärkt auf den septimanischen Raum mit seiner Metropole Narbonne richtete.[57] Mit Cuixà in der Diözese Elne, das bereits 950 durch Agapit II. eine Bestätigung des Papstschutzes, die Exemtion und das Recht der freien Abtswahl erhalten hatte und für das 952 der Mönch Sunyer und der Graf von Roussillon in Reims eine königliche Privilegierung erbeten hatten, sollte aber der 'cluniazensische Geist' mit seiner Hinwendung zu Rom nach Katalonien gelangen, wie es Ramon d'Abadal ausgedrückt hat[58], spätestens als Johannes XIII. alle Privilegien des Konvents auf Bitten des Abtes Garin erneuerte, der zuvor als Cluniazenser Abt von Lézat gewesen war und seit 965, dem Antritt seines neuen Abbatiats, die aquitanischen und katalanischen Priorate neu ausgerichtet hatte, wodurch eine engere Bindung an die mittlerweile wiederhergestellte päpstliche Gewalt vorgegeben war.[59] Diese Verbindung versuchte im Dezember 968 Graf Oliba Cabreta von Cerdanya-Besalú, der letzte lebende Bruder des Miro Bonfill, für den Ausbau seiner Stellung zu nutzen, als er gemeinsam mit Abt Garin eine Pilgerfahrt nach Rom unternahm und beim Papst sowohl eine weitere Privilegierung für Cuixà als

---

56 Vgl. zu ihm Josep Maria SALRACH I MARÉS: El bisbe-comte Miró Bonfill i la seva obra de fundació i dotació de monestirs, in: II Col·loqui d'Història del Monaquisme Català. Sant Joan de les Abadesses 1970, Vol. II, Abadía de Poblet 1974, S. 57–81. Siehe auch die Titel von Marco ZUCCATO (wie Anm. 51 und 55).

57 SALRACH: El bisbe-comte (wie Anm. 56) pass. Vgl. auch DERS.: Catalunya a la fi del primer mil·leni, Vic 2000.

58 Ramon D'ABADAL: L'esperit de Cluny i les relacions de Catalunya amb Roma i Itàlia al segle X, in: Studi Medievali, 3ª ser., 2 (1961) S. 3–41; DERS.: Dels Visigots als Catalans, Vol. II, Barcelona 1970, S. 9–24.

59 ZIMMERMANN: Écrire et lire (wie Anm. 5) Bd. II, S. 771ff.

auch für Arles-sur-Tech im Vallespir erreichte.[60] Der im Norden Kataloniens ansässige Zweig des aus den Nachfolgern Wifreds hervorgegangenen Grafenhauses war schon längst in offene Konkurrenz mit den Barceloneser Grafen getreten. Die Autorität des Papstes war vor allem erforderlich, wenn sich die katalanischen Grafschaften aus dem Bannkreis der Metropole Narbonne und jener Kräfte lösen wollten, die durch die Ausdehnung der Kirchenprovinz über den Pyrenäenkamm hinaus Einfluss gewinnen wollten.

Ein erster Versuch, die Kirchenprovinz Tarragona wiederherzustellen und so die katalanischen Diözesen aus dem Bannkreis von Narbonne zu lösen, war bereits um 955 durch den Abt Caesarius von Santa Cecília de Montserrat unternommen worden und, was seine Anerkennung angeht, gescheitert, ohne dass seine Absichten und seine damaligen Unterstützer genauer zu ermitteln wären, doch sollten seine fruchtlosen Kontakte mit Rom zumindest im Schriftgut durch die Rezeption einer an den lateinischen Klassikern ausgerichteten Urkundensprache Spuren hinterlassen, da die Arenga des Schreibens von Ende 970 an Papst Johannes XIII., aus dem wir von dieser vermeintlichen Erhebung wissen, eine klassische Schulung verrät.[61] Zudem hat Hans-Henning Kortüm in seiner Untersuchung „Zur päpstlichen Urkundensprache im frühen Mittelalter" gerade bei Privilegien für Empfänger aus dem katalanischen Raum gegenseitige sprachliche Beeinflussungen, die Übernahme von Vulgarismen und Formulargemeinsamkeiten von Papst- und katalanischer Privaturkunde feststellen können, doch zielt dies mehr auf den Sprachgebrauch in der päpstlichen Kanzlei, während die möglichen Einwirkungen auf die Praxis der katalanischen Empfänger schwerer zu belegen sind.[62] Gewissermaßen als Antwort auf den Vorstoß des Oliba Cabreta begab sich Graf Borrell gemeinsam mit Bischof Hatto von Vic und Gerbert von Aurillac, der auf diese Weise Katalonien auf Dauer verließ, ebenfalls auf Pilgerfahrt nach Rom und erlangte Anfang 971 – das erwähnte Schreiben des Caesarius von Montserrat war wohl als Störfeuer gedacht – die Übertragung der Metropolitanrechte von Tarragona auf Vic und der Administration des Bistums Girona ebenfalls auf den Vicenser Bischof, um so dem Zusammenspiel der gräflichen Brüder von Cerdanya-

60 JL 3734–3735; Johann Friedrich BÖHMER/Harald ZIMMERMANN: Regesta Imperii II. Sächsisches Haus 919–1024, Bd. 5: Papstregesten 911–1024, Wien u.a. ²1998, Nr. 454f.; Harald ZIMMERMANN: Papsturkunden 896–1046, 2 Bde., Wien 1984–1985, hier Bd. 1, S. 379–381, Nr. 193, S. 381–384, Nr. 194.

61 ZIMMERMANN: Écrire et lire (wie Anm. 5) Bd. II, S. 920ff.; Thomas DESWARTE: Saint Jacques refusé en Catalogne: la lettre de l'abbé Césaire de Montserrat au pape Jean XIII ([970]), in: Guerre, pouvoirs et idéologies dans l'Espagne chrétienne aux alentours de l'an mil, publ. par Thomas DESWARTE/Philippe SENAC, Turnhout 2005, S. 143–161.

62 Hans-Henning KORTÜM: Zur päpstlichen Urkundensprache im frühen Mittelalter. Die päpstlichen Privilegien 896–1046, Sigmaringen 1995 (Beiträge zur Geschichte und Quellenkunde des Mittelalters 17).

Besalú entgegenzuwirken.[63] Ohne hier die Einzelheiten der Auseinandersetzung aufrollen zu können, sei vermerkt, dass sich Miro Bonfill zwar in Girona nicht zuletzt aufgrund der Ermordung Hattos von Vic in Rom halten und einen Ausgleich sowohl mit dem Papst als auch mit Graf Borrell finden konnte und dass die von ihm und seinem Bruder aufgebaute Machtposition im Pyrenäenraum schließlich die Grundlage für die geistlich-weltliche Territorialherrschaft der Söhne des Oliba Cabreta legte.[64] Dazu gehörten nicht nur die Machtbereiche der Grafen Bernhard II. Tallaferro von Besalú und Wifred II. von Cerdanya, die mit Hilfe Sergius' IV. durch die Gründung von Saint-Martin du Canigou und von Saint-Pierre de Fenouillet die herrschaftliche Durchdringung des Pyrenäenraums vorantreiben konnten[65], sondern auch die Wirkungsbereiche des Bischofs Berengar von Elne sowie insbesondere die Kloster- und Bischofsherrschaft Olibas, der unter Beibehaltung der Grafengewalt gleichzeitig Abt von Cuixà und Ripoll, deren Privilegien Sergius IV. zeitgleich mit den obengenannten Gründungen bestätigte, und der zudem letztlich Bischof von Vic wurde.[66] Ihm ist mit seiner gezielten Förderung der Skriptorien und Bibliotheksbestände der Gipfelpunkt der katalanischen Kultur zu verdanken, bevor die durch den besagten cluniazensischen Geist vorbereitete Akzeptanz der Kirchenreformbewegung und die Aufrechterhaltung des päpstlichen Primatialanspruchs die Öffnung vollkommen werden ließen und die Rezeption der entsprechenden, vornehmlich aus Italien kommenden Schriften die katalanische Kirche mit den Strömungen des Abendlands verbanden, obwohl ein Übermaß an kirchenreformerischen oder 'gregorianischen' Schriften nicht festzustellen ist. Der geistige Anschluss des nordöstlichen Pyrenäenraums an das Abendland unter Weitergabe eines einzigartigen, von einer bemerkenswerten Schriftlichkeit geprägten multikulturellen Bildungsguts, von dessen Einzigartigkeit und Reichhaltigkeit bereits das Wirken des Gerbert von Aurillac getragen wurde, sollte sich ohne sichtbare Brüche vollziehen und einzig der Ausgriff der Cerdanya-Besalú-Familie in den septimanischen Raum sowie ihr Ringen um den Erzstuhl von Narbonne sollten zu Irritationen mit dem Papsttum führen.[67] Zugleich sollte sich Katalonien in der Folge immer auf der Höhe der kirchenpolitischen Strömungen zeigen, wovon die Aufnahme der neuen Spiritualität, wie sie die Regularkanonikerkongregationen – allen

---

63 Johann Friedrich BÖHMER/Engelbert MÜHLBACHER/Johann LECHNER: Regesta Imperii I. Die Regesten des Kaiserreichs unter den Karolingern 751–918, Innsbruck ²1908, Nr. 476, 477, 478, 479, 480; JL 3746, 3747, 3748, 3749, 3750.

64 ENGELS: Schutzgedanke (wie Anm. 43) S. 106ff.; Ludwig VONES: Le faux acte pontifical du pape Léon VII (BZ †148) pour l'abbaye de Ripoll et ses répercussions diplomatiques, in: L'acte pontifical et sa critique, publ. par Rolf GROSSE, Bonn 2007 (Studien und Dokumente zur Gallia Pontificia, Bd. 5), S. 1–14.

65 JL 3975–3976.

66 Ramon D'ABADAL I DE VINYALS: L'abat Oliba, bisbe de Vic, i la seva època, Barcelona 1948 (Neudr. in: DERS.: Dels Visigots [wie Anm. 58] Bd. II, S. 141–277).

67 Vgl. zukünftig VONES: Schismatische Zustände (wie Anm. 45).

voran die Kongregation von Saint-Ruf in Avignon – verbreiteten[68], durch die Grafen von Barcelona ein beredtes Zeugnis ablegt. Mit der politischen Verbindung der Grafschaft Barcelona zur Grafschaft Provence sollte zu Anfang des 12. Jahrhunderts gewissermaßen der Schlussstein dieser Entwicklung gesetzt werden, wenn auch auf Kosten einer zunehmenden Rivalität mit dem Grafenhaus von Toulouse.[69] Unverrückbar sollte das Kloster Ripoll im Zentrum dieser Entwicklung bleiben, solange der Herrschaftsbereich der Barceloneser Grafen mit Katalonien zusammenfiel und bevor durch die Eroberung des Ebrotals mit der nachfolgenden Ansiedlung zisterziensischer Konvente sowie die Errichtung der Krone Aragón als neuem politischen Rahmen die alten Strukturen gesprengt wurden, was sich u.a. im allmählichen Verschwinden jener Datierungselemente zeigte, die sich nach den westfränkisch-französischen Königen richteten und die 1180 durch einen Konzilsbeschluss in Tarragona abgeschafft wurden.[70] Ripoll als zentrale gräfliche Grablege, das dortige Totengedenken in der Form der Rouleaux des morts mit seiner Verbreitung über die verbrüderten Konvente als Möglichkeit einer Ausstrahlung in den aquitanischen und septimanischen Süden und als Wurzel für eine katalanische Historiographie, die kaum zufällig im Umfeld der Tarraconenser Provinzialsynode von 1180 ihren Höhepunkt und Abschluss mit der zwischen 1162 und 1184 in Ripoll verfassten ursprünglichen Redaktion der «Gesta Comitum Barchinonensium» und ihrer Verwurzelung der katalanischen Grafen-Königsdynastie im karolingischen Haus erreichte[71], aber zudem in einzigartiger Weise auf die Geschichtsschreibung der Krone Aragón im 13. Jahrhundert mit ihren großen Chroniken in der Vernakularsprache einwirkte[72], bildeten zusammen mit der

68 VONES-LIEBENSTEIN: Saint-Ruf (wie Anm. 42) pass.

69 Ramon D'ABADAL: A propos de la „domination" de la maison comtale de Barcelone sur le Midi français, in: Annales du Midi 76 (1964) S. 315–345 (Neudr. in katalan. Sprache in: DERS.: Dels Visigots (wie Anm. 58) Bd. II, S. 281–309); Thomas N. BISSON: Mediterranean Territorial Power in the Twelfth Century, in: Proceedings of the American Philosophical Society 123 (1979) S. 143–150; Jacqueline CAILLE: Les seigneurs de Narbonne dans le conflit Toulouse-Barcelone au XIIe siècle, in: Annales du Midi 97 (1985) S. 227–244.

70 ZIMMERMANN: Écrire et lire (wie Anm. 5) Bd. I, S. 334ff.

71 Gesta Comitum Barcinonensium, ed. Louis BARRAU DIHIGO/Jaume MASSO TORRENTS, Barcelona 1925. Vgl. Thomas N. BISSON: L'essor de la Catalogne: identité, pouvoir et idéologie dans une société du XIIe siècle, in: AESC 39 (1984) S. 454–479 (engl.: The Rise of Catalonia: Identity, Power, and Ideology in a Twelfth-Century Society, in: DERS.: Medieval France and Her Pyrenean Neighbours, London-Ronceverte 1989, S. 125–152); DERS.: Unheroed Pasts: History and Commemoration in South Frankland before the Albigensian Crusades, in: Speculum 65 (1990) S. 281–308; Flocel SABATE I CURULL, El nacimiento de Cataluña: mito e realidad, in: Fundamentos medievales de los particularismos hispánicos, Barcelona 2005, S. 221–276.

72 Stefano Maria CINGOLANI: «Seguir les vestígies dels antecessors». Llinatge, reialesa i historiografia a Catalunya des de Ramon Berenguer IV a Pere II (1131–1285), in: Anuario de Estudios Medievales 36 (2006) S. 201–240; DERS.: La Memoria dels Reis.

sich in der Bibliothek manifestierenden Schriftlichkeit den Kern einer genuinen katalanischen Kulturlandschaft, deren Einzigartigkeit immer stärker ins Bewusstsein der Mittelalterforschung rückt und deren neue Gewichtung auf lange Sicht ein einseitig auf das Imperium konzentriertes Mittelalterbild geraderücken sollte.

Abstract

The Written Word in Catalonia: Carolingian Traditions, Frankish-Capetian Patterns and the Influence of the Roman Papacy

In this contribution the emergence and early development of Catalonia are outlined as the foundation of a cultural area. In this respect the development of writing and the written word in its different implementations, as well as the formation of distinct monastic *scriptoria*, cathedral libraries, cathedral schools and comital chancelleries are of particular importance.

The conclusions which can be drawn by studying the cultural continuity since the era of Carolingian domination, in particular the reception of Carolingian cultural traditions, are here supplemented by reflections concerning the later reception of external cultural influence. This can be explained, on the one hand, as a result continuing relations with the post-Carolingian realm and the Capetian dynasty and, on the other, as a result of increased contacts with the Roman papacy from the middle of the tenth century onwards.

Special attention is therefore given to the performance of outstanding scholars such as Gerbert of Aurillac and the bishop-abbot Oliba of Vic, but also to church politics and the general political conditions that determined the development of the Catalan cultural area and fostered its autonomy.

Les Quatre Grans Cròniques i la historiografia catalana, des del segle X fins al XIV, Barcelona [2]2008. Vgl. auch Jaume AURELL: From Genealogies to Chronicles: the Power of the Form in Medieval Catalan Historiography, in: Viator 36 (2005) S. 235–264, und Ludwig VONES: Der Aufstieg der Könige von Aragón zu europäischen Herrschern, in: Michel PAULY (éd.), Europäische Governance im Spätmittelalter. Heinrich VIII. von Luxemburg und die großen Dynastien Europas, Luxembourg 2010, S. 375–395.

Orts- und Personenregister

Um eine übersichtliche Darstellung des Registers zu gewährleisten, wurden Identifizierungshilfen meist abgekürzt. Dabei wird dem Abkürzungsverzeichnis im Lexikon des Mittelalters, Bd. 1 S. XVII-XXI gefolgt, mit Ausnahme von:

abg.	abgegangen
Fam.	Familie
Kbf.	Kardinalbischof
Kd.	Kardinaldiakon
Kpr.	Kardinalpriester
Kleg.	Kardinallegat
Kl.	Kloster, Stift
Leg.	Legat
O.	Ort
S.	Saint, Sankt, San, Sant', Santo, Santa, Santes
SS.	Sante, Santi, Santissima, Santissimo
L.	Land, Landschaft, Gebiet

Bis auf gängige deutsche Ortsbezeichnungen findet man die geographischen Bezeichnungen in der jeweiligen Landessprache. Personen wurden soweit möglich unter ihrer deutschen Namensform eingeordnet, Gottesnamen wurden nicht aufgenommen. Sofern ein Name nur in einer Anmerkung erscheint, wurde dies eigens ausgewiesen. Zu den Personen werden bei Amtsinhabern die Regierungszeiten, bei den übrigen Personen – soweit ermittelbar – die Sterbedaten in Klammern angegeben.

Abhandlungen der Akademie der Wissenschaften zu Göttingen
Neue Folge

Wer kauft Liebesgötter? Metastasen eines Motivs
Dietrich Gerhardt, Berlin/New York 2008
ISBN 978-3-11-020291-5
Abhandlungen der Akademie der Wissenschaften zu Göttingen. Neue Folge 1

Römisches Zentrum und kirchliche Peripherie. Das universale Papsttum als Bezugspunkt der Kirchen von den Reformpäpsten bis zu Innozenz III
Hrsg. von Jochen Johrendt und Harald Müller, Berlin/New York 2008
ISBN 978-3-11-020223-6
Abhandlungen der Akademie der Wissenschaften zu Göttingen. Neue Folge 2

Gesetzgebung, Menschenbild und Sozialmodell im Familien- und Sozialrecht
Hrsg. von Okko Behrends und Eva Schumann, Berlin/New York 2008
ISBN 978-3-11-020777-4
Abhandlungen der Akademie der Wissenschaften zu Göttingen. Neue Folge 3

Wechselseitige Wahrnehmung der Religionen im Spätmittelalter und in der Frühen Neuzeit I. Konzeptionelle Grundfragen und Fallstudien (Heiden, Barbaren, Juden)
Hrsg. von Ludger Grenzmann, Thomas Haye, Nikolaus Henkel u. Thomas Kaufmann, Berlin/New York 2009
ISBN 978-3-11-021352-2
Abhandlungen der Akademie der Wissenschaften zu Göttingen. Neue Folge 4

Das Papsttum und das vielgestaltige Italien. Hundert Jahre Italia Pontificia
Hrsg. von Klaus Herbers und Jochen Johrendt, Berlin/New York 2009
ISBN 978-3-11-021467-3
Abhandlungen der Akademie der Wissenschaften zu Göttingen. Neue Folge 5

Die Grundlagen der slowenischen Kultur
Hrsg. von France Bernik und Reinhard Lauer, Berlin/New York 2010
ISBN 978-3-11-022076-6
Abhandlungen der Akademie der Wissenschaften zu Göttingen. Neue Folge 6

Studien zur Philologie und zur Musikwissenschaft
Hrsg. von der Akademie der Wissenschaften zu Göttingen, Berlin/New York 2009.
ISBN 978-3-11-021763-6
Abhandlungen der Akademie der Wissenschaften zu Göttingen. Neue Folge 7

Perspektiven der Modernisierung. Die Pariser Weltausstellung, die Arbeiterbewegung, das koloniale China in europäischen und amerikanischen Kulturzeitschriften um 1900
Hrsg. von Ulrich Mölk und Heinrich Detering, in Zusammenarb. mit Christoph Jürgensen, Berlin/New York 2010
ISBN 978-3-11-023425-1
Abhandlungen der Akademie der Wissenschaften zu Göttingen. Neue Folge 8

Das strafende Gesetz im sozialen Rechtsstaat. 15. Symposion der Kommission: „Die Funktion des Gesetzes in Geschichte und Gegenwart"
Hrsg. von Eva Schumann, Berlin/New York 2010
ISBN 978-3-11-023477-0
Abhandlungen der Akademie der Wissenschaften zu Göttingen. Neue Folge 9

Studien zur Wissenschafts- und zur Religionsgeschichte
Hrsg. von der Akademie der Wissenschaften zu Göttingen, Berlin/New York 2011
ISBN 978-3-11-025175-3
Abhandlungen der Akademie der Wissenschaften zu Göttingen. Neue Folge 10

Bei Fragen zur Produktsicherheit wenden Sie sich bitte an:
If you have any questions regarding product safety,
please contact:

Walter de Gruyter GmbH
Genthiner Straße 13
10785 Berlin
productsafety@degruyterbrill.com